"十四五"高职高专规划教材 · 精品系列
2020年度首届黑龙江省教材建设奖优秀教材（二等奖）

现代物流管理基础（第3版）

主　编◎李树平
副主编◎张红娟　高　杨　于　晶　陈　爽　谢　淼　宋健涛

中国铁道出版社有限公司
CHINA RAILWAY PUBLISHING HOUSE CO., LTD.

内 容 简 介

本教材将专业入门指导和职业入门指导相融合，育人目标明确，在专业知识传承的同时强调职业精神的养成、家国情怀的培育、创新思维的培养。

本书设计了上、中、下三篇，赋予学习者不同的角色，以学生的角色转变对知识能力的需求层次变化为依据，从大一新生到基层作业人员再至管理者的视角出发，帮助学生厘清职业成长所应具备的知识、能力、素质要求。上篇解读了大一新生对物流、企业、岗位、人才之困惑，中篇探究了基层作业人员的岗位作业合理化措施，下篇探寻了管理人员对物流成本、物流服务管控方法。

本书适合作为高职高专院校、成人院校物流管理专业教材，也可作为工商管理、电子商务相关专业教材，还可作为物流企业员工的培训用书。

图书在版编目(CIP)数据

现代物流管理基础/李树平主编．—3 版．—北京：中国铁道出版社有限公司，2021.7(2024.9 重印)
"十四五"高职高专规划教材·精品系列
ISBN 978-7-113-27971-4

Ⅰ.①现…　Ⅱ.①李…　Ⅲ.①物流管理-高等职业教育-教材　Ⅳ.①F252.1

中国版本图书馆 CIP 数据核字(2021)第 090453 号

书　　名：现代物流管理基础
作　　者：李树平

策　　划：贾　星　　**编辑部电话：**(010) 63549501
责任编辑：贾　星　贾淑媛
封面设计：高博越
责任校对：孙　玫
责任印制：樊启鹏

出版发行：中国铁道出版社有限公司（100054，北京市西城区右安门西街 8 号）
网　　址：https://www.tdpress.com/51eds
印　　刷：三河市兴达印务有限公司
版　　次：2012 年 3 月第 1 版　2021 年 7 月第 3 版　2024 年 9 月第 4 次印刷
开　　本：787 mm×1 092 mm　1/16　**印张：**18.25　**字数：**454 千
书　　号：ISBN 978-7-113-27971-4
定　　价：49.80 元

前言

一、编写理念

“现代物流管理”课程是物流管理、电子商务等专业的专业基础课，是专业入门课程，也是职业入门课程，该课程对学生职业能力培养和职业精神养成起着重要的支撑作用。

本书以专业入门、职业入门指导为主线，赋予学习者不同的角色：大一新生、基层作业人员、基层管理人员。以学生的角色转变对知识能力的需求层次变化为依据，设计三个既相互独立又内含关联的模块，帮助学生厘清职业成长所应具备的知识、能力、素质要求，据此选取相应的教学内容，将理论知识与专业技能学习、岗位职责与职业道德学习相融合，在角色转换中引领学生开启专业、职业之门，弘扬劳动光荣、技能宝贵、创造伟大的时代风尚。

二、内容编排

1. 大一新生的上篇——“走进物流世界”

下设“解读物流”“解读物流模式”“解读物流岗位”“解读职业生涯”四个教学项目，从专业入门、职业入门的视角，引领大一新生解读物流，旨在使学生对物流、物流模式、物流产业及物流岗位有了初步认知的基础上，树立职业认同感、自豪感、责任感，培养爱岗敬业精神，帮助学生规划职业生涯，树立学习奋斗目标。

2. 基层作业人员的中篇——“认知物流作业活动”

下设“包装”“装卸搬运”“仓储”“运输”“流通加工”“配送”“物流信息管理”七大作业活动认知项目，进行了基于工作过程的课程开发，围绕七项作业活动，以典型岗位的典型作业任务为依托，探讨相关作业的合理化问题，旨在培养学生的岗位意识，在岗位与职责认知中培养学生的规范意识、责任意识、岗位素养，在合理化作业措施探究中培养学生的创新思维、钻研务实精神。

3. 基层管理人员的下篇——“认知物流管理系统”

下设“物流服务管理”“物流成本管理”两个教学项目，从管理的视角来探讨物流服务、物流成本管理的基础理论，旨在将成本控制的理念、服务的意识根植于学生的内心，培养学生的职业素养、管理能力。

三、特点

(1)以项目为导向、任务为驱动编排教材结构,注重理论与实践的对接。

(2)以专业能力培养为主线、职业核心能力培养为落脚点,遴选引导案例,教材内容注重职业道德教育、职业生涯规划教育、职业资格考试与专业理论知识的对接。

(3)以教学互动为主旨设计教材编写体例,注重教与学的对接。

(4)以物流行业、企业最新动态为切入点链接行业资讯,注重专业与行业、企业的对接。

(5)以团队协作能力的培养为突破点编排课后习题,以小组攻关题为主,以自我测试题为辅,注重个人能力与团队协作能力培养的对接。

在保留了第二版教材特点的基础上,第三版教材作了以下改进:

(1)改版后的任务清单更精准,呈现形式更多样。

将参考案例调换为走进企业,列示了29个物流企业名录;阅读材料更改为走近榜样,列出了对应的29个物流企业中的先进人物;扩展阅读部分给出的案例紧扣任务主题,更有针对性。宣传视频(相关企业官网观看)、企业官网、人物事迹、扩展案例,多样的呈现形式让学生的课前预习更有趣。

(2)改版后的思政元素提炼更精准,课程思政更有抓手。

29个物流企业的宣传视频、官网相关资讯,让学生更直观地了解企业文化、企业现状;29个来自基层的物流先进人物事迹,如"幸福是奋斗出来的"德邦快递代小虎、"竭尽所能让用户满意"的日日顺物流场景服务师刘勇、"把客户的需求当成最大的工作目标"的京东快递小哥全国劳模宋学文、把"烫手山芋"变成全网标杆的申通网点范广彬……将职业精神、家国情怀、创新思维、开拓进取精神,结合岗位先进人物事迹,鲜活地呈现在学生的眼前,少了说教,多了信服。

精心遴选了29个任务中的引导案例,对原生态案例素材进行打磨,突出其育人元素,将正确的价值观以鲜活的案例娓娓道来,让课程思政有抓手,学生在敬业、勤业、创业、立业与相关理论知识的融合中感悟正能量,"入芝兰之室,久而自芳"。

在实战演练环节增加了"物流史话——古代物流之中华印记",让学生上网收集相关资料,阅读并讨论,增强学生的民族自信。

(3)改版后的行业链接靶向更精准,"四新"教育有了落脚点。

精心遴选了29个任务中的行业链接点,聚焦物流行业、企业的新技术、新产业、新业态、新模式,开启学生创新思维,使"四新"教育有了落脚点,实现了专业与产业、企业的紧密对接。

(4)改版后的部分任务实施添加了二维码视频,由此引出讨论问题,使抽象的问题变得更具体,对学生产生鲜明的视觉和听觉冲击,有助于学生深入思考,更易于吸引学生参与讨论。

四、学习指导

学生在学习时应注意以下几点：

(1)在学习物流管理基础知识时，应准确理解基本概念及基本原理，在此基础上强化记忆。

(2)多阅读与物流管理相关的案例，以此来准确理解物流管理基本理论。

(3)结合相关作业视频和职业岗位职责探讨“包装”“装卸搬运”“仓储”“运输”“流通加工”“配送”“物流信息管理”等作业岗位的典型作业任务。

(4)结合国家 1+X 证书培训教程中的相关知识进行学习。

五、致谢

在编写过程中，参编成员曾先后数次深入物流企业调研，取得了大量第一手资料。上海佳吉快运有限公司办公室主任吴井娟、黑龙江完达山林海液奶有限公司物流中心部长李宝顺、北大荒物流集团副总经理张衡、金域医学集团东北区物流总监张道海、浙江菜鸟供应链管理有限公司北京总经理丁加仁，对本书提出了建设性意见，优秀毕业生宋健涛、张道海、丁加仁、肖鹤、韩佳林录制了成长历程分享的视频，在此表示衷心感谢。

在本书的编写过程中参考并引用了一些国内外的相关文献和物流管理方面著作的内容，在此，对涉及的专家、学者表示衷心感谢。

本书由黑龙江农垦职业学院李树平教授进行设计、统稿，并进行案例筛选、编写任务分析及结论。具体分工如下：项目一的任务一由李树平编写，项目七、项目八和项目十由黑龙江农垦职业学院张红娟编写，项目一的任务二、项目九、项目十二和项目十三由黑龙江农垦职业学院高杨编写，项目三、项目四的任务一和任务二、项目五由黑龙江农垦职业学院于晶编写，项目二的任务一、二、四和项目六由台州学院陈爽编写，项目十一、项目二的任务三和项目四的任务三由黑龙江农垦职业学院谢淼编写，上海佳吉快运有限公司传媒总监宋健涛承担了相关视频的制作。

由于编写团队水平有限，教材中可能存在不妥和疏漏之处，恳请同行及广大读者批评指正。

编　者
2021 年 4 月

目录

上篇　走进物流世界

中篇　认知物流作业活动

下篇　认知物流管理系统

上篇　走进物流世界

引　言

告别了高中生活，怀着对美好前程的憧憬，我们来到了大学校园。无论是我们主动选择了物流管理专业，还是因“服从专业调剂”而被调剂到物流管理专业，相信大家对物流的了解并不全面、并不深入，还有很多的困惑和疑虑。让我们一起走进物流世界，去探究物流基础知识，认知我们未来的职业岗位，规划我们的职业生涯，坚定我们今日的专业选择，珍惜我们现在的学习时光。

学习任务总览

项　目	学 习 任 务	行 动 目 标
解读物流	任务一　物流管理专业前景探究 任务二　物流系统认知	我的物流我认知
解读物流模式	任务一　企业物流认知 任务二　第三方物流与第四方物流认知 任务三　电子商务物流认知 任务四　国际物流认知	我的企业我清楚
解读物流岗位	任务一　物流产业与物流企业认知 任务二　物流岗位认知	我的岗位我明了
解读职业生涯	任务一　物流人才认知 任务二　物流从业人员职业道德规范认知 任务三　职业生涯规划	我的前程我规划

项目一　解 读 物 流

任务一　物流管理专业前景探究

领任务

内　容	任　务　指　南		
行动目标	知识目标		(1)掌握物流的基本价值、功能及物流管理的内容 (2)了解现代物流的发展趋势、现代物流管理的目标、物流在国民经济中的地位 (3)熟悉物流基本分类、物流管理的基本理论
	技能目标		能正确评判物流管理专业前景
资料收集任务清单	分　　组		(1)自由组合，全班均分为四或五组 (2)组名自拟(具有物流特色)、组长自选
	资料类型	走进企业	(1)我的企业我的家：中国远洋海运集团有限公司宣传视频 (2)中国远洋海运集团有限公司官网：社会责任、人才招聘
		走近榜样	我的榜样我的路：宋健涛——素质教育助力职业发展 素质教育成就职业发展
		扩展阅读	(1)中国促进共同发展的决心不会改变 (2)驱动“一带一路”的四大支柱产业
	要　　求		组间资料不重复，熟悉各自资料，凝练成3分钟发言稿，题目自拟

170亿元投资“一带一路”沿线　中国航运巨头重组远航

中国远洋海运集团有限公司(以下简称“中远海运”)是2016年由中国两大航运巨头——中国

远洋和中国海运以重组的方式成立的。重组后，中远海运聚焦“一带一路”沿线，提速全球航线网络布局和港口布局，先后入股了国内外多个港口码头。中远海运先后入股青岛港国际、上港集团，收购了西班牙最大码头运营商 NPH 51%股份，控股运营西班牙诸港，收购比利时泽布吕赫码头。

中远海运逐渐成为中国“海洋强国”和“一带一路”倡议实施的支撑。

一方面，以完善的航线网络构筑连接五大洲、畅通三大洋的 21 世纪海上丝绸之路。近年来，中远海运相继开通了远东至欧洲、远东至地中海、远东至黑海、远东至中东、远东至红海等多条班轮航线。另一方面，加大对“一带一路”沿线港口码头及物流基础设施项目的投资力度。自 2013 年“一带一路”倡议提出至 2017 年底，中远海运在“一带一路”沿线已完成投资约 170 亿元，其中，该集团在境外共投资 18 个码头，“一带一路”沿线共投资 15 个码头，包括希腊比雷埃夫斯港、土耳其伊斯坦布尔 Kumport 码头等。

除海运外，中远海运也在加强“陆上丝绸之路”的综合物流业务，在海运基础上加强物流、仓储、配送等延伸业务的发展。“一带一路”倡议提出以来，中远海运集团加大了对欧亚海铁联运、欧亚国际班列业务的投入，包括先后开通渝深班列、蓉深班列、“连云港—哈萨克斯坦—欧洲”班列、“印度尼西亚—深圳—赣州”海铁联运通道、“西藏号”班列等近 10 条班列，为客户提供全程一揽子解决方案。

（资料来源：中国新闻网，经作者改编）

任务分析

物流是社会生活中存在的普遍现象，物流对经济的发展起着推动作用，政府层面高度重视，且在我国已进入快速发展阶段，可以说，物流管理专业前程似锦。要完成此项任务，就必须认知物流管理基础知识，从物流概念、价值分析入手，在现代物流管理的发展趋势中把脉我国物流发展趋势，探究专业前景。

知识链接

一、物流基础知识

1. 物流概念

(1)物流。“物流是物品从供应地向接受地的实体流动过程。根据实际需要，将运输、储存、装卸搬运、包装、加工、配送、信息处理等基本功能实施有机结合。”

“物流”这一词最早出现在 20 世纪初，出现于美国，来源于军事领域，其英文“logistics”最初的意思是军队的转移、住宿和供给，中国称为“军事后勤”。我国古代著名的兵书《孙子兵法》中写到“军无辎重则亡，无粮食则亡，无委积则亡”，可见我国很早以前就强调军事后勤(后勤在中国古代一直被称为辎重，到近代才逐渐改为后勤)的重要性。

(2)现代物流。现代物流是指为满足顾客的需求，对来源点到使用点的货物、服务及相关信息的有效率、有效益的流动及储存进行计划、执行与控制的供应链管理过程。

供应链是指在生产和流通过程中所形成的网络结构，涉及将产品或服务提供给最终用户的上游与下游企业。

2. 物流的基本价值

(1)时间价值。“物”从供给者到需要者之间本来就存在一段时间差，由于改变这一时间差而创造的价值，称作“时间价值”。

①缩短时间创造价值。缩短物流时间，可以减少物流损失，降低物流消耗，增加物的周转，节约物流成本。如新鲜水产品的供应，必须迅速及时。

②弥补时间差创造价值。供给与需求之间存在时间差，可以说这是一种普遍的客观存在，正是有了这个时间差，商品才能取得自身最高价值，才能获得十分理想的效益，才能起到“平丰欠”的作用。但是商品本身是不会自动弥合这个时间差的。如果没有有效的方法，集中生产出的粮食除了当时的少量消耗外，就会损坏、腐烂；而在非产出时间，人们就会没有粮食吃。物流便是以科学的系统方法来弥补，有时是改变这种时间差，以实现其“时间价值”。

③延长时间创造价值。在物流中，通常是以缩短时间差来创造价值，但是，在某些具体物流中也经常会存在人为地、能动地延长物流时间来创造价值。如配合时机销售的物流便是通过有意识地延长物流时间、有意识地增加时间差来创造价值的。

(2)场所价值。物从供应者到需求者之间有一段空间差，改变这一场所的差别而创造的价值叫做“场所价值”。物流创造的场所价值是由现代社会产业结构、社会分工所决定的，主要原因是供给和需求之间的空间差，商品在不同地理位置有不同的价值，通过物流将商品由低价值区转到高价值区，便可获得价值差，即“场所价值”。

①从集中生产场所流入分散需求场所创造价值。现代生产的一个重要特点就是集中的、大规模的生产，小范围的产品可以覆盖大面积的需求，有时甚至于一个国家或若干国家。通过将产品从集中生产的低价值区转移到分散的高价值区，以获得较高的利益。

②从分散生产场所流入集中需求场所创造价值。如粮食是在各地分散生产出来的，而一个大城市的需求却相对大规模集中；一个大汽车厂的零配件生产也分布得非常广，但却集中在一个大厂中装配，这也形成了分散生产和集中需求，物流便依此取得了场所价值。

③从低价值生产场所流入高价值需求场所创造价值。如山西的煤深埋在深山中，和泥土、石块一样，没有任何价值。只有经过采掘，输送到别的地方用来作为发电、取暖的燃料时，才能实现其价值。它的使用价值是通过运输克服了空间距离才得以实现的。

(3)流通加工附加价值。在一定的条件下，物流也可以创造流通加工附加价值。现代物流的一个重要特点是根据自己的优势从事一定的补充性加工活动。如：把钢卷剪切成钢板；把原木加工成板材；把粮食加工成食品；把水果加工成罐头；名著、名画都会通过流通中的加工，使装帧更加精美，从而大大提高商品的欣赏性和附加价值。与生产领域中的加工不同，这种加工活动不是创造商品的主要实体并形成商品，而是带有完善、补充、增加性质的加工活动。这种活动必然会形成劳动对象的附加价值。在创造流通加工附加价值方面，物流不是主要的责任者，其创造的价值也不能与时间价值和空间价值相比拟，但这是现代物流有别于传统物流的重要方面。

3. 物流的基本功能

(1)物流的总体功能。

①组织“实物”进行物理性的流动。物流的物理性流动的动力来自五个方面:生产活动和工作活动的要求,生活活动和消费活动的要求,流通活动的要求,军事活动的要求,社会活动、公益活动的要求。

②实现对用户的服务。在物流的某些领域内存在“利润中心”“成本中心”等作用,但是所有的物流活动都具有“服务”这个共同的功能特性。

(2)物流的具体功能。

①运输。运输是物流系统中最为重要的功能要素之一,是通过运输手段使货物在不同地域范围间以改变“物”的空间位置为目的的活动,创造场所效用。运输在物流活动中占有重要的地位,是物流的核心,是社会物质生产的必要条件之一,是“第三个利润源”的主要源泉。

②仓储。仓储与运输在物流系统中同等重要,可以消除生产和消费之间的时间间隔,产生时间功效。同时,仓储还有调整价格的功能,防止产品供给过多导致价格的暴跌。因此,仓储具有以调整供需为目的的调整时间和价格的双重功能。

③包装。包装是包装物及包装操作的总称,是物品在运输、保管、交易、使用时,为保持物品的价值、形状而使用适当的材料容器进行保管的技术和被保护的状态。包装是生产的终点,同时又是物流的起点。

④装卸搬运。装卸搬运是指在物流过程中,对货物进行装卸、搬运、堆垛、取货、理货分类等,或与之相关的作业,是应物流运输和保管的需要而进行的作业。装卸搬运本身不创造价值,但装卸搬运的质量影响着物流成本和物流效率。在全部物流活动中只有装卸搬运活动伴随物流活动的始终。

⑤配送。配送是面向城市内或区域内,短距离、高频率的商品送达服务。配送是物流中一种特殊的、综合的活动形式,几乎包括了所有的物流功能要素。配送集包装、保管、运输、搬运、流通加工等于一身,是物流的一个缩影,或在某小范围中物流全部活动的体现。

⑥流通加工。流通加工是流通中的一种特殊形式,是在流通过程中辅助性的加工活动。流通加工的目的是为了弥补生产过程加工不足,更有效地满足用户或企业的需要,使产需双方更好地衔接。流通加工是生产加工在流通领域中的延伸。

⑦物流信息。物流信息主要是指物流数量、物流地区、物流费用等信息。物流信息是连接运输、仓储、装卸、包装各环节的纽带,如果不能保持物流环节信息的通畅和及时供给,就不能保证物流活动的时间效率和管理效率,就失去了物流的整体效率。物流信息在物流活动中起着神经系统的作用。

4. 物流在国民经济中的地位

(1)连接社会生产各个部分,使之成为一个有机整体。任何一个社会(或国家)的经济,都是由众多的产业、部门、企业组成的,这些企业又分布在不同的地区、城市和乡村,属于不同的所有者,它们之间相互供应产品,用于对方的生产性消费和生活消费,它们互相依赖而又互相竞争,形成极其错综复杂的关系。物流就是维系这些复杂关系的纽带和血管。“商流”和“物流”一起,把各个生产部门变成社会总生产中互相依赖的部门。

(2)社会再生产不断进行的前提条件。社会生产的重要特点是它的连续性,这是人类社会得以发展的重要保证。一个社会不能停止消费,同样也不能停止生产。而连续不断的再生产总是以获得必要的生产原材料并使之与劳动力结合而开始的。一个企业的生产要不间断地进行，一方面必须按照生产需要的数量、质量、品种、规格和时间不间断地供给原料、材料、燃料和工具、设备等生产资料；另一方面，又必须及时地将产成品销售出去。也就是说，必须保证物质资料不间断地流入生产企业，经过一定的加工后又不间断地流出生产企业。同时，在生产企业内部，各种物质资料也需要在各个生产场所和工序间相继传送，使它们经过一步步的深加工后成为价值更高、使用价值更大的新产品。这些厂内物流和厂外物流如果出现故障，生产过程就必然要受到影响，甚至会使生产停滞。

(3)实现商品价值和使用价值的物质基础。在商品流通中，物流是伴随着商流而产生的，但它又是商流的物质内容和物质基础。商流的目的在于变换商品的所有权(包括支配权和使用权)，而物流才是商品交换过程所要解决的社会物质变换过程的具体体现。没有物流过程，也就无法完成商品的流通过程，包含在商品中的价值和使用价值就不能实现。

(4)物流技术的发展是决定商品生产规模和产业结构变化的重要因素。商品生产的发展要求生产社会化、专业化和规范化，但是，没有物流的一定发展，这些要求是难以实现的。物流技术的发展，从根本上改变了产品的生产和消费条件，为经济的发展创造了重要的前提。而且，随着现代科学技术的发展，物流对生产发展的这种制约作用越来越明显。

(5)物流的改进是提高微观经济效益和宏观经济效益的重要源泉。这不仅由于物流组织的好坏直接决定着生产过程是否能够顺利进行、决定着产品的价值和使用价值是否得以实现，而且物流费用已成为生产成本和流通成本的重要组成部分。总的看来，在日本和欧美等经济发达国家中，劳动生产率的提高和原材料、燃料的节约已经取得较大成果，而产品包装、储存、搬运、运输等方面的费用则在生产费用中占越来越大的比重。因此，搞好物流，已被称为获取利润的第三源泉。

5. 物流的分类

(1)按照物流活动的范围分类。

①宏观物流。宏观物流是指社会再生产总体的物流活动，是从社会再生产总体角度认识和研究的物流活动。社会物流、国民经济物流、国际物流都属于宏观物流。

②微观物流。在一个小地域范围内发生的具体物流活动属于微观物流，消费者、生产企业所从事的实际的、具体的物流活动属于微观物流。在整个物流活动中，其中的一个局部、一个环节的具体物流活动也属于微观物流。微观物流研究的特点是具体性和局部性。生产物流、供应物流、销售物流、回收物流、废弃物流都属于微观物流。

(2)按照物流系统性质分类。

①社会物流。社会物流是指超越企业物流，以社会为范畴的物流活动。社会物流研究再生产过程中发生的物流活动，研究国民经济中的物流活动，研究如何形成服务于社会、面向社会，又在社会环境中运行的物流，研究社会中物流体系的结构和运行规律，因此带有综合性和广泛性。

②企业物流。企业物流是企业内部的物品实体流动。

(3)按照物流活动的空间范围分类。

①区域物流。相对于国际物流而言，区域物流指一个国家范围内的物流、一个城市间的物流、一个经济区域内的物流。区域物流研究的重点是城市物流。

②国际物流。国际物流是伴随着国际经济交往、贸易活动和其他国际交流所发生的物流

活动。国际物流正成为现代物流的研究重点之一。

(4)按照物流过程分类。

①供应物流。生产企业、流通企业或用户购入原材料、零部件或商品的物流过程称为供应物流。也就是物资生产者、持有者到使用者之间的物流。

②销售物流。生产企业、流通企业售出产品或商品的物流过程称为销售物流,是指物资的生产者或持有者到用户或消费者之间的物流。

③生产物流。从工厂的原材料购进入库起,直到工厂成品库的成品发送为止,这一全过程的物流活动称为生产物流。

④回收物流。不合格物品的返修、退货以及周转使用的包装容器从需方返回到供方所形成的物品实体流动称为回收物流。

⑤废弃物物流。废弃物物流是指将经济活动中失去原有使用价值的物品,根据实际需要进行收集、分类、加工、包装、搬运、储存等,并分送到专门处理场所而形成的物品实体流动。

6. 现代物流的发展趋势

(1)物流运作系统化。

①物流作业规范化。现代物流更加强调物流作业流程、作业方法、作业标准,使复杂的物流操作变成简单的、易于推广和考核的物流作业,不断提升物流作业的质量和效率。

②物流功能集成化。现代通信技术和信息技术的发展为企业将多种物流功能进行集成提供了技术支持。物流不仅提供单一的仓储、运输、包装功能服务,还必须开展以供应链为基础的物流功能的集成和整合,包括物流渠道的集成、物流功能的集成、物流环节的集成等。

③物流目标合理化。企业从系统角度统筹规划各种物流活动,必须设立合理化物流目标,理顺物流活动过程中各环节、各功能要素与各物流需求之间的关系,通过物流资源的有效配置,形成物流运作的高效体系,实现物流活动的整体优化。

④物流技术一体化。物流必须使用先进的物流技术、设备与管理为生产经营提供服务,并以现代信息技术为基础,融合各种先进物流技术,实现物流技术一体化。

(2)物流服务网络化。

①降低成本的物流服务。企业需要提供不断降低物流成本的物流服务。企业必须考虑采用供应链管理办法,建立系统各方相互协作、相互联合的物流服务网络,采取物流共同化计划,通过采用先进的物流技术和设施设备,推行物流管理技术,提高物流的效率和效益,降低物流成本。

②延伸功能的物流服务。物流强调物流服务功能的恰当定位、完善化、网络化,除了一般的储存、运输、包装、流通加工等服务外,还在功能上扩展至市场调查与预测、采购及订单处理、物流管理咨询、物流方案的选择与规划、库存控制策略建议、货款回收与结算、教育与培训、物流系统设计与规划方案的制作等。

③增加便利的物流服务。一切能够简化手续、简化操作的物流服务都是增值性服务。在提供电子商务的物流服务时,推行“门到门”服务,提供完备的操作或作业提示,免费培训、免费维护、省力化设计或安装、代办业务、24 h 营业、自动订货、传递信息和转账、物流全过程追踪等都是物流增值性服务。为此,企业必须重新设计适合生产经营需要的物流渠道,优化物流服务网络系统,减少物流环节,简化物流过程,提高物流服务系统的快速反应能力。

④强化支持的物流服务。企业为了保证为生产经营活动提供快速、全方位的物流支持,必

须强化、完善和健全物流服务网络体系，实现物流服务网络的系统性和一致性，以保证整个物流网络优化。企业只有形成物流网络才能满足现代生产经营的需要。

(3)物流管理信息化。

①利用物流信息交换平台降低企业生产经营成本。随着电子商务的发展，出现了越来越多的 B2B 交易平台，为传统企业提供了丰富多样的贸易机会，大大降低了企业的采购和销售成本。

②利用现代信息技术完善物流管理信息网络。利用现代信息技术，将物流过程中实物库存暂时用信息代替，形成信息虚拟库存，建立需求端数据自动收集系统，建立基于 Internet 的数据实时更新和浏览查询、共用数据库、共享库存信息的物流管理信息系统。

③应用现代信息技术改造传统物流管理。从物流过程来说，80%的物流程序是相似的，可以通过现代信息技术手段设计物流管理系统，为传统企业改造物流管理提供指导，在企业录入生产计划和销售计划后，物流管理系统可以为企业特别设定物流管理方案，供企业参考运行。同时根据企业相关计划的调整，对方案进行修正，实现物流管理信息化。

(4)物流经营全球化。

①物流经营资源的全球化配置。为适应物流经营全球化竞争的需要，现代企业开展物流经营就必须从国际贸易实际情况出发，面向全球进行物流资源的配置。

②物流经营运作的全球化组织。经济全球化对物流运作组织提出了新的要求，物流经营运作必须从企业自身、国内市场扩展到国际市场，借鉴国际物流经验，采取国际化惯例进行物流经营的组织，谋求物流经营的规模化发展。

③物流经营战略的全球化定位。为了在广泛、多变的全球市场上提供综合物流服务，形成核心发展能力，需要企业在全球化物流经营上进行战略定位，树立以供应链为基础的国际化物流新观念，确立物流经营发展方向和发展目标，以适应经济全球化的发展需要。

二、物流管理基础知识

1. 基本概念

(1)物流管理。物流管理是对物流活动进行计划、组织、协调与控制，以最低的物流成本达到客户要求的服务水平的管理活动。

换言之，物流管理是对原材料、半成品和成品等物料在企业内外流动的全过程所进行的计划、实施和控制活动。这个全过程是指物料经过的运输、包装、装卸搬运、储存、流通加工、配送、信息处理等物流活动的全过程。

(2)现代物流管理。现代物流管理，从宏观上来讲，是要在社会主义市场经济体制下，运用管理的基本原理和方法，以物流系统为研究对象，研究现代物流活动中的技术问题和经济问题，以实现物流系统的最佳经济效益，不断促进物流业的发展，更好地为实现社会主义现代化和提高人民生活水平服务。从微观上来说，就是运用计划、组织、控制三大管理职能，借助现代物流理念和现代物流技术，通过运输、搬运、存储、保管、包装、装卸、流通加工和物流信息处理等物流基本活动，对物流系统各要素进行有效组织和优化配置，来解决物流系统中供需之间存在的时间、空间、数量、品种、价格等方面的矛盾，为物流系统的各类客户提供满足要求的物流服务。

2. 物流管理的演变

(1)产品物流阶段。随着卖方市场被买方市场取代,传统制造业被制造商与合同加工商分离的制造方式所取代。为扩大市场份额,满足不同层次客户需求,企业进行大规模生产与销售,造成库存成本、订单处理成本和运输成本增加。实体配送管理就是通过对运输管理、仓储与库存的控制,节省产品物流过程的总成本。

(2)一体化物流阶段。传统的职能分割管理导致物流功能效益背反,横向的一体化职能管理可以综合管理每一流程的不同职能,以取得整体最优化的协同效应,这就是集成物流的一体化管理。它的核心是把企业输入的供应物流、制造过程的生产物流与输出的销售物流集成为一体的平面管理,增加企业系统中物流功能作用,降低成本,提高服务能力。

(3)供应链管理阶段。由于市场竞争的加剧和市场一体化的发展,企业开始关注物流活动的全过程,包括原材料的供应商和产成品的分销商,由此形成将供应商、制造商、分销商、最终客户联结在一起的供应链关系。供应链超出单一企业的管理范围,它要求制造商与各级供应商、分销商建立紧密的合作伙伴关系,共享信息,紧密配合,形成跨企业的商业流程,保证供应链的顺畅运行。供应链管理采用计算机网络技术全面规划供应链中的商流、物流、信息流、资金流,并进行计划、组织、协调和控制。供应链管理使企业从内部一体化转向企业外部一体化,通过降低供应链整体成本,提高供应链的整体竞争力。这时的物流管理成为供应链管理的一部分,称为供应链过程一体化下的物流管理。

3. 物流管理系统划分

(1)物流作业管理层。通过作业执行物流功能要素的最优化操作。物流作业管理包括物流运营过程中的各个环节的管理,如入库作业管理、仓储作业管理、配货与补货作业管理、配送作业管理、运输作业管理等。

(2)物流执行管理层。按照高级管理层下达的目标和计划,制订相应的执行计划,安排下达给各个具体作业部门和作业人员,保证本部门具体物流任务的执行。

(3)物流职能管理层。负责制订物流运营计划、物流运营信息支持和财务管理,确定执行管理层人员的职责权限、物流人事、薪酬以及行政后勤支持。

(4)物流决策管理层。制订物流运营目标,修订与完善物流运作规章制度,统一指挥和协调整个机构的运作,确定职能管理人员的职责权限,并直接指挥重大物流业务。

4. 物流管理的内容

(1)对物流活动诸要素的管理,包括运输、储存等环节的管理。

(2)对物流系统诸要素的管理,即对其中人、财、物、设备、方法和信息等六大要素的管理。

(3)对物流活动中具体职能的管理,主要包括物流计划、质量、技术、经济等职能的管理等。

5. 现代物流管理的目标

(1)服务目标。物流系统是连接生产和消费的纽带和桥梁,因此要有很强的服务性。物流系统采取送货、派送等形式,在为用户服务方面要求做到无缺货、无货损、无货差,且费用便宜;在技术方面,近年来出现了准时供货方式、柔性供货方式等。

(2)快捷目标。快捷目标要求把货物按照用户指定的地点和时间迅速及时地送到。在物流领域采取的诸如直达物流、联合一贯运输、高速公路等管理和技术,以及把物流设施建在供给地区附近,或者利用有效的运输工具和合理的配送计划等手段,都是快捷目标的体现。

(3)节约目标。节约目标指有效地利用面积和空间的目标。节约是经济领域取得效益的重要途径。一方面应逐步发展立体化设施和有关物流机械,求得空间的有效利用;另一方面,在流通领域中,除了节约流通时间外,还要通过节约来降低支出。

(4)规模优化目标。物流规模作为物流系统的目标,可以追求规模效益。在物流系统中,考虑物流设施集中与分散是否适当、机械化和自动化程度如何合理利用、信息系统的集中化所要求的计算机等设备的利用等,都是规模优化这一目标的体现。

(5)库存控制目标。库存过多,需要更多的保管场地,而且会造成库存资金的积压,因此,必须按照生产与流通的需求变化对库存进行控制,这也是宏观调控的需要,它直接涉及物流系统本身的效益。在物流系统中,正确确定库存方式、库存数量、库存结构、库存分布就是这一目标的体现。

(6)安全性目标。物流系统的各个环节都应坚持"安全第一,预防为主"的方针,以避免货运事故给企业和客户带来损失。

6. 基本理论

(1)"商物分离理论"。商物分离就是在物资流通过程中将商流和物流活动分开来进行,使它们按照各自的规律和渠道进行独立的运动。同一笔物资的流通活动包括两个方面:一方面是商流活动,如洽谈、支付等,商流的特点是灵活、机动、活跃、相对成本低;另一方面是物流活动,如运输、储存等,物流的特点是费人、费事、费成本。商流是非常灵活机动的,但是物流则不同,它的每一步运动,都要耗费成本,运动路程越多,耗费成本就越高。因此,为了活跃交易,同时降低物流成本,商物分离是经济运行规律的必然体现。商物分离实际上是流通总体中的专业分工、职能分工,是通过这种分工实现大生产式的社会再生产的产物。

它主要包括:

①商流过程与物流过程的分离。在经济全球化的趋势下,国际分工越来越深入,商业交易可以在全球范围内进行,甚至可以采用电子商务的形式进行虚拟运作,在这种情形下,商流过程与物流过程的分离,将成为网络经济时代的一个趋势,这种分离在网络经济时代将越发彻底。

②商流责任人与物流责任人的分离。网络经济时代,由于物流服务供应商(如第三方物流等)的出现,商品的交易双方只进行商流的运作,而物流则由第三方来承担。这种商流运作责任人和物流运作责任人的分离,是网络经济时代商物分离的一个标志。

(2)"黑大陆"理论。著名的管理学权威彼得·德鲁克曾经讲过:"流通是经济领域里的黑暗大陆。"德鲁克泛指的是流通,但是,由于流通领域中物流活动的模糊性尤其突出,是流通领域中人们更认识不清的领域,所以,"黑大陆"说现在转向主要针对物流而言。

"黑大陆"说主要是指尚未认识,尚未了解,在"黑大陆"中,如果理论研究和实践探索照亮了这块"黑大陆",那么摆在人们面前的可能是一片不毛之地,也可能是一片宝藏之地。"黑大陆"说也是对物流本身的正确评价:这个领域未知的东西还很多,理论和实践皆不成熟。

(3)"物流费用冰山"理论。日本早稻田大学西泽修教授在专门研究物流成本时发现,现行的财务会计制度和会计核算方法都不可能掌握物流费用的实际情况,大家只看到物流费用露出海面的冰山一角,而潜藏在海水里的整个冰山却看不见,海水中的冰山才是物流费用的主体部分。一般来说,企业向外部支付的物流费用是很小的一部分,而真正的大头是企业内部发生的物流费用。

“物流费用冰山”说之所以成立，有三个方面的原因：一是物流成本的计算范围太大；二是运输、保管、包装、装卸以及信息等各物流环节中，以哪几种环节作为物流成本的计算对象问题；三是选择哪几种费用列入物流成本中的问题。

(4)“第三利润源”理论。“第三利润源”理论主要出自日本，是对物流潜力及效益的描述。一般把生产中降低物质材料消耗而增加的利润称为“第一利润源”，把因节约活劳动消耗，通过提高管理技术、水平，采取先进的管理手段，降低人力资源消耗而增加的利润称为“第二利润源”。

“第三利润源”理论反映了日本人对物流的理论认识和实践活动，在前两个利润源潜力越来越小、利润开拓越来越困难的情况下，物流领域的潜力被人所重视，按时间序列排为“第三利润源”。

(5)“效益背反”理论。物流效益背反理论是指物流的若干功能要素之间存在着损益的矛盾，即某一个功能要素的优化和利益发生的同时，必然会存在另一个或另几个功能要素的利益损失，反之也如此。例如，减少库存据点并尽量减少库存，必然使库存补充变得频繁，增加了运输成本。

(6)“成本中心”理论。物流成本中心理论是指物流在整个企业战略中，只对企业营销活动的成本发生影响，物流是企业成本的重要产生点，因而，解决物流的问题，并不主要是为搞合理化、现代化，不主要在于支持保障其他活动，而主要是通过物流管理和物流的一系列活动降低成本。所以，成本中心既是指主要成本的产生点，又是指降低成本的关注点，物流是“降低成本的宝库”等说法正是这种认识的形象表述。

(7)“服务中心”理论。该理论认为，物流活动最大的作用并不在于为企业节约了消耗，降低了成本或增加了利润，而是在于提高了企业对用户的服务水平，进而提高了企业的竞争能力。因此，在使用描述物流的词汇上选择了“logistics”(原义“后勤”)一词，特别强调其服务保障的职能。通过物流的服务保障，企业以其整体能力来压缩成本，增加利润。

(8)“战略”理论。这一学说把物流提到了一个相当重要的地位，认为物流会影响到企业总体的生存与发展，应该站在战略的高度看待物流对企业长期发展所带来的深远影响。将物流与企业的生存和发展直接联系起来的观点，对促进物流的发展具有重要意义。

(9)“供应链管理”理论。进入20世纪90年代，物流环境发生了一系列变化，如顾客需求不断升级、订货周期逐渐缩短、快速反应系统推广应用、市场竞争日趋加剧、营销方式不断更新以及经济全球化到来等。为适应这些变化，供应链管理逐渐受到重视。一般认为，供应链管理是对供应链中的商流、物流、信息流、资金流以及对工作流进行计划、组织、协调与控制。它是一种从供应商开始，经由制造商、分销商、零售商直到最终客户的全要素、全过程的集成化管理模式。其目标是从整体的观点出发，寻求建立供、产、销企业以及客户间的战略合作伙伴关系，最大程度地减少内耗与浪费，实现供应链整体效率的最优化。

任务实施

1. 讨论

组内自由讨论。

2. 分享

各组推选一名代表与大家分享讨论结果。

3. 评价

教师掌控教学现场，适时进行评价。

4. 定论

物流产业作为国民经济中的一个新兴的产业部门，将成为21世纪的重要产业和国民经济新的增长点。目前，从中央到地方，以及许多市场意识敏锐的企业，已把物流作为提高市场竞争力和提升企业核心竞争力的重要手段，把现代物流理念、先进的物流技术和现代物流模式引入国家、地方经济建设与企业经营和管理之中；但是我国的物流教育仍滞后，现代物流人才还很匮乏。对我们而言，学习物流管理专业既是机遇又是挑战，让我们从现在开始，为我国物流业的振兴而时刻准备着。

行业链接

五大举措落实十九届五中全会精神

党的十九届五中全会审议通过的《中共中央关于制定国民经济和社会发展第十四个五年规划和二〇三五年远景目标的建议》（以下简称《建议》）中四处提到"物流"：在加快发展现代服务业中提到"加快发展研发设计、现代物流、法律服务等服务业"；在统筹推进基础设施建设中提到"加快建设交通强国，完善综合运输大通道、综合交通枢纽和物流网络"；在促进国内国际双循环中提到"构建现代物流体系"；在实施乡村建设行动中提到"完善乡村水、电、路、气、通信、广播电视、物流等基础设施"。

站在"十四五"规划开启的新起点上，物流业如何开好局、起好步，聚焦怎么学、怎么想、怎么干。中国物流与采购联合会副会长、"十四五"国家发展规划专家委员会委员贺登才提出了五大举措。

一是编制一个创新发展的规划。十九届五中全会提出的重大发展战略多数与物流、供应链相关，特别是四次直接提到物流，八次提及供应链。在新的发展格局下物流供应链如何创新发展，必须搞好顶层设计。正在谋划中的《"十四五"现代物流发展规划》应全面贯彻全会精神，以高质量发展为主题，以"物流强国"建设为目标，明确创新发展的指导思想、实现路径和具体举措。

二是构建一个协同联动的基础设施网络体系。十九届五中全会提出要"构建现代物流体系""完善综合运输大通道、综合交通枢纽和物流网络"。这就要求我们加快国家物流枢纽布局和建设，促进示范物流园区提档升级，推动物流园区和配送网点智能化改造、数智化升级、网络化运行，构建起布局合理、供需匹配，城乡统筹、协同联动、平急结合、安全高效的物流基础设施网络体系，为物流业提质、降本、增效奠定基础。

三是培育一批具有国际竞争力的现代物流企业。随着经济持续快速发展，我国已经成为世界第一"物流大国"，但总体上"大而不强"，缺乏具有国际竞争力的现代物流企业。这是我国物流业发展的"短板"，也是"十四五"乃至今后一个时期的重点任务。我们应该面向强大国内市场需求，坚持要素资源市场化改革方向，更好发挥政府作用，加大政策支持力度，促进物流企业升级改造、做强做大。

四是营造一个深度融合、开放共享的“生态圈”。推进物流业与交通运输业、先进制造业、大宗原材料产业、商贸流通业、农业、金融业及相关产业深度融合，锻造产业链、供应链长板，补齐短板。在新发展格局下，坚持新发展理念，促进物流业深度融入现代化经济体系的“生态圈”，满足人民群众追求美好生活的物流服务需求。

五是完善一个适应新格局的政策法规体系。深化“放管服”改革，落实现有各项支持和促进物流业发展的政策措施，切实解决物流企业普遍遇到的土地、融资、税费、交通等难题。采取包容审慎的态度，不断推出支持创新发展的政策举措。逐步建立和完善行业法律法规体系，营造法制化、国际化、市场化、便利化营商环境。加强行业标准、统计、信息、科技、理论研究和人才培养等各项行业基础工作，更好发挥行业协会作用。加强和改进监管方式，推进物流行业治理能力和水平现代化。

（资料来源：中国物流与采购联合会）

任务二　物流系统认知

要领任务

内　容			任　务　指　南
行动目标	知识目标		(1)掌握物流系统的原则、要素及物流系统分析的要点、步骤 (2)了解物流系统的特点及分析内容 (3)熟悉物流系统的模式
	技能目标		能对现有的物流系统进行分析
资料收集任务清单	分　组		(1)自由组合，全班均分为四组 (2)组名自拟(具有物流特色)、组长自选
	资料类型	走进企业	(1)我的企业我的家：中国邮政速递物流股份有限公司宣传视频 (2)中国邮政速递物流股份有限公司官网：关于我们、产品介绍
		走近榜样	我的榜样我的路：张忠海——从“国防绿”到“邮政绿”，平凡人的“不平凡邮路”
		扩展阅读	解码京东的地下物流系统
	要　求		组间资料不重复，熟悉各自资料，凝练成3分钟发言稿，题目自拟

引导案例

马兰拉面的物流系统

马兰拉面——一个中式快餐品牌，不仅在洋品牌林立的国内快餐业领域内取得了不俗的业绩，而且很快就成功地打入了美国市场、欧洲市场和新加坡市场，成为我国餐饮业中的佼佼者。马兰的成功很大一部分原因要归于它规范完善的物流系统设计。科学合理的物流系统保证了企业各个环节的物品供应，使生产、销售能够稳定有序地发展。

1. 物流规划

马兰从建立之初就十分注重物流规划，建有一套完备的物流体系。创建初期，马兰选择了连锁式经营发展模式，克服了传统作坊式生产的弱点，在各连锁店中实行统一配送管理。马兰从原材料产地入手，严抓购货源头。在西北和华北两大牧区建立牛肉生产基地；在兰州和北京建立汤料和面剂生产加工基地；在岷山建立无污染天然调味料种植生产基地；在甘谷建立辣椒生产基地。此外，马兰还建立了花椒、干姜、牦牛肉、筷子等生产基地。在经营管理方面，马兰建立了专门的培训中心，负责对店长、技师进行经营、管理、技术、服务等方面的培训，计划10年之内在国内外建立1万家连锁店。在店堂布置方面，划分出商务区、双人区、单人区和聚会区，将店内的顾客流进行合理疏导，实现分区用餐。

2. 供应物流

马兰在秦皇岛有一个总的物流中心，全国各地的原材料都是从这个物流中心发出的，该中心负责配送面粉、牛肉、汤料、可乐原浆等主要制作原料。原材料首先从各基地运到秦皇岛，经过严格的质量检验后，按重量分装成标准的包装，再由秦皇岛送到各城市的配送点，最后用小货车送抵各连锁店。其中，从秦皇岛发出的配送物品，大部分由公司自己负责，而进入各城市后基本交由第三方物流公司完成。马兰的送货车采用全封闭式的集装箱货车，保证食品的卫生、清洁，防止外界污染。

3. 生产物流

在马兰拉面的生产过程中，几乎每一种产品都有自己独特的工艺流程，每一种产品都要流经不同的加工间，各工序之间有平行、有交错，但无论路径如何、工艺如何，每一碗面始终都是井然有序地按操作规范实现着它的流程。从点菜单到一碗热气腾腾的拉面出锅，平均时间为2分钟。与麦当劳、肯德基等西式快餐相比，马兰的确显得有些不时尚；但从中式食品复杂的加工工艺来讲，马兰的生产速度是一个质的飞跃，也正是这种速度造就了今天成绩卓著的马兰拉面。

4. 销售物流

马兰的生产物流与销售物流只是一窗之隔，几乎没有中途的运输，这也是所有餐饮业的特点。马兰解决等待时间的办法，就是缩短生产物流与销售物流在空间距离上的间隔，加强前台销售人员与后台厨师的联系，前台的销售人员通过玻璃窗，直接可以观察到面条处在生产加工的何种状态，随时可与厨师交流，同时可以反映顾客的特殊需求。在等待时，完成筷子、餐巾纸之类的就餐前准备工作。

5. 回收物流与废弃物物流

马兰的废弃物物流主要分为固体和液体两部分。固体废弃物包括在生产过程中未用完的物料和顾客消费后的剩余物，如菜叶、包装物、用餐后碗中的食物残渣等。不含汤汁的固体废弃物直接扔进垃圾桶中；而含汤汁的固体废弃物要先经过过滤，除去水分后，再把固体废弃物倒掉。同时，对固体废弃物按可回收与不可回收进行分类回收。其中一部分会被收购用来制作饲料。在每个加工间的地面上都有一个地漏，在生产过程中产生的液体废弃物通过这些地漏直接排到下水道。马兰拉面的物流之旅在一桶桶的回收垃圾中结束了。

餐饮业中，一个企业的物流情况从很大程度上决定了企业的命运，它是企业能否做大、做好、做得精彩的关键要素。

（资料来源：根据网络资料改写）

任务分析

物流系统的目的是实现物资的空间效益和时间效益，在保证社会再生产顺利进行的前提条件下，实现各种物流环节的合理衔接并取得最佳的经济效益。它要求每一名物流人都应当具有全局观、系统观。

作为物流管理专业的学生，有必要深入认知物流系统：从物流系统的概念、特点及组成要素认知入手，了解物流系统模式，探寻物流系统分析、物流系统优化方法，从而全面解读物流系统。

知识链接

一、物流系统

1. 物流系统的概念

物流系统是指在一定的时间和空间里，由所需位移的物资、包装设备、装卸搬运机械、运输工具、仓储设施、人员和通信联系等若干相互制约的动态要素所构成的具有特定功能的有机整体。

2. 物流系统的特点

(1)物流系统是一个“人-机”系统。物流系统是由人和形成劳动手段的设备、工具所组成，是物流劳动者运用运输设备、装卸搬运机械、仓库、港口、车站等设施，作用于物资的一系列活动。在研究物流系统时，必须把人和物结合起来作为不可分割的整体加以考虑，并且把发挥人的主观能动作用放在首位。

(2)物流系统是一个大跨度系统。这反映在两个方面：一是地域跨度大；二是时间跨度大。大跨度系统带来的主要问题是管理难度较大，对信息的依赖程度高。

(3)物流系统是一个动态系统。物流系统连接多个生产企业和用户，系统内的要素及系统的运行经常发生变化，所以，物流系统是一个具有满足社会需要、适应环境能力的动态系统。为适应经常变化的社会环境，人们必须对物流系统的各组成部分不断地进行修改、完善，这就要求物流系统具有足够的灵活性和可改变性。

(4)物流系统是一个可分系统。物流系统可以分解成若干个子系统：运输子系统、仓储子系统、装卸搬运子系统、包装子系统、配送子系统、流通加工子系统、物流信息子系统。同时，物流系统在整个社会再生产中又主要处于流通环节中，因此它必然受更大的系统如流通系统、社会经济系统的制约。

(5)物流系统是一个复杂的系统。物流系统要素本身就十分复杂，如物流系统的运行对象——“物”，遍及所有社会物质资源，资源的大量化和多样化带来了物流的复杂化。

(6)物流系统是一个多目标的函数系统。物流系统的总目标是实现宏观和微观的经济效益。但是，系统要素间常存在“效益背反”现象。效益背反是指同一种资源的两个方面处于相互矛盾的关系之中，想要较多地达到其中一个方面的目的，必然使另一方面的目的受到部分损失。例如，在储存系统中，为保证生产需要，必须加大库存，但这增加了流动资金的占用；在运输系统中，选择了最快的运输方式，但使运输成本增加。为此，要建立物流多目标函数，统筹兼顾，在多目标的矛盾运行中，求得物流的最佳效果。

3. 物流系统的要素

(1)物流系统的一般要素。

①劳动者。劳动者是物流系统中最活跃、最具有能动性的要素，也是保证物流得以顺利进行和提高物流管理水平的最关键要素。物流系统的计划、控制、实施都是由人做出的。提高人的素质，发挥人的主观能动性，是建立一个合理化的物流系统并保证其高效运行的根本。

②资金。物流系统的实现离不开资金要素。物流过程是以货币为媒介实现物的交换的过程，也是资金运动的过程。这种资金运动同时贯穿于物流服务过程。

③物。"物"是物流系统中的基本要素，既包括各种物流实体(物流劳动对象，如原材料、成品、半成品、能源等物质条件)，也包括物流系统中的各种设施、装备和工具(物流站、货场、物流中心、物流线路、建筑、公路、铁路、港口，以及各种加工、运输、装卸机械设备及维护保养工具等)。这些都是物流系统中物的要素。

(2)物流系统的功能要素。

物流系统的功能要素指的是物流系统所具有的基本能力，这些基本能力有效地组合、连接在一起，以实现物流系统的目标。一般认为物流系统的功能要素包括运输、储存、包装、装卸搬运、流通加工、配送和信息处理。

(3)物流系统的支撑要素。

①体制、制度。体制和制度决定了物流系统的结构、组织、领导和管理方式，以及国家对物流的控制、指挥和管理方式，是物流系统的重要保障。有了这个支撑条件，物流系统才能确立在国民经济中的地位。

②法律、规章。物流系统的运行，涉及企业或个人的权益问题，法律、规章一方面是限制和规范物流系统的活动，使之与更大的系统协调；另一方面是给予保障，合同的执行、权益的划分、责任的确定都靠法律、规章维系。

③行政、命令。物流系统和一般系统不同之处在于物流系统关系到国家军事、经济命脉，所以行政、命令等手段也常常是支持物流系统正常运转的重要支撑要素。

④标准化系统。实施标准化可保证物流环节协调运行，是物流系统与其他系统在技术上实现无缝连接的重要支撑条件。

(4)物流系统的物质基础要素。

①物流设施。物流设施是组织物流系统运行的基础物质条件，包括物流站、场，以及物流中心、仓库、物流线路(公路、铁路、港口等)。

②物流装备。物流装备是保证物流系统开动的条件，包括仓库货架、进出库设备、加工设备、运输设备、装卸机械等。

③物流工具。物流工具是物流系统运行的物质条件，包括包装工具、维护保养工具、办公设备等。

④信息技术及网络。信息技术及网络是掌握和传递物流信息的物质手段，包括通信设备及线路、计算机及网络设备等。

⑤组织与管理。组织与管理是物流网络的"软件"，起着连接、调运、协调、指挥其他各要素以保障物流系统目的实现的作用。

(5)物流系统的流动要素。

①流体。流体是物流中的"物",即物资实体。

②载体。载体即承载"物"的设备以及这些设备据以运作的设施,如汽车和道路等。

③流向。流向是指"物"的转移方向,有自然流向(由产销关系决定)、计划流向(由商品经营计划决定)、市场流向(由市场供求规律决定)、实际流向(由起点到终点的方向决定)。

④流量。流量是指通过载体的流体在一定流向上的数量表现。

⑤流程。流程是指通过载体的流体在一定流向上行驶的路径的数量表现,理论上可用行驶路径中的最短路径的数量表示。

⑥流速。流速是指物流流动的速度,即通过载体的流体在一定流程上的速度表现。

⑦流质。流质是指流体在流程上运行的质量表现,更多表现为客户的满意度。

(6)物流系统的结构要素。

①物流平台。物流平台包括物流设施平台、物流装备平台、物流信息平台、物流政策平台等几部分,都是物流系统的基本支撑性结构。

②物流运作企业。在支撑平台上运作的,是各种类型的物流企业。可以说,企业是使整个物流系统运动起来的主导力量。

4. 物流系统的模式

物流系统与一般系统一样,具有输入、处理(转化)、输出、限制(制约)及反馈等功能。其具体内容如下:

(1)输入。输入是外部环境对物流系统的输入,主要是通过提供资源、能源、机具、劳动力、信息等手段对物流系统发生作用。物流系统输入的内容有各种原材料或产品、商品,以及生产或销售计划、需求或订货计划、资源、资金、劳动力、合同、信息等。

(2)处理(转化)。物流系统本身的转化过程,即从输入到输出之间所进行的生产、供应、销售、回收、服务等物流业务活动,称为物流系统的处理(转化)。物流系统的处理包括各种生产设备、设施(车间、机械、车辆、库房、货场等)的建设,各物流企业进行的物流业务活动(运输、储存、包装、装卸搬运等),各种物流信息的数据处理,各项物流管理工作。

(3)输出。物流系统的输出,是指物流系统对环境的输出。它是物流系统对环境的直接输出,也就是物流系统与其本身所具有的各种手段和功能对环境的输入进行各种处理后所提供的物流服务。其输出的内容有各种物品的场所转移、各种信息报表的传递、各种合同的履行、各种物流服务。

(4)限制(制约)。外部环境对物流系统施加的一定的约束称为外部环境对物流系统的限制和干扰。资源条件、能源限制、资金量、生产能力、价格影响、需求变化、市场调节、仓库容量、运输能力、政策性波动等对物流系统都有一定限制作用。而外部环境也会因资源条件、能源限制、需求变化、运输能力、技术进步以及其他各种变化因素的影响,对物流系统施加一定的约束。

(5)反馈。物流系统在把输入转化为输出的过程中,由于受系统内外环境的限制(干扰),不会完全按原来的计划实现,使系统的输出未达到预期的目标,需要把输出结果返回给输入环节,进行调整、做出评价,这一过程称为信息反馈。各种物流活动分析,包括各种统计报表、数据、典型调查、工作总结、市场行情信息、国际物流动态等都是物流系统反馈的内容。

5. 物流系统的目标

物流系统作为国民经济的一个子系统,其根本目的是给整个社会经济发展和国民经济运行创造顺畅、有效、低成本的物流条件，保证国民经济不断增长和可持续发展的作用。

物流系统的具体目标包括以下五个方面：

(1)服务。物流系统连接着生产与再生产、生产与消费，因此要求有很强的服务性。这种服务性表现在本身有一定的从属性，要以用户为中心，树立用户第一的观念，保质、保量、及时、准确地满足客户的需要。物流系统采取送货、配送等形式，就是其服务性的体现。近年来出现的准时供货方式、快递方式也是其服务性的表现。

(2)快速、及时。及时性是服务性的延伸，也是流通对物流提出的要求。速度不仅是用户的要求，而且是生产进步的要求。在组织物流活动时，“力求用时间去消灭空间”“把商品从一个地方转移到另一个地方所花费的时间缩短到最低限度”。在物流领域采用的诸如直达物流、联合一贯运输、时间表系统等管理和技术，就是快速、及时这一目标的体现。

(3)节约。物流过程作为“第三利润源”，利润潜力的挖掘主要是依靠节约。节约流通时间、节约流通费用是实现利润的主要方式。在物流领域推行的集约化方式，采取的各种节约、省力、降耗措施都是节约这一目标的体现。

(4)规模优化。由于物流系统比生产系统的稳定性差，因而难于形成标准的规模化模式，使规模效益不明显。以物流规模作为物流系统的目标，以此来追求“规模效益”。在物流领域以分散或集中的方式建立物流系统，研究物流集约化的程度，就体现了规模优化这一目标。

(5)库存控制。库存控制是及时性的延伸，物流系统是通过本身的库存起到对需求的保证作用。但库存过多，需要更多的保管场地，而且会造成资金大量的积压，影响企业的灵活性和麻痹管理人员的思想。在物流领域中正确确定库存方式、库存数量、库存结构、库存分布是实现库存控制这一目标的体现。

二、物流系统分析

1. 基本概念

物流系统分析就是运用科学的分析工具和方法，对系统的目的、功能、环境、费用和效益进行充分的调研、收集、比较、分析和数据处理，并建立若干替代方案和必要的模型，进行系统仿真实验，把试验、分析、计算的各种结果同早先制订的计划进行比较和评价，寻求使系统整体效益最佳和有限资源配备最佳的方案，为决策者的最后决策提供科学依据和信息。

2. 物流系统分析的原则

(1)外部条件与内部条件相结合。物流系统是一个与社会环境紧密联系、开放性的系统。它受到外部社会经济、政策以及科学技术等各方面的制约，随需求、供应、价格等因素的变化而变化。就物流系统内部而言，也会受到各物流功能间的影响和制约。在进行物流系统分析时，要注意对外部环境进行分析，同时也要注意系统内部各环节之间的协调发展，将系统内外的关联因素综合考虑，才能使物流系统在一定的环境中正常运行。

(2)当前利益与长远利益、局部利益与整体利益相结合。在进行物流系统分析时，从当前和长远利益的角度来看，如果物流系统对当前和长远利益都是最优的，那么这个方案是最理想的方案；如果对当前不十分有利，但从长远来看却非常有利，也是一个比较可取的方案。从整体和局部利益来看，如果能保证整体利益和各子系统的局部利益都最大，那么这也是一个很理想的方案。但在实际情况中，这是很难达到的，因为物流各环节之间的相互影响、相互制约以及系统结构要素间的效益背反现象，使得整体利益和局部利益很难都达到最优。因此，在进行物流系统分析时，要在保证整体利益最大的前提下，尽量使每一个子系统都获得最大利益。

(3)定量分析和定性分析相结合。物流活动中的很多问题可以定量化，如成本、费用、运输能力等，而且随着现代应用数学和计算机、网络等高科技手段的广泛运用，物流系统分析越来越精确化，但很多问题却是不能量化、无法计量的，如制度、政策等，以及前面提到的管理活动中人的因素。因此，在进行物流系统分析时，要注意将定量分析与定性分析结合起来。

3. 物流系统分析的基本内容

(1)系统目标。只有目标明确，才能获得最优的信息，才能建立和提供最优的分析依据。这是系统分析的首要任务。

(2)替代方案。替代方案是选优的前提，没有足够数量的方案就没有优化。在分析阶段，可以制订若干能达到已经确定的目的和要求的系统替代方案或备选方案。如建立一个车间物流搬运系统，可以采用输送机、叉车或无人搬运车等不同的替代方案。

(3)模型。模型是根据目标要求，用若干参数或因素对实体物流系统本质的抽象描述，它可以将复杂的问题化为易于处理的形式。即使在实体物流系统尚未建立的情况下，通过对一定模型的分析，也可以求出物流系统设计所需的参数，并据此确定各种制约条件。同时，还可以利用模型来预测各种替代方案的性能、费用和效益，有利于各种替代方案的分析和比较。在物流系统分析中常常采用数字模型和逻辑模型，用以确定物流系统各要素之间的定量关系和逻辑关系，可以预测和分析系统的优化程度及提出改进措施等。

(4)费用和效益。建立一个大系统，需要大量的投资，而一旦建成后可以获得一定的效益。一般而言，效益大于费用的设计方案是可取的，反之是不可取的。

(5)评价标准。评价标准是物流系统分析中确定各种替代方案优先顺序的标准。标准大体包括费用效益性、性能同期比、费用周期比等。有了它，可以对方案进行综合评价，并按不同准则排列替代方案的优先次序。评价标准一般应根据物流系统的具体情况而定，但费用与效益的比较是评价各个方案优劣的基本标准。

4. 物流系统分析的要点及步骤

(1)物流系统分析的要点。在对某个具体的物流系统进行分析时，往往要通过追问一系列的“为什么”来使问题得到圆满的解答。具体来讲，通过下列问题的回答就很容易抓住问题的要点。

①What：项目的对象是什么，即要干什么。

②Why：为何需要这个项目，即为什么要这样。

③When：它在什么时候和什么样的情况下使用，即何时做。

④Where：使用的场所在哪里，即在何处做。

⑤Who：是以谁为对象的物流系统，即谁来做。

⑥How：怎样做才能解决问题，即如何做。

(2)物流系统分析的步骤。

①界定问题。即明确物流系统的性质，划分它的界限、范围。只有明确系统分析的特点，才能进一步确定系统所包含的各种联系，探究问题产生的原因和确定可行的目标。

②确定目标。物流系统分析是针对具体目标展开的，而目标又可以通过某些指标来表达。由于实现系统功能的目的是靠多方面因素来保证的，因此物流系统目标往往有多个。在有多个目标的情况下，要考虑目标的取舍与协调，防止轻视或漏掉一些必要的目标。同时注意目标

的整体性、经济性和目标的约束条件。

③收集资料，拟订方案。收集与物流系统有关的资料和数据，在此基础上拟订出能达到总体目标和符合约束条件的数个替代方案。这些方案在数量上应把所有的可能方案包括在内，特别要避免漏掉最优方案。另外，各个替代方案之间要有原则区别并且相互排斥。

④建立分析模型。在分析的过程中，可依据不同目标，构建出各种不同的物流系统模型。模型能帮助人们了解影响物流系统功能的重要因素及其相互关系，确认这些因素对功能和目标的影响程度，揭示总目标及子目标的达成途径。

⑤用最优化方法解析模型。模型的优化方法因模型类型和性质的不同而不同，通常采用数学模型进行优化。在这一步骤中，利用模型对替代方案产生的结果进行计算和测定，分析参数与变量的情况，记录各种指标达到的程度，并判断系统的参数与变量能否取得最优值或次优值、满意值。

⑥综合评价。综合评价是指利用模型和收集到的其他资料进行综合分析，得出方案的可行性。

这是一次分析过程的几个必要的环节，若决策者对上述方案不满意，则按前面的步骤，对因素进行调整、重新分析；若决策者对方案满意，则实施此方案。

任务实施

1. 讨论

组内自由讨论。

2. 分享

各组推选一名代表与大家分享讨论结果。

3. 评价

教师掌控教学现场，适时进行评价。

4. 定论

物流系统无所不在，缺乏系统的思维，物流运营成本就会很高。认知物流系统，优化物流系统，才能实现各种物流环节的合理衔接，取得最佳的经济效益。

行业链接

构建乡村物流网络系统，让“快递进村”服务乡村振兴

1. 政策加持，给足动力

根据国家邮政局发布的《2019年邮政行业发展统计公报数据》，全行业拥有各类营业网点31.9万处，农村共10.5万处。其中，快递服务营业网点21万处，而设在农村的网点仅有6.5万处。

为畅通城乡经济循环、服务乡村振兴战略，国家邮政局发布《快递进村三年行动方案(2020—2022年)》，明确到2022年底，我国农村快递服务深度显著增强，县、乡、村快递物流体系逐步建立，城乡之间流通渠道基本畅通，农村综合物流服务供给力度明显加大，符合条件的建制村基本实现"村村通快递"的目标。中国快递协会联合邮政EMS、顺丰速运、中通快递、菜鸟网络、阿里巴巴、京东集团等13家快递物流和电商企业共同发出倡议，表示将积极响应和落实《快递进村三年行动方案(2020—2022年)》，同心协力推进"快递进村"。

全国多个省市出台了地方版的《"快递进村"三年行动实施方案》，也都明确了逐年推进工作的目标，以及主要任务和实施路径。

2. 布局下沉，协同行动

京东方面称，新建设的亚洲一号将瞄准新基建下沉，推动智能物流向二到四线城市快速渗透，这也是京东物流未来新基建布局的重要方向。菜鸟也宣布将新一轮提速，加快实现"全国24小时，全球72小时必达"。而百世快递在乡镇、农村共设有2万余个邻里驿站末端服务点，乡镇覆盖率达到93%，辐射至新疆、青海等偏远地区。韵达方面也表示，通过优化农村物流网络布局，将"快递进村"与脱贫攻坚相结合，将"快递进村"与工业品下乡相结合，将"快递进村"与促进农村人员就业相结合，加快拓展建设农村快递网络。作为"快递进村工程"的践行企业，德邦快递已经做完了全国性规划，针对全国乡镇进行分层。

电商平台也在有所动作。苏宁通过其供应链和全渠道全场景优势，仅2019年就将超过1 300万件品质家电、3C、家居类产品带到县镇和农村的消费者家中。而一直主打"农村包围城市"的拼多多，在下沉市场这块可谓赢得盆丰钵满。

在解决快递进村这个"最后一公里"问题上，除了各大企业自我的探索和尝试外，合作联营也成为众多企业的新选择，表现为"邮快合作""快快合作"等多种"进村"模式。

"邮快合作"模式，是在一些地方邮政系统的传统业务萎缩时，通过"邮快"合作，快递公司以乡镇邮政网点为依托，延伸和满足农村快递进村入户需求，而邮政网点也借此增加了服务和收入，也可以减少投递人员因业务量不足空跑、空转的现象，可以说是一种多赢的可行路径。

"快快合作"模式，是近几年推出的下乡进村模式，主要是快递企业一改过去各自设点、分而治之的对立竞争局面，由一个网点共同代理多个品牌，通过统一租赁店面、统一装修、参股运营、统筹结算方式，实现末端共建、成本共担、网络共享。比如中通快递、韵达股份旗下投资公司此前就入股菜鸟旗下物流公司"溪鸟物流"，溪鸟物流被认为是菜鸟布局农村物流的重要担当，也被称为"菜鸟乡村"。

截至目前，这张乡村物流网络系统已经在21个省市500多个县实现升级，并且这张乡村物流网络将与淘宝、天猫、盒马、大润发等平台合作。快递物流在下沉市场展示的远不止速度，更突出的是消费市场增量空间的挖掘，以及城乡经济结构的转变等。

（资料来源：根据网络资料改写）

项目小结

学习任务	认知结果
任务一　物流管理专业前景探究	专业前景光明、肩上责任重大
任务二　物流系统认知	(1)系统观使整体效益最佳 (2)协作精神助力个人发展

实战演练

一、自我测试

1. 单项选择题

(1)物流是(　　)从供应地向接受地的实体流动过程。

A. 物品　　B. 产品　　C. 包装物　　D. 实体

(2)物流活动由运输、仓储、包装、装卸搬运、配送、流通加工、信息等项工作构成,上述构成也常被称做(　　)。

A. 物流要素　　B. 物流活动的基本功能

C. 物流作业活动　　D. 物流价值构成

(3)(　　)是对原材料、半成品和成品等物料在企业内外流动的全过程所进行的计划、实施和控制活动。

A. 物流管理　　B. 物流控制　　C. 物流服务　　D. 物流战略

(4)把节约物流费用而增加的利润称做(　　)。

A. 第一利润源　　B. 第二利润源

C. 第三利润源　　D. 第四利润源

(5)(　　)即承载"物"的设备以及这些设备据以运作的设施。

A. 流体　　B. 流量　　C. 流速　　D. 载体

2. 多项选择题

(1)物流主要是通过创造(　　)来体现其自身价值的。

A. 商流　　B. 物流　　C. 时间价值　　D. 场所价值

(2)物流系统的结构要素有两个主要的组成部分:(　　)。

A. 物流平台　　B. 物流运作企业

C. 物流装备　　D. 物流网络

(3)物流系统是指在一定的时间和空间里,由所需位移的(　　)、仓储设施、人员和通信联系等若干相互制约的动态要素所构成的具有特定功能的有机整体。

A. 物资　　B. 包装设备　　C. 运输工具　　D. 装卸搬运机械

二、小组攻关

思考讨论

(1)古代物流人之职业发展故事分享。请网上搜索:"从仓库管理员到秦帝国总经理的李斯,是如何完成逆袭的?"并阅读相关资料,试分析李斯成就事业的关键因素有哪些。

(2)请网上搜索:"在中国古代,物流是如何存在的?"并阅读相关资料,试简述我国古代物流史。

项目二　解读物流模式

任务一　企业物流认知

受领任务

内　容			任　务　指　南
行动目标	知识目标		(1)掌握企业物流的构成、企业物流合理化的途径 (2)了解企业物流的相关概念、企业物流各种形式的流程及模式 (3)熟悉企业物流各种形式的合理化运作措施
	技能目标		能对企业物流现状进行调研,完成调研报告
资料收集任务清单	分　组		(1)自由组合,全班均分为四组 (2)组名自拟(具有物流特色)、组长自选
	资料类型	走进企业	(1)我的企业我的家:日日顺物流有限公司宣传视频 (2)日日顺物流有限公司官网:主营产品、创客训练营
		走近榜样	我的榜样我的路:日日顺物流场景服务师刘勇——竭尽所能让用户满意
		扩展阅读	丰田公司的准时制管理;奥康鞋业的物流运作模式
	要　求		组间资料不重复,熟悉各自资料,凝练成3分钟发言稿,题目自拟

海尔物流的前世与今生——从企业物流到物流企业的嬗变

1. 前世——企业物流之典范

(1)多元化下的物流需求。在1991—1998年间,海尔先后兼并、收购了多家企业,多元化架构初步形成。产品从几种扩大到50多种,分散在28个产品事业部,不仅涉及各种家电产品,甚至还有医药、数码产品,产业遍及全国。为了消化并购来的产能,捏合成统一的"海尔"品牌,海尔在零部件的采购、成品的仓储和配送方面,急需建立成套的运作体系。

(2)以物流的名义集权。1998年,海尔将把分散在28个产品事业部的采购、分拨和配送统一管理,打破以前金字塔式的组织架构,重组之后实行扁平化管理。同年,海尔成立了独立于其他产品事业部之外的物流推进本部，下辖物流战略、分拨物流等六个部门。海尔集团所有产品本部包括原材料采购到成品配送的管理权限，全部划归物流本部，海尔物流负责配送、售后与电子商务，包括后来成立的呼叫中心。

物流部门内的组织很简单，实行的是"模块管理"。例如包装模块，所有海尔产品的塑料包装、印刷品都归入其中，此外化工、钢铁等主要原材料，都设有专门的模块，实行"扁平化管理"。所谓的"扁平化"，就是一步到部长。这种简单架构的好处在于，将所有产品的采购、销售和生产的核心控制部分划归总部管理，统一了责、权、利。所有可能产生实际账目的原材料采购和产品销售，全部在集团的视野和控制之下。

(3)打造立体库调整海尔战略。1999 年 8 月，海尔第一座立体库落成，通过这个立体库，在从原材料的采购到成品的配送全过程中实行"零库存"，消灭呆滞物资。以此为标志，物流开始成为调整海尔战略的一个重要棋子。

与此同时，在大连等地建立 7 大生产基地的同时，海尔的产品配送网络也铺向各省会城市，逐步形成了以 42 个物流配送中心为基础的网络流通平台。海尔通过这条日趋磨合成熟的"流程生产线"，把更多的新产品源源不断地推向市场。

(4)助力海尔国际化战略。1999 年，海尔在德国科隆举行的世界家电博览会上，得到了国际市场的认可。对于海尔的国际化战略，海尔物流也起到了不可低估的作用。

(5)涉水第三方物流。2000 年左右，海尔开始涉水第三方物流，当时承接的第一个项目是为北京的一家合资 IT 企业做计算机产品的仓储和配送业务，之后海尔物流开始扩大业务范围，与李锦记、张裕、伊利等客户先后洽谈和签订了第三方合作的合同。

2. 今生——快递界的新黑马

青岛日日顺物流有限公司是国家 5A 级物流企业和 3A 信用企业，于 2000 年成立，依托先进的管理理念和物流技术、整合全球的一流网络资源，建立了四网融合的核心竞争力。

(1)三次转型提升服务能力。日日顺物流的发展主要经历了三个转型阶段，即从一开始的企业物流到物流企业，再到平台企业，刚开始公司只是一家为海尔提供物流服务的企业，在此后的发展过程中逐渐摆脱依赖海尔业务的模式，走向自主运营，走向平台化。目前，日日顺物流已经从物流企业再次升级为平台企业，与 TCL、乐事、喜临门等多家企业都建立了合作关系，为家电、家具、健身器材等客户提供全品类、全渠道、全流程及一体化的"三全一体"物流服务。

(2)背靠阿里和海尔品牌，价值超 300 亿元。2013 年，阿里巴巴入股日日顺，成为了日日顺的第二大股东，而日日顺在这几年的双 11 也为天猫做出了很大的贡献，每年的第一单大件物流都是日日顺送达。根据山东独角兽企业公示榜单显示，其估值已达约合人民币 300 亿元。

(3)行业标准话语权奠定智慧物流地位。2017 年，日日顺物流启用了全国首个大件智能化无人仓，成为国家智能化仓储物流示范基地之一。近年来，日日顺物流参与制定了多项国家标准和团体标准，2020 年末更是牵头主导制定了《智慧物流服务指南》。日日顺物流在智慧物流领域的标准化探索，也让其成为 IEEE 国际标准制定的牵头者。

(资料来源：根据网络资料整理)

任务分析

在企业经营活动中，物流无处不在，实现企业物流的合理化运作是现代企业物流管理的重要内容。认知企业物流，应从企业物流概念、企业物流系统的构成要素入手，逐一探求供应物流、生产物流、销售物流及逆向物流的合理化运作途径。

一、企业物流系统

1. 企业物流

(1)企业物流概念。企业物流是在企业经营范围内由实体产品生产和服务活动形成的企业内部物品的流动。

(2)现代企业物流管理的特征。

①现代企业物流管理是系统整合的协作物流，以企业整体最优为目的。从商品供应体系的角度来看，现代物流不是单个生产、销售部门或企业的事，而是包括供应商、批发商、零售商等关联企业在内的整个统一体的共同活动，从而使物流管理成为一种供应链管理。从供应链战略管理的角度出发，现代物流管理指挥着跨企业组织的物流作业，通过强化流通过程中所有企业的关系，以实现产品供应链全过程的价值和经营行为的最适化。

②现代企业物流是客户服务物流，客户服务是物流管理创新的原动力。传统物流认为物流是“内部事务”，只对组织体内部产生影响，其服务对象是组织内部的生产或销售部门；现代物流认为物流是“外部事务”，其服务对象是组织体外的顾客。与此相适应，企业经营理念的核心已从产品制造转向市场营销和客户服务。企业的物流活动也以客户服务为价值取向，同时向生产过程的上下游延伸，通过提供顾客所期望的服务，在积极追求自身交易扩大的同时，强调实现与竞争者顾客服务的差别化。

③现代企业物流管理依靠高度发达的信息网络和全面、准确的市场信息，实现企业各自的经营目标和实现整个供应链的效率化。信息已成为物流管理的核心，现代物流活动必须及时了解和反映市场的需求，并将之反馈到供应链的各个环节，才能保证生产经营决策的正确和再生产的顺利进行。

(3)企业物流合理化的途径。

①物流系统的合理分析和设计。在分析与设计物流系统时，必须遵守以下三条原则：首先，物流系统是一个开放式的动态系统，与外部环境紧密相连，其内部各子系统的功能也存在着相互制约和影响，因此必须内外兼顾，综合分析；其次，由于在系统中存在“效益背反”的情况，整体和局部利益不能够同时最大化，因此要在保证各子系统一定局部利益的同时，确保整体利益最大；最后，必须在定性的基础上，将一些问题尽量定量化、精确化。

要使得物流系统能够沿着服务于企业总体的目标方向达成系统的目标要求，必须要利用科学的分析工具、计算方法，从全面综合的角度，对物流系统的目标、功能、环境、费用及效益等进行一系列的分析，使得系统运行后能够达到子系统间的良好协作，最终获得整体效益的最大化。

②物流作业及信息系统的改进。正确的物流系统的定位和设计，必须要有各个系统功能在现实中的支撑。在运输、保管、搬运、包装、流通加工等作业中使用各种先进的技能和技术，提高物流作业的省力化、机械化、自动化水平，并使生产据点、物流据点、输配送路线、运输手段

等网络化，以提高物流活动的效率；在保证订货、进货、库存、出货、配送等信息通畅的基础上，使通信据点、通信线路、通信手段网络化，提高物流作业系统的效率；充分利用先进的信息管理和控制技术，使信息的无缝连接成为可能，更好地实现对于实时信息的共享和应用，更有效地提高企业物流运作的效率和衔接的有效程度，实现物流系统的效率最优化。

③物流管理系统的改进。要提高企业物流的效率，进一步增强企业的竞争力，首先必须从企业的物流管理思想上进行根本的转变。要将分散的、各部分孤立运转的物流系统逐步转化为整体的、集中的、统一计划控制的一体化物流系统；将仅完成各个过程的单项任务的封闭型管理向具有较强应变能力和极快反应速度的开放型管理系统转变；将传统的、被动的、局部的、操纵型的管理系统向决策型的管理方向发展；充分利用现代计算机管理系统，增强流程间的衔接，提高效率，并争取实现实时管理、零延迟。

④物流管理人才的配备。无论多先进的系统也要由人来从中协调和控制，更何况物流系统的系统化、一体化、现代化是一个复杂的过程，各物流活动广泛而又复杂，因此，配备高度专业化的物流管理人才是必要的。管理人员要能够充分利用MIS(管理信息系统)及DSS(决策支持系统)，以便能及时掌握变化的物流信息，能够对信息的需求立即响应，即实现一种"实时"物流管理的状态。

2. 企业物流系统

(1)企业物流系统的概念。企业物流系统是指由企业中各物流要素组成，要素间存在着相互联系并能使企业物流总体功能合理化的有机体。企业物流系统是社会经济大系统的一个子系统。

(2)企业物流系统的构成要素。

①垂直结构。企业物流系统通过管理层、控制层和作业层三个层次的协调配合，实现企业物流的总体功能。

• 管理层：其任务是对整个企业物流系统进行统一的计划、实施的控制，主要内容包括企业物流系统战略规划、系统控制和成绩评定。

• 控制层：其任务是控制物料流动过程，主要内容包括订货处理与顾客服务、库存计划与控制、生产计划与控制、物料管理、采购等。

• 作业层：其任务是完成物料的时间转移和空间转移，主要包括发货与进货运输、装卸搬运、包装、保管、流通加工等具体业务工作。

②水平结构。根据物流活动发生的先后次序，可将其划分为四部分。

• 供应物流：包括原材料、零部件、半成品等一切生产经营所需物品的采购、进货、运输、仓储、库存管理与控制和供料及其管理活动。

• 生产物流：包括生产计划与控制、厂内运输(搬运与配送)、在制品仓储与管理等活动。

• 销售物流：包括产成品的库存管理、销售物流网络建设与管理、仓储发货运输、订货处理与顾客服务等活动。

• 逆向物流：包括废旧物料、边角余料等回收利用及各种废弃物的处理。

二、供应物流

1. 概念

供应物流是指为生产企业提供原材料、零部件或其他物品时，物品在提供者与需求者之间的实体流动。

2. 供应物流的基本任务和作用

(1)基本任务。企业供应物流的基本任务是保证适时、适量、适质、齐备成套、经济合理地供应企业生产经营所需要的各种物资,并且通过对供应物流活动的科学组织与管理,运用现代物流技术,促进物资的合理使用,加速资金周转,降低产品成本,使企业获得较好的经济效益。

(2)基本作用。

①节省成本。在现代 OEM(委托他人生产的合作方式,简称代工)状态下的制造业,原料成本占合同加工总成本的 50%以上,库存管理和物料输送占 10%,因此,供应物流成本对制造业的经济核算是首要的。

②保障供给。在物流快速反应的要求下,经库存后的物品应按生产流程和物品需求计划准确地输送到生产线或工作场所。

3. 供应物流基本流程

供应物流一般包括以下三个阶段:

(1)组织采购、取得资源。取得资源是完成所有供应活动的前提条件。取得什么样的资源,要由核心生产过程决定,同时也要按照供应物流可以承受的技术条件和成本条件来进行决策。物资的质量、价格、信誉和供应的及时性等都是重要的考虑因素。

采购是根据企业经营的物料需求制订采购计划,完成采购订单的活动。采购是社会物流与供应物流的衔接点。采购承担着市场资源信息的收集和反馈。

"适质、适量、适价、适时"是物资采购的基本目标。

(2)组织到厂物流。取得的资源必须经过物流才能到达企业。在物流过程中,往往要反复运用装卸搬运、存储、运输等物流活动才能使取得的资源到达企业,可以由企业、社会公共物流部门或第三方物流企业来完成。

(3)组织厂内物流。厂内物流通常由企业自己承担,企业的仓库是内外物流的转换结点。在准时生产制下,企业物资直接运送到生产线或生产车间,但是能够实现这种生产方式的企业很少,绝大多数的生产资料都不能在到达企业时就投入生产,而是要经过短暂的在库存储,然后在适当的时间通过企业的搬运系统进入企业的生产过程。

4. 供应物流的模式

(1)委托社会销售企业代理。委托社会销售企业代理也称供应商代理形式,即供应商或社会销售企业送货上门。生产企业可免除物流活动,供应商利用熟悉的物流渠道,对生产企业进行供应服务,并不断增加服务的内容,与生产企业结成战略联盟。这种方式存在的主要问题是销售方的物流水平可能有所欠缺,有时候很难满足企业供应物流高水平化、现代化的要求。

(2)委托第三方物流企业代理。委托第三方物流企业代理是在企业完成了采购程序之后,由销售方或者生产企业委托专业物流公司从事送货或者提货的物流活动。这种方式将逐渐成为供应物流的主流模式。

(3)企业自供、外委与外协。企业自供物流方式即企业上一生产环节的产品作为下一生产环节的原材料供应。外委是指在企业中将整个半成品都委托给外部单位加工,自己只出原材料。外协是指企业对原料进行一部分的加工,然后再将某些工序拿出去,委托外面加工,属于工序协作。通常由生产企业向外协厂提供所需产品的技术图纸以及品质要求,由外协厂组织生产、供应,以满足企业生产需要。

(4)供应链供应方式。供应链体系将物料供应商、生产商、储运商、分销商及消费者组成供需物流网络链，供应商和企业将结成最高层次的动态联盟，在互利互惠、信息共享、风险共担和相互信任的原则下，建立长期的供应合作关系。供应链供应方式主要有 JIT 供应模式、即时供应模式和零库存供应模式等。

三、生产物流

1. 概念

生产物流是指原材料、外购件、半成品、产成品在生产过程中，按照工艺流程在各个生产加工地点之间的实体流动。

2. 生产物流的作用

(1)保障生产过程连续运行。在生产规模较小、技术水平较低、生产节奏较慢的情况下，生产物流只是作为生产制造的附属活动存在。在现代生产制造高技术、大规模、快速化的状态下，生产物流与生产过程相伴随，以生产物流的系统化、柔性化保障生产流程的顺畅运行。

(2)降低生产制造成本。加工制造花费的时间与物流活动占用的时间有一定的比例：原材料制造型的制造加工时间与物流活动各占一半；物品加工型的加工时间占 10%～20%，物流活动时间占 80%～90%。由于物流活动的时间消耗比制造加工时间消耗还多，故生产物流对总体生产成本影响较大。在技术先进、生产流程复杂的大规模制造企业中，将按照规模经济的原则，增加生产物流的投资。在生产物流系统中采用自动化立体仓库，配置顺畅与快速的物料运行路线、自动导引运料车、自动上下料传输设施等，可以减少生产物流的时间成本，降低总体制造成本。

3. 生产物流主要环节

(1)生产物料存储。生产物流开始于生产所需原材料的生产前存储，它保证了生产工序对原材料的连续性消耗。生产物料存储地点越接近加工地点，生产物流的时间成本越低。

(2)生产转换过程。该过程是生产物料到产成品的转换过程，也是企业生产工艺流程的全过程。在这一过程中，生产物流系统需要进行生产物料的出库、装卸、搬运和产成品的入库。生产物料及在制品的流动与企业生产的工艺流程有关，不同的生产工艺对应不同的物料流动。企业的共同目标都是追求物料运行的高效率和低成本。

(3)产成品存储。产成品在进入销售环节之前需要进行短暂的存储，其目的是实现产品的时间效用，调整产品供给与需求的时间差。按订单生产的企业，在准时供应制生产下的企业，也要对产品进行短暂的停留，获得产品销售前的集中运输和大批量包装的规模效应。

4. 生产物流合理化

生产物流的作用表现为对产品价值提升的时间效用和空间效用。生产物流的时间效用主要通过生产物流过程中的存储功能体现，而空间效用主要通过装卸搬运的合理化实现。

5. 现代生产物流解决方案

(1)MRP。MRP(Material Requirement Planning，物料需求计划)是指根据产品结构各层次物品的从属和数量关系，以每个物品为计划对象，以完工时期为时间基准倒排计划，按提前期长短区别各个物品下达计划时间的先后顺序，是一种工业制造企业内物资计划管理模式。

MRP 的主要内容包括客户需求管理、产品生产计划、原材料计划以及库存信息。其中客户需求管理包括客户订单管理及销售预测，即将实际的客户订单数与科学的客户需求预测相结合能得出客户需要什么以及需求多少。

(2)ERP。ERP(Enterprise Resource Planning,企业资源计划)是指建立在信息技术基础上,以系统化的管理思想,为企业决策层及员工提供决策运行手段的管理平台。

(3)JIT。JIT(Just In Time,准时制生产)又称为无库存生产方式,是指将必要的零件以必要的数量在必要的时间送到生产线,并且只将所需要的零件,以所需要的数量,在正好需要的时间送到生产线。这是为适应消费需要多样化、个性化而建立的生产体系及为此生产体系服务的物流体系。

准时制生产于20世纪50年代首创于日本丰田汽车公司,后被广泛应用于日本汽车和电子工业。JIT管理为日本企业生产高质量、低成本的产品提供了保证。准时制物流是伴随制造业准时制生产而产生的,随着准时制生产的发展与普及,准时制物流得到了迅速发展与广泛应用。

(4)LP。LP(Lean Production,精益生产)是指及时制造,消除故障,消除一切浪费,向零缺陷、零库存进军。

它通过系统结构、人员组织、运行方式和市场供求等方面的变革,使生产系统能很快适应用户需求的不断变化,并能使生产过程中一切无用、多余的东西被精简,最终达到包括市场供销在内的生产各方面最好的结果。

精益生产的特点是拉动式准时化生产。它以最终用户的需求为生产起点,强调物流平衡,追求零库存,要求上一道工序加工完成的零件立即可以进入到下一道工序,由看板传递下道工序对上道工序的需求信息。生产节拍可以由人工干预、控制,重在保证生产中的物流平衡(对每一道工序来说,即为保证对后道工序供应的准时化)。由于采用拉动式生产,生产中的计划与调度实质上是由各个生产单元独立完成,在形式上不采用集中计划,但操作过程中生产单元之间的协调极为必要。

四、销售物流

1. 销售物流的概念

销售物流是指企业在出售商品时物品在供方与需方之间的实体流动。销售物流是企业物流系统的最后一个环节,是企业物流与社会物流的衔接点。

2. 销售物流的模式

(1)生产企业自己组织销售物流。生产企业自己组织销售物流,实际上是把销售物流作为企业生产的一个延伸或者看成生产的继续。

(2)第三方物流企业组织销售物流。生产企业将销售物流外包,将销售物流社会化。此模式最大的优势在于:第三方物流企业可以向很多生产企业提供物流服务,因此可以将企业的销售物流和企业的供应物流一体化,可以将众多企业的物流需求一体化,采取统一的解决方案,由此实现专业化和规模化。在网络经济时代,这种模式是一种发展趋势。

(3)用户自己提货。即将生产企业的销售物流转嫁给用户,变成了用户自己组织供应物流的形式。对销售方来讲,已经没有了销售物流的职能。此模式在计划经济时期广泛采用。

3. 销售物流的过程

销售物流的第一个环节是订单管理,即在客户接受报价后就开始处理销售订单,根据销售订单实施其他物流业务:若有库存,则生成产品提货通知单,物流配送部门根据提货通知单生成物流配送单,进行销售运输、组织配送等;若没有库存,生成产品需求单(包括采购单),再把信息传递给生产物流管理系统或供应物流管理系统,要么自己组织生产,要么对外采购,最后将销售产品运达用户处。

4. 销售物流服务的构成要素

销售物流服务是指企业向客户提供及时而准确的产品输送服务，是一个广泛满足客户的时间和空间效用需求的过程。

销售物流服务由订货周期、可靠性、信息渠道、方便性等要素构成。

(1)订货周期。订货周期即客户从确定对某种产品有需求到需求被满足之间的时间间隔，也称为提前期。时间越短，则企业销售物流管理水平越高。

(2)可靠性。可靠性是指根据客户订单的要求，按照预定的时间，安全地将订货送达客户指定的地点。可靠性通过备货时间的可靠性、安全交货的可靠性以及正确供货的可靠性来保证。

(3)信息渠道。同客户保持信息沟通是监控客户服务可靠性的手段。沟通是存在于整个销售物流过程中供方与需方的商务交流。卖方必须把关键的服务信息传递给客户，以使客户及时做出必要的调整；而客户需要了解装运状态的相关信息，如询问有关装运时间、运输线路等情况，以制订运行计划。因此，沟通是双向的，沟通渠道必须保证畅通。交流方式应多样化，包括电话、常规通信、电子邮件和 EDI，以及必要的面对面沟通。

(4)方便性。方便性就是服务必须灵活，对不同客户的不同需求，应通过不同的物流服务方式实现客户的最高满意度。管理者必须将方便性因素摆在适当的位置，销售方便性建立在成本基础上，对目标客户应提供最大的经营与便利。

5. 销售物流合理化

销售物流管理的目标是追求销售物流的合理化。在具体开展经营活动时要做到以下六个方面：

(1)准确发送商品。在适当的交货期，准确地向客户发送商品。

(2)减少商品缺货。尽量满足客户的订单需求，减少商品缺货。

(3)合理设置仓库和配送中心。仓库和配送中心设置过少，不能及时满足客户的订货需求，但设置过多，会增加成本，因此，应权衡利弊，合理设置仓库和配送中心。

(4)实现运输、库存、配送等环节的合理化作业。要进行合理运输，即在一定条件下，以尽可能快的速度、尽可能低的成本、尽可能大地利用运输工具的容积和载重来组织运输。在选择运输方式时，应尽量减少中转环节。

库存的增加会提高客户服务的水平。但是当客户服务接近某种程度时，所需的库存开始加速增长，随着库存的增长，库存的费用也在加速增长，所以必须加强库存管理，使增加的库存成本能够通过高水平的客户服务所带来的利润增加进行补偿。

销售物流配送服务的管理，就是对企业销售物流配送全过程的所有环节，包括进货、储存、分拣、配货、分置、装配、送达等实施科学管理，实现配送的合理化。

(5)维持合理的物流费用。提高物流服务水平，会增加物流费用，因此，应设法维持合理的物流费用。

(6)从订单到发货全程保持信息畅通。在销售物流的整个流程中，自始至终都存在着信息的流动。在实际运作中，若要以最小的成本提供快速、及时、高效、优质的物流服务，就必须运用互联网和信息技术，形成一种以信息为中心的供需对应型的销售物流管理模式，以快捷的速度通过对信息的共享，及时捕捉市场信息，抓住市场机会。

五、逆向物流

1. 概念

逆向物流是通过计划、实施与控制物品从消费地向生产地的经济性流动过程，以实现对逆向流动物品的适当处置和价值回收为目的。

逆向物流的流向与常规物流相反，它包括已销售物品的退货、已使用物品有用物部分的回收，以及对废弃物的处理。

2. 作用

(1)提高顾客价值，增加竞争优势。在买方市场环境下，企业要保证顾客在整个交易过程中的满足感，应采取宽松的退货政策，改善供需关系，促进企业间的战略合作，强化整体的竞争优势。

(2)节省资源成本。对已使用物品中的有用物回收，可以大大节省新资源的消耗。对废旧物品回收加工可以降低企业的物料成本，还可以缓解资源短缺引起的供需矛盾。

(3)保护环境。对有用物品回收与废物的处理，可减少产品对环境的污染。

3. 逆向物流运行的内容

逆向物流分为三部分：退货产生的回收物流、有价值回收的再生资源物流、无价值废弃物物流。

(1)回收物流。回收物流指由于产品质量或物流过程中造成的货损，以及顾客的合理退货。

退货包括产品和包装物。退货是将产品送回供应商，进行修理和再销售，或者把产品做报废处理，回收其中的有用部分。退货产品大多并未丧失使用价值，可以采取综合开发方式继续实现它的使用价值，如开辟新的市场。对退货也可以作为募捐用途，发挥其应有的作用。包装物一般可做再循环使用。

(2)再生资源物流。再生资源物流指对有价值物品和资源的回收加工活动。所有非一次性资源均有再生价值，特别是废金属、废纸和废玻璃器具。

有价值回收的再生资源物流的方式主要有以下几种：

①以废汽车为代表的拆解及破碎分选物流技术。

②以废玻璃瓶为代表的回送复用技术。

③以废纸为代表的收集集货物流技术。

④以粉煤为代表的联产供应物流技术。

(3)废弃物物流。废弃物物流是将完全无价值的废料进行收集与分类包装，送到专门场所处理的物品实体流动。废弃物物流主要有以下四种处理方式：废弃物掩埋、焚烧、垃圾堆放、净化处理加工。

废弃物物流的合理化必须从能源、资源和生态环境保护三个战略高度综合筹划，形成一个将废弃物的所有发生源包括在内的广泛物流系统。

任务实施

1. 讨论

组内自由讨论。

2. 分享

各组推选一名代表与大家分享讨论结果。

3. 评价

教师掌控教学现场，适时进行评价。

4. 定论

企业物流是在企业经营范围内由实体产品生产和服务活动形成的企业内部物品的流动。企业物流的过程从原材料供应开始，经过生产和服务的加工，到产成品和服务产品的销售，最后将生产与消费过程中产生的废物回收及再处理，实现了企业物流从输入到转换，再到输出，然后资源再生反馈的整个系统运行。

一个适合企业的良好运作的物流系统，能够更好地实现服务于企业的生产与销售，大大降低成本，并提高顾客服务水平，创造顾客价值的目的。

行业链接

日日顺物流的“创客训练营”

2020 年 11 月 28 日至 29 日，由中国物流学会与日日顺物流共同主办的第五届日日顺物流创客训练营创业创新集训——“C 轮训”环节在广东省佛山市举行。本次比赛自 2020 年 6 月初正式启动，从“种子集”、“天使学”、“A 轮研”、“B 轮创”到“C 轮训”，历时 6 个月的时间。

“日日顺物流创客训练营”由中国物流学会与日日顺物流联合主办，是首个大学生社群交互的创业创新共创平台，以激发创新思维、激励创业行动、激活创客梦想为宗旨，以居家大件物流行业及用户的“痛点”为出发点，围绕“物联网场景迭代”、“触点网络体验升级”和“管理创新”三大方向设置若干创业课题，进行创业创新，圆在校大学生创业梦想！

截至目前，日日顺物流创客训练营已覆盖全国 500 多所知名高校，累计输出创业课题 216 项，孵化创业项目 101 个，申请国家专利 40 项，吸引 268 位大学生转化为创客。其本身也成为足以影响物流行业发展方向的创业创新生态共创平台，激发大学生创客的创新活力，推动创业创新生态迭代。

（资料来源：根据网络资料整理）

任务二 第三方物流与第四方物流认知

受领任务

内 容	任 务 指 南	
行动目标	知识目标	(1)掌握第三方物流的运作模式、第三方物流决策 (2)了解第三方、第四方物流的概念、特点以及第三方物流的发展现状 (3)熟悉第三方物流与第四方物流的关系
	技能目标	能帮助企业做出正确的第三方物流决策

续表

<table>
<tr><th>内　容</th><th colspan="3">任　务　指　南</th></tr>
<tr><td rowspan="5">资料收集任务清单</td><td colspan="2">分　　组</td><td>(1)自由组合,全班均分为四组
(2)组名自拟(具有物流特色)、组长自选</td></tr>
<tr><td rowspan="3">资料类型</td><td>走进企业</td><td>(1)我的企业我的家:宝供物流企业集团有限公司宣传视频
(2)宝供物流企业集团有限公司官网:宝供世界、社会贡献</td></tr>
<tr><td>走近榜样</td><td>我的榜样我的路:从宝供走出的资深职业经理人肖见——坚韧有爱,物流无忧</td></tr>
<tr><td>扩展阅读</td><td>(1)第三方物流在发达国家的应用
(2)飞利浦的第四方物流</td></tr>
<tr><td colspan="2">要　　求</td><td>组间资料不重复,熟悉各自资料,凝练成3分钟发言稿,题目自拟</td></tr>
</table>

第三方物流的符号

一个企业,按照过去的理解,首先要有厂房、车间和仓库,然后还要有自己的运输队伍。如果要保证生产流程正常运转,如此构建已经算是最“简单”的了。然而,戴尔作为IT业界的一个“另类”,它所拥有的只有厂房。其他的一切都是由第三方物流企业来代劳的。正因为如此,它才能按照消费者的需求制造产品,然后在很短的时间里把成品送到消费者的手里。

1. 第三方物流可以是减号

成本,是第三方物流可以减掉的第一个部分。现在土地价格飞涨,哪个企业还敢把钱投入到买地建仓库上?租用一个仓库,由专门的人员来进行管理,这个成本自然就下来了。

时间,是第三方物流能减掉的另一个部分。现在的企业,除了拼技术、拼价格之外,还要拼速度。谁反应快,谁就有更多的机会。第三方物流能够按照经销商的需求迅速做出反应和配送,也能按照制造方的需求快速地提供原材料的配送。这一来一往的时间缩短,就可以为企业带来更多的空间。如果都由企业自己安排,专业保证尚且不说,光是人力物力的花费就不可小视。

2. 第三方物流可以是加号

第三方物流可以使企业增值。物流业界有个统一的认识,现在做物流最好做的是仓库。因为大多数企业都能明白用人家的仓库比自己的省钱,所以仓库总是满的。但是,说到运输和配送管理就不是每个企业都能理解的了。一位业内人士说,很多企业理解的第三方物流就是“把仓库和车队都不要了,用你的”。目的就是省钱。应该说,节约成本是第三方物流的最重要优势,却不是唯一的优势。第三方物流存在的最重要理由就是让更专业的物流企业来为制造企业服务,让物流成为企业增值的另一个渠道。

3. 第三方物流可以使企业竞争力增强

现在有不少物流企业开始为客户做KPI的绩效分析,也就是通过客户的供求关系分析来得出企业的发展现状,并为其找出问题。比如,通过近几个月的数据分析,物流公司可能会告诉你,这个经销点的要货量之所以持续萎缩,是因为产品得不到当地的认同,还是因为这个经销点的设立有问题;又如,可能它会分析出这个产品在华南走得比较好,但是在华北就不行。

客户可以通过这些反馈来调整自己的战略。这些都是物流的增值服务，也是传统意义上的运输所不可能涵盖的。另外，第三方物流可以让企业把更多的精力放到产品研发和销售上来，这样的资源重新分配自然也能对企业竞争力的增强起到积极的作用。

4. 第三方物流可以为投资环境加分

从大环境来说，一个地区的物流环境直接影响着该地区吸引外资的能力。很多大企业到一个地方谈投资项目，就会询问当地有没有成熟的物流公司，因为它们知道，物流的成熟程度也在一定意义上反映了这个地区的经济发展程度。从这个角度说，第三方物流也可以为投资环境加分。

5. 第三方物流还应是省略号

物流的发展是一个社会大环境发展的缩影和表现。社会没有发展到那一步，物流自然不会超前发展。所以，第三方物流的发展也应该是一个社会发展的表现，目前物流企业所能做的就是要不断完善自身，以适应企业的专业化、个性化发展需求。从这个意义上说，第三方物流还真是一个省略号，它跟随着社会的发展和企业的进步而进步，在发展道路上没有终点。

（资料来源：根据网络资源整理）

任务分析

第三方物流自20世纪80年代在欧美等工业发达国家出现以来，以其独特的魅力受到了企业的青睐，并得到迅猛发展，被誉为企业发展的"加速器"和21世纪的"黄金产业"。第四方物流作为一种全新的物流运作模式，近年来在国内外也得到一定程度的发展，为此，我们有必要深入解读第三方物流与第四方物流，在价值探寻、模式与策略认知、发展对策探求中揭开第三方物流与第四方物流的神秘面纱。

知识链接

一、第三方物流

1. 第三方物流的概念

第三方物流（Third Party Logistics，3PL）是指由供方与需方以外的物流企业提供物流服务的业务模式。

"第三方"这一词是相对"第一方"发货人和"第二方"收货人而言的。物流服务公司在货物的实际物流链中并不是一个独立的参与者，而是代表"第一方"或"第二方"来执行的。

2. 第三方物流的特点

(1)第三方物流是合同导向的一系列服务。第三方物流是契约式的物流服务，依据双方签订的合同条款来提供规定的物流服务。

(2)第三方物流与客户之间是战略合作伙伴关系。第三方物流是由于企业致力于发展核心竞争力、避免非核心业务分散精力资源而寻求战略合作伙伴关系而产生的。第三方物流企业通过与客户签订一定期限的物流服务合同而建立起稳定的联盟，物流经营者根据合同的要求，提供多功能直到全方位一体化的物流服务，并以合同来管理所有提供的物流服务活动及其过程，最终保证客户物流体系高效率运转和不断优化供应链管理。因此，第三方物流企业与客户之间是战略合作关系。

(3)第三方物流是以现代信息技术为基础的物流服务。第三方物流的一个最大的特点是依托信息化网络技术。第三方物流在现代信息技术支持下可以使物流数据更快捷、准确地传递，提高了仓储、装卸、采购、配送、订单处理等物流作业的自动化水平，使进货、储存、流通加工、包装、运输实现了一体化运作。同时，客户可以更方便地使用信息技术与第三方物流企业进行交流与协作，从而保证了物流系统的高效运行。

(4)第三方物流是专业化、个性化的物流服务。专业化运作是降低成本、提高物流水平、经济效益大幅度提高的运作方式。第三方物流企业熟悉物流市场的情况和物流活动的运作，具有专业化的物流设施和信息手段、固定的客户关系网和专业的物流人才，所以能提供专业化的物流服务。

随着物流市场需求的多样化、个性化，不同的物流消费者要求提供不同的物流服务。第三方物流服务者可以按照客户的业务内容为客户量身定制个性化的物流方案，为客户提供有针对性的服务，满足客户的个性化需求。

(5)第三方物流企业具有规模效益。规模效益是第三方物流的一个最重要的效益源泉。第三方物流企业最基本的特征是集多家企业的物流业务于一身。物流业务规模的扩大，可以让企业的物流设施、人力、物力、财力等资源充分利用，发挥效益；有的还可以采用专用设备、设施，提高工作效率；甚至可采用先进的技术，跟高科技接轨，跟全国，甚至全世界接轨，取得超级效益。

(6)第三方物流具有系统协调能力。系统协调是指第三方物流公司在自己所占有的供应商群及其各自的客户群中进行的协调活动，这些协调活动包括：

①联合调运活动。打破各个供应商、各个客户群之间的界限，在这些供应商、客户之间统一组织运输。

②联合配送活动。打破各个客户群之间的界限，统一组织配送，即进行联合配送。

③调剂供需活动。在系统内部调剂供需，因为掌握了众多的供应商及其各自的客户群，相互间可能会有互为供需的关系，通过协调，促使其形成新的更合理的供需关系。

④实行批量化作业。对诸如订货、质检、报关、报审等作业可以统一批量进行。

这种协调效益是第三方物流企业最主要的效益源泉。

3. 第三方物流的价值

(1)降低经营成本。物流成本通常被认为是企业经营中较高的成本之一。采用第三方物流，企业可以不再保有仓库、车辆等物流设施，对物流信息系统的投资可以转嫁给第三方物流企业来承担，从而降低投资和运营物流的成本；减少直接从事物流的人员，从而降低工资支出；提高单证处理效率，从而减少单证处理费用；加强库存管理控制，从而降低存货水平，削减存储成本。

据美国权威机构统计，通过第三方物流公司的服务，企业物流成本下降了11.8%，物流资产下降了24.6%，办理订单的周转时间从7.1天缩短为3.9天，存货总量下降了8.2%。

(2)提高服务质量。第三方物流企业利用信息网络和结点网络，能够加快对顾客订货的反应能力，加快订单处理，缩短从订货到交货的时间，进行门到门运输，实现货物的快速交付，提高顾客满意度；通过其先进的信息和通信技术，可加强对在途货物的监控，及时发现、处理配送过程中的意外事故，保证订货及时、安全送达目的地，尽可能实现对顾客的承诺。产品的售后服务、送货上门、退货处理、废品回收等也可由第三方物流企业来完成，保证企业为顾客提供稳定、可靠的高水平服务。

(3)分散企业风险。企业自己运作物流，面临两大风险：投资风险和存货风险。通过第三方物流，企业无须建立仓库、购买车辆，从而规避投资风险；第三方物流的专业化配送使存货流动速度加快，企业因此可以减少内部的安全库存量，从而减少企业的存货风险。

(4)提升企业核心竞争力。生产企业的核心能力是生产制造产品，销售企业的核心能力是销售产品。企业采用第三方物流后，原来直接面对多个顾客的一对多的关系变成了直接面对第三方物流的一对一关系，企业在物流作业处理上避免了直接与众多顾客打交道而带来的复杂性，简化了关系网，便于将更多的精力投入自身的生产经营中，从而提升核心竞争力。

(5)增加社会效益。第三方物流可将社会上众多的闲散物流资源有效地整合、利用起来。通过第三方物流企业的专业管理控制能力和先进的信息系统，对企业原有的仓库、车队等物流资源进行统一管理运营，组织共同运输、共同配送，将企业物流系统社会化，实现信息、资源共享，可以从另一个高度上极大地促进社会物流资源的整合优化，提高全社会整体物流的效率。

第三方物流有助于缓解城市交通压力，通过第三方物流的专业技能，加强运输控制，通过制定合理的运输路线，采用合理的运输方式，组织共同配送、货物配载等，解决由于货车运输的无序化造成的城市交通混乱、堵塞问题，缓解城市交通压力。由于城市车辆运输效率的提高，可减少能源消耗、废气排放量和噪声污染等，有利于环境的保护与改善，从而促进经济的可持续发展。

4. 第三方物流的运作模式

(1)传统外包型物流运作模式。传统外包型物流运作模式是第三方物流企业独立承包一家或多家生产商或经销商的部分或全部物流业务。这种模式以生产商或经销商为中心，第三方物流企业几乎不需专门添置设备和业务训练，管理过程简单。第三方物流企业各自以契约形式与客户形成长期合作关系，保证了稳定的业务量，避免了设备闲置。此模式最大的缺陷是生产企业或销售企业与第三方物流之间缺少沟通的信息平台，会造成生产的盲目和运力的浪费或不足。

(2)战略联盟型物流运作模式。战略联盟型物流运作模式是第三方物流包括运输、仓储、信息经营者等以契约形式结成战略联盟，共享内部信息，相互间协作，形成第三方物流网络系统。联盟可包括多家同地和异地的各类运输企业、场站、仓储经营者。在信息处理方面，可以共同租用信息经营商的信息平台，由信息经营商负责收集和处理信息；也可连接联盟内部各成员的共享数据库，实现信息共享和信息沟通。目前，我国的一些电子商务网站普遍采用这种模式。

(3)综合物流运作模式。综合物流运作模式即组建综合物流公司或集团。综合物流公司集成物流的多种功能——仓储、运输、配送、信息处理和其他一些物流的辅助功能，如包装、装卸、流通加工等。综合物流运作模式，对上家生产商可提供产品代理、管理服务和原材料供应，对下家经销商可全权代理为其配货送货业务，可同时完成商流、信息流、资金流和物流的传递。综合物流是第三方物流发展的趋势。

5. 第三方物流决策

第三方物流决策即哪些企业应该实施第三方物流，多大程度上使用第三方物流。

(1)传统决策方法。传统的决策依据是企业是否有能力自营物流，如果企业有设施、有技术就自营，方便控制；如果某项物流功能自营有一定困难就外购。企业在进行这种外购与自营决策时，物流总成本与顾客服务水平的考虑是放在其次的，而且通常的物流外购是企业向运输公司购买运输服务或向仓储企业购买仓储服务，这些服务都只限于一次或一系列分散的物流功能，需求是临时性的，物流公司没有按照企业独特的业务流程提供独特的物流服务，即物流服务与企业价值链是松散的联系。

（2）合理的第三方物流决策方案。首先考虑物流子系统的战略重要性。要决定物流子系统是否构成企业的核心能力，一般可从以下几方面进行判断：

①它们是否高度影响企业业务流程？

②它们是否需要相对先进的技术？采用此种技术能否使公司在行业中领先？

③它们在短期内是否不能被其他企业所模仿？

如能得到肯定的回答，则可以断定物流子系统在战略上处于重要地位。

由于物流系统是多功能的集合，各功能的重要性和相对能力水平在系统中是不平衡的，因此，还要对各功能进行分析。某项功能是否具有战略意义，关键就是看它的替代性。如其替代性很弱，或物流公司很难完成，只有本企业才具备这项能力，企业就应保护好、发展好该项功能，使其保持旺盛的竞争力；反之，若物流企业也能完成该项功能或物流子系统对企业而言并非很重要，那就需要从企业物流能力的角度决定是自营还是外购了。

此外，在满足一定的顾客服务水平下还要与物流公司比较，看谁的成本更低，只有在企业的相对成本较低的情况下，选择自营的方式才有利；如不然，企业应把该项功能分化出去，实行物流外包。如果物流子系统是企业的非战略系统，企业还应寻找合作伙伴，向其出售物流服务，以免资源浪费。

6. 我国第三方物流的发展

从总体上来讲，我国的第三方物流呈现以下发展态势。

（1）国际物流企业不断加大在华投资和网络扩建速度。2008 年商务部将现代物流列入外商投资鼓励类产业，大批外资物流企业将中国列为最重要的全球物流市场之一。以我国的快运快递市场为例，目前有三方势力在争夺中国快递市场——国际快递巨头、中国邮政和民营快递公司。中国邮政主要以异地快递为主，外资快递主要经营国际快递，而民营快递主要是同城业务，但是这一泾渭分明的领域划分今后将越来越不明显。在中国快递市场上，活跃着国内的快递企业和国外的国际快递公司。国内的快递企业主要有以 EMS 为首的国有快递企业和以“顺风”为代表的民营企业，国外的国际快递公司主要以 DHL（敦豪）、FEDEX（联邦快递）、UPS（联合包裹）和 TNT（天地快运）这四家国际快递巨头为代表。双方有着各自的细分市场。

目前，中国已成为众多国际物流企业的重要海外市场。在华国际物流企业数量日益增多，其加紧并购具有网络规模的物流企业，利用各种形式合资或并购（特别是与大型民营物流企业）在华提供的服务项目日益丰富。目前，跨国物流企业在航空货运领域已形成战略优势，国际快递方面的战略优势初步形成，继港口、园区、转运中心后，国内机场成为外资新的投资热点。近年来，外资工业地产商带来了物流地产的开发新模式，加快了中国物流业的改造、重组与升级，给国内物流企业带来了巨大的竞争压力。

（2）物流行业企业竞争日益激烈，行业头部企业规模庞大。根据中国物流与采购联合会发布的《2020 年度中国综合、民营物流 50 强通报》，50 强物流企业在 2019 年的物流业务收入合计 1.1 万亿元，按可比口径计算，同比增长 15%。其中，中国远洋海运集团有限公司、厦门象屿股份有限公司和顺丰控股股份有限公司分别以 2 437 亿元、1 634 亿元和 1 060 亿元的物流业务收入位居前三，三家企业凭借超过千亿的物流业务收入处于我国物流行业的龙头地位，其后是中外运股份和中国物资储运两家企业以超过 400 亿元的物流业务收入处于第四、五位。

而排名第十的圆通速递物流业务收入不到排名第一的企业物流收入的13%。从十强企业名次变化情况来看，除前四个企业的名次不变之外，其余企业名次均有变动。

整体来看，国内物流行业头部企业规模庞大，龙头地位稳固，头尾部的企业营业收入差距明显，尾部企业竞争较为激烈。

从民营物流企业50强来看，2019年民营物流企业的物流业务总收入超4 000亿元，同比增长24%，增速高于物流企业50强增速的9个百分点。其中顺丰、百世、中通、韵达、圆通、德邦、申通、苏宁依次占据前8强，其中快递企业占据前五，反映出国内快递企业在物流市场的重要地位。从50强企业的年收入门槛来看，2019年，物流50强企业门槛提高到37.1亿元，比2018年提高4.5亿元；民营物流50强企业门槛为8.7亿元，比2018年提高0.3亿元，反映出物流行业企业竞争加剧。

在2020年度中国物流企业50强企业中，从业务类型来看，运输服务企业最多，达到19家，但数据有所下降，快递企业数量连续4年增至9家，供应链由2019年度的4家增至11家；从分服务领域来看，服务于大宗商品、消费品领域企业合计超5成，汽车、危化品等特种物流服务企业稳中有升，占比16%，而医药物流企业首次有2家入围。

整体来看，目前国内龙头物流企业正由单一型业务向综合供应链服务转型，由生产服务向消费领域服务转移。

(3)中国物流企业加快国际化步伐。中国物流企业的目标市场，有毗邻中国珠三角的东南亚，有经济高度发达的欧美，有世界新兴经济体巴西和印度，有经济较落后的非洲地区，有处于经济转型期的东欧。市场的差异化决定了中国物流企业国际化策略的不同。中国物流企业，在东南亚地区开拓市场，树立自己的品牌；在非洲主要做海运；在成熟的欧美市场利用经济危机收购当地细分领域里的物流企业；在东欧主要采取跟当地企业结成战略合作伙伴的形式；在巴西主要投资物流基础设施建设；在印度则主要做仓储业务。

从“运全国”到“运全球”快递企业国际化进入“快车道”，民营快递企业加快海外布局。

顺丰：国际化布局领先国内同行。国际业务方面，顺丰国际标快/国际特惠业务覆盖美国、欧盟、俄罗斯、加拿大、日本、韩国、东盟、印度、巴西、墨西哥、智利等54个国家及地区；国际小包业务覆盖全球225个国家及地区。2018年年底，公司自有飞机50架，外部包机16架，全货机线路条数65条。

通达系：海外布局加速，但整体收入占比仍偏低(不到1%)。中通、圆通国际业务主要通过其收购的货代公司开展。

菜鸟：为了实现阿里巴巴服务全球20亿消费者、1 000万中小企业，并实现全球72小时内的商品送达的目标，菜鸟网络智能物流骨干网已经开始向国际拓展。

京东：打造全球化供应链服务网络。2018年，京东物流宣布以全球智慧供应链基础网络(GSSC)为蓝图，以搭建830双通全球网络、十大供应链科技输出、五大全链条数字化赋能为方向，在全球落地，形成全球化供应链服务网络。

(4)智慧物流发展迅猛。政策环境持续改善，物流互联网逐步形成，物流大数据得到应用，物流云服务强化保障，协同共享助推模式创新，人工智能正在起步。在“互联网+”战略背景下，由于线上与线下的融合效率与程度不断提升，智慧物流呈现出“政府推动、产业化推进、标准引领、市场推广”的发展模式。

(5)快递业务高速发展，民营企业发展占据主导地位。近年来，随着市场需求的快速提升以及快递行业的高速发展，我国邮政业务结构变化明显，邮政寄递服务业务规模增长缓慢，而快递业务规模高速发展。2020年，全国快递服务企业业务量累计完成833.6亿件，同比增长31.2%。国有、民营、外资企业业务量占全部快递与包裹市场比重分别为10.8%、88.8%、0.4%，国有、民营、外资企业业务收入占全部快递与包裹市场比重分别为9.8%、85.3%、4.9%。民营企业在我国快递业务量和业务收入中比重最大，远高于国有和外资企业。

总之，第三方物流在我国正处于从起步到快速发展的阶段。中国物流采购联合会调查数据显示，目前世界第三方物流市场占物流市场总额的5%，在物流较发达的国家，德国占比23%，英国占比34%，美国和日本均在30%以上。我国真正符合现代物流模式的第三方物流仅占国内物流市场的不足2%。由此可见，我国第三方物流的发展空间仍然很大。

二、第四方物流

1. 第四方物流概念

第四方物流(Fourth Party Logistics)是一个供应链的整合者以及协调者，调配管理组织本身与其他互补性服务所有的资源、能力和技术，来提供综合的供应链解决方案。

2. 第四方物流的特点

(1)提供一整套完善的供应链解决方案。第四方物流集成了管理咨询和第三方物流服务商的能力，不仅能够降低实时操作的成本，还可以通过优秀的第三方物流、信息技术公司和管理咨询公司之间的联盟，为客户提供最佳的供应链解决方案。

(2)通过影响整个供应链来增加价值。第四方物流充分利用了一批服务提供商的功能，包括第三方物流、信息技术供应商、合同物流供应商、呼叫中心、电信增值服务商等，再加上客户的能力和第四方物流自身的优势。第四方物流通过提供一个全方位的供应链解决方案来满足企业面临的广泛而复杂的需求，它关注供应链管理的各个方面，既提供持续更新的优化的技术方案，同时又能满足客户的独特需求。

3. 第四方物流的基本功能

(1)供应链管理功能，即管理从货主、托运人到用户、顾客的供应全过程。

(2)运输一体化功能，即负责管理运输公司、物流公司之间在业务操作上的衔接与协调问题。

(3)供应链再造功能，即根据货主或托运人在供应链战略上的要求，及时改变或调整战略战术，使其经常处于高效率的运作。第四方物流的关键是以“行业最佳的物流方案”为客户提供服务与技术。

4. 第三方物流与第四方物流的关系

第四方物流是在第三方物流的基础上发展起来的，一些大的第三方物流经营人可以在现有组织结构的基础上发展成为第四方物流。第四方物流提供的方案必须依靠第三方物流的实际运作来实现；第三方物流从第四方物流获得流程与方案的指导。也就是说，第四方物流的发展离不开第三方物流。

但二者又存在着显著的区别，第三方物流偏重于通过对物流运作和物流资产的外部化来降低企业的投资和成本，也就是说，第三方物流提供的是实质性的具体的物流运作服务，但其本身的技术并不高。而第四方物流依靠业内最优秀的第三方物流供应商、技术供应商、管理咨询顾问和其他增值服务商，为客户提供独特、广泛的供应链解决方案。客户企业供应链中的所有活动都由第四方物流进行管理，第四方物流偏重于通过对整个供应链的优化和集成来降低企业的运行成本。

5. 我国第四方物流的发展

(1)由第三方物流直接演化。2002 年 12 月，深圳市首家第四方物流公司——新产业综合物流股份有限公司成立。此前的 11 月，由美的集团威尚公司控股的第三方物流公司安得物流与广州著名家电销售商东泽电器签署战略合作协议，双方在第三方物流基础上共同打造第四方物流，为东泽电器提供从供货商、经销商到单一客户的一整套涉及货物运输、仓储、货物跟踪等全程的解决方案。

(2)与外资企业合资组建。广州鼎胜物流公司是由广州港务局与新加坡港务集团合资兴建的，是当时我国现代物流功能最齐全且能提供第四方物流服务的现代物流企业之一。

(3)技术合作型。1998 年开始，深圳的新产业公司与日本富士通公司合作，共同研究开发了一套符合中国国情的物流中心管理系统。2000 年，珠海东泽电器与全球最大的企业管理软件供货商、全球第三大独立软件供货商 SAP 合作，引进了 R3ERP 系统，并采用了 GPS 全球定位系统来辅助物流配送体系。目前，九川物流公司已与日本松下电器、荷兰飞利浦、美国沃尔玛、中国的格力电器及科龙电器等国内外大型企业建立了长期的、稳定的合作关系。九川物流公司已经实现了全国各个物流中心的业务适时联网，客户可以在九川物流公司的 SAPR3 系统里操作订单，查询全国所有仓库的库存变化，也可以从最靠近客户的仓库进行资源调度，随时了解供应链每个环节信息的变化。

(4)物流公共信息平台。物流公共信息平台是指基于计算机通信网络技术，提供物流信息、技术、设备等资源共享服务的信息平台。具有整合供应链各环节物流信息、物流监管、物流技术和设备等资源，以及面向社会用户提供信息服务、管理服务、技术服务和交易服务的基本特征。典型代表如上海新跃物流企业管理有限公司。

上海新跃物流企业管理有限公司(以下简称新跃公司)成立于 2006 年，是一家以“中小型物流企业集成化服务”平台“物流汇”为载体，为中小型物流企业提供全生命周期服务，沿“一带一路”整合物流资源，打造物流行业创新创业平台，助力物流行业发展的“四新”产业互联网高新技术企业。2018 年，新跃公司主营收入 7 702 万元，缴纳各类税收 957 万元。“物流汇”平台会员企业累计营收 105 亿元，累计缴纳各类税收 3.3 亿元。

新跃公司为上海地区 8 000 多家中小微物流会员企业提供多达 70 余项集成化公共服务和产品，具体包括工商、税务、社保等政务事务的代办，以及商业保理、银行融资和物流保险等其他各类商务服务及物流资源交易业务。

新跃公司通过与当地政府合作，成立混合所有制公司的方式，沿“一带一路”走出上海，已在新疆喀什、浙江义乌、江苏江阴、河南濮阳、云南玉溪、安徽合肥等 30 多个地市拓展，服务全国超过 3 万家企业实体会员。

任务实施

物流公司跑路的原因

1. 讨论

请扫码观看视频并讨论：企业物流业务外包时，为规避风险，如何筛选合格的物流企业做合作伙伴？

2. 分享

各组推选一名代表与大家分享讨论结果。

3. 评价

教师掌控教学现场,适时进行评价。

4. 定论

第三方物流是由物流劳务的供方、需方之外的第三方去完成物流服务的物流运作方式。第三方物流是物流专业化的重要形式,第三方物流的发展程度反映和体现着一个国家物流业发展的整体水平。

第四方物流既是一种全新的物流运作模式,也是一套更高效率、更低成本的供应链解决方案。与第三方物流相比,其开拓的服务领域更新,提供的增值服务更多。

行业链接

宝供物流数字化赋能汽车零部件物流

"宝供"是中国现代物流发展中的杰出代表。宝供曾经占据业内七个第一。今天的宝供借数字化赋能汽车零部件物流。

项目背景:某客户零部件入场项目,集货业务包括零部件的上门取货、运输入厂、循环包装及不良品返回等业务,优化之前供应商自营物流,主机厂将生产计划/需求发给各个零部件供应商,由零部件供应商自行运输至主机厂。但主机厂零部件供应商众多,单个供应商运输量小,物流成本较高。该项目外包给宝供物流。

宝供物流对该项目进行了优化。

(1)优化模式,由宝供物流负责零部件的仓储管理与运输服务,包括取货、集货、转运、包装、返厂、库存管理等服务。通过分析客户的业务情况,以及客户对仓储与运输服务的高标准要求,针对性地设计、规划出一套运输模式,全程监督、控制流程节点,自动匹配车型与订单量,满足运作质量和成本的最佳平衡点,提高车辆转载率。

(2)对接信息系统,进行数字化运营。通过宝供物流功能强大的数字化信息系统,成功与零部件供应商及客户的系统进行全面、流畅的对接,实现信息的共享与实时传递,客户可进行系统随查与作业同步。生产计划以及库存等信息通过大数据对接及匹配,及时应对主机厂的生产计划,以及针对紧急缺少零部件的提醒响应,适时将各零部件运送至仓库储存。

(3)使用多种智能设备连接信息平台。RF 芯片、RF 通道机、RF 读写器等智能设备的应用,对接到系统中心,实现智能运作、智能匹配入库,实现智能库存管理。同时,自动匹配零部件的信息数据,以便集中调配至主机厂生产。

(4)建立两级视频监控机制。通过运作现场区域进行监控视频全覆盖,此外,通过总部信息中心大屏幕实时反映运作现场情况,包括车辆在途跟踪、异常追溯、作业量预警、远程摄像头监控(人员安全设备佩戴情况、叉车使用规范等),以进一步对安全运营进行保障,实现运作的实时安全可视化监控。

宝供物流通过数字化运营,在保障主机厂正常生产的同时,仓库面积减少 30%,人员效率提升40%，设备效率提升20%，总成本降低15%。

作为第三方物流领域的领军企业，宝供物流在汽车领域的深耕与实践，以及汽车零部件行业的数字化运营模式与运营能力，可以有效地提高供应链物流运作效率，同时降低物流成本。宝供在增强企业创新能力方面，在中国物流业中首屈一指。

（资料来源：根据网络资源整理）

任务三　电子商务物流认知

受领任务

内　容			任　务　指　南
行动目标	知识目标		(1)掌握电子商务物流模式、改进电子商务物流的措施 (2)了解电子商务物流的发展趋势、电子商务与物流的关系 (3)熟悉电子商务物流的特点
	技能目标		能选择适当的电子商务物流模式
资料收集任务清单	分　组		(1)自由组合，全班均分为四组 (2)组名自拟(具有物流特色)、组长自选
	资料类型	走进企业	(1)我的企业我的家：京东物流集团宣传视频 (2)京东物流集团官网：关于我们、合作共生
		走近榜样	我的榜样我的路：京东快递小哥全国劳模宋学文——把客户的需求当成最大的工作目标
		扩展阅读	国外电子商务物流解决方案
	要　求		组间资料不重复，熟悉各自资料，凝练成3分钟发言稿

引导案例

科技赋能社会责任　京东铭记初心

为积极贯彻党的十九大精神，京东积极落实“创新、协调、绿色、开放、共享”五大发展理念，以及落实17个可持续发展目标的管理方法和最佳实践。

能力越大，责任越大。在社会责任担当方面，领域不断拓宽，京东在扶贫、教育、救灾、环保、社会创新等方面均有出色表现；模式不断创新，手段更加多元。京东公益借助无人机、智慧供应链、大数据、VR技术、区块链等高科技技术，有效推动科技与公益的融合，社会效益越发凸显。比如京东先后联合联合国开发计划署、世界自然基金会等公益机构启动的“蔚蓝地球可持续周”环保活动，活动两年时间整体覆盖2亿人群参与其中。而在2020年的京东11.11全球购物节期间，通过“胶带”瘦身、循环包装等方式少用胶带一亿米，连起来可绕赤道2.5圈。

京东的社会责任，重在科技赋能，让资源流动起来、循环起来，通过技术创新，实现了可持续协调发展。所谓“赋能”，就是赋予对方能量，从根本上解决问题。2016 年起，京东发起了“闲置物资回收计划”，依托京东物流高效的一体化物流解决能力，搭建了物资回收、捐赠的生态体系。2017 年，京东物流联合九家品牌共同发起绿色供应链行动——青流计划，通过京东物流与供应链上下游合作，探索在包装、仓储、运输等多个环节实现低碳环保、节能降耗。强大的技术创新能力让京东处于行业领先地位，也让京东的社会责任担当真正落到实处。

在武汉疫情爆发之后，钟南山院士亲赴前线武汉，同时钟南山的专家团队也第一时间给汉口医院捐赠了 100 台呼吸机等精密医疗设备，不同于普通快递，呼吸机属于精密医疗设备，需要妥善运输才能避免出现损坏，而京东旗下的京东物流仅耗费了一天的时间就把这整整 100 台呼吸机全部完好无损地送达了武汉的汉口医院。为此，钟老亲自写信：“感谢京东心系医疗援助一线，以最快速度将急需医疗物资送达武汉。”

在很多年前，京东制定了一项规定：全国任何地方发生灾难，京东临近库房的管理者都无须汇报，即有权捐出库房里灾区所需要的物资。也就是说，只要哪里出现了困难，京东的员工就有权立马动用资源对灾区进行支援。

企业生存的本质是它对社会的价值，比持续、卓越的业绩更重要的是能够赢得整个社会的认可和尊敬。有格局有视野的企业，当不忘初心，时刻铭记自己的社会责任。

（资料来源：根据网络资料整理）

任务分析

作为一种新兴的商务形式，电子商务正在改变着人们传统的生活方式和商务活动，成为 21 世纪经济全球化、竞争国际化的焦点。但物流却成为电子商务发展的瓶颈。为此，我们有必要从二者之间的关系入手，在充分了解电子商务物流特点及其系统构成的基础上，探寻改进电子商务物流的措施。

知识链接

一、电子商务

1. 电子商务的概念

电子商务是指实现整个贸易活动的电子化，交易当事人或参与人利用计算机技术和网络技术等现代信息技术所进行的各类商务活动，包括货物贸易、服务贸易和知识产权贸易。

2. 电子商务的流程

企业将商品信息通过网络展示给客户，客户通过浏览器访问网站，选择需要购买的商品，并填写订单；厂方通过订单确认客户，告之收费方法，同时通知应用系统组织货源程序；客户通过电子结算与金融部门交互执行资金转移；金融部门通过电子邮件（或其他方式）通知买卖双方资金转移的结果；厂方组织货物，并送达客户手中。

3. 电子商务的模式

(1)B2C 模式。B2C 即企业与消费者之间的电子商务,也称为网上购物,是通过网上商店(电子商店)实现网上在线商品零售和为消费者提供所需服务的商务活动。B2C 模式是我国最早产生的电子商务模式。

(2)B2B 模式。B2B 也称为商家(泛指企业)对商家的电子商务,即企业与企业之间通过互联网进行产品、服务及信息的交换。通俗的说法是指进行电子商务交易的供需双方都是商家,它们使用互联网技术或各种商务网络平台,完成商务交易的过程。这些过程包括:发布供求信息,订货及确认订货,支付过程及票据的签发、传送和接收,确定配送方案并监控配送过程等。

(3)C2C 模式。C2C 即消费者对消费者之间的电子商务,是消费者与消费者之间的交易。C2C 商务平台就是通过为买卖双方提供一个在线交易平台,使卖方可以主动提供商品上网拍卖,而买方可以自行选择商品进行竞价。

(4)B2G 模式。B2G 即企业对政府机构的电子商务,可以覆盖企业与政府组织间的许多事务,包括政府采购、税收、商检、管理条例的发布和法规政策颁布等。

二、电子商务物流

1. 电子商务物流的概念

电子商务物流实际上就是在电子商务环境下的现代物流。具体来说,是指基于电子化、网络化的信息流、商流、资金流下的物资或服务的配送活动,包括软体商品(或服务)的网络传送和实体商品(或服务)的物理传送。

2. 电子商务物流的特点

在电子商务时代,物流具备了一系列新特点:

(1)信息化。在电子商务时代,物流信息化是电子商务的必然要求。电子商务的来临加快了所有产业的信息化,物流也必然紧随其他产业。

(2)自动化。自动化的基础是信息化。物流的信息化带来了物流自动化的发展。靠信息化实现的自动化控制可以进一步节省人力和物力,从而提高物流作业效率,减少物流作业的差错等。

(3)网络化。电子商务这种虚拟交易方式也造就了物流领域的网络化。这个网络能超越时空将有关方面综合在一起,形成一个四通八达的系统。物流的网络化是物流信息化的必然,Internet 等全球网络资源的可用性及网络技术的普及为物流的网络化提供了良好的外部环境,物流网络化已成为现代物流发展趋势。

(4)智能化。电子商务促使物流信息化、自动化的高层次应用。物流作业过程中大量的运筹和决策,如库存水平的确定、运输(搬运)路径的选择、物流配送中心经营管理的决策支持等问题都需要借助于大量的知识才能解决。物流自动化的进一步发展要借助于专家系统、机器人等相关技术,物流的智能化已成为电子商务下物流发展的一个新趋势。

(5)柔性化。电子商务时代把市场和生产密切联系起来,要求物流集成化和柔性化,即必须根据用户需求组织生产,安排物流活动,建立配套的物流系统,而柔性化的物流是适应生产、流通与消费的需求而发展起来的一种新型物流模式。物流配送中心要根据消费需求"多品种、小批量、多批次、短周期"的特色,灵活组织和实施物流作业。

3. 我国电子商务物流模式

(1)发展自营物流。现代物流来源于自营物流,而自营物流最早产生于生产制造企业。生产制造企业为保证企业所需的原材料、半成品、产成品能及时送达相应的目的地而选择自建物流网络、自有物流设备。自营物流有以下四个方面的优势。

①掌握控制权。企业自营物流,可以运用自身掌握的资料有效协调物流活动的各个环节,能以较快的速度解决物流活动管理过程中出现的问题,获得供应商、销售商以及最终顾客的第一手信息,以便随时调整自己的经营战略。

②盘活企业原有资产。企业选择自营物流,可以在改造企业经营管理结构和机制的基础上盘活原有物流资源,带动资金流转,为企业创造利润空间。

③降低交易成本。企业通过内部行政权力控制原材料的采购和产成品的销售,不必为运输、仓储、配送和售后服务的佣金问题进行谈判,避免多次交易花费以及交易结果的不确定性,降低交易风险,减少交易费用。

④提高企业品牌价值。企业自建物流系统,就能够自主控制营销活动,一方面可以亲自为顾客服务到家,使顾客近距离了解企业、熟悉产品;另一方面,企业可以掌握最新的顾客信息和市场信息,并根据顾客需求和市场发展动向对战略方案做出调整。

尽管自营物流具有一定的优势,但自营物流对企业有着非常高的要求,需要耗费企业大量的人力、财力和物力,企业实力不足则难以发展自营物流。另外,自营物流也容易分散精力,使企业不能集中精力去发展核心业务。容易产生物流部门与其他核心业务部门之间的矛盾等诸多问题。

(2)采用第三方物流模式。第三方物流模式是一种完全专业化的物流模式,第三方物流具有自营物流所没有的优势。采用第三方物流用于发展企业核心业务,使企业获得更加专业化、综合化的物流服务,增强企业市场竞争力。但作为中国电子商务行业产业链重要组成环节,我国的第三方物流仍难掩不足,主要体现在以下三个方面:

①可控性不强。一般而言,电商企业与第三方物流公司的合作主要体现在仓储及物流配送环节,在配送过程中产生的增值服务较为难以实现,如新产品推广、公司品牌宣传等,这种类似于二次营销的活动,第三方物流配送公司难以配合实现。另外,第三方物流公司由于承接多家的业务,在产品的配送中,配送人员可能无法完全保障服务的质量,造成包裹延迟递送、配送人员态度不佳等问题的投诉,这可能会增加电商企业的客服成本,而且还可能影响电商企业的品牌形象。

②电子商务企业与物流公司后台对接较难,造成信息流通的不顺畅。电子商务企业在与第三方物流合作的过程中,需要在订单处理的过程中实现双方后台系统的对接。但是,由于很多电商企业采用自主开发的 ERP 系统,在和第三方物流企业合作时,后方平台的对接需要投入较多的资金和精力,而且安全性和稳定性都存在隐忧,容易造成合作双方信息沟通不顺畅。

③回款周期较长,影响电子商务企业的现金流。对于货到付款的业务,物流公司协助收款之后,不会与电商企业实时结算,一般会选择 1～4 周不等时间进行结算,影响了电子商务企业的现金流。此外,由于中国电商企业的 IT 管理水平不高,使其在流程管理的过程中,存在一定的漏洞,为此,在执行代收货款的过程中,可能存在较大的风险。

第三方物流无论短期、中期还是长期都将是电商配送的主要力量。在外部环境与企业发展的共同推进下,中国第三方物流企业需积极规范与整合,以把握市场发展新机遇。

4. 电子商务与物流的关系

(1)物流对电子商务的影响。

①物流是电子商务的重要组成部分。电子商务中的任何一笔交易,都包含着四种基本

“流”，即商流、资金流、信息流、物流。对于少数商品和服务来说，可以直接通过网络传输的方式进行配送，如各种电子出版物、信息咨询服务等。而对于大多数商品和服务来说，物流仍要经由物理方式传输。随着电子商务的进一步推广与应用，物流的重要性对电子商务活动的影响日益明显。

②便捷的物流是实现电子商务优势的关键。现代化的物流是实现电子商务优势的重要保证，电子商务的优势之一就是能大大简化业务流程，降低企业运作成本。而电子商务下企业成本优势的建立和保持必须以可靠和高效的物流运作为保证。在电子商务的发展中，如果没有物流网络、物流设备和物流技术的支持，电子商务将大受阻碍。电子商务如果仅仅降低企业的交易成本，而无法降低企业的物流成本，则电子商务为企业带来的效益将大打折扣。

③物流是实现“以顾客为中心”理念的根本保证。电子商务的出现，在最大程度上方便了最终消费者。他们只要坐在家里，上网浏览、查看、挑选，就可以完成购物活动。但试想，如果他们所购商品迟迟不能到货，抑或收到的货物非自己所购，那消费者还会上网购物吗？物流是电子商务实现“以顾客为中心”理念的最终保证，缺少现代化物流技术与管理，电子商务给消费者带来的便捷等于零，消费者必然会转向他们认为更为可靠的传统购物方式上。

(2)电子商务对物流的影响。

①电子商务为物流业，特别是第三方物流提供了空前发展的机遇。在电子商务环境中物流企业会逐渐强化，是因为物流企业在电子商务环境里必须承担更重要的任务：既要把虚拟商店的货物送到用户手中，还要从生产企业及时进货入库。物流公司既是生产企业的仓库，又是用户的实物供应者，物流企业成了代表所有生产企业及供应商对用户的唯一最集中、最广泛的实物供应者。物流业成为社会生产链条的领导者和协调者，为社会提供全方位的物流服务。可见，电子商务把物流业提升到了前所未有的高度。

因为电子商务的跨时域性和跨区域性，要求其物流活动也具有跨区域或国际化特征。而网上商店一般都是新建企业，不可能投资建设自己的全球配送网络，甚至全国配送网络都无法建成，所以它们对第三方物流的要求也是十分迫切的。在 B2C 和 B2B 中，由第三方物流公司提供的“一票到底、多式联运、门到门”等服务，可大大简化交易过程，减少货物周转环节，降低流通费用。第三方物流将成为电子商务物流发展的主要趋势。

②电子商务使物流的信息化、网络化进程加快。物流与电子商务的连接，使电子商务时代的物流具备了信息化、网络化的特征。物流信息化具体表现为物流信息的商品化、信息数据的数据库化和代码化、信息存储的数字化等。物流网络化是电子商务物流的另一主要特征。当今全球网络资源的广泛性及网络技术的普及，为物流网络化提供了良好的外部环境，网络是电子商务物流发展的必然。

③电子商务环境下，供应链实现了一体化。电子商务缩短了生产厂家与最终用户之间供应链上的距离，改变了传统市场的结构。企业可以通过自己的网站绕过传统的经销商与客户直接沟通，虽然目前很多非生产企业的商业网站继续充当了传统经销商的角色，但由于它们与生产企业和消费者都直接互连，只是一个虚拟的信息与组织中介，不需要设置多层实体分销网络(包括人员与店铺设施)，也不需要存货，因此仍然降低了流通成本，缩短了物流路径，减少了流通时间，降低了物流成本。在电子商务环境下，供应链实现了一体化，供应商与零售商、消费者通过互联网连在了一起，供应商可以及时准确地掌握产品销售情况和顾客需求信息，并由此合理地组织生产和供货，有助于实现产品生产和销售的“零库存”。

④电子商务环境下配送业地位进一步提高。配送在发展初期，主要是作为促销的一种手段。而在电子商务时代，配送已成为 B2B 和 B2C 的主要供货形式。对于电子商务交易方式本身来说，买家通过轻松点击就完成了购买，卖方势必要把货物配送到家。没有了配送，电子商务物流就无法实现，电子商务就无法实现。因此，从某种程度上说，电子商务时代的物流方式就是配送方式。同时，电子商务使制造业与零售业实现的“零库存”，实际上是把库存转移给了配送中心。因此，配送中心成为了整个社会的大仓库，成为了商流、信息流和物流的汇集中心。可见，电子商务环境下配送的功能和作用进一步得到了加强，配送业的地位大大提高了。

5. 电子商务的物流瓶颈问题

目前我国电子商务物流瓶颈的主要表现是，在网上实现商流活动之后，没有一个有效的社会物流系统对实物的转移提供低成本的、适时的、适量的转移服务。物流配送的成本过高、速度过慢是电子商务的买方最为不满的问题。“物流瓶颈”问题可以从以下两方面去认识。

(1)互联网无法解决物流问题。现代经济的水平在很大程度上取决于物流的水平，然而物流的特殊性决定了无法像解决商流问题一样依靠互联网来解决物流问题。以互联网为平台的网络经济，可以改造和优化物流，但是不可能根本解决物流问题。物流问题的解决，尤其是物流平台的构筑，需要进行大规模基本建设。

(2)物流本身发展的滞后。在欧美经济发达国家，物流的发展已经经历了数十年，如在美国，其物流发展自 1915 年至今已有一百多年的历史，在以网络通信为基础的电子商务时代，其电子商务物流也十分发达。而我国的物流起步较晚，能够支持电子商务活动的现代物流发展还存在诸多问题，网络经济、电子商务的迅猛发展，使物流瓶颈问题被激化。这个问题表面上看是我国物流服务问题，其背后的原因是我国物流服务运行的平台不能满足发展的需求。所以，在关注电子商务的同时，应以更大的精力建设基础物流平台系统和与电子商务配套的配送服务系统，逐渐改善我国的物流平台，推动物流业的快速发展。

三、电子商务物流的发展趋势

1. 物流网络化

信息网络化是以因特网为基础迅速发展起来的。因特网的兼容性和可扩展性使它可以在很短的时间内将形形色色、分散的个人计算机连接起来，电子商务借助因特网的这种网络特性得以在全球迅速蔓延，有了因特网这一媒介，电子商务在扩展网络时就有了共同的标准。

物流系统是一个大跨度的系统，理想的物流组织是由在地域上分布极广的相互联系的结点组成的网络。网络上的各个结点并不是核心企业的基层单位，而是通过合同与核心企业形成合作关系的企业。从名义上看，这类网络组织的主要功能是制造，但实际上它的核心企业以物流和营销为核心能力，实际上它是一种物流组织。

物流组织网络化和信息网络化互为因果。组织网络化必须以信息网络化为基础和物质条件，而正是组织网络化才促使了信息网络化的产生和发展。

2. 增值服务柔性化

(1)增值服务。电子商务物流服务必须提供送货上门的便利性服务；通过优化电子商务系统的配送中心、物流中心网络，重新设计电子商务的流程，减少流通环节，提高反应速度；提供包括市场调查与预测、采购及订单处理、物流咨询、物流方案规划、库存控制决策、货款回收与决策、物流教育与培训、物流系统设计等供应链集成服务。

(2)柔性化服务。随着电子商务的发展,定制物流,即根据用户的特定要求而为其专门设计的物流服务模式,将逐渐成为主流物流模式。其不仅在工业品领域得到应用,消费品领域也将逐渐推广,在供应链的中、下游的产业中,柔性化物流将成为主导性物流模式。

3. 物流过程精益化

企业物流活动中的浪费现象很多,如多余的库存、不必要的物料移动、提供顾客不需要的服务等,努力消除浪费现象是精益物流最重要的内容。消除浪费的关键是让完成某一项工作所需的步骤以最优的方式连接起来,摒弃传统的各自追求利润最大化而相互对立的行为,以最终顾客的需求为共同目标,共同探讨最优物流路径,消除一切不产生价值的行为。在实际操作中,对于需求稳定、可预测性较强的功能型产品,可根据准确预测进行生产;而需求波动较大、可预测性不强的创新型产品,则要采用精确反应和延迟技术来缩短反应时间,提高顾客服务水平。

精益物流是动态管理,对物流活动的改进和完善是不断循环的,实现这种不断改进,需要全体人员的参与。

4. 物流国际化

国际化的电子商务需要有国际化的物流来支撑,而且对物流服务的时间性、准确性都提出更高的要求,物流国际化将向一个新的层次发展,并在全球经济活动中占有越来越重要的地位。

5. 物流标准化

标准化是工业生产的基础,更是现代物流合理化的基础。物流标准化是以物流作为一个大系统,制定系统内部设施、机械设备、专用工具等各个分系统的技术标准;制定系统内各个分领域,如包装、装卸、运输等方面的工作标准;以系统为出发点,研究各分系统与分领域中技术标准与工作标准的配合性,统一整个物流系统的标准;研究物流系统与其他相关系统的配合性,进一步谋求物流大系统的标准统一。国际物流界一直都在不断探索标准化技术,并不断出台标准化措施,物流标准化是今后物流发展的重要趋势之一。

此外,物流社会化、物流绿色化也是电子商务物流发展的趋势。

四、改进电子商务物流的措施

1. 优化物流系统网络

电子商务的物流、配送系统的目标是在满足电子商务销售目标的前提下花费最少的物流成本。这并不意味着要求送货费用或库存费用最少,而是要使得所有物流成本之总和最少。为此,应对物流、配送系统网络进行优化。

(1)具体工作思路。明确电子商务的销售目标;确定物流、配送的服务目标和成本目标。可用送货频率、反应时间、订货满足率、配送成本等指标来衡量;对可用的物流、配送资源进行评估;决定物流、配送的运作流程;决定采用何种方式构造物流、配送系统,是自己承担、委托第三方,还是与其他企业合作;配置物流、配送资源,如送货车辆及仓库资源等;设计物流、配送运作系统;设计物流、配送系统的管理制度。

(2)物流、配送网络常见问题及对策。

①送货时间太长问题:延长承诺的送货时间,但要有竞争力;重新规划送货路线;调整配送作业流程;选择小型送货车辆;与其他商品销售商进行共同配送。

②送货延迟问题:重新测算送货所需时间;按制度严格执行配送;送货车辆和人员合理调度,可以将送货任务外包。

③因缺货而无法配送问题:完善需求信息收集系统;建立快速反应的销售和配送体系;改革需求预测方法;与畅销商品供应商建立战略伙伴关系;及时更新主页,根据供货、需求及库存信息,及时提供订货指导;调整商品品种,适当增加某些经常缺货的商品的库存量。

④送货时间不稳定问题:制定严格的配送管理规章制度和作业规范;制定严格的配送车辆的检修和保养制度;加强配送人员的培训;合理安排配送资源,降低配送需求波动对配送作业的影响;重新规划送货地点。

2. 建立供应链关系,发挥第三方物流的作用

由于找不到满意的配送公司,许多网站经营者或电子商务经营者往往不得不自己投资建仓库、买汽车,到头来为物流、配送背上沉重的包袱,这是电子商务经营者必须慎重对待的一件事。国外电子商务经营者成功的秘密有两条:一是坚决将自己核心业务以外的业务外包出去;二是一旦决定与国内的配送公司合作,就舍得投资去与配送公司建立长期合作的供应链关系,以求双赢。如有的国外的电子商务公司选用中国的配送公司,但重新设计了中国国内的配送系统,通过培训让中国的配送伙伴理解其要求,甚至于派一个小组到中国来帮助配送公司改善管理和运作,而配送公司最终也能按其要求去做,使配送需求较好地得到满足,且成本并不高。我国的电子商务要发展,尤其是解决像物流、配送这样与国外还有一定差距的问题,必须借鉴这两条经验。

3. 建立适合电子商务要求的物流信息系统

在电子商务的虚拟商场,消费者付款后必须等待配送公司送货上门,等待的时间对消费者而言是一个黑箱,缺少透明度,因此,为解除消费者的担忧以刺激订货,电子商务经营者必须在网上建立物流、配送查询系统,只要消费者知道订单号,在任何地点、任何时候都可查到货物的状况。同时,主页上还应该提供公司关于送货、退货、报关等方面的政策,供消费者查询。

任务实施

1. 讨论

组内自由讨论。

2. 分享

各组推选一名代表与大家分享讨论结果。

3. 评价

教师掌控教学现场,适时进行评价。

4. 定论

电子商务物流是指基于电子化、网络化的信息流、商流、资金流下的物资或服务的配送活动。物流是有形商品网上商务活动能否顺利进行的一个关键因素,在整个电子商务的交易过程中,物流实际上是以商流的后续者和服务者的姿态出现的,如果处理不好,就难以实现商品和服务的价值。可以说,谁掌握了21世纪的物流,谁就拥有了电子商务的发言权。

行业链接

物流电商交融跨越时代——从供给侧结构性改革看物流企业与电商平台的合作

2020年8月14日，京东物流发布公告称，将战略投资跨越速运。在双方战略合作达成后，跨越速运未来依然保持独立运营、独立管理、独立人事和独立品牌。此次电商巨头与速运的战略合作，为物流行业注入了高速运转的活力，为行业提速提供了“助推器”。

近期，电商行业对物流行业资本交融事件时有发生，物流快递与电子商务产业融合顺应新一轮创新技术革命和产业转型的时代潮流，加快并扎实推进新一代信息技术与加工业的融合发展，提高制造业数字化、网络化、智能化发展水平。推动互联网、大信息、人工智能、实体经济深度融合，培育中高端消费、创新促进、绿色碳减排、现代供应链等领域产业融合新突破点。

（资料来源：根据网络资料整理）

任务四　国际物流认知

受领任务

内　容			任　务　指　南
行动目标	知识目标		（1）掌握国际物流的概念、国际物流活动业务、国际物流合理化措施 （2）熟悉国际物流的分类、国际物流的特点 （3）了解国际物流与国际贸易的关系、国际物流的发展趋势
	技能目标		能对国际物流的运作提出合理化建议
资料收集任务清单	分　组		（1）自由组合，全班均分为四组 （2）组名自拟（具有物流特色）、组长自选
	资料类型	走进企业	（1）我的企业我的家：顺丰速运有限公司宣传视频 （2）顺丰速运有限公司官网：关于我们、智慧科技
		走近榜样	我的榜样我的路：物流劳模陈润华——12年零差评的顺丰小哥
		扩展阅读	前进中的UPS
	要　求		组间资料不重复，熟悉各自资料，凝练成3分钟发言稿，题目自拟

引导案例

顺丰全球供应链网络布局

从2018年3月收购了广东新邦物流，建立独立品牌顺心捷达，发力重货快运业务，到中铁顺丰国际快运有限公司成立，推动快递运输公铁多式联运；从参与了美国物流服务平台Flexport 新一轮的融资,加码国际业务,到收购 DHL 在中国的供应链业务,整合中国内地、澳门和香港的供应链管理业务——2018 年,顺丰在战略布局上,可谓快马加鞭。

在海外市场,顺丰与 UPS 合资成立公司拓展海外业务。航空运输非常适合海外货物运输,因此它也成为国际货运的主流运输模式之一,而顺丰凭借强大的航空机队可以较为容易地拓展国际业务。

2017 年 5 月,顺丰控股与 UPS 在香港合资成立环球速运公司,环球速运将经营推广和开发联合品牌的国际快递服务,助力顺丰和 UPS 提供更具竞争力的国际贸易物流产品,聚焦 B2B 和 B2C 客户的跨境贸易,拓展全球市场。

据悉,顺丰目前具备国内货物发往海外和海外货物发往国内的双向国际物流链路能力,同时,顺丰在海外的自营网点数量为 283 个,国际标快/特惠业务覆盖 53 个国家,国际小包业务覆盖 225 个国家。因此,无论是从国际物流运输链路能力还是业务覆盖范围来看,顺丰的国际业务都比国内同行走得更远。

(资料来源:根据网络资料整理)

任务分析

各国之间的相互贸易最终要通过国际物流来实现,作为贸易大国中的一员,我们有必要深入解读国际物流:从国际贸易与国际物流的关系入手,在国际物流的特点与分类中,在国际物流基本流程与业务探寻中,在国际物流发展趋势认知中,在国际物流合理化措施探求中,全面解读国际物流模式。

知识链接

一、国际贸易与国际物流

1. 基本概念

(1)国际贸易。国际贸易是指不同国家(或地区)之间的商品和劳务的交换活动。各国之间的相互贸易最终通过国际物流来实现。

(2)国际物流。国际物流是不同国家(地区)之间的物流,是跨国界(地区)的、流通范围扩大了的物品的实体流动,是国内物流的延伸和进一步扩展。

广义的国际物流包括贸易性国际物流和非贸易性国际物流。其中,贸易性国际物流是指组织国际贸易货物(进出口货物)在国际上的合理流动;非贸易性国际物流是指各种会展物品、行李物品、办公用品、捐助、援外物资等非贸易货物在国际上的流动。

狭义的国际物流仅指为完成国际商品交易的最终目的而进行的物流活动,即当生产和消费分别在两个或两个以上国家(或地区)独立进行时,为了克服生产和消费之间的空间距离和时间距离,对商品进行时间和空间转移的活动,即卖方交付货物和单证、收取货款,买方支付货款、接受单证和收取货物的过程。

2. 国际贸易与国际物流的关系

(1)国际物流是开展国际贸易的必要条件。国际上的商品和劳务流动是由商流和物流组成的,前者由国际交易机构按照国际惯例进行,后者由物流企业按各个国家的生产和市场结构完成。国际物流利用国际化的物流网络、物流设施和物流技术,实现货物在国际上的流动与交换。因此,国际物流是开展国际贸易的必要条件。

(2)国际贸易促进了物流的国际化。世界贸易组织和世界货币基金组织的统计表明,北美、日本和欧洲是世界上贸易活动最活跃的三个区域,这三者每年的贸易额之和超过了全球贸易额的40%,也是国际物流发展比较早、比较成熟的地区。研究者通过对这三个地区的相关数据进行实证检验,得出以下结论:国际贸易和国际物流之间存在着互为因果的反馈关系,其中,贸易对物流的促进作用要稍大于物流对于贸易的带动作用。

(3)国际贸易的发展对国际物流提出新要求。

①质量要求:初级产品、原料等贸易品种正在逐步地让位于高附加值、精密加工的产品,这对物流工作质量提出了更高的要求。

②效率要求:国际贸易合约的履行是由国际物流活动来完成的,国际物流承担着高效率地履行合约的职责。因此,在国际贸易过程中必须加强国际物流管理。

③安全要求:国际物流所涉及的国家多,地域辽阔,在途时间长,受气候条件、地理条件等诸多自然因素和罢工、战争、汇率、通货膨胀等社会政治与经济因素影响。

④经济要求:环节多、费用大,成本控制空间也大。对于国际物流企业来说,选择最佳物流方案,提高物流经济性,降低物流成本,保证服务水平,是提高竞争力的有效途径。

由上述分析可以看出,国际贸易与国际物流存在相辅相成、互相促进的关系。国际贸易的进一步发展需要国际物流的支持,如果国际物流的发展无法跟上国际贸易发展的脚步,将会大大阻碍国际贸易的纵深发展。因此,除了政策支持、全球合作等促进国际贸易的传统方法以外,必须大力发展国际物流,以适应国际贸易发展的需要,促进国际贸易的持久发展。

3. 国际物流的目的

国际物流的主要目的是在合适的地点、合适的时间,以合适的方式让合适的客户获得合适的商品。

4. 国际物流的特点

国际物流是为跨国经营和对外贸易服务,使各国物流系统相互"接轨",因而与国内物流系统相比,具有以下特点:

(1)物流环境存在差异。各国物流环境存在差异,尤其是物流软环境差异较大。物流环境的差异迫使一个国际物流系统需要在几个不同法律、人文、习俗、语言、科技、设施的环境下运行,无疑会大大增加物流的难度和系统的复杂性。

(2)国际物流必须有国际化信息系统的支持。全世界有200多个国家和地区,人口超72亿,国际物流的市场广阔。物流本身的功能要素、系统与外界的沟通就已经是很复杂的,国际物流再在这复杂系统上增加不同国家的要素,这不仅是地域的广阔和空间的广阔,而且所涉及的内外因素更多,所需的时间更长,广阔范围带来的直接后果是难度和复杂性增加,风险增大。因此,国际物流必须有国际化信息系统的支持。国际化信息系统是国际物流,尤其是国际联运非常重要的支持手段。

(3)国际物流的标准化要求较高。要使国际上物流畅通起来,统一标准是非常重要的。目前,美国、欧洲基本实现了物流工具、设施的统一标准,大大降低了物流费用,降低了转运的难度。而不向这一标准靠拢的国家,必然在转运、换车等许多方面要多耗费时间和费用,从而降低其国际竞争能力。

(4)"游戏规则"的国际性。在国际物流活动中,由于其复杂性、差异性,就要求国际物流活动的参与者不能强迫其他参与者都遵守本国的相关规定。因此,在国际物流的发展过程中逐渐形成了一些各国普遍遵守的国际通则。例如,中国国内水路运输对承运人实行严格的责任制,而在国际海运中则对承运人实行不完全的过失责任制。由此可见,国际物流中的"游戏规则"具有国际性。

(5)多种运输方式组合。国际物流中有海洋运输、铁路运输、航空运输、公路运输等,多式联运成为国际物流中运输的主流。

5. 国际物流的分类

(1)根据货物流向分类。根据货物流向的不同,国际物流分为进口物流和出口物流。凡存在于进口业务中的国际物流行为称为"进口物流",而存在于出口业务中的国际物流行为称为"出口物流"。进口物流和出口物流,既存在交叉的业务环节,又存在不同的业务环节。

(2)根据货物流动关税区域分类。根据货物流动关税区域的不同,国际物流分为国家间物流与经济区域间物流。区域经济的发展是当今国际经济发展的一大特征。这两种类型的物流在形式上和具体环节上存在着较大差异。

(3)根据货物的特征分类。根据货物的特征不同,国际物流分为贸易型国际物流和非贸易型国际物流。贸易型国际物流指由国际贸易活动引起的商品在国际上的移动,除此之外的国际物流活动都属于非贸易型国际物流,如国际展品物流、国际邮政物流、国际军火物流和国际逆向物流等。

①国际展品物流。国际展品物流是指以展览为目的,暂时将商品运入一国境内,待展览结束后再复出境的物流活动,国际展品物流的主要内容包括制订展品物流的运作方案,确定展品种类和数量,安排展品的征集和运输,协调组织展品等货物的包装、装箱、开箱、清点和保管,协助安排展品布置等工作。

②国际邮政物流。国际邮政物流是指通过各国邮政运输办理的包裹、函件等。由于国际邮政完成的货运数量较大,使得国际邮政物流成为国际物流的重要组成部分。

③国际军火物流。国际军火物流是指军用品作为商品和物资在不同的国家或地区之间的买卖和流通,是广义物流的一个重要组成部分。

④国际逆向物流。国际逆向物流是指对国际贸易中回流的商品进行改造和整修活动,包括循环利用容器和包装材料,由于损坏和季节性库存需要重新进货、回调货物或过量库存导致的商品回流。

二、国际物流活动业务

1. 国际货物运输

国际物流的主体活动是国际货物运输,主要采取大陆桥运输、集装箱与国际多式联运等方式。进出口双方应合理选择货物运输的路线、运输方式、运输工具,以确保国际物流的成本最低。此环节主要包括租船订舱、填制货运单据、安排装运等业务。

2. 装卸搬运与理货

(1)装卸搬运。在物流系统中,装卸与搬运主要指垂直运输和短距离运输,主要作用是衔接物流其他各环节的作业。货物的装船、卸船、进库、出库,以及在库内的搬、倒、清点、查库、转运等都是装卸与搬运的重要内容。

(2)理货。理货是指船方或货主根据运输合同在装运港和卸货港收受和交付货物时,委托港口的理货机构代理完成的在港口对货物进行计数、检查货物残损、指导装舱积载、制作有关单证等工作。

3. 检验与报关

(1)检验。国际货物买卖中的商品检验是指商品检验机构对商品的品质、数量(重量)、包装、安全性能、卫生指标、残损情况、货物装运技术条件等进行检验和鉴定,从而确定货物的品质、数量(重量)和包装等是否与合同条款相一致,是否符合交易双方国家有关法律和法规的规定。

进出口商品的检验程序大致相同,以出口商品检验为例,其检验基本程序可分为三步:一是由具有该商品出口经营权的单位或受其委托的单位填写《出口商品检验申请单》,向当地商检机构申请报验,并提交相关材料;二是由商检机构或由国家商检部门指定的检验机构对报验的出口商品实施检验;三是由商检机构对检验合格的商品签发《检验证书》,或在《出口货物报关单》上加盖检验印章。

(2)报关。报关是指货物、行李和邮递物品、运输工具等在进出关境时由所有人或其代理人向海关申报,交验规定的单据、证件,请求海关办理进出口的有关手续。报关工作的全部程序分为申报、查验、放行三个阶段。

4. 储存

进出口商品流通是一个由分散到集中,再由集中到分散的流通过程。进出口商品的储存地点可以是生产厂成品库,也可以是在流通仓库、国际转运站点或保税仓库,而在港口储存的时间则取决于港口装运系统与国际运输作业进行衔接的效率。由于商品在储存进程中有可能降低其使用价值,而且需要消耗管理资源,因此必须尽量缩短储存时间,加快周转速度。

5. 流通加工

商品在流通过程中的加工,不仅可以促进商品销售,提高物流效率和资源利用率,而且还能通过加工过程保证并提高进出口商品的质量,扩大出口。流通加工包括分装、配装、拣选、刷唛、套裁、组装、服装烫熨等作业。

6. 包装

在国际物流活动中,进出口商品包装的主要作用是保护商品、便利流通、促进销售。在对进出口商品包装进行设计及具体包装作业的过程中,应将包装、储存、装卸搬运、运输等物流各环节进行系统的分析,全面规划,实现现代国际物流系统所要求的“包、储、运一体化”,从而提高整个物流系统的效率。

7. 国际配送

国际配送是指一国企业利用对外贸易政策或保税区的特殊政策,对进出口货物、保税货物及各种国际快件进行分拣、分配、分销、分送等配送分拨业务,或进行增值加工后向国内外配送。国际配送是国际贸易进一步发展、国际分工进一步深化的结果，已经成为国际物流活动的重要形式和内容。

三、国际物流的发展趋势

由于现代物流业对本国经济发展、国民生活提高和竞争实力增强有着重要的影响，因此，世界各国都十分重视物流业的现代化和国际化，从而使国际物流发展呈现出一系列新的趋势和特点。

1. 国际物流系统更加集成化

国际物流的集成化是将整个物流系统打造成一个高效、通畅、可控制的流通体系，以此来减少流通环节，节约流通费用，达到实现科学的物流管理以及提高流通的效率和效益的目的，以适应在经济全球化背景下“物流无国界”的发展趋势。物流企业所参与的国际物流系统的规模越大，物流的效率就越高，物流的成本就越低，物流企业的竞争力就越强，这种竞争是既有竞争、又有合作的“共赢”关系。国际物流的这种集成化趋势，是一个国家为适应国际竞争正在形成的跨部门、跨行业、跨区域的社会系统，是一个国家流通业正在走向现代化的主要标志，也是一个国家综合国力的具体体现。当前，国际物流向集成化方向的发展主要表现在两个方面：一是大力建设物流园区；二是加快物流企业整合。物流园区建设有利于实现物流企业的专业化和规模化，发挥它们的整体优势和互补优势；物流企业整合，特别是一些大型物流企业跨越国境展开“横联纵合”式的并购，或形成物流企业间的合作并建立战略联盟，有利于拓展国际物流市场，争取更大的市场份额，加速本国物流业向国际化方向发展。

2. 国际物流管理更加网络化

强化资源整合和优化物流过程是当今国际物流发展的最本质特征。信息化与标准化这两大关键技术对当前国际物流的整合与优化起到了革命性的影响。同时，又由于标准化的推行，使信息化的进一步普及获得了广泛的支撑，使国际物流可以实现跨国界、跨区域的信息共享，物流信息的传递更加方便、快捷、准确，加强了整个物流系统的信息连接。现代国际物流就是这样在信息系统和标准化的共同支撑下，借助于储运和运输等系统的参与，借助于各种物流设施的帮助，形成了一个纵横交错、四通八达的物流网络，使国际物流覆盖面不断扩大，规模经济效益更加明显。

3. 国际物流标准更加统一化

随着经济全球化的不断深入，世界各国都很重视本国物流与国际物流的相互衔接问题，努力使本国物流在发展的初期，其标准就力求与国际物流的标准体系相一致。因为现在如果不这样做，以后不仅会加大与国际交往的技术难度，更重要的是，在现在的关税和运费本来就比较高的基础上，又增加了与国际标准不统一所造成的工作量，将使整个外贸物流成本增加。

目前，跨国公司的全球化经营，正在极大地影响物流全球性标准化的建立。一些国际物流行业和协会，开始进一步对物流的交易条件、技术装备规格，特别是单证、法律条件、管理手段等方面推行统一的国际标准，使物流的国际标准更加深入地影响国内标准，使国内物流日益与国际物流融为一体。

4. 国际物流配送更加精细化

随着现代经济的发展，各产业、部门、企业之间的交换关系也越来越复杂，物流是联系这些复杂关系的纽带，它使经济社会的各部分有机地连接起来。在市场需求瞬息万变和竞争环境日益激烈的情况下，要求物流在企业和整个系统间必须具有更快的响应速度和协同配合的能力。国际物流为了达到零阻力、无时差的协同，需要做到与合作伙伴间业务流程的紧密集成，加强预测、规划和供应，共同分享业务数据，联合进行管理执行以及完成绩效评估等。各种专业化的物流服务在欧美发达国家大量涌现并加速发展，使物流服务更加精细化。

5. 国际物流园区更加便利化

为了适应国际贸易的急剧扩大，许多发达国家致力于港口、机场、铁路、高速公路、立体仓库的建设，一些国际物流园区也因此应运而生。这些园区一般选择靠近大型港口和机场兴建，依托重要港口和机场，形成处理国际贸易的物流中心，并根据国际贸易的发展和要求，提供更多的物流服务，如“点到点”服务、“一站式”服务。

6. 国际物流运输更加现代化

国际物流运输的最主要方式是海运，有一部分是空运，但它还会渗透到在其国内的其他运输方式，因此，国际物流要求建立起海路、空运、铁路、公路的“立体化”运输体系，来实现快速便捷的“一条龙”服务。为了提高物流的便捷化，当前世界各国都在采用先进的物流技术，开发新的运输和装卸机械，大力改进运输方式，比如应用现代化物流手段和方式，发展集装箱运输、托盘技术等。

7. 国际物流运作更加环保化

随着经济增长受资源、能源、环境等方面的约束越来越强，正向物流超负荷运作所带来的物流系统污染控制问题日趋严重，逆向物流系统亟待建立。为了推进这方面的建设，发达国家已经开始着手相关立法，如美国 1976 年制定了《固体废弃物处置法》，德、日等国先后颁布了促进废物回收利用的相关法律，日本 2006 年颁布的《新综合物流施政大纲》提出了“构建低环境负担的物流体系，为循环型社会作出贡献”的目标。

环保物流从环境的角度对物流体系进行改进，在抑制传统直线型的物流对环境造成危害的同时，采取与环境和谐相处的态度和全新理念，去设计和建立一个环保型的循环的物流系统，形成环境共生型的物流管理系统。

四、国际物流合理化措施

1. 合理布局国际物流系统网络

国际物流系统网络是指由多个收发货的“结点”和它们之间的“连线”所构成的物流网络以及与之相伴随的流动网络（流动网的连线通常包括国内外的邮件或某些电子媒介，如电话、电传、电报以及 EDI 电子数据交换等）的有机整体。国际物流系统网络研究的中心问题是确定进出口货源点（或货源基地）和消费者的位置、各层级仓库及中间商批发点（零售点）的位置、规模和数量，从而决定国际物流系统的合理布局。在合理布局国际物流系统网络的前提下，国际商品由卖方向买方实体流动的方向、规模、数量就确定下来了，即国际贸易的贸易量、贸易过程（流程）等重大战略问题，进出口货物的卖出和买进的流程、流向，物流费用国际贸易经营效益等，都一一确定下来了。完善和优化国际物流网络，有利于扩大我国国际贸易，提高我国跨国公司的竞争能力和成本优势。

2. 组织合理化运输

采用先进的运输方式、运输工具和运输设施，加速进出口货物的流转；充分利用海运、多式联运方式，不断扩大集装箱运输和大陆桥运输的规模，增加物流量；改进运输路线，消除不合理运输现象，实现运输合理化作业。

3. 缩短进出口商品的在途积压

缩短进货、到货待验和待进时间，减少进货在途时间；缩短销售待运、进出口口岸待运时间，减少销售在途时间；避免结算拖延，减少结算在途时间，从而加速商品资金的周转。

4. 合理包装

在物流活动过程中，在包装上刷写包装标志，粘贴商品条形码、流通条形码等，实现包装智能化；通过包装规格尺寸标准化、包装工业产品标准化和包装强度标准化，实现包装标准化；采取减少包装材料、重复使用、循环使用、回收使用等包装措施，实现包装绿色化；采用集装方式，实现包装单位大型化；在保证功能的前提下，尽量降低材料的档次，实现包装成本低廉化。

5. 改进港口装卸作业

改进港口装卸作业，有条件的要扩建港口设施，合理利用泊位与船舶的停靠时间，尽力减少港口杂费，吸引买卖双方入港。

6. 改进海运配载

改进海运配载，充分考虑重量和容积因素，实现运输工具装载的货物重量最大，空间利用最大，提高运输工具实载率，避免空仓或船货不相适应的状况。

7. 综合考虑国内物流运输

在出口时，有条件的要尽量采用就地就近收购、就地加工、就地包装、就地检验、直接出口的物流策略。

任务实施

1. 讨论

组内自由讨论。

2. 分享

各组推选一名代表与大家分享讨论结果。

3. 评价

教师掌控教学现场，适时进行评价。

4. 定论

随着经济全球化进程的不断推进，物流业必然向着国际化的方向发展。我国有越来越多的经济主体从事国际贸易活动，越来越多的物流企业开始涉足国际物流领域，现代物流企业最终将加入到国际物流市场的竞争中。

行业链接

顺丰将收购嘉里物流部分股权，被视为扩大国际市场重要战略

国外某知名媒体对这一消息进行了确认，该媒体表示顺丰控股正在商谈收购嘉里物流少数股权。一旦项目成功，将为顺丰拓展亚洲乃至全球的业务带来非常积极的帮助。根据相关资料显示，嘉里物流及其子公司都是以亚洲为基地，企业业务高度多元化，在亚洲拥有强大的网络覆盖，是知名的国际第三方物流服务供应商。企业能够提供完整的供应链解决方案，包括综合物流、国际货代（海陆空、铁路及多式联运）、工业项目物流、跨境电子商贸，以及最后一公里派送和基建投资等。作为国内快递行业的优质品牌，顺丰开启这一收购项目，也向外界展现了企业积极走向国际市场的战略雄心。

（资料来源：根据网络资料整理）

项目小结

学习任务	认知结果
任务一　企业物流认知	物流是企业的“第三利润源”
任务二　第三方物流与第四方物流认知	(1)物流业发展趋势 (2)现代物流发展方向
任务三　电子商务物流认知	(1)得物流者得电子商务 (2)得电子商务者得天下
任务四　国际物流认知	经济全球化，物流无国界

实战演练

一、自我测试

1. 单项选择题

(1)(　　)是指建立在信息技术基础上，以系统化的管理思想，为企业决策层及员工提供决策运行手段的管理平台。

A. 企业资源计划　　B. 准时制生产

C. 精益生产　　D. 物料需求计划

(2)(　　)包括已销售物品的退货、已使用物品有用物部分的回收，以及对废弃物的处理。

A. 正向物流　　B. 逆向物流

C. 常规物流　　D. 绿色物流

(3)第四方物流提供了一整套完善的(　　)。

A. 运输方案　　B. 配送方案
C. 包装方案　　D. 供应链解决方案

2. 多项选择题

(1)第三方物流是指由(　　)以外的物流企业提供物流服务的业务模式。

A. 供方　　B. 需方　　C. 第四方　　D. 第三方

(2)第四方物流是一个供应链的(　　),调配与管理组织本身与其他互补性服务所有的资源、能力和技术来提供综合的供应链解决方案。

A. 整合者　　B. 解决者　　C. 协调者　　D. 实施者

(3)电子商务物流是指基于(　　)的信息流、商流、资金流下的物资或服务的配送活动。

A. 信息化　　B. 智能化　　C. 电子化　　D. 网络化

(4)广义的国际物流包括(　　)国际物流。

A. 贸易性　　B. 出口贸易　　C. 进口贸易　　D. 非贸易性

二、小组攻关

1. 思考讨论

(1)现代生产物流解决方案有哪些?

(2)企业物流合理化措施有哪些?

(3)我国发展第三方物流的对策有哪些?

(4)如何改进我国的电子商务物流?

(5)国际物流合理化措施有哪些?

2. 物流史话——古代物流之中华印记

请网上搜索并阅读“古代物流是如何进行的,试述历代物流之发展概况”。

3. 技能演练

实地调查当地企业,了解其物流运作模式,以组为单位提交调研报告。

项目三　解读物流岗位

任务一　物流产业与物流企业认知

受领任务

内容	任务指南		
行动目标	知识目标		(1)掌握物流产业的概念，了解我国物流产业发展的现状 (2)掌握国内外知名物流企业的基本情况，了解物流企业的概念、主要构成
	技能目标		能准确区分物流企业的类型
资料收集任务清单	分　组		(1)自由组合，全班均分为四组 (2)组名自拟(具有物流特色)、组长自选
	资料类型	走进企业	(1)我的企业我的家：中通快递股份有限公司宣传视频 (2)中通快递股份有限公司官网：关于中通、招聘
		走近榜样	我的榜样我的路：中通快递马朝立——身残志坚的快递追梦人
		扩展阅读	(1)我国与国外物流产业发展对比 (2)美国物流企业的发展情况
	要　求		组间资料不重复，熟悉各自资料，凝练成3分钟发言稿

“桐庐帮”的后来居上者赖梅松

从一张白纸到世界第一，中国快递的创业者——最普通的一群人，聚点成网，创造了一道经济奇迹。“三通一达”(申通、圆通、中通、韵达)以及汇通、天天都出自浙江西北部的小城桐庐，创始人出自于同一个县，甚至有些还是一个乡，这个县就是桐庐县，这个乡就是钟山乡，这群人被称为“中国快递桐庐帮”，这个地方又被称为“中国民营快递之乡”。

“三通一达”可以说都起源于申通。1992 年，邓小平发表了南方谈话，中国掀起了新一轮改革开放的热潮。1993 年，聂腾飞和詹际盛在杭州创立了申通货运代理有限公司。1994 年詹际盛离开申通，创办天天。五年后，聂腾飞车祸去世，1999 年弟弟聂腾云离开申通，成立韵达，申通由陈德军、陈小英兄妹接手。2012 年，申通收购天天快递，由陈小英第二任丈夫奚春阳任董事长。2000 年，陈德军的小学同学张小娟，劝丈夫喻渭蛟创办了圆通快递，

2002 年，与他们一同长大的赖梅松在上海成立中通快递。那时，申通、圆通、韵达三家公司已经占据了民营快递的半壁江山，而 1993 年 3 月在广州成立的顺丰，也比它先跑了近 10 年。

中通开始的路走得并不顺利。直到 2005 年，中通迎来了第一个转折点。中通率先在民营快递业中开通长三角至广东、北京的跨省际班车。开通跨省际班车后，中通干线网络初具模型。白天在上海收的包裹，晚上从转运中心发车，第二天上午就能抵达广东或北京的转运中心，通过干线实现了远距离包裹的“次日达”，这一时效跟航空件相差无几，但成本迎来大幅下降。这一大胆尝试为中通带来了业务量的快速提升，

中通也采用加盟制，但 2008 年，赖梅松创造性地在全网实行派费制，即出件量大的网点必须拿出一部分费用来“感谢和支持”派件量大的网点，“派费制”通过利益分配和经济杠杆来平衡网络发展，这不仅保障了末端网点派送的服务质量，无疑也提高了末端对于中通投资的积极性，为其网络扩张到更多城市打下基础，也让网点愿意下沉到更小的地区。

在开通跨省际班车和派费制两大创新举措之下，中通这位后起之秀迎来了飞速增长，与各位快递前辈之间的差距一步步缩小。在飙升的业务量面前，中通继续走在改革的路上。

2009 年前后，中通又瞄上了另一个重要命门：转运中心。在 2003 年之前，加盟制快递企业基本不自己设立转运中心，但随着一些地区加盟商业务量的增加，与总部的利益冲突逐步显露。为此，一方面，中通投入资金建立属于自身的集办公、分拨、仓储、生活于一体的新基地，另一方面，则着手对转运中心进行直营化改革。

2016 年，中通不但在美国纽交所顺利上市，其全年业务量还跃居行业第一。随后三年，中通在业务量上一直稳坐快递大哥位置，在盈利能力方面也对顺丰紧追不放。直至 2019 年，中通顺利完成逆袭，不仅成为行业内首个全年业务量破百亿的快递公司，其净利润也正式超过了顺丰，成为了最会赚钱的快递公司。

（资料来源：根据网络资料整理）

任务分析

认知物流产业的最终目的是帮助学生树立全局观、系统观，对物流产业发展有个整体的认知。

物流企业是物流行业构成的主体，也是学生未来的工作职场，认知物流企业可以引导我们从现在起密切关注企业发展动态，激发学生的求知欲。

一、物流产业

1. 物流产业的概念

产业是指从事国民经济中同一性质的生产部门或其他社会经济活动的企业、事业单位、机关团体的总和，即在社会分工条件下的国民经济各部门的总称。

根据“克拉克大分类法”：第一产业为农业；第二产业为工业和建筑业；第三产业是指除第一、第二产业以外的其他各业，主要有流通业和服务业等。因此物流产业属于第三产业中一个新型的独立产业。

物流产业是指以物流活动为基本共同点的行业群体，也可以说是以物流这种生产方式为基本共同点的行业。物流通过服务来提高商品的附加价值，这种附加价值是由物流活动中投入的活劳动和物化劳动转化而来的，因此，物流亦具有增值性。但是物流的增值同生产过程的增值又有本质的区别。生产通过加工、制造等过程创造或增加商品的使用价值，并以此来促进商品附加价值的实现；而物流活动很少改变商品的使用价值，它主要通过改变商品在时间和空间上的差异来促进商品附加价值的实现。因此可以看出，物流产业是一个跨行业涵盖了多种功能的产业集群。

2. 物流产业的特点

物流产业具有以下几个特点：跨部门和跨行业；产业体系庞大；影响及派生大量的物流活动；分布广泛，缺乏产业集中度；总体上的非生产性和服务性；不能涵盖国民经济中所有的物流活动。

3. 物流产业的形成

物流产业的形成主要经历了3个阶段：

(1)企业内部物流资源整合和一体化，形成了以企业为核心的物流系统，物流管理也随之成为企业内一个独立的部门和职能领域。

(2)物流资源整合和一体化转移到相互联系、分工协作的整个产业链条上，形成了以供应链管理为核心的、社会化的物流系统，物流活动逐步从生产、交易和消费过程中分化出来，成为一种专业化的、由独立的经济组织承担的新型经济活动。

(3)出现了为工商企业和消费者提供专业化物流服务的企业，即“第三方物流”企业。

4. 现代物流产业的构成

现代物流是将原材料、产成品从起点至终点及相关信息有效流动的全过程。它将运输、仓储、装卸、加工、整理、配送、信息等方面有机结合，形成完整的供应链，为用户提供多功能、一体化的综合性服务。因此，现代物流业是一个新型的跨行业、跨部门、跨区域、渗透性强的复合型产业，服务成为了物流产业构筑的主线和灵魂，通过服务来满足各行业的物流需求。因此，从满足物流需求以及提供物流服务角度来看，物流产业主要由物流服务供应方、物流服务政策制定及管理方、物流服务协调方以及物流硬件及软件保障方组成。

(1)物流服务供应方。主要由第一方物流、第二方物流、第三方物流构成。具体说来，包括运输业、配送业、仓储业、快递业、包装业、物流信息业、邮电业、流通加工产业。

(2)物流服务政策制定及管理方。它指有关物流政策的制定者，可以是相关的政府部门以及行业协会。由于目前我国物流产业建设存在着许多不合理的现象,这就需要国家进行宏观调控,通过有关的政府部门或行业协会制定一些政策,以保证物流业的健康发展。

(3)物流服务协调方。在提供物流服务的过程中,对于出现的过失问题,往往存在界限不清或者推脱责任等现象,以至于物流服务无法正常完成。这时就需要有协调者根据实际情况,提出解决措施,并从中进行协调。

(4)物流硬件及软件保障方。主要包括物流基础业、物流装备业、物流软件业、物流教育业、物流研究及咨询业。

5. 我国物流业发展现状

(1)物流规模再上新台阶。2020 年全年,物流运行实现逆势回升、平稳增长,社会物流总额超 300 万亿元。

(2)服务能力显著提升。形成了一批所有制多元化、服务网络化和管理现代化的物流企业。制造业物流、商贸物流、电子商务物流和国际物流等领域专业化、社会化服务能力显著增强,服务水平不断提升,现代物流服务体系初步建立。

(3)技术装备条件明显改善。信息技术广泛应用,大多数物流企业建立了管理信息系统,物流信息平台建设快速推进。物联网、云计算等现代信息技术开始应用,装卸搬运、分拣包装、加工配送等专用物流设备和智能标签、跟踪追溯、路径优化等技术迅速推广。

(4)政策加持物流业,发展环境不断优化。“十二五”规划纲要明确提出“大力发展现代物流业”,国务院印发《物流业调整和振兴规划》,从“十三五”再至“十四五”规划,国家制定出台了一系列促进物流业健康发展的政策措施,物流业发展环境不断优化。

二、物流企业

1. 物流企业的概念

物流企业指至少从事运输(含运输代理、货物快递)或仓储一种经营业务,并能够按照客户物流需求对运输、储存、装卸、包装、流通加工、配送等基本功能进行组织和管理,具有与自身业务相适应的信息管理系统,实行独立核算、独立承担民事责任的经济组织。非法人物流经济组织可比照适用。

物流企业根据客户的需求,可以提供物流服务、综合物流服务或者协助企业进行物流信息管理。其中:

(1)物流服务:物流供应方通过对运输、储存、装卸、搬运、包装、流通加工、配送和信息管理等基本功能的组织与管理来满足客户物流需求的行为。

(2)综合物流服务:为客户制订整体性的物流方案,并对物流活动要素进行规划、组织、实施和系统化运作。

(3)物流信息管理:应用现代信息技术和手段完成物流过程中信息的采集、处理、存储、传输和交换,实现物流信息电子化、数字化、网络化,利用各类物流信息为企业经营管理提供帮助。

2. 物流企业的分类

(1)A 级物流企业评估

A 级物流企业评估主要是评估机构依据《物流企业分类与评估指标》国家标准评估认定 A 级物流企业,以此引领物流行业沿着标准化、现代化、规模化方向发展。A 级物流企业评估主要分为运输型、仓储型、综合服务型三种类型,分别依据各自的评估指标体系,针对企业经营状况、资产情况、设备设施、管理及服务、人员素质、信息化水平等六个方面，十六至十八个指标及项目，按照规范、标准的流程进行的物流企业综合评估认证。A 级物流企业有运输型、仓储型、综合服务型三种类型，划分为 A、AA、AAA、AAAA、AAAAA 五个等级。

①运输型物流企业。根据国家标准 GB/T 19680—2013《物流企业分类与评估指标》，运输型物流企业应同时符合以下要求：以从事货物运输业务为主，包括货物快递服务或运输代理服务，具备一定规模；可以提供门到门运输、门到站运输、站到门运输、站到站运输服务和其他物流服务；企业自有一定数量的运输设备；具备网络化信息服务功能，应用信息系统可对运输货场进行状态查询、监控。运输型物流企业不同等级评估指标此处略。

②仓储型物流企业。根据国家标准 GB/T 19680—2013《物流企业分类与评估指标》，仓储型物流企业应同时符合以下要求：以从事仓储业务为主，为客户提供货物储存、保管、中转等仓储服务，具备一定规模；企业能为客户提供配送服务以及商品经销、流通加工等其他服务；企业自有一定规模的仓储设施、设备，自有或租用必要的货运车辆；具备网络化信息服务功能，应用信息系统可对货物进行状态查询、监控。仓储型物流企业不同等级具体评估指标此处略。

③综合服务型物流企业。根据国家标准 GB/T 19680—2013《物流企业分类与评估指标》，综合服务型物流企业应同时符合以下要求：从事多种物流服务业务，可以为客户提供运输、货运代理、仓储、配送等多种物流服务，具备一定规模；根据客户的需求，为客户制订整合物流资源的运作方案，为客户提供契约性的综合物流服务；按照业务要求，企业自有或租用必要的运输设备、仓储设施及设备；企业具有一定运营范围的货物集散、分拨网络；企业配置专门的机构和人员，建立完备的客户服务体系，能及时、有效地提供客户服务；具备网络化信息服务功能，应用信息系统可对物流服务全过程进行状态查询和监控。

以参选评估综合服务型 5A 级物流企业为例，参与评估的物流企业年物流营业收入不得低于 16.5 亿元，并且企业营业时间五年以上。在资产上参与评估的物流企业资产总额不得低于 5.5 亿元，资产负债率不高于 75%。在设施设备上参与评估的物流企业需拥有不低于 10 万平方米的自有/租用仓储，不低于 1 500 辆货（或总载重量 7 500 吨）的自有/租用的货运车辆，以及在企业市场覆盖范围内不低于 50 个运营网点。综合服务型物流企业不同等级具体评估指标此处略。

(2)快递企业等级评定

《快递企业等级评定实施细则》于 2011 年 10 月 28 日由中国快递协会发布。该实施细则共 16 条，自颁布之日起实施。

快递企业规模评定主要从企业的业务量、经营收入、自营网络覆盖范围等方面对参评企业进行综合评定，分为 A 型、B 型、C 型、D 型四个等级。其中 A 型企业符合的标准是年业务量 4.5 亿件以上，年经营收入 100 亿元以上，自营网络覆盖 25 个省、自治区、直辖市以上。

快递企业服务评定从公众服务评价、服务时效、人员素质和信息化管理水平等方面对参评企业进行综合评定，分为五星、四星、三星、二星四个等级。五星级最高，依次降低。其中：五星级企业是年度快递服务总体满意度得分在 73 分以上；重点城市间的快件全程时限 72 小时准时率在 95%以上；百万件快件用户有效申诉在 10 件以下；快递业务员中具备《快递业务员国家职业技能标准》初级以上资格的不低于 60%；自营网点在省会和直辖市的覆盖范围达到 100%，网点在省辖市的覆盖率在 90%以上，其中，自营网点覆盖率应不低于 50%、工作日 8:00 至 16:00 时段内上门揽收时限不超过 2 小时，工作日 8:00 至 16:00 时段内到达投递站点的快件，完成指定地点的投递时限不超过3小时。

综合服务型物流企业占比较高，为85%，以大中型国有企业居多，但从最新几批名单来看，也涌现一批优秀的民营物流企业入围，如菜鸟、京东物流、顺丰、跨越、怡亚通、心怡、则一、百世，安能、天地汇、圆通、中通、准时达等。

三、知名物流企业认知

（一）国际物流企业

1. UPS

美国联合包裹运送服务公司，2020年世界500强第129名。成立于1907年，起步于信使公司的UPS，经历了"同城信使"—"零售包裹服务商"—"全国性陆运包裹配送"的演化，最后成为了美国公路快递巨头，现今是世界上最大的快递承运商与包裹递送公司之一，近年来，UPS能力不断增强，业务逐步实现全球化，已进入全新的供应链服务领域，成为全球的配送专家。

中外运从1988年开始代理UPS的业务，并在1996年与UPS成立了中外运-联合包裹国际快递有限公司，2004年12月，UPS与中外运结束合作，获得双方之前在23个中心城市国际快递业务的直接掌控权。在中国，UPS通过全国范围内的228个营业设施，每周208个航班班次、海陆空多式联运，为中国企业连接世界上220多个国家和地区的贸易往来。

2. FedEx

FedEx（美国联邦快递公司），2020年世界500强第148名。成立于1971年，时值美国国内经济发展迅猛，FedEx投入巨资自建航空机队，弯道超车UPS，在航空快递领域占据领先的市场地位，是一家环球运输、物流、电子商务和供应链管理服务供应商。2016年完成对TNT Express的收购，这意味着全球最大的航空快递网络与无人能及的欧洲陆地运输网络合二为一，扩展了现有的联邦快递产品组合。

FedEx于1984年进入中国。1999年，联邦快递与天津大田集团在北京成立合资企业大田一联邦快递有限公司，2006年联邦快递4亿美元吞下大田，在中国变身独资企业。联邦快递亚太转运中心于2008年10月在广州投入运营，联邦快递是第一个在中国设立洲际转运中心的跨国货运巨头。

3. DHL

DHL（德国敦豪集团），德国邮政集团（2020年世界500强第142）的旗下品牌之一，拥有四大服务支柱公司：DHL快递、DHL货运、DHL海空运以及DHL解决方案。DHL是快递、洲际运输和航空货运、海运和合同物流提供商。DHL目前是全球最大的国际快递公司，同时也是全球第一的海运和合同物流提供商。

1986年12月1日，DHL与中外运双方各占50%股权，合资成立了中外运-敦豪国际航空快件有限公司（简称"中外运-敦豪"），目前，中外运敦豪已经成功地建立了中国最大的国际快递服务网络，从一家分公司发展到100余家，成为了中国最大的国际快递供应商，出众的业务表现和战略发展潜力使其自2016年起，作为单一国家市场升级为DHL在全球的第六个独立的运营区域，平行于欧洲、美洲等业务大洲。

4. Maersk Group

Maersk Group［马士基集团（丹麦）］，2020年世界500强第320名。在集装箱运输、物流、码头运营、石油和天然气开采与生产，以及与航运和零售行业相关其他活动中，为客户提供了一流的服务。集团旗下的马士基航运是全球最大的集装箱承运输公司，服务网络遍及全球。

1984 年，在广州设立了它在中国的第一个办事处，后陆续设立了马士基(中国)航运公司、马士基中国公司等；陆续投资建设深圳盐田国际集装箱码头、大连集装箱码头、上海集装箱码头、青岛集装箱码头，2020 年 7 月，马士基梅山国际物流中心一期项目正式投入运营。

5. Nippon Express

Nippon Express(日本通运公司)，是日本最大的综合物流企业，也是日本物流企业中唯一一家能提供海陆空运输方式的公司。汽车运输和仓储服务占据了公司业务的 70%左右，“无所不运”——只要是法律允许运输的物品，就都是日通公司的运输对象。以家庭投递为主的“宅配便”业务是物流公司进军的新领域。

公司 1981 年在北京开设事务所，最近于武汉成立分公司，提供国内服装储运服务，并于 2020 年 11 月全面投入运营。

另外，Ryder System(莱德系统)、TNT Post Group(TNT 快递公司)、Expeditors International(康捷国际公司)、Panalpina(泛亚班拿)、Exel(英运物流)等公司也是全球知名的物流企业。

(二)国内物流企业

1. A 级物流企业

A 级物流企业是衡量物流企业资质的一个重要认证标准，尤其是 4A、5A 级物流企业，已经成为进入大型企业集团物流招标采购环节的金字招牌。“5A 级物流企业”是物流行业最权威、最严苛、最具公信力、最高层级的认证，认证机构中国物流与采购联合会是国务院批准设立、受国务院业务指导、民政部登记管理的全国性行业组织，同时是亚太物流联盟主席。

从 2005 年 7 月到 2018 年 8 月，中国物流与采购联合会共发布过二十六批 A 级物流企业名单，各 A 级物流企业共 6 254 家，其中 5A 级物流企业 299 家，4A 级 1 988 家，3A 级 2 916 家，2A 级 986 家，A 级 65 家。在其后的 2019 年度和 2020 年度里又有四批共计 68 家(包括新申报和升级企业)5A 级物流企业获批。

2. 2020 年度物流企业 10 强

2020 年中国物流企业 50 强名单发布，顺丰、百世、中通、韵达、圆通均入前十。

任务实施

1. 讨论

组内自由讨论。

2. 分享

各组推选一名代表与大家分享讨论结果。

3. 评价

教师掌控教学现场，适时进行评价。

4. 定论

物流产业是一个在市场经济发展过程中出现的新兴产业，物流产业的发展极大地提升了社会的发展速度，对物流产业的理解有利于我们更好地理解物流的作用和重要性。

物流企业是物流行业的重要组成部分，现代物流企业的发展代表着物流行业的发展方向，通过对物流企业的了解，有利于我们进一步认识物流行业。

行业链接

中通快递连续5年领跑行业，市场占有率达20.4%

中通快递2020年实现业务总量约170亿票，解锁了两个主要成就：一个是一家快递公司的业务量比肩美国全国的业务量；二是公司市场占有率达到20.4%，成为中国快递行业首个市场占有率突破20%的公司，达到20.4%。中通快递还成为全球第一家年业务量迈入百亿新时代的快递企业。

到目前为止，中通拥有行业内最多的自有场地、最大的自营车队、最多的自动化操作设备以及优良的现金流。截至2020年三季度末，公司的揽件/派件网点数量约为30 000个，分拣中心的数量为91个，直接网络合作伙伴数量5 150余名。干线车辆数量10 100余辆(9 250辆为自有车辆)，其中包括7 400余辆高运力车型。干线运输路线有约3 400条，网络通达99.2%以上的县区。

2020年11月24日，中通旗下云冷网络科技有限公司成立浙江中通蓝网有限公司，发力高价值产品网络，中通"航空"+"冷链"+"篮网"的业务布局趋于完善，发展后劲更为强劲。

(资料来源：根据网络资料整理)

任务二　物流岗位认知

受领任务

<table>
<tr><th>内　容</th><th colspan="3">任　务　指　南</th></tr>
<tr><td rowspan="2">行动目标</td><td colspan="2">知识目标</td><td>(1)了解企业物流岗位设置
(2)了解各岗位的基本要求</td></tr>
<tr><td colspan="2">技能目标</td><td>能全面认知企业物流岗位</td></tr>
<tr><td rowspan="5">资料收集任务清单</td><td colspan="2">分　组</td><td>(1)自由组合，全班均分为四组
(2)组名自拟(具有物流特色)、组长自选</td></tr>
<tr><td rowspan="3">资料类型</td><td>走进企业</td><td>(1)我的企业我的家：德邦物流股份有限公司宣传视频
(2)德邦物流股份有限公司官网：关于德邦、人才招聘</td></tr>
<tr><td>走近榜样</td><td>我的榜样我的路：全国邮政行业劳动模范，德邦快递代小虎——幸福是奋斗出来的</td></tr>
<tr><td>扩展阅读</td><td>物流职业经理人的出现与发展</td></tr>
<tr><td colspan="2">要　求</td><td>总结物流行业人才所需要的能力与素质，凝练成3分钟发言稿，题目自拟</td></tr>
</table>

德邦快递“物畅其流，人尽其才”

1. 德邦快递完善的管理和培训体系

德邦快递建立了一套完善的人才培养体系。德邦快递拥有德邦大学、高潜力人才发展部等培养机构，不断培养各类优质人才。德邦大学为公司全体人员提供全面完善的专业培训，如新员工培训以及晋升发展培训等。而高潜力人才发展部则会针对本硕博人才，定制培养路径，帮助他们更好地发展。

在人才培养方面，建立“二元人才结构”体系，即管理岗位主要通过内部提拔，并通过社招补充部分管理岗位。德邦快递99%的管理人员是由内部产生的，所有员工可以选择“管理”或“专业”两条道路发展。本着“赛马不相马，人尽其才，公平竞争，选拔透明”的原则，德邦快递为优秀人才提供晋升通道。根据员工的实际情况，德邦快递提供各类培训机会与户外拓展。并倡导内部轮岗，让员工发展更全面。

校招生是德邦快递的中坚力量，几乎一年不到就能成为管理人员。德邦快递每年都会从应届毕业生中优选一批储备干部。并不断培养，给予晋升机会。这也是德邦快递的中高层管理相比同行年轻、永葆青春活力的秘密所在。

2. 多种形式奖励绩优者

德邦快递通过不断优化绩效考核，使资源向绩优者倾斜，激励员工专注提升客户服务体验，创新性推出了“多重假期”“新年礼包”“集体婚礼”“获取分享制”等形式多样的优厚福利，并连续三年设立金砖年终奖，以嘉奖连续12个月获得五星好评的快递员。

3. 职业发展通道有选择

业务仓储物流部、派送部、采购部门、国际性运代部、财务部门、信息站、行政部门服务部、人事部、信息内容产业发展部、研究室、推广部、运输部等部门是德邦物流的关键部门。客服人员、业务工作人员、销售市场业务员、运输车辆驾驶员、业务主管、库房员、仓库主管、电商工作人员、宣传策划室内设计师等是德邦物流的关键岗位。不同岗位的员工可以根据自身情况选择“管理”或“专业”晋升发展道路。

职能管理晋升通道：员工→经理→高级经理→总监→高级总监→副总裁；

营运管理晋升通道：员工→副经理→经理→高级经理（区域经理）→总监（大区总经理）→事业部总裁→副总裁。

专业晋升通道：员工→初级专员→中级专员→高级专员→资深专员→专家→首席专家。

在德邦快递，快递员向上攀登的台阶能有多高？德邦快递员大会现场有两位经理级的快递员现身说法。2016年入职的重庆小伙岑宗建，如今已经是西双版纳茶叶市场营业区的区域经理；2013年加入德邦快递的阳兵兵，先后历经9个部门的历练，现在已经成为泉州大区总经理，他也是德邦快递第一位快递员出身的大区总经理。

德邦快递一直坚持“物畅其流，人尽其才”的使命，公司还设立“亲情1+1”制度、“家庭全程无忧”制度等。同时，德邦快递还开设了股权激励，为更好地培养人才，在管理层实行“之”字形管理。德邦快递的人才激励机制，让德邦快递不仅成为员工“拼事业”的平台，更是员工全面成长的沃土。

（资料来源：根据网络资料整理）

任务分析

不同的物流企业为了满足不同顾客的需求，所设置的物流岗位会有所不同。通过了解物流企业典型岗位的设置，可以帮助学生更好地了解物流企业工作岗位设置情况，了解物流企业对于各项人才的素质要求，以明确学习目的，提高学习积极性。

知识链接

物流业就业岗位大致分为操作类和管理类两大类。可以划分为6个方向，即采购方向、仓储配送方向、运输方向、物流信息管理方向、国际货运代理方向及快递方向。每一个方向由若干个岗位组成一个岗位群。每个岗位群对应一个就业方向。

采购管理岗位群主要就业岗位：采购专员、采购主管、采购经理。

仓储配送岗位群主要就业岗位：仓管员、理货员、商品养护员、业务员、订单处理员、进货员、流通加工员、拣货员、送货员、装卸员、质量管理员、配送计划员、退货处理员、调度员、部门主管、物流规划专员、仓储配送经理。

运输岗位群主要就业岗位：物流专员（业务员）、商品护运员、商品储运员、运输调度员、运输主管、运输经理。

物流信息管理岗位群主要就业岗位：信息分析员、物流信息主管、客户服务人员。

国际货运代理岗位群主要就业岗位：集装箱码头管理员、货代员、货代经理。

快递岗位群主要就业岗位：运作员、收派员、仓管员、分拣员、理货员、部门主管、运管部经理。

因篇幅有限，下面仅就部分主要就业岗位进行概括介绍。

一、采购专员

1. 职位概要

执行单项采购计划，编制采购活动分析总结报告。

2. 工作内容

（1）搜集、分析、汇总及考察评估供应商信息。

（2）编制单项材料采购计划并实施采购。

（3）签订和送审小额采购合同。

（4）协助采购经理处理日常进出口业务，完成采购订单制作，确认、安排发货及跟踪到货日期。

（5）做货物入库相关单据，积极配合库房保质保量完成采购货物的入库。

（6）编制单项采购活动的分析总结报告。

（7）完成上级交办的其他工作。

3. 职业发展路径

在本企业内：采购专员→采购主管→采购经理。

在本企业外：可跳槽至其他公司的物流部门，如制造商、分销商、零售商，做相关的职位直至供应链经理。

二、仓库管理员

1. 职位概要

完成与货物的进出库、存储相关的日常事务等工作，以达到库存管理目标。

2. 工作内容

(1)管理进出库货物，如质量检验与核对、商品码放等。

(2)核对货物的入库凭证，清点入库货物，与送货员办理交接手续。

(3)安排货物的存放地点，登记保管账和货位编号。

(4)按照销售情况调整、控制库存数量，及时配货。

(5)填制、报送各种商品单据，定期盘点商品，上报盘点报告。

(6)实施仓库的安全管理。

(7)完成上级交办的其他工作。

3. 职业发展路径

企业内向上发展：仓库管理员→仓库主管→仓库经理。

物流企业的类似职位，不同类型货物的仓储管理。上游企业物流部门的相关职位，到制造业、商贸连锁经营企业的物流系统从事仓储管理。

三、物流专员(业务员、营业员)

1. 职位概要

进行部门营销和收货活动；配合经理完成部门工作，提升部门收入，完成部门指标，对内营造良好工作氛围，对外展现良好的企业形象。

2. 工作内容

(1)负责指导客户填写托运单及相关信息，并录入系统。

(2)进行电话营销，协助经理维护客户。

(3)负责对货物运输过程中的跟踪与监控，及时处理货物异常及相关理赔。

(4)定期汇总各项物流管理报表，并根据管理报表改进物流运作。

(5)车辆预配及货物出发、到达处理。

(6)通知客户来派送部提取货物，预约派送货物的送货时间，提高到达货物的自提、派送时效。

(7)负责接待上门客户提货、办单，进行派送单据的打单、收单、返签收等业务，提高客户满意度。

(8)整理客户签收联并及时扫描、上传，协助收银员为客户开具、邮寄发票等服务。

(9)负责派送异常单跟踪，及时处理派送更改、转货、内部带货等业务，处理仓库异常货物。

3. 职业发展路径

业务员→点部负责人→运输调度员→货运主管→运输经理→运作部经理→运作部总监→总经理。

四、客服专员

1. 职位概要

培训客服代表，分析、改进运作质量，监控运作成本，维护客户关系。

2. 工作内容

(1)对分公司的客服代表进行相关的培训、落实、检查与考核，并对日常客户运作 KPI 情况进行统计、分析和建议等，同时提供相关的运作报告；当运作质量出现问题时，和相关分公司一起对问题进行分析，牵头制订运作质量改善计划，并跟进与解决。

(2)牵头相关的分公司制订新业务运作计划并检查落实，同时全程参与客户相关的新业务的培训。

(3)分析相关分公司所属客户的经营状况，参与供应商谈判，监控运作成本变化，对存在的经营异常问题牵头制定相应的改善计划并跟进落实。

(4)贯彻落实总部客服管理制度、流程、规定及培训事宜等，维护当地的客情关系，包括当地的客户关系维护及客户的客户(如经销商等)的关系维护，及时协调处理相关的投诉等。

3. 职业发展路径

客服专员→客户服务主管→客户服务经理→运作部经理。

任务实施

1. 讨论

组内自由讨论。

2. 分享

各组推选一名代表与大家分享讨论结果。

3. 评价

教师掌控教学现场，适时进行评价。

4. 定论

不同的岗位，任职资格要求不同，工作内容不同；不同的工作，技能技巧要求不同，我们应该从现在开始强化技能训练，深化理论学习，全面提升职业素养。

行业链接

德邦快递再获物流领域“最佳雇主”称号，赢得消费者与员工双口碑

2021 年 1 月 22 日，“洞见 2021：破局，逆势出发”暨“第四届中国物流与供应链驱动者年会”在上海举办。德邦快递作为大件快递企业的领军者出席活动现场，并斩获“2020 年度消费者满意快递物流品牌”“2020 年度中国物流领域最佳雇主”两项荣誉大奖。

岁末年初,“物流指闻”以网络投票的形式开展了各大奖项网络评选活动。根据投票结果显示,德邦快递荣获“2020 年度消费者满意快递物流品牌”奖项,其背后所体现的正是“以客户为中心”的核心价值观。

对外,德邦快递凭借高效周到的服务赢得用户的心;向内,德邦快递同样以人为本,通过各种途径为快递员构建荣誉感和归属感。

(资料来源:根据相关网络资料整理)

项目小结

学习任务	认知结果
任务一　物流产业与物流企业认知	(1)第三产业中一个新型的独立产业 (2)拥有运输业、仓储业、装卸业、包装业、加工配送业、物流信息业等资源的企业是物流行业的主体
任务二　物流岗位认知	岗位不同能力要求不同

一、自我测试

1. 单项选择题

(1)根据“克拉克分类法”,物流产业属于(　　)。

A. 第一产业　B. 第二产业　C. 第三产业　D. 新兴产业

(2)快递业属于(　　)。

A. 物流服务协调方　B. 物流服务提供方

C. 物流软件方　D. 物流管理方

(3)AAAAA 级仓储型物流企业要求营业时间为(　　)。

A. 1 年　B. 1～2 年　C. 3 年　D. 3 年以上

(4)AAA 级综合物流服务型企业的年营业收入要求为(　　)。

A. 1 亿元以上　B. 2 亿元以上

C. 4 000 万元以上　D. 300 万元以上

(5)中国最大的第三方物流企业为(　　)。

A. 中铁快运　B. 中海运　C. 中远运　D. 长航集团

2. 多项选择题

(1)现代物流产业构成主要包括(　　)。

A. 物流服务方　B. 物流政策制定方

C. 物流服务协调方　D. 物流监管方

E. 物流硬件方

(2)物流产业特点包括(　　)。

A. 跨部门　B. 跨行业　C. 分布广　D. 集中度高

E. 覆盖整个国民经济

(3)物流行业主体构成主要包括(　　)。

A. 商贸企业　B. 制造企业

C. 运输企业　D. 第三方物流企业

E. 连锁经营企业

(4)根据服务功能划分,物流企业主要包括(　　)。

A. 运输型企业　B. 仓储型企业

C. 综合型企业　D. 带料加工型企业

E. 战略咨询型企业

(5)现代物流产业具有三个基本性质,即物流产业是(　　)产业。

A. 技术密集型　B. 土地密集型

C. 知识密集型　D. 资本密集型

E. 人员密集型

二、小组攻关

1. 物流史话——古代物流之中华印记

请网上搜索:“古代快递的历史,试述古代快递岗位名称之变迁”,并阅读相关信息。

2. 技能演练

以小组为单位调查我国物流企业的经营现状。

具体要求:

(1)自选一类物流企业进行调查;

(2)形成调查报告;

(3)以小组为单位进行介绍性陈述。

项目四　解读职业生涯

任务一　物流人才认知

受领任务

内　容			任　务　指　南
行动目标	知识目标		(1)掌握物流人才的知识结构 (2)了解物流人才的基本素质和能力
	技能目标		根据自身情况制订学习计划，提升知识储备量
资料收集任务清单	分　组		(1)自由组合，全班均分为四或五组 (2)组名自拟，组长自选
	资料类型	走进企业	(1)我的企业我的家：申通快递股份有限公司宣传视频 (2)申通快递股份有限公司官网：产品服务、招贤纳才
		走近榜样	我的榜样我的路：柯桥申通网点范广彬——把“烫手山芋”变成全网标杆
		扩展阅读	物流专业人才需求
	要　求		组间资料不重复，熟悉各自资料，凝练成 3 分钟发言稿

引导案例

用努力创造奇迹，送快递送成了高层次人才

2020 年 6 月，经中共杭州市委人才办、杭州市人力资源和社会保障局认定，申通快递浙江分公司快递小哥李庆恒获评杭州市高层次人才，认定类别为 D 类。李庆恒因在 2019 年 8 月参加的浙江省第 3 届快递职业技能竞赛中获得了快递员项目的第一名，由此被浙江省人社厅授予“浙江省技术能手”称号，并因此成功获评杭州市高层次人才，享有 100 万元购房补贴。李庆恒用努力创造

了奇迹，送快递送成了高层次人才。

练就“报菜名”真本事

初入公司的李庆恒十分敬业，他在客服岗位完成本职工作外，还主动参与一线快递员的工作，在“双 11”“6・18”等电商促销节日里帮忙打包、分发货物。

成为快递分拣员后，他每晚都用最快的速度将包裹准确无误地分拣完毕，还练就了一项“报菜名”的真本事：无论快递上标明的是航空代码、区号还是邮编，他都能立马回答出来在哪个城市。有人说这是熟能生巧，只有他自己知道为了背熟这些数据下了多少功夫。他坦言，有时都有点“走火入魔”，连看到路过的汽车车牌，都会下意识地把相关城市的所有信息在脑子里过一遍。

凭借出色的工作完成效率和娴熟的业务技能，李庆恒几乎每一年都会参加快递员的相关技能比赛，年年都能捧回奖状、拿回证书。

潜心钻研，一赛成名

李庆恒参加了 2019 年浙江省第 3 届快递职业技能竞赛。这是全国快递行业规格较高、含金量较大的比赛。

为了准备比赛，李庆恒不仅要做到对全国各地的邮编、城市区号、航空代码张口就来，还要眼疾手快，从固体胶、U 盘、打火机、人民币、乒乓球等数百件物品里，挑出航空禁寄物品。

比赛最难的部分是“画地图”。12 分钟内要在计算机上完成 19 票快件的派送路线设计，既要保证每一个快件在派送时限内送达，又要考虑路线的合理优化，用最少的时间、走最短的路。

为了准备此次比赛，没有收投快递件经验的李庆恒主动跟着一线快递员学习快递派送技巧，每天下班后抽出两小时练习从数百件物品中挑出航空禁寄物品的“火眼金睛”。

凭借一股子韧劲和过硬的业务能力，李庆恒一赛成名。用努力创造奇迹，再小的岗位也能成长为公司骨干，李庆恒从快递员做起，现已成长为申通快递浙江分公司质控部组长。

（资料来源：根据网络资料整理）

任务分析

现代企业的竞争归根到底是人才的竞争，我国物流业的发展扩大了物流人才的市场需求，尤其是外资企业、合资企业和国内 500 强企业的需求逐年增加。相对于市场的需求，物流人才特别是高级物流人才出现供不应求的局面，上海市已将物流人才列为 12 类奇缺人才之一。物流人才需求量大并不代表企业对物流人才的要求降低，为此，我们应全面了解物流人才应该具备的能力和素质，从现在开始，全面提升自己的综合职业素养。

知识链接

一、物流人才的知识结构

在网络经济和知识经济时代下，为了满足企业对现代物流人才的需要，一个合格的物流人才应该具备以下六个方面的基础知识，并在实际中根据需要不断学习，完善知识结构。

1. 国际贸易和通关知识

国际贸易包括国际采购、国际结算等。物流是商流的载体，物流活动是贸易活动的货物交付过程。随着改革开放的不断深入，特别是我国加入 WTO 后，国内市场和国际市场的融合程度日益紧密，外资企业“请进来”和国内企业“走出去”将是大势所趋，而这一类企业又大都是跨国的大型企业，其业务散布于不同国家不同地区，为了降低生产成本和经营风险，其采购和营销方式必向即时化、网络化、零库存的方式转移。因此，提供综合性物流服务的企业就成为采购和供给双方的货物交接和结算点，多家供货商通过物流企业向采购方供货，并通过物流企业向采购方结算。物流企业的从业人员也就需要掌握相关的国际贸易、国际结算知识，以及了解国家对外汇管理的有关法律法规。

在通关方面，国际贸易活动必然要涉及通关作业，通关环节的相关政策和法规对物流方案的设计和物流流程的制定具有重要的影响，如贸易性质是一般贸易下的出口还是进口，是来料加工还是进料加工，涉不涉及退税，报关方式是进口保税、出口监管还是转关运输，以及在通关环节可能要产生的各种费用等。物流从业人员如果对相关政策和法规没有清楚的了解，就不可能制订出合理的、可行的物流方案和有效的成本预算，在作业过程中必将发生异常事故，不仅影响物流作业的有效执行，同时给物流企业和货物的买卖双方造成重大的经济损失和信誉影响。

2. 仓储运输专业知识

综合性物流企业所从事的业务通常要涉及多种运输方式和手段，多式联运的执行水平也是衡量企业综合能力的指标之一，在一单业务中，可能要涉及海运、空运、铁路和公路运输等环节。业务人员在与客户洽谈和进行物流方案设计以及任务执行的时候，只有在熟练地掌握了多种交通工具使用知识的情况下，才有可能设计出切实可行、安全快速、经济有效的运输方案，才能为客户提供恰当合适的物流服务。

在仓储管理方面，随着物流服务需求的个性化和信息技术的发展，仓储管理已不再局限于货物进出仓、堆码摆放等简单活动，还涉及库存控制、自动化控制、包装、加工、检验、维修等作业。一个合格的仓库保管员，不仅能够履行收发、保管货物的职能，同时能够担负起作业流程优化、硬件设施设备有效利用、库存合理控制以及其他增值服务职能。

3. 财务成本管理知识

物流服务往往涉及多个作业环节，发生各种不同的费用类型，有些是物流企业的成本，有些是外部发生的费用，如在运输作业过程中出现的费用类型有：停车费、路桥费、保险费、报关费、检验检疫费、海关查车费、订仓费、提货费等。在物流服务营销的过程中，业务人员不仅要了解作业费用发生的原因、种类和数量等情况，而且要具有进行作业成本分析的能力，只有通过细致的成本核算和分析，才能向客户提出有针对性和说服力、客户易于接受的合理的解决方案，针对一个物流方案，成本分析包括分析企业需要外包的业务类型、业务量，向分包方支付项目、支付数额，企业内部需要投入的资源，执行该项物流服务资源的消耗和占用状况，资产的折旧和运作成本等。

4. 外语知识

随着商流活动区域的国际化，英语也被广泛应用在物流活动中的各个领域，从商务谈判、合同签订到日常沟通、单据书写等各个环节都能见到英语的影子。如果物流企业要加入以跨国公司为主导的供应链或以大型物流企业为主导的战略联盟，或者要实施国际化发展战略，就应该适应全程物流活动对信息传递的要求，提高从业人员的英语水平，使其不但能够熟练使用英语与客户进行口头和书面的准确沟通，还要具有草拟和设计英文合同的能力。目前多数涉外物流企业在招聘作业人员时都设置了英语考试的项目，因此，无论是学校还是企业，在对物流从业人员进行业务培训时都应加强英语的培训力度。

5. 安全管理知识

一般情况下，物流企业既不是买方，也不是卖方，而是买方或者卖方委托的物流服务提供者，接受买方或者卖方的委托，按照委托方的要求执行物流作业，在作业过程中，如果管理不善，安全隐患无时不在。由于物流企业处于供应链的中间环节，事故的影响将蔓延到企业的上下游各个环节中，引起交货延迟、船期航班延误、人员加班、生产线停产等一连串的问题，一个看似很小的事故最终造成的损失将无法估量。

6. 法律知识及其他

物流业是一个服务行业，物流企业的运作不只是企业内部的行为，而是涉及多个企业之间的经济行为，任何一种物流服务都是一种用合同形式表现出来的承诺。物流服务供求双方的合同通常是以书面形式明确双方权利和义务的法律文书，是受国家法律保护和约束的。物流从业人员，特别是物流市场拓展人员，必须具备一定的法律知识，了解国家涉及物流行业的法律法规，并在签订合同的时候灵活准确地运用这些知识。

其他如保险、环保等知识，物流从业人员也应有所了解和掌握。

二、物流人才的基本素质和能力

一个合格的物流人才，除了掌握上述科技知识以外，还必须具备以下六个方面的基本素质和能力。

1. 严谨周密的思维能力

物流服务是一个动态的、连续的服务，服务质量的持续提高是企业生存和发展的基础。要保证货物在规定的时间内以约定的方式送到指运地，过程的设计必须是严谨的、科学的、合规合法的。一体化物流过程中存在多个环节，任何一个环节出现问题，轻则可能增加企业不必要的费用支出，造成企业的经济损失；重则可能导致物流服务中断，造成客户更大的损失，引起法律纠纷和大数额的索赔。所以，在这个链状的服务中，从业人员在设计物流方案的时候，不但要有全面的综合性知识，而且要有一个严谨的思维模式。

2. 团队合作和奉献精神

物流作业的物理特性表现为一种网状的结构，在这个网中存在着多条线，每条线上又存在着多个作业点，任何一个作业点出现问题，又没有得到及时妥善的解决，就有可能造成网络的瘫痪。所以物流从业人员应具备一种强烈的团队合作和奉献精神，在作业过程中，不仅能够做好本职工作，同时能够为周边相关岗位多想一点和多做一点，使上下游协调一致。如果没有这种团队协作和奉献精神，就不可能将整个线上的作业点有机地结合在一起，就无法实现物流目标系统化和业务操作无缝化的目的，就不可能有效准确地完成繁杂程度较高的物流服务。

3. 现代信息技术的学习和应用能力

现代物流企业核心竞争力的提高在很大程度上取决于信息技术的开发和应用。物流过程同时也是一个信息流的过程，在这个过程中，货物的供需双方要随时发出各种货物供需信息，及时了解货物在途、在库状态，时时监控物流作业的执行情况，而提供服务的物流企业，也必定要有这种准确及时地处理各种信息和提供各种信息服务的能力。目前，信息技术已受到物流企业的广泛重视，并被应用在订单处理、仓库管理、货物跟踪等各个环节。作为一个合格的物流从业人员，必须熟悉现代信息技术在物流作业中的应用状况，能够综合使用这一技术提高劳动效率，并且能够在使用的过程中提出建设性、可操作性的建议。

4. 组织管理和协调能力

现代企业的竞争表现为对人才的竞争，而具体地就表现为企业经营管理理念的竞争。一个成功的企业不仅要有高素质的专业人才，也要有良好的经营管理理念和执行管理理念的能力。物流的灵魂在于系统化方案设计、系统化资源整合和系统化组织管理，包括客户资源、信息资源和能力资源的整合和管理，在目前物流行业没有形成统一标准的情况下，物流从业人员更需要具备较强的组织管理能力，在整合客户资源的前提下有效地贯彻企业的经营理念，充分利用设备、技术和人力等企业内部资源来满足外部客户的需求。

物流服务的特点之一是消费者参与到服务产品的生产、销售和使用的过程中，从业人员在工作过程中，需要时时与客户沟通协商，与上下游环节协调合作，需要运用不同的工具进行各种信息的传递和反馈。因此，物流从业人员不但要有相当丰富的知识面，同时应具有相当强的沟通、协调能力和技巧。

5. 异常事故的处理能力

异常事故的处理能力是衡量物流从业人员综合素质的重要指标之一。在市场瞬息万变的情况下，市场对物流服务的需求呈现出一定的波动性，物流企业作为供需双方的服务提供者，对信息的采集又有相对的滞后性，同时，物流作业环节多、程序杂、缺乏行业标准，异常事故时有发生。在可利用资源有限的情况下，既能保证常规作业的执行，又能从容面对突发事件的处理和突如其来的附加任务的执行，这就需要从业人员具备较强的处理异常事故的能力，具备随时准备应急作业的意识，以及对资源、时间的合理分配和充分使用的能力。

6. 物流质量的持续改进能力

一个企业是否有生命力主要决定于其创新能力，一个从业人员是否能够确保其业务能力不断提高、服务水平连续稳定，主要体现在其对作业质量和效率持续改进能力的高低。由于科技的发展、社会的进步，市场对物流服务水平的期望将会越来越高，这就要求各级从业人员有能力不断发现潜在问题，及时采取措施，优化作业流程，持续改进作业方式，提高作业效率和服务水平。

企业需要的物流人才不是仅仅会管理仓库或者懂得某种运输方式的、知识结构较为单一的人才，还是具有较为全面的物流操作和管理知识的，可以同时胜任多个岗位的，能够对所执行作业进行全程全方位监控、优化和提升的，并能够随着企业的发展而快速成长的复合型物流技术和管理人才。

一个合格的物流人才的培养与造就不是一蹴而就的，需要其本人的刻苦学习和在实践中的锻炼和积累，也需要政府、社会和企业为其成长创造一个良好的环境。随着我国物流业的快速发展，各级政府、教育机构和企业对物流业和物流教育的关注和重视，将会有越来越多的合格物流人才从事物流业及相关行业，从而促进我国物流实力的提升，保障经济长期、稳定、健康、快速的发展。

三、物流人才的职业通道

物流人才的职业通路:操作人员→中层管理人员→高级管理人才。

1. 基层操作人员

对于操作人员来说,拥有相关的证书,有相关从业经验,英语达到国家四级以上的,薪资会比较高,上升空间也较大。同一职位,大型物流公司要比小型公司月薪要高一些,而有大型公司工作经验的,跳槽到小公司的话,职位和薪水也能得到一定的提升。

2. 中层管理人员

部门主管或者经理,包括业务经理、部门主管等。一般要求是大专以上学历,有 3 年以上的从业经验,对于本部门的操作流程非常熟悉,具有大型物流公司工作经验会非常受欢迎。

3. 高级管理人才

企业执行总监、公司副总、高级行政管理人员等,这些是站在物流行业金字塔塔尖的人才,属于高价难求的稀缺资源。对于这类人才,除了要求基本素质高、具备硕士以上学历以外,还要有丰富的行业经验、出色的策划组织能力、良好的沟通能力等。

物流行业最缺乏的是中高级物流策划管理与营销人才,最好是既懂得营销管理又懂得策划,还懂得如何运用现代技术去改善提升原有操作模式的人才。刚毕业的大学生显然在工作经验上难以适应这些岗位。但可以通过在操作岗位以及低级别管理岗位上的锻炼来达到相应的水平。

任务实施

佳吉的员工培训

1. 讨论

请扫码观看视频并讨论:如何才能成长为物流人才?

2. 分享

各组推选一名代表与大家分享讨论结果。

3. 评价

教师掌控教学现场,适时进行评价。

4. 定论

从发达国家的经验来看,人才问题是物流发展的关键。据统计,我国最为抢手的物流人才是掌握现代经济贸易、运输与物流理论和技能,通晓英语、国际运输及物流管理经营的人才。为此,我们应以成为物流人才为奋斗目标,树立信心,珍惜在校的学习机会,努力钻研,从现在做起。

行业链接

申通快递启动人才升级战略

2019 年 7 月 16 日,申通快递“战略人才升级项目启动会”在上海召开。

2016年以来，申通快递在战略转型升级的同时也对内部管理架构进行了调整，形成了以省公司为直营管理的模式，同时围绕“质量申通”“智慧申通”的战略目标和规划，设立项目管理制度，打造强总部、精地方的网络管理格局。

据悉，申通快递此次人才升级战略，将围绕行业发展环境，以及企业战略的升级，重塑高效能、创新能力强、适应能力强的精英团队。一是内部人才转型和重点培养；二是外部精英和缺失人才补充；三是年轻后备力量的储备。对于新业务的拓展，此次人才升级战略也要求员工自身的知识能力要跟随企业多元化发展而不断完善。

（资料来源：根据网络资料整理）

任务二　物流从业人员职业道德规范认知

受领任务

内　容	任　务　指　南		
行动目标	知识目标		了解物流从业人员职业道德规范的具体内容
	技能目标		(1)深刻理解物流从业人员职业道德规范对工作的重要意义 (2)能够在生活、学习及工作中自觉践行职业道德
资料收集任务清单	分　　组		自由组合，全班均分为四组
	资料类型	走进企业	(1)我的企业我的家：圆通速递股份有限公司宣传视频 (2)圆通速递股份有限公司官网：关于我们、圆通国际
		走近榜样	我的榜样我的路：从大学老师到快递小哥圆通唐建——平凡岗位上也可以闪闪发光
		扩展阅读	渡边七遍的故事
	要　　求		组间资料不重复，熟悉各自资料，凝练成3分钟发言稿

诚信快递哥

他是个快递员，在他送快件的时候，存放快件的仓库因线路老化而失火，价值10多万元的快件全部被烧毁。亲朋劝他：“不如直接走人，让公司来处理。”他沉默良久，最后坚定地说：“我必须赔偿客户，不能让公司、客户替我承担损失。”

第二天，他就开始挨家挨户寻找客户，向100多个客户道歉并承诺赔偿。他把全部存款拿出来赔还是不够，于是向亲戚朋友借钱，大家都被他的诚信感动，很快就筹到了所有的钱。

由于无法判断每个快件的具体价值，他就让客户自己定价。很多客户被他的真诚打动，有的只要低价赔偿，有的甚至不要赔偿。一个客户说：“兄弟，出门在外都不容易，谁都有困难的时候，我的东西不值钱，不用赔了。”这句话让刚刚遭遇挫折的他深受感动，找到了客户却没赔钱，他觉得心里不踏实，过了几天他再次登门，硬塞给这个客户200元钱。

为了早点赔偿完客户的损失，还清自己欠下的债务，他每天的工作量比过去多了不少。一年后，他终于还清了所有的债务。

慢慢地，他发现自己的客户越来越多，还有不少人主动来谈合作。其中的一个很大的鞋店的老板，把这几年的快递业务全给了他。原来去年那场火灾，这个老板被烧掉了 2 000 元的货。听说货被烧了，老板以为快递员肯定跑路了，没想到第二天他就找上门来，承诺赔偿损失，老板感动之余给他介绍了不少客户。

俗话说，只有种下诚信的苗，才会结出诚信的果。很多客户都是经过口口相传找来的，他逐渐在业界树立起了口碑。

如今，他已经是圆通速递江苏省扬州市文昌分部负责人，他的事业越做越红火，揽收的业务量翻了好几倍。他就是仪征月塘人张锦，他被网友称为“诚信快递哥”。2014 年被国家邮政总局授予“最美快递员”称号。面对赞誉，张锦说：“我还年轻，钱没了可以再挣，如果丢掉了诚信，就丢掉了做人的底线。”

（资料来源：根据网络资料整理）

任务分析

职业道德是从事一定职业的人在特定的工作和劳动中所应遵循的特定的行为规范，它是职业素养的重要组成部分。在这项任务当中，我们要深刻理解职业道德规范的重要作用，了解物流从业人员都应具备哪些职业道德素养，如何在日常生活、学习和工作中培养这些职业道德意识。

知识链接

一、爱岗敬业、忠于职守

1. 爱岗敬业、忠于职守的内涵

爱岗敬业、忠于职守是物流从业人员职业道德所倡导的首要规范，是对人们工作态度的一种普遍要求，是职业道德的基本精神。爱岗就是热爱自己的工作岗位，热爱本职工作，以正确的态度对待职业劳动，努力培养热爱自己所从事的工作的幸福感、荣誉感，将身心融合在职业工作中。敬业就是用一种严肃的态度对待自己的工作，勤勤恳恳，兢兢业业，忠于职守，尽职尽责。

物流业的产品是服务，物流生产不可能在封闭式场所进行，则爱岗敬业、忠于职守，在物流业界就尤为重要。如果每个员工都有良好的敬业精神，那无论在何时何地，都能正确表现企业形象，宣扬企业品牌，将企业文化延伸到服务对象。

2. 爱岗敬业、忠于职守的具体要求

（1）热爱自己的工作岗位并有崇高的敬业精神。科学实验证明，在客观条件相同的情况下，对于劳动质量的优劣、工作效率的高低，起决定作用的因素是从业者的态度。从业人员热爱自己的工作，以积极进取的精神兢兢业业地去从事本职工作，其工作就会做得非常出色；相反，从业者讨厌自己的工作，以消极怠工的态度去“撞钟”，那他的工作就会做得非常糟糕。因此，爱岗敬业、忠于职守的首要之点，就是职业工作者要热爱自己的工作岗位并有崇高的敬业精神。

(2)保持对本职工作的信念并追求岗位的社会价值。爱岗敬业、忠于职守要求的根本点，就是职业工作者要保持对本职工作的信念并追求岗位的社会价值，坚信自己所从事的工作是最有意义和最有价值的，不管这一职位隶属哪一级，不管这一岗位归属谁管，不管这一工作是体力劳动还是脑力劳动。只有这样，才能尽心尽力地做好本职工作。

二、遵章守法、服从指令

1. 遵章守法、服从指令的内涵

遵章守法在物流行业的道德含义就是所有从业人员的工作、劳动，都要遵守国家的法律、法规和政策，执行物流业的职业纪律和规程、制度。

服从指令就是要求每个员工都必须严格按照管理系统的指挥调度，不得自以为是、自作主张、各行其道，要真正做到令行禁止。

2. 遵章守法、服从指令的具体要求

(1)了解物流行业相关法律法规。我国目前没有独立的物流法律，之所以出现“物流法”的概念，一方面是因为物流行业已经成为世界各国特别是发展中国家新的经济增长点，甚至是国民经济的支柱行业，现代物流水平成为衡量一个国家综合国力的重要标准；另一方面，是因为我国物流法制建设比较落后，最明显的体现就是缺乏一个统一的物流技术标准，这是制约我国物流业发展的一个主要因素。就因为这样，我们更应该主动了解、学习物流行业的相关法律法规，为我国物流业的发展贡献力量。

(2)培养“安全第一”的安全意识。可以从企业和自身两方面来做这项工作。从企业的角度来说，可以加强安全生产知识学习，培养员工良好的安全生产习惯，提高员工的安全生产防范技能；从自身的角度来讲，严格遵守规程，按章操作，杜绝一切不按章操作的行为，拒绝危害安全生产的无理要求。只要两方面工作都做到位，员工的安全意识提高了，也就不会出现违法乱纪的情况。

(3)具有严明的组织纪律性。严格执行物流从业人员日常行为规范，严格遵守企业制定的各项规章制度。

三、勤学苦练、钻研业务

1. 勤学苦练、钻研业务的内涵

勤学苦练、钻研业务要求从业人员勤奋刻苦钻研自己所从事的专业，认真学习科学技术、文化知识，孜孜不倦、锲而不舍，打好职业基础，勤学苦练，不断攀登科学技术高峰。

2. 勤学苦练、钻研业务的重要性

业务技能是物流从业人员从事职业活动所必须具备的知识和经验，应用这些知识和经验解决实际问题，既是改善和提高工作质量和工作效率的关键，也是实现自身价值和服务社会的前提。

3. 勤学苦练、钻研业务的具体要求

(1)认真学习和掌握从事职业活动所需的业务知识和专业技能。物流业人才，特别是技能

型人才，要认真学习和掌握从事职业活动所需的业务知识和专业技能，勤学苦练，才能技术精湛、业务熟练、本领过硬，成为本职业岗位上的行家里手。

（2）了解物流供应链的各个环节及其主要内容。虽然每个员工都只是在某个具体岗位上工作，不可能都接触物流全过程，但是，了解物流供应链的各个环节及其主要内容，既可以发挥合作精神，同心协力服务客户，又可以拓宽知识面，达到多技能、宽专业，一专多能，有利于员工在职业活动中有更大的作为。

"宝剑锋自磨砺出，梅花香自苦寒来。"谁勤学苦练，谁就能踏上通往胜利之路的桥梁；谁拼搏进取，谁就能掌握开启成功大门的钥匙。

四、诚实礼貌、周到服务

1. 诚实礼貌、周到服务的内涵

诚实即忠诚老实，言行一致，鄙弃虚伪，实事求是；礼貌是指人与人之间和谐相处的意念和行为，是言谈举止对别人尊重与友好的体现。周到服务是指为别人做事，替别人着想，满足别人需要。

2. 诚实礼貌、周到服务的重要性

物流服务的对象是客户，只有真诚待客，礼貌待客，尊重客户，时时刻刻为客户着想，急客户所急，忧客户所忧，在工作中始终"围着客户转"，为客户提供无微不至的服务，物流企业才能获得更高的顾客满意度。

诚实是为人处世的根本，诚实礼貌、周到服务是成就事业的根基，诚实在职业行为中的最基本条件就是诚实劳动。诚实劳动是职业劳动者获得报酬的先决条件。每一个从业人员，只要为社会多工作，多创造物质或精神财富，进行了卓有成效的劳动付出，社会所给予的回报也就多，即"多劳多得"。提倡诚实劳动这一职业道德，是与社会主义的"按劳分配"原则相一致的。礼貌也是一种行为方式，就是懂文明、讲礼貌，这样才能在事业发展道路上顺利前行。周到服务是企业文化的中心思想体现，只有实现了周到服务，企业才有市场，才能在市场中生存。

3. 怎样树立诚信意识及服务意识

（1）树立诚信意识。要遵守诚信的道德规范；要以诚信为荣，以虚假为耻。

（2）树立服务意识。要树立全心全意为人民服务的思想；要文明服务，一切为群众着想；要勇于向人民负责任。

五、团结协作、讲求效率

1. 团结协作、讲求效率的内涵

团结协作是物流服务的内在要求，指在复杂的物流供应链中，各个环节、工序、岗位应该在各自分工的基础上相互配合、协同工作。效益源于效率，物流业是资源密集型行业，又是一个微利的行业，其服务要得到客户的接受和社会的认同，必须既要有完美的服务，还要有低廉的费用。对于物流企业，没有效率就没有效益。因此，从业人员的职业义务、职业责任就是要效率高，要为企业微中取利，尽可能创造更大的效益。

2. 怎样树立协作意识

（1）应树立"同舟共济、精诚团结"的团队精神。当今社会分工越来越细，却仍是一个有机

联系的整体。每一项工作都与其他工作紧密地联系在一起，任何工作离开了他人的配合与协作都无法正常地运转。因此，加强团结，友好相处，已经成为社会主义职业道德建设中的一项重要内容。每个从业人员应当学会与他人配合与协作，不但“敬业”，而且“乐群”。要十分注重搞好同志之间的团结，平等相待、相互帮助、相互尊重、相互理解、相互支持，搞好各环节上的协作。多看别人的长处，多看自己的短处，严以律己、宽以待人，虚心向同事学习，取长补短，友好相处。即使有了矛盾，也应顾全大局，尤其应做到与自己意见不一致的人也能共同合作。通过批评与自我批评解决矛盾，共同创造一个和谐向上的工作气氛，同心同德干事业，保证整体功能有效地得以实现。

(2)要处理好公平竞争与团结协作的辩证关系。公平竞争与团结协作之间是一种对立统一的辩证关系。竞争中有协作，协作中有竞争，二者相互渗透，相辅相成。竞争的胜利必然要有协作的支持，协作过程又处处表现竞争的力量。竞争促进了协作的加强，协作保证了竞争的胜利。需要竞争时，应当大胆竞争；需要协作时，应当通力协作。

(3)要处理好个人与集体的关系。个人努力和集体合作之间存在着对立统一的关系，没有个人努力的集体是缺乏生机活力的集体；没有集体价值导向的个人努力，是各行其是、步履艰难的个人努力。所以，每个从业人员要尽快适应这一新的要求，在服从集体利益和共同目标的前提下，充分发挥个人的积极性；在个人努力的基础上，自觉投入到集体的合作中，在工作中既要有开拓精神，不甘落后的气概，又要善于与同事合作。从业人员在改革的浪潮中一定要保持一种奋发进取、努力争先的心态，要敢于面对一切可能遇到的困难，并努力克服和战胜它们，将自己培养成开拓、进取的21世纪新型人才。

任务实施

1. 讨论

组内自由讨论。

2. 分享

各组推选一名代表与大家分享讨论结果。

3. 评价

教师掌控教学现场，适时进行评价。

4. 定论

懂得道德是做人之根本。让我们从现在开始，从点滴小事做起，不断提升自己的职业道德素养。

行业链接

不让数据安全成为快递业软肋——圆通速递完善信息安全风控系统

2020年7月底，圆通速递公司总部实时运行的风控系统监测到，河北省区下属加盟网点有两个账号存在非该网点运单信息的异常查询，调查发现，疑似有加盟网点个别员工与外部不法分子勾结，利用员工账号和第三方非法工具窃取运单信息，导致信息外泄，其中存在敏感字段信息约为 4 万 3 千条。公司随后向当地公安部门报案，并全力配合调查。相关犯罪嫌疑人于 9 月落网。

尽管此次倒卖信息的主体是企业员工，但外部人员对内部员工的渗透以及策反，暴露了企业风控系统存在诸多隐患且亟待加以完善，包括对旗下加盟商依法经营意识的督导不力，对员工日常道德约束和守法教育也存在不小漏洞，为此，圆通对案件暴露的问题深表歉意。

圆通现有核心业务系统均通过了信息安全等级保护三级测评，从技术层面和管理层面着力保障信息系统的安全性。公司将持续通过“制度＋技术”手段，完善信息安全风控系统，对内部账号进行实时监控，主动发现违法违规行为。同时，着力提升加盟网点的依法经营意识和信息安全意识，加强对员工日常道德约束和守法教育，并更好配合公安机关，严厉打击涉及用户信息安全的违法行为。

（资料来源：根据网络资料整理）

任务三　职业生涯规划

受领任务

<table>
<tr><th colspan="3">内　容</th><th>任　务　指　南</th></tr>
<tr><td rowspan="2">行动目标</td><td colspan="2">知识目标</td><td>了解职业生涯规划的概念、意义及影响职业生涯规划的因素</td></tr>
<tr><td colspan="2">技能目标</td><td>(1)掌握职业生涯规划的基本步骤及在规划过程中应注意的问题
(2)针对自己的实际情况及对行业的了解，制订职业生涯规划</td></tr>
<tr><td rowspan="5">资料收集任务清单</td><td colspan="2">分　　组</td><td>(1)自由组合，全班均分为四或五组
(2)组名自拟(具有物流特色)、组长自选</td></tr>
<tr><td rowspan="3">资料类型</td><td>走进企业</td><td>(1)我的企业我的家：苏宁物流有限公司宣传视频
(2)苏宁物流有限公司官网：物流云、S 实验室</td></tr>
<tr><td>走近榜样</td><td>我的榜样我的路：苏宁物流老兵朱用将——十五载风雨同行，与行业共成长</td></tr>
<tr><td>扩展阅读</td><td>崔维星：从会计师向物流企业总经理的嬗变</td></tr>
<tr><td colspan="2">要　　求</td><td>组间资料不重复，熟悉各自资料，凝练成 3 分钟发言稿，题目自拟</td></tr>
</table>

从快递小哥到机长　人生有梦才精彩

春节这几天，26 岁的快递小哥秦文冲和同事们比平时更忙了，他们负责的都是 20 千克以上大件货物的收派任务。

电话响起，又接到了直接送货到机场的加急订单，小秦忍不住激动了起来，每一次送完货，他都会近距离的看一看各种型号的货机。顺丰速运每年都有内部招收飞行员的计划，小秦为自己制定的职业生涯规划是顺丰快递员到飞行员，再到机长，所以，小秦工作和吃饭的间歇都在抓紧时间自学外语。

小秦说，他有一个榜样就在身边，他就是从大学生到快递员到飞行员最后成为了机长的快递小哥赵立杰。夜幕降临，已经是机长的赵立杰，正在做起飞前的各项准备。作为顺丰速运的机长，赵立杰已经累积了 4 000 多个小时飞行时数，他驾驶的 757 型货机，一个晚上就可以把 20 多吨的快件运往千里之外，堪称效率最高的"快递员"之一。

深夜或凌晨起飞，在全国 40 多个城市穿梭往来，这样的经历，回到 13 年前，赵立杰几乎想都不敢想，大专毕业后，赵立杰在河北廊坊当上了一名快递小哥。一次偶然的机会，顺丰速运在全国招收 6 名内部员工作为飞行学员，经过严格体检和英语考核，赵立杰幸运地成为其中一员，开始了两年飞行员集训。

经过无数次考核和严格训练，赵立杰闯过了一道道难关，十年来，他从普通的飞行员拼搏到机长。春节期间，赵立杰和同事们依然要坚守岗位，为千家万户及时送去货物。

赵立杰说他要感谢这个时代，中国物流的发展给了快递小哥们实现梦想和价值的大舞台。

（资料来源：根据网络资料整理）

任务分析

良好的职业生涯规划是一个人通往事业成功的关键，只有制订科学合理的职业生涯规划，才能使我们在职场上少走弯路，最后通往成功的彼岸。可以说，事业的起步从职业生涯规划开始。为此，让我们从职业生涯规划基础知识认知入手，掌握制订职业生涯规划的方法，为自己制订一份切实可行的职业生涯规划。

知识链接

一、职业生涯规划概述

1. 职业生涯规划的概念

职业生涯规划是指个人结合自身情况、发展机遇，对决定个人职业生涯的主客观因素进行分析、总结和测定，确定事业奋斗目标，选择实现目标的职业，确定相应的教育、发展和培训计划，并对每一步骤的时间、顺序和方向作出合理安排。

2. 职业生涯规划的影响因素

影响职业生涯规划的因素是多方面的，有个人素质等主观方面的原因，也有社会环境、机遇等客观方面的原因，它们相互关联、相互依靠。在进行职业生涯设计时，要仔细考虑影响自己职业生涯的每一个因素。一般而言，影响职业生涯规划的因素主要包括：身心状况、受教育程度、家庭环境、性别因素、社会环境、机遇影响等。

3. 职业生涯规划的目的

职业生涯规划的目的绝不只是协助个人按照自己的资历条件找一份工作，达到和实现个人目标，更重要的是帮助个人真正了解自己，为自己订下事业大计，筹划未来，拟订一生的方向，进一步详细估量内、外环境的优势和限制，在“衡外情，量己力”的情形下设计出各自合理且可行的职业生涯发展方向。

二、职业生涯规划操作指南

1. 职业生涯规划的基本步骤

职业生涯规划基本上可以分为确立目标、自我评估、环境评估、职业选择、职业生涯策略、评估与反馈 6 个阶段。

(1)确立目标。目标可以成为追求成功的驱动力。在进行职业生涯规划时，首先要确立志向、确立目标，这是进行职业生涯规划的关键，也是职业生涯设计中最重要的一点。

在确立职业生涯目标时，应根据社会经济发展的趋势，在考虑事业单位、大企业的同时，也考虑中小企业、欠发达地区和艰苦行业，用发展的、长远的眼光来指导自己的择业。服从社会需要是职业选择的前提条件，只有社会上客观存在着劳动就业的可能性，才谈得上对职业的选择。作为大学生应以社会利益为重，从社会需要出发来选择职业。

(2)自我评估。自我评估的目的是认识自己、了解自己。只有认识了自己，才能对自己的职业作出正确的选择，才能选定适合自己发展的职业生涯路线，才能对自己的职业生涯目标作出最佳选择。自我评估包括自己的性格、兴趣、特长、学识、技能、思维、道德水准等认知。

通过对自己做全面分析，了解自己的职业兴趣、性格和价值观，以及成长过程中获得的知识、能力和经验。在此方面已经有多种测评方法和工具，如人格测试、智力测试、能力测试和职业倾向测验等。借助于职业兴趣测验和性格测验，使学生进一步了解自己的性格，了解自己对哪些问题较为感兴趣、擅长哪些技能等。

(3)环境评估。环境评估主要是评估各种环境因素对自己职业生涯发展的影响。在制订个人的职业生涯规划时，要分析环境条件的特点、环境的发展变化情况、自己在这个环境中的地位、环境对自己提出的要求以及环境对自己的有利因素和不利因素等。只有对这些环境因素充分了解，才能在复杂的环境中趋利避害，使职业生涯设计具有实际意义。

(4)职业选择。据统计，在选错职业的人当中，有 80%以上的人在事业上是失败者。因此，职业选择正确与否，直接关系到人生事业的成败。

①了解职业。在对自己有一个基本认识后，会形成一定的职业倾向。此时，还必须了解就业市场上对应于自己职业倾向的职业情况，包括其发展前景、收入、竞争形势及从事该职业的要求等信息。分析这些职业是否与自己当初的理解有偏差，能否满足自己对薪酬、福利等的需要与价值追求。可以通过媒体、网站、家庭等各个渠道收集信息，也可以通过实习或兼职工作等亲身体验该职业的各个方面，尽量做到详细和客观。

②明确自己的职业定位。美国麻省理工学院的一位教授指出，职业定位可以分为以下 5 类：

- 技术型：持有这类职业定位的人出于自身个性与爱好考虑，往往并不愿意从事管理工作，而是愿意在自己所处的专业技术领域发展。

• 管理型:这类人有强烈的愿望去做管理人员,同时经验也告诉他们自己有能力达到高层领导职位,因此,他们将职业目标定位于有相当大职责的管理岗位。成为高层经理需要的能力包括三方面:一是分析能力,即在信息不充分或情况不确定时,判断、分析、解决问题的能力;二是人际能力,即影响、监督、领导、应对与控制各级人员的能力;三是情绪控制能力,即有能力在面对危急事件时,不沮丧、不气馁,并且有能力承担重大的责任而不被其压垮。

• 创造型:这类人需要建立完全属于自己的东西,例如,以自己名字命名的产品或工艺、自己的公司,或是能反映个人成就的私人财产。

• 自由独立型:有些人更喜欢独来独往,不愿像在大公司里那样彼此依赖。许多有这种职业定位的人同时也有相当高的技术型职业定位。但是他们不同于那些简单技术型定位的人。他们并不愿意在组织中发展,而是宁愿做一名咨询人员,或是独立从业者,或是与他人合伙创业。

• 安全型:有些人最关心的是职业的长期稳定性与安全性,他们为了安定的工作、可观的收入、优越的福利等付出努力。

(5)职业生涯策略。职业生涯策略是指为实现职业生涯目标而设定的行动计划,一般都是具体的、可行性较强的。在确定具体的职业目标后,行动成了关键环节。没有达成目标的行动,目标就难以实现,也就谈不上事业的成功。

①确定职业生涯目标和路线。在分析了市场上相关职业情况后,要确定自己的职业目标,即将来从事的工作向哪一行业发展,这是职业生涯规划的核心。在确定职业目标后,就开始制订实现该目标的职业通路(Career Path)和行动计划,分析自己是否需要通过一定时间的实习以获取职业经验,寻找能提供培训、知识与技能、经验的渠道,并进行时间安排。

②制订行动计划与措施。行动计划是落实目标的具体措施,主要包括教育、学习、训练、工作轮岗等。在这个阶段,可通过亲身体验或向从事这项工作的人了解该职业的职责功能、任职要求。同时,重新评估自己的兴趣、技能,重新调整自己的目标和行动计划,使职业目标变得越来越明确,使自己的兴趣、技能越来越适合职业的需要。

(6)评估与反馈。成功的职业生涯设计需要时时审视内外环境的变化,不断对自己的设计进行评估和修订,并调整自己的前进步伐。要使职业生涯设计行之有效,就必须不断对其进行修订。其修订内容包括:职业的重新选择,人生目标的修正,职业生涯路线的选择,实施措施与计划的变更等。

2. 职业生涯规划应注意的问题

(1)根据社会需求规划职业生涯。高职学生在规划职业生涯时,应积极把握社会人才需求的动向,把社会需要作为出发点和归宿,以社会对个人的要求为准绳,既要看到眼前的利益,又要考虑长远的发展;既要考虑个人的因素,也要自觉服从社会需要。

(2)根据所学专业设计职业生涯。高职学生都经过一定的专业训练,具有某一专业的知识和技能,这是每个人的优势所在。高职学生都有自己的专业,每个专业都有一定的培养目标和就业方向,这是高职学生进行职业生涯规划的基本依据。

(3)根据个人兴趣与能力特长设计职业生涯。职业生涯规划要与自己的个人性格、气质、兴趣、能力特长等方面相结合,充分发挥自己的优势,扬长避短,体现人尽其才、才尽其用的要求。高职学生设计职业生涯时应适当考虑自己的兴趣与爱好。按照自己的能力特长进行职业生涯规划是高职学生应特别注意的问题,不同职业有不同的能力要求。能力特长对职业的选择起着筛选作用,是求职择业以及事业成功的重要保证。

任务实施

1. 讨论

组内自由讨论。

2. 分享

各组推选一名代表与大家分享讨论结果。

3. 评价

教师掌控教学现场,适时进行评价。

4. 定论

从入学报道到毕业,高职生涯不过短短的六个学期,即150个周。画一个6×25的表格,全部的大学时光就在这张纸上……请认真思考你真正想要的生活。

当今时代,科技发展一日千里,社会环境瞬息万变,在这唯一不变就是变化的今天,尽早做好个人职业发展规划,将你的职业生涯规划落实到大学生活的每一周,安排好每一周的学习计划,有意识地培养和强化个人的核心竞争力,不断发掘自身潜能,才能把握住命运之舵,创造成功人生。

行业链接

苏宁物流打造快递员职业规划

1. "三步走"发展计划

一是政校企联合为快递员提供职业技能培训。培训分为四个层次,包括学历教育、岗前入门、绩效提升、未来职业发展管理,主张对快递员的赋能贯彻快递员的职业周期,加快建设技术型、知识型和创新型的人才梯队。二是为快递员群体定制化打造学习型组织。三是让能力强的快递员加速技能迭代。

苏宁物流快递人才发展计划承诺,每年输出500+课时的专业课程,覆盖3万人次,每年为快递从业者提供500+学历提升名额。

2. 学历提升方案

苏宁物流联合了苏州科技大学、南京科技职业学院等国内多所院校,针对快递员提供学历提升方案。苏宁在全国设立了20多个实训基地,通过线上课堂和线下培训相结合的方式,提升终端服务人员操作技能和服务能力。

3. 星级快递员评价体系

苏宁物流2020年发布的星级快递员评价体系,对快递员的评价采取内外双线维度,对快递员进行服务赋能和分级,强化末端交付正向激励。内部考验员工敬业度,包括服务的稳定性和服务产出;外部考验用户体验,包括五星评分、评价标签、投诉表扬和服务调研。苏宁物流认为只有内外相结合的、立体的、多维的测评，才能完成对个人的评估，也能够帮助企业快速地、精准地定位到每一位快递员的特质和特性。

兼顾了快递员自我管理和用户评价，星级快递员评价体系基于快递员自我发展和用户体验两大方向建构服务评价新范式，对快递员服务的评价更科学合理。采用月度积分制，综合派件、用户评价等多个维度，积累到一定积分可自动升星，月度星等级可进行月度流转。

苏宁物流提供了多层次的收入激励，分为高星达成奖励、高星提成奖励、五星年度奖励、五星年度评优奖励以及梯队晋升通道。据悉，一个五星快递员的年度收入，平均可增加20%以上。

（资料来源：根据网络资料整理）

项目小结

学习任务	认知结果
任务一　物流人才认知	(1)人才成长之路：操作人员→中层管理人员→高级管理人才 (2)层次不同，能力素质要求不同 (3)从基层做起，不断学习，不断完善，定会实现由量变到质变的华丽转身
任务二　物流从业人员职业道德规范认知	做事、做人，一切以物流从业人员道德规范为准则
任务三　职业生涯规划	“衡外情，量己力”，规划职业生涯，创造美好明天

实战演练

一、自我测试

1. 单项选择题

(1)以下(　　)不属于物流从业人员的职业道德。

A. 诚实守信、热忱服务　　B. 爱岗敬业、尽职尽责

C. 遵章守法、服从指令　　D. 廉洁为政、依法办事

(2)进行职业生涯规划的第一步骤是(　　)。

A. 自我评估　　B. 自我选择

C. 确立目标　　D. 环境评估

(3)(　　)是为人处世的根本。

A. 诚实守信　　B. 热情服务

C. 团结协作　　D. 爱岗敬业

(4)(　　)直接关系到人生事业的成败。

A. 职业道德素养　　B. 职业选择正确与否

C. 是否会制订职业生涯规划　　D. 能否登上物流业的高端职位

(5)物流服务的内在要求是(　　)。

A. 勤学苦练　　B. 爱岗敬业

C. 服从指令　　D. 团结合作

2. 多项选择题

(1)物流人才需要具备(　　)。

A. 国际货运与通关知识　　B. 运输与仓储管理知识

C. 安全管理知识　　D. 法律知识

(2)职业生涯规划应注意的问题是(　　)。

A. 根据社会需求规划职业生涯

B. 根据所学专业设计职业生涯

C. 根据个人兴趣与能力特长设计职业生涯

D. 根据大多数同学的职业取向规划职业生涯

(3)下列属于物流业职位的有(　　)。

A. 单证员　　B. 报关员

C. 快递员　　D. 调度员

(4)物流人才应当具备的素质有(　　)。

A. 良好的心理素质　　B. 团队合作能力

C. 组织管理和协调能力　　D. 创新与前瞻能力

(5)树立服务意识的方法有(　　)。

A. 要树立全心全意为人民服务的思想

B. 将满足顾客需求作为企业不断追求的目标

C. 要文明服务,一切为群众着想

D. 要勇于向人民负责任

二、小组攻关

1. 思考讨论

(1)物流人才的知识结构包括哪些方面?

(2)物流人才的基本素质包括哪些?

(3)物流从业人员职业道德有哪些?

(4)如何制订职业生涯规划?

2. 技能演练

试为自己制订职业生涯规划。

3. 物流史话——古代物流之中华印记

请网上搜索并阅读:"当今的物流行业的前身,在我国古代是一个威名很高的行业!"试分析入职镖局的资格,并思考对我们有何启示。

中篇　认知物流作业活动

引　言

物流是物品从供应地向接收地的实体流动过程。物流是根据实际需要，将包装、装卸搬运、仓储、运输、流通加工、配送、信息处理等基本功能实施的有机结合。

物品要实现从供应地向接收地的实体位移，就必须由物流基层作业人员通过对物品的包装、装卸搬运、仓储、运输、流通加工、配送、信息处理管理等物流作业活动来完成，为此，让我们以物流基层作业人员的身份去认知物流作业活动，探求各作业活动的合理化作业。

学习任务总览

项　目	学习任务	行动目标
认知包装作业活动	任务一　包装方案设计 任务二　包装作业组织	包装作业岗位 典型工作任务认知
认知装卸搬运作业活动	任务一　装卸搬运作业进度计划编制 任务二　装卸搬运作业组织	装卸搬运作业岗位 典型工作任务认知
认知仓储作业活动	任务一　仓储规划方案设计 任务二　仓储作业组织	仓储作业岗位 典型工作任务认知
认知运输作业活动	任务一　运输方案设计 任务二　运输作业组织	运输作业岗位 典型工作任务认知
认知流通加工作业活动	任务一　流通加工作业计划编制 任务二　流通加工作业组织	流通加工作业岗位 典型工作任务认知
认知配送作业活动	任务一　配送作业计划编制 任务二　配送作业组织	配送作业岗位 典型工作任务认知
认知物流信息管理活动	任务一　物流信息管理系统认知 任务二　物流信息管理	物流信息管理岗位 典型工作任务认知

项目五　认知包装作业活动

任务一　包装方案设计

受领任务

内　容			任　务　指　南
行动目标	知识目标		(1)掌握包装方案的组成内容、常见的包装储运标志含义 (2)了解包装的概念、意义及分类，了解包装费用的构成内容 (3)熟悉包装材料、容器和包装技法
	技能目标		能制订包装方案
资料收集任务清单	分　　组		(1)自由组合，全班均分为四或五组 (2)组名自拟、组长自选
	资料类型	走进企业	(1)我的企业我的家：耐帆包装工程有限公司宣传视频 (2)耐帆包装工程有限公司官网：创新、可持续性
		走近榜样	我的榜样我的路：集装箱之父麦克莱恩——小小的集装箱为何能改变世界
		扩展阅读	(1)UPS 的最终箱 (2)包装设计案例赏析：包装行业小纸箱里的绿色“大智慧”
	要　　求		组间资料不重复，熟悉包装作业的相关资料，凝练成 2 分钟发言稿，题目自拟

引导案例

耐帆的产品包装解决方案

耐帆包装在致力于降低客户总成本的同时最大限度地保护自然环境。耐帆可以提供设计、样品制作、测试和先进的仿真模拟等全方位的包装服务。

1. 设计包装方案

(1)根据客户需求可以使用多种材料设计整体包装解决方案。根据产品特点来决定材料的使用，尤其是敏感度高的产品，综合使用多种材料来给予足够的保护。同时，在包装设计中还要处理搬运次数及不同的运输模式带来的冲击、震动，随时间、地域而改变的湿度和温度对产品的影响问题。

设计团队通过组合使用实木、胶合板、瓦楞纸、塑料、铁等材料，为产品提供最合适的包装方案，确保产品在运输环节中得到良好的保护。

(2)根据客户的运输方式设计优化装载率的包装方案。

(3)为客户提供概念设计并通过以下方式呈现：演示和装配图，屏幕共享与客户同步修改设计，客户现场演示。

(4)对客户现有的包装物流系统，提供潜在的、更进一步的成本节约方案。

(5)利用计算机辅助工程工具提供FEA(有限元分析)，模拟因结构或材料应力的改变而带来的各种强度变化，进行有限元分析，提供新的设计理念，通过选择更便宜的材料或者改变形状达到成本节约的目的；进行风险分析，可测算出方案是否能够在严酷的运输过程中安全通过；设计原型，在生产样品之前，通过计算机呈现和测试迭代设计方案；超大或者超重设计的模拟试验，一些工业品包装过大而不能进行测试，有限元分析可以提供解决这个问题的方法。

2. 验证方案

耐帆可以在全球各地为客户验证包装方案，其中国实验室位于无锡，其试验项目包括：震动，抗压，跌落，加速度，气候模拟，斜面冲击。

3. 优化方案

耐帆通过预先定义的流程和工具分析客户的包装和供应链情况，并根据这些来改进客户的包装方案。这些分析能清晰了解客户现有方案，并且据此设计出能同时实现降低成本和保护产品这两个目的的新方案。

在包装方案审核中，耐帆着眼于客户的各种不同物件的包装和在物流过程的不同状态来评估包装方案的可行性，并从中发现降低物流总成本的机会。

耐帆的优化工具能找出非标准化包装材料在总包装材料中的最佳平衡点。标准化过程可以同时在改进包装方式、增加堆码层数和加大同尺寸批量等方面进行。整个标准化过程也将简化采购和包装供应计划方面的工作量，可以使客户公司的包装物料种类减少。

(资料来源：根据网络资料整理)

任务分析

据物流行业研究数据显示：货物运输破损47.5%的原因是包装不当。为此，制订科学合理的包装方案实现包装合理化就显得格外重要，让我们以物流包装员的身份，从包装基础知识认知入手，在包装材料、包装技术认知、包装标志解读、包装费用解析中，尝试设计科学的运输包装方案。

知识链接

一、包装基础知识认知

1. 包装的概念

包装是在流通过程中保护产品、方便储运、促进销售，按一定技术方法而采用的容器、材料

及辅助物等的总称；也指为了达到上述目的而采用容器、材料和辅助物的过程中施加一定技术方法的操作活动。

2. 包装与物流的关系

在社会再生产过程中，包装处于生产过程的末尾和物流过程的开头，既是生产的终点，又是物流的始点。包装与物流的关系，比之与生产的关系要密切得多，其作为物流始点的意义比之作为生产终点的意义要大得多。因此，包装应进入物流系统之中，这是现代物流的一个新观念。

3. 包装的功能

(1)保护商品。保护商品不受虫害的侵袭，不受外界环境的污染，不受潮，不变形等。

(2)便于流通。标准化包装给商品流通带来很大便利。将物品按照一定的数量、形状、规格、大小及容器包装，同时在包装外印上各种标记，反映被包装物品的品名、数量、规格、颜色及整体包装的体积、毛重、厂名及储运中的各种注意事项等，既利于分配调拨、清点计数，也利于合理运用各种运输工具和仓容，提高运输、装卸、堆码效率和储运效率，加速流转，提高流通的经济效益。

(3)促进销售。恰当的包装能够唤起人们对商品购买的欲望。商品外部的形态、装潢、图案和广告一样具有很好的宣传作用。

(4)节约费用。合理的包装可以使零散的商品以一定数量的形式集成一体，从而大大提高装载容量，可以节约运输仓储等费用的支出。有些包装还可多次循环利用，节省包装费用。

4. 包装的分类

(1)按照包装在流通中的作用分类。

①商业包装：以促进销售为主要目的的包装。这种包装的特点是外形美观，有必要的装潢，包装单位适于顾客的购买量以及商店陈设的要求。

②运输包装：以强化输送、保护产品为目的的包装。运输包装的重要特点是在满足物流要求的基础上使包装费用越低越好。

(2)按包装适用的广泛性分类。

①专用包装：根据被包装物的特点进行专门设计、专门制造的包装。只适用于某种专门产品的包装，如水泥袋、蛋糕盒、可口可乐瓶。

②通用包装：不进行专门的设计，根据标准尺寸设计的包装，如托盘、整理箱等。

(3)按包装容器分类。

①按包装容器的抗变形能力分为硬包装和软包装两类。硬包装又称刚性包装，包装体有固定的形状和一定的强度，如玻璃瓶。软包装又称柔性包装，包装体可有一定程度的变形，有弹性，如塑料瓶。

②按包装容器形状分为包装袋、包装箱、包装盒、包装瓶、包装罐等。

③按包装容器结构形式分为固定式包装(瓶)和拆卸折叠式包装(盒)两类。

④按包装容器使用次数分为一次性包装和多次周转包装两类。

(4)按包装的保护技术分类。可分为防潮包装、防锈包装、防虫蚀包装、防腐包装、防震包装、危险品包装等。

二、包装材料与容器认知

1. 容器的材料

(1)木材包装。木材是最传统的包装材料，虽然现在出现了很多优质的包装材料，但由于木材具有很多的优点，所以至今仍有较广的使用。木质包装主要用于怕压、怕震动的仪器机械等，常见的用木材制作的容器有木箱、木桶、胶合板箱和木制托盘等。

(2)塑料包装。塑料包装是以人工合成树脂为主要原料的高分子材料制成的包装。常见的塑料包装材料有聚乙烯(PE)、聚氯乙烯(PVC)、聚丙烯(PP)、聚苯乙烯(PS)等。这些材料主要制成塑料袋、集装袋、塑料盒、塑料瓶等。塑料袋适用范围广泛，它有防潮以及透明、耐折叠、耐冲击、耐挤压等特点，可以盛装各类商品，一般用于软包装；塑料瓶主要用于灌装液体商品。从环境保护的角度看，现代物流要加强塑料袋包装材料的循环利用，防止造成白色污染问题。

(3)纸制包装。纸制包装在商品包装中占有重要地位，常见的有纸箱、瓦楞纸箱、纸盒、纸袋等，主要用于日常百货、纺织品、食品、医药等商品。在现代物流中除了对商品起着保护作用，更对产品的宣传和促销起到促进作用，便于环境保护和资源回收。

(4)金属包装。金属包装有强度高、抗冲击、不易破碎等优点。常见的有黑铁皮、白铁皮、马口铁、可锻铸铁、铝箔、铝合金等制成的包装。金属容器按外形一般分为罐和桶。薄壁轻量和形式多样化是金属包装容器的发展方向。

(5)草制包装。草制包装是一种较落后的包装材料，指用一些天然生的草类植物，编制成草席、蒲包、草袋等包装材料。其防水、防潮能力较差，强度也很低，已逐渐被淘汰。

(6)纤维包装。它指用各种纤维制作的袋状容器。天然生的纤维有黄麻、红麻、大麻、青麻、罗布麻、棉花等。经工业加工的有合成树脂、玻璃纤维等。常见的有各种编织袋等。

(7)陶瓷玻璃包装。此类包装材料的优点是耐风化、不变形、耐热、耐酸、耐磨等，尤其适合各种液体货物的包装。可回收复用，有利于包装成本的降低，易洗刷、消毒、灭菌。常见的有玻璃瓶、玻璃罐、陶瓷瓶等。

(8)复合材料包装。复合材料就是将两种以上具有不同性质的材料复合在一起，以改进单一包装材料的性能。应用最广泛的合成材料是塑料与玻璃纸复合、金属箔与塑料复合、纸与塑料复合等。

2. 辅助包装材料

(1)黏合剂。主要用于包装袋和包装箱的封口等。

(2)黏合带。按黏合方式不同分为橡胶带、热敏带、粘结带等。

(3)捆扎材料。传统的捆扎材料有草绳、麻绳等，现在几乎全部采用塑料绳。

三、包装技术

1. 常用储存包装技术

(1)防潮包装技术。防潮包装技法采取的基本措施是以包装来隔绝外部空气。以避免物品在流通过程中因空气中的潮气侵蚀而变质、潮解、锈蚀、霉变。防潮包装主要有如下两种方法：

①用透湿度低的材料包装。在防潮、防水材料中，有在纸等纤维材料上进行防潮加工的纸系材料，还有塑料薄膜及铝箔等。

②控制包装容器内的湿气。主要是使用干燥剂，有化学干燥和物理干燥两类，用于包装的主要是物理干燥。最常见的是硅胶。

此外，还可以采用密封包装、使用涂布抗湿材料，以及采用真空、充气、泡罩等包装技术。

(2)防锈包装技术。

①防锈油防锈蚀包装技术。防锈油包装技术是将加入防锈添加剂的防锈油涂封在金属表面，以防止金属锈蚀的方法。用防锈油封装金属制品，要求油层要有一定厚度，油层的连续性好，涂层完整。不同类型的防锈油要采用不同的方法进行涂复。

②气相防锈包装技术。气相防锈包装技术就是用气相缓蚀剂(挥发性缓蚀剂)，在密封包装容器中对金属制品进行防锈处理的技术。该防锈剂是一种常温下就能挥发的物质，挥发出的气体附着在金属表面，从而防止生锈。

(3)防霉包装技术。防霉包装技法是为防止因霉菌侵袭内装物(产品)长霉影响质量而采取的一种防护措施的包装技法。常采用如下技术。

①选用抗菌性强的材料。如采用金属材料、改性材料。改性材料是改进材料的配方和工艺提高其抗霉性，如塑料中减少有利于霉菌生长的增塑剂、稳定剂等有机物质的重量。

②使用防霉剂。加工时在涂布过程中加入防霉剂，杀死或抑制霉菌的生长。

(4)防虫、鼠害等包装技术。在包装主物品时、放入一定量的驱虫剂以达到防虫害的目的。包装物品的容器也应当做防虫处理。如竹片或条筐必须经过消毒或蒸煮，所用浆糊应加放防腐剂，防止害虫孳生。注意不要把处理包装材料的药剂直接接触到所包装的物品上。

2. 常用运输包装技术

(1)一般防破损保护技术。

①捆扎及裹紧技法。捆扎及裹紧技术的作用，是使杂货、散货形成一个牢固整体，以增加整体性，便于处理及防止散堆来减少破损。一般合理捆扎可使容器的强度增加20%～40%。捆扎有多种方法，一般根据包装形态、运输方式、容器强度、内装物重量等不同情况，分别采用井字、十字、双十字和平行捆等不同方法。

②集装技法。利用集装，减少与货体的接触，从而防止破损。在外包装形状尺寸的选择中，要避免过高、过扁、过大、过重等，过高的包装(如针棉织品包装)会重心不稳，不易堆垛；过扁则给标志刷字和标志的辨认带来困难；过大包装量太多，不易销售，而且体积大也给流通带来困难；过重则容易破损。

③选择高强保护材料保护技法。通过外包装材料的高强度来防止内装物受外力作用破损。

(2)对松泡产品进行压缩体积技法。对于羽绒服、枕芯、絮被、毛线等松泡产品，包装时占用的容积太大，会导致运输储存费用的增大，所以对松泡产品需要压缩体积。例如真空包装技法，它可大大缩小松泡产品的体积、缩小率可达85%，即使对一些服装、毯子，也可达50% 左右。经济效益也显著，一般可节省15%～30%的费用。

(3)缓冲包装技法。缓冲包装技法又称防震包装技法，是解决所包装物品免受外界的冲击力、振动力等作用，从而防止物品损伤的十分有效的包装技术和方法。常采用以下技术：

①全面缓冲填充包装法。用丝状、薄片状或粒状缓冲材料把产品和内包装填满加固，这样

能把所吸收的冲击震动能量引导到内装物强度最高的部分。

②部分防震包装法。对于整体性好的产品和有内装容器的产品,仅在产品或内包装的拐角或局部地方使用防震材料进行衬垫即可。所用包装材料主要有泡沫塑料防震垫、充气型塑料薄膜防震垫和橡胶弹簧等。

③悬浮式防震包装法。对于某些贵重易损的物品,为了保证在流通过程中不被损坏,外包装容器要比较坚固,然后用绳、带、弹簧等将被装物悬吊在包装容器内。

④模盒包装法。通常用聚苯乙烯泡沫塑料预制成与产品形状一样的模盒,将产品固定在其中。这种方法适用于小型轻质产品。

⑤就地发泡包装法。这种方法所采用的设备是盛有异氨酸醋和盛有多元醇的容器及喷枪。使用时,先把两种材料容器内的温度和压力按规定调好,然后将两种材料混合,用单管道通向喷枪,由喷枪喷出。喷出的化合物在 10 s 后即开始发泡膨胀,不到 40 s 时间即可发泡膨胀到本身原来体积的 100～140 倍,形成聚氨醋泡沫体,经过 1 min 变成硬性或半硬性的泡沫体。这种泡沫体可现场喷入外包装内,能将任何形状的物品包裹住,起到缓冲衬垫作用。

(4)集合包装技术。所谓集合包装,是指将一定数量的产品或包装件组合在一起,形成一个合适的运输单元,以便于装卸、储存和运输,又称组合包装或集装单元。集合包装的出现,是对传统包装运输方式的重大改革,在运输包装中占有越来越重要的地位。集合包装主要以集装箱为主,可以将装满货物的托盘和集装容器、集装货捆一起装进大型的集装箱内,以便搬运、装卸和运输。

(5)危险品包装技术。按照危险品的性质、特点,根据有关法令、标准和规定专门设计的包装技术与方法。

防爆包装方法是采用塑料桶包装,然后将塑料桶装入铁桶或木箱中,每件净重不超过 50 kg,并有自动放气的安全阀,当桶内的压力达到一定气体压力时,能自动放气。对于腐蚀性物品,注意避免物品与包装容器的材料发生化学作用,如金属类的包装容器,要在容器内壁涂上涂料,防止腐蚀;对有毒物品防毒的主要措施是严密包装,不透气,包装上要有明显的有毒标志,并标明装卸搬运的要求。

3. 销售包装技术

销售包装主要是以满足商品销售为目的的包装,也称为商业包装。这种包装的特点是外形美观,有必要的装潢,包装单位适于顾客的购买量以及商店陈设的要求。

(1)泡罩包装技术。泡罩包装技术所形成的包装结构主要由两个构件组成:一是刚性或半刚性的塑料透明罩壳(不与商品贴体),另一是可用塑料、铝箔或纸板作为原材料的盖板。罩壳和盖板两者可采取黏接、热合或钉装等方式组合。

这种技术广泛地用于药品、食品、玩具、文具、小五金、小商品等的销售包装。按照泡罩形式不同,可分为泡眼式、罩壳式和浅盘式三类。泡眼是一种尺寸很小的泡罩,常见的如药片泡罩包装;罩壳是一种用于玩具、文具、小工具、小商品的泡罩,类似于贴体包装的形式;浅盘是杯、盘、盒的统称,主要用于食品,如熟肉、果脯、蛋糕,此时底板已成为盖子。

(2)贴体黏合包装技术。贴体黏合包装技术是将单件商品或多件商品置于带有微孔的纸板上,由经过加热的软质透明塑料薄膜覆盖,在纸板下面抽气使薄膜与商品外表紧贴,同时以热熔或胶黏的方法使塑料薄膜与敷黏结剂的纸板黏合,使商品紧紧固定在其中。

贴体黏合包装技术广泛地用于商品销售包装,它的特点是:透明包装增加了商品的陈列效果，能牢固地固定住商品，有效地防止商品受各种物理机械作用而损伤，也能在销售中起到防止顾客触摸以及防尘、防潮等保护作用。

(3)收缩包装技术。收缩包装技术是将经过预拉伸的塑料薄膜、薄膜套或袋，在考虑其收缩率的前提下，将其裹包在被包装商品的外表面，以适当的温度加热，薄膜即在其长度和宽度方向产生急剧收缩，紧紧地包裹住商品。

收缩包装技法的特点是：所采用的塑料薄膜通常为透明的，经过收缩后紧贴于商品，能充分显示商品的色泽、造型，大大增强了陈列效果；能包装用一般方法难以包装的异形商品，如蔬菜、玩具、工具、鱼肉类等；所用薄膜材料有一定韧性，且收缩得比较均匀，在棱角处不易撕裂。

(4)拉伸包装技术。拉伸包装技术是用具有弹性(可拉伸)的塑料薄膜，在常温和张力下，裹包单件或多件商品，在各个方向牵伸薄膜，使商品紧裹并密封。

其特点是：采用此种包装不用加热，适合于怕加热的产品，如鲜肉、冷冻食品、蔬菜等；可以准确地控制裹包力，防止产品被挤碎；由于不需加热收缩设备，可节省设备投资和设备维修费用，并可节省能源。

(5)真空包装技术。真空包装技术是将产品装入气密性的包装容器，密封前在真空度为10～30 mmHg(1 mmHg＝133.322 Pa)的情况下，排除包装内的气体，从而使密封后的容器内达到一定真空度，此法也称减压包装技术。

(6)充气包装技术。充气包装技术是将产品装入气密性的包装容器内，在密封前，充入不同惰性气体(CO_2、N_2)，置换内部的空气，从而使密封后容器内仅含少量氧气(1%～2%)，故亦称为气体置换包装技法。

充气包装技术的特点是：用于食品包装，能防止氧化，抑制微生物繁殖和昆虫发育，能防止香气散失、变色等，从而能较大幅度地延长保存期；对于粉状、液状以及质软或有硬尖棱角的商品都能包装；用于软包装，外观不起折皱而美观。

四、包装机械认知

包装机械是指用于部分或全部完成物流包装作业的装备。下面主要介绍物流包装作业的主要设备及常用的辅助设备。

1. 充填机

将产品按预定量充填到包装容器内的机器称为充填机。

(1)容积式充填机。适用于固体粉料或稠状物体充填的充填机。容积式充填机有量杯式、螺旋式、气流式、柱塞式、计量泵式、插管式和定时式等多种。

(2)称量式充填机。事先称出预定质量的产品然后充填到包装容器内的充填机。

(3)计数充填机。将产品按预定数目充填到包装容器内，有单件计数和多件计数两类。

2. 灌装机

灌装机的主要作用是将定量的液体物料充填到容器中。既可以将黏稠度较低的物料，如酒类、油类、果汁等，依靠自重以一定速度流动，也可以使某些黏稠物料，如牙膏、洗发膏等，依靠压力以一定速度流动。

3. 封口机

封口机是将盛有产品的包装容器封口的机器。

(1)热压封口机。用热压的方法封口。封口时被封接面由热板压在一起,待被封接材料在封接温度下充分黏着后,卸压冷却完成封口操作,主要用于复合膜和塑料杯等。

(2)带封口材料封口机。通过加载使封口材料变形或变位来实现封闭。常见的有压纹封口机、牙膏管封口的折叠式封口机、广口玻璃瓶的滚压封口机等。

(3)带封口辅助材料的封口机。这种封口机采用不同种类的封口辅助材料封口。常见的如缝合机、订书机、胶带封口等。

4. 裹包机

裹包机是用柔性裹包材料裹包产品的机器。

(1)折叠式裹包机。用柔性包装材料裹包产品,并将末端伸出的裹包材料折叠封闭的机器。

(2)扭结式裹包机。将末端伸出的无反弹性的柔性包装材料进行扭结封闭。

(3)收缩包装机。将产品用具有热缩性薄膜包裹后进行加热,使薄膜收缩裹包产品的机器。

(4)拉伸裹包机。使用拉伸薄膜,在一定张力下裹包产品,用于将堆集在托盘上的产品连同托盘一起裹包,无须加热,节省能源。

5. 贴标机

贴标机是采用黏结剂将标签贴在包装件或产品上,主要有黏合贴标机、热压和热敏黏合贴标机、收缩筒形贴标机。

6. 捆扎装置

捆扎装置是捆扎机械利用带状或绳状捆扎材料将一个或多个包装件紧扎在一起的机器。常见的有自动和半自动捆扎机。

7. 打包机

打包机又称捆包机或捆扎机,是使用捆扎带缠绕产品或包装件,然后收紧并将两端通过热效应熔融或使用包扣等材料连接的机器。打包机的功用是使束带能紧贴于被捆扎包件表面,保证包件在运输、储存中不因捆扎不牢而散落,同时还应捆扎整齐美观。

8. 喷码机

喷码机广泛应用于食品、饮料、化工、建材、制药和塑胶等行业,可根据需要喷印中文、英文、数字、日期、批号等信息。

五、包装标志认知

包装标志是用简单的文字或图形在包装上印制的特定记号和说明事项,说明包装物品的特性、物流活动的安全及理货分货和提醒注意事项。它是商品储存、运输、装卸过程中不可缺少的一项辅助措施。包装标志按内容和作用,又可分为运输收发货标志、储运图示标志和警告性标志等。

1. 运输收发货标志

运输包装收发货标志是指在商品外包装上的商品分类、图示标志、文字说明、排列格式和其他标志的总称,也叫包装识别标志。

内销产品的收发货标志包括:品名、货号、规格、颜色、毛重、净重、体积、生产厂、收货单位、发货单位等。

出口产品的收发货标志又称唛头，包括：目的地名称或代号、收货人或发货人的代用简字或代号、件号、体积、重量以及原产国等。

国家标准 GB 6388—1986《运输包装收发货标志》对运输包装收发货标志的具体内容做了详细规定，共有 12 个标志，图形标志规定用几何图形加简单文字构成的特定符号，如图 5.1 所示。标志必须清晰、醒目，不脱落，不退色，按商品类别规定用单色印刷。

图 5.1　运输包装收发货标志

2. 储运图示标志

储运图示标志是指商品在储存、运输过程中为使其存放、搬运适当，根据不同商品对物流环境的适应能力，用醒目简洁的图形和文字印刷在包装的规定位置上的标志，表明在装卸运输及储存过程中应注意的事项，如小心轻放、禁用手钩、禁止滚翻、远离放射及热源等，如图 5.2 所示。

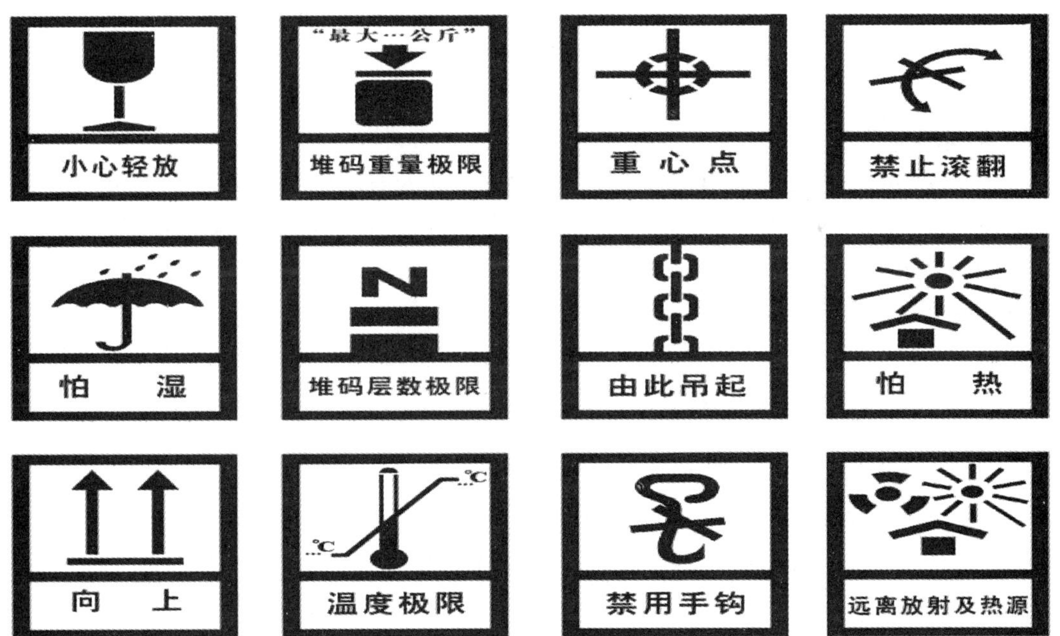

图 5.2　储运图示标志

3. 警告性标志

警告性标志又称危险货物包装标志，是易燃、易爆、有毒放射性等危险货物在运输包装上加印的特殊标记，是运输、生产和检验部门对危险货物运输包装质量进行性能试验和检验的依据。国家标准 GB 190—2009《危险货物包装标志》明确规定了危险货物包装标志的图形、适用范围、颜色、尺寸及使用方法等，为了能引起人们特别警惕，此类标志采用特殊的彩色或图示，如图 5.3 所示。

图 5.3　危险货物包装标志

六、包装费用认知

加强包装费用的管理与核算，可以降低物流成本，进一步提高物流企业经济效益。对于物流企业来说，其包装费用一般有如下几方面构成。

1. 包装材料费用

它是指各类物资在实施包装过程中耗费在材料支出上的费用。常用的包装材料种类繁多，功能亦各不相同，企业必须根据各种物资的特性，选择适合的包装材料，既要达到包装效果，又要合理节约包装材料费用。

2. 包装机械费用

包装过程中使用机械作业可以极大地提高包装作业的劳动生产率，同时可以大幅度提高包装水平。使用包装机械（或工具）就会发生购置费用支出、日常维护保养费支出以及每个会计期间终了计提折旧费用。这些都构成了物流企业的包装机械费用。

3. 包装技术费用

为了使包装的功能能够充分发挥作用，达到最佳的包装效果，包装时需采用一定的技术措施。比如，实施缓冲包装、防潮包装、防霉包装等。这些技术的设计、实施所支出的费用，合称包装技术费用。

4. 包装人工费用

在实施包装过程中，必须有工人或专业作业人员进行操作。对这些人员发放的计时工资、计件工资、奖金、津贴和补贴等各项费用支出，构成了包装人工费用支出。

5. 其他辅助费用

除了上述主要费用以外，物流企业有时还会发生一些其他包装辅助费用，如包装标记、包装标志的印刷、拴挂物费用的支出等。

七、包装方案制定

传统包装设计方法，依靠过往的经验进行包装设计，容易造成包装过度，同时因未充分研究供应链中物流运输环节的影响及产品自身的特点(如产品脆值及产品结构等),反而在包装过度的情况下依然会造成较高的产品破损率。现代供应链环境下的包装设计流程及方法,充分研究供应链中物流运输环节的各种影响因素及产品自身的特点,在合理的包装水平下取得理想的产品保护效果,从而降低包装综合成本及产品破损率。

物流包装方案设计6步法:

(1)测量和分析运输全过程中的环境因素:运输方式、温湿度、储存方式等。

(2)测量产品脆值:了解产品抗冲击能力及产品结构方面的薄弱部分,是产品设计改进的实验依据。

(3)根据测出的产品脆值及结构特性如果发现产品设计过于脆弱或过于坚固的,均需要对产品进行重新设计。

(4)根据产品脆值选择合适的包装材料,以消解冲击振动等损害。

(5)综合运输环境及产品脆值设计包装方案并制作原型包装材料。

(6)包装方案的优化:根据相关测试要求进行原型包装件的测试,并作出对包装方案的修改,直至满足要求为止。

任务实施

1. 讨论

组内自由讨论。

2. 分享

各组推选一名代表与大家分享讨论结果。

3. 评价

教师掌控教学现场,适时进行评价。

4. 定论

包装是否能够达到货物的保护要求?货物在运输工具上装卸及仓库中存取是否方便、高效?对货物的包装作业是否简单容易操作?货物开包是否方便?包装物处理是否容易?包装物内物品的有关信息(如品名、数量、重量、装运方法、保管条件等)是否清楚?包装费用是否恰当?要制订合理的包装方案,需要综合考虑方方面面的因素。小方案中见大智慧,没有点真才实学是无法胜任的。

行业链接

快递包装箱基础模数尺寸

中华人民共和国国家质量监督检疫总局,中国国家标准化管理委员会于2018年发布了新修订的GB/T 16606—2018《快递封装用品》系列国家标准。对原有标准的相关内容进行了补充完善。

(1)强化了减量化要求。一是降低了快递封套用纸的定量要求;二是对于快递包装箱单双瓦楞材料的选择不再做出规定，只要材料符合耐破、边压和戳穿强度等指标即可；三是降低了塑料薄膜类快递包装袋的厚度要求以及气垫膜类快递包装袋、塑料编织布类快递包装袋的定量要求。

(2)增加了重金属与特定物质限量要求。对于快递封套和快递包装箱，提出了其中铅、汞、镉、铬总量应不大于 100 mg/kg。标准还规定快递包装袋的溶剂残留总量应不大于 10 mg/m²，其中，苯类溶剂残留量不大于 3 mg/m²。

(3)增加了生物分解塑料包装袋种类。提出了“快递包装袋宜采用生物降解塑料”，并相应增加了生物降解塑料快递包装袋的生物降解性能要求，以引导具备条件的企业和消费者选择使用。

(4)补充了快递包装箱平面尺寸要求。明确提出快递包装箱的基础模数尺寸为 600 mm×400 mm，同时调整优化快递包装箱的平面尺寸，以建立起快递包装箱、集装笼、运载车辆的尺寸链关系，提高全环节整体处理效率，以包装标准化推动包装的减量化和循环利用。

(资料来源：根据网络资料整理)

任务二　包装作业组织

受领任务

<table>
<tr><th>内　容</th><th colspan="3">任　务　指　南</th></tr>
<tr><td rowspan="2">行动目标</td><td colspan="2">知识目标</td><td>(1)了解精密仪器包装作业流程、快件包装作业流程
(2)熟悉不同包装标志的打印方法
(3)掌握包装合理化措施</td></tr>
<tr><td colspan="2">技能目标</td><td>能对不同性质的快递件进行合理包装</td></tr>
<tr><td rowspan="5">资料收集任务清单</td><td colspan="2">分　组</td><td>自由组合，全班均分为四或五组
组名自拟、组长自选</td></tr>
<tr><td rowspan="3">资料类型</td><td>走进企业</td><td>(1)我的企业我的家：北京一撕得物流技术有限公司宣传视频
(2)北京一撕得物流技术有限公司官网：拉链包装、新闻</td></tr>
<tr><td>走近榜样</td><td>我的榜样我的路：一撕得 CEO 邢凯与副总裁刘焕然——“挫折”与“荣誉”</td></tr>
<tr><td>扩展阅读</td><td>(1)可循环包装箱“全家福”
(2)注重细节的海尔人——下乡家电的冰箱包装</td></tr>
<tr><td colspan="2">要求</td><td>组间资料不重复、熟悉各自资料，凝练成 3 分钟发言稿，题目自拟</td></tr>
</table>

引导案例

联邦快递发布“年货”包装运输窍门

在亚洲，农历新年是电子商务和在线购物平台最忙碌的时期之一。如何包装一些不易运输的、易碎、易腐或对环境敏感的物品？

艺术品：“×”形封条是关键。确保艺术品在运输旅途中完好无损非常重要。装裱艺术品安全到家的包装防护小窍门：将胶带以十字或大“×”形从画框的一角贴到另一角，可有效避免物品破碎或断裂。

鲜花：摩擦和温差应考虑在内。如果鲜花在运输中频繁移动，植物的花和叶会因碰撞或摩擦而受损。因此，运输时需要用纸小心包裹住花和叶，并在快递箱里多添加一些缓冲物。运输中的温差问题也应考虑在内。在将诸如兰花等热带鲜花运送到寒冷地区时，需要确保鲜花的包装能够帮助它们抵御运输途中的气温下降。对于易腐烂的鲜花，应尽量避免在周末或公共假日送出。

乐器：温差和琴弦松紧影响音色。乐器对任何外界冲击和环境都很敏感。管弦乐器和打击乐器都有各自的“怪癖”。吉他是最常被运送的乐器之一，运输时须考虑很多复杂因素——尤其是琴弦对运输要求极为严苛，它的木质琴身极易因温度变化而热胀冷缩，进而影响音色和节奏。因此，选择温度适宜的运输方式并在包装前调松吉他琴弦非常重要。这将减少弦的张力，降低吉他受损的可能性。

海鲜：凝胶避免泄漏和食品结冰。运输海鲜切记：不同的冷藏食品要求采用不同的温控方法。干冰是一种常用的温度控制剂，但是根据危险品的管理条例，寄件者必须获得相关使用许可。运输龙虾或牡蛎等活海鲜，请使用凝胶冷却剂。凝胶冷却剂不会泄漏，也可以避免食品意外结冰的风险。

美酒：严格的温控确保葡萄酒最佳品质。严格的温控可以确保葡萄酒以最佳品质送达。正确的运输方式既能确保葡萄酒保持上乘的品质，还可防止软木塞或酒瓶受损。而在过热或过冷的环境中，比如冰冷的飞机货舱或下机后装入卡车时炎热的停机坪，葡萄酒都有可能严重腐坏变质。除了考虑温控运输外，还请注意葡萄酒很沉重，必须采用足以承受葡萄酒重量的专用包装盒。当然，葡萄酒运输必须遵守相关海关规定，具体规定因地而异。

（资料来源：根据网络相关资料整理）

任务分析

巨大的快递业务量背后，是触目惊心的快递过度包装导致的浪费和污染问题。解决日益严峻的快递过度包装问题，需要运用精益思维进行精打细算，既要做好包装方案设计，也要强化包装作业组织管理，让我们从包装作业流程认知入手，去探索包装作业的合理化措施，合理组织包装作业。

一、精密仪器包装作业组织

（一）包装方案

1. 主要包装材料

（1）木材选用。按照项目设备重量及尺寸，可选用 100 mm×100 mm 的木方作为栈板的负荷骨架，端侧板支撑选用 80 mm×20 mm 木方作为夹板的加强支撑材料，底板、端侧板及盖板均选用7 mm的优质夹板。

（2）真空材料。真空包装选用 0.12 mm 的纯铝塑膜复合膜，包装内按照每立方米 400 g 放置干燥剂。

（3）紧固材料。考虑到设备的精密程度及轻质，坚固带选择 16 mm 的塑钢带作为坚固带。

(4)其他材料。珍珠棉、护角、坚固螺、气泡膜、缠绕膜等包装辅助均选择国标材料。

2. 包装技法

设备按照其精密程度分别采用不同的包装方式进行包装：

栈板包装：栈板＋雨布包裹。

木箱包装：栈板＋木箱封装。

精密包装：栈板＋防震垫层＋木箱封装＋真空包装。

3. 包装标志

"怕湿""小心轻放""重心点""由此吊起""向上"等。

4. 包装费用

材料费用＋技术使用费用＋人工费用＋包装机械使用费用＋其他费用。

(二)包装过程

(1)根据机器脚底的高度，用木方垫高机器或用螺钉将机器与底脚固定，使机器与底脚板面形成一个整体，螺钉或大铁钉将垫木方和底座连起来，使它们形成整体，再将机器放到底座相对应的位置上，四周夹固起来，用铁钉固紧，使设备不会前后左右移位。

(2)对于需要作精密包装的设备，在设备底脚处按照设备重量，用 10 mm 的橡胶衬垫，栈板上用珍珠棉铺垫后，再将设备安放在上面，用铝塑膜包裹后抽真空。然后用上述(1)的方式将设备固定在栈板上。

(3)如果机器上有仪表玻璃等易碎部件，用填充物或海棉气泡垫将其保护起来，使运输过程中不会有损坏和擦伤现象。用气泡垫将设备包好，用铁皮和布带将设备和木箱底座拉牢固。遇到重型机械包装，要防止起吊时底座和墙板严重变形，采用槽钢和扁铁相互扣连。真空包装，机器尖部不能外露，否则在强大压力下真空袋会产生破裂而达不到真空效果，加橡皮密封加干燥剂。

(4)封箱过程：机器整体和零件检查无误，到得到客户允许后，将木箱墙板按先后顺序组装起来，将栈板封好。

(三)包装标志刷写

所有包装程序完成后，将包装常用标识喷于木箱墙板上面，如"防潮""向上""易碎""重心""起吊位置"等。

(四)作业清理

(1)包装后，清点加工数量、质量。

(2)检查纸箱印刷内容是否正确。填写传票，送到指定区域。

(3)下班前整理打扫作业区域卫生。

二、快件包装作业组织

(一)选择外包装材料、容器、包装技术及包装填充物

1. 纸质类的寄递物品

厚度不超过 1 cm 的纸质物品，使用文件封进行包装；厚度超过 1 cm 且不易破碎、抗压类的书刊、样品等寄递物品，可选择包装袋包装。

2. 质脆易碎物品

此类快件必须在包装内部的六个面加垫防震材料，且每一件物品单独使用泡沫或其他缓冲材料，用木箱或纸箱进行包装。

3. 体积微小的五金配件、纽扣及其他易散落、易丢失的物品

用塑料袋作为内包装将寄递物品聚集，并严密封口。数量较少可使用包装袋作为外包装；数量较大可使用质地坚固、大小适中的纸箱作为外包装，并用填充材料填充箱内的空隙。

4. 重量较大的物品

先使用材质较软的包装材料包裹，然后采用质地较好、耐磨性能好的塑料袋包装，或以材质较好的纸箱包装后并用打包带加固，还可使用木箱进行包装。

5. 不规则(异形)、超大、超长的物品

此类快件以气泡垫等材质较软的材料进行全部或局部(如两端等易损部位)包装。

6. 较大的圆柱形或原材料物品

此类快件可以先使用透明的塑料薄膜进行包裹，然后再使用胶纸对其进行缠绕包装；严禁使用各种有色的垃圾袋进行包裹。

7. 特产类物品

必须进行保护类包装，具体包装容器及技术可因物而异。

8. 液态物品的包装

若容器本身的强度较小，则必须采用纸箱或木箱对快件进行加固包装，且箱内应使用缓冲材料填实。

9. 轴承内钢珠等会渗油的固体物品

应使用衬垫和吸附材料填实。

10. 粉状物品

若快件的原包装是塑料包装袋，还应使用塑料涂膜编织袋作外包装。若快件的原包装是用硬纸桶、木桶、胶合板桶盛装的，要求桶身不破、接缝严密、桶盖密封、桶箍坚固结实，桶身两端应有钢带打包带。若快件的原包装是用玻璃器皿包装的，每瓶内装物的重量不宜超过1 kg。如容器本身的强度不够，则须用铁制或木制材料作外包装。

11. 纺织类物品

可采用布袋、麻袋、纸箱包装。

12. 精密仪器及电子产品类物品

采用纸箱或全木箱包装，用缓冲材料填充。

(二)包装

(1)脆弱易碎物品、怕震、怕压的物品装箱时，内件与箱板之间要留出 2 cm 的空间，用缓冲材料衬垫，空隙处用软质材料充满填实，使货物不能在箱中晃动。易碎物品(如玻璃器皿、陶瓷制品、高档工艺品等)，货物内部衬垫必须充满填实，保证货物不窜动。

(2)箱内物品不只一件时还要分别用瓦楞纸、海绵等物包扎，防止运输途中碰撞损坏。

(3)流质及易溶物品，要先装入完全密封的容器内，再装入箱内，按上述方法填充箱内。

(4)对油腻、腥味、容易受潮的物品及有色的干粉末，应使用不透油的包皮套封后再装入箱内。

(5)粉状货物的包装办法(只适合公路运输)。若货物的原包装是塑料袋包装的，还应使用塑料涂膜编织袋作外包装，保证粉末不致漏出，单件货物毛重不得超过 50 kg。

若货物的原包装用硬纸桶、木桶、胶合板桶盛装的，要求桶身不破、接缝严密、桶盖 密封、桶箍坚固结实，桶身两端应有钢带打包带。

若货物的原包装用玻璃器皿包装的，每瓶内装物的重量不得超过 1 kg。如容器本身的强度不够，则须用铁制或木制材料作外包装，且箱内应用缓冲材料填实。单件货物毛重以不超过 25 kg 为宜。

(6)对柔软、干燥、耐压、不怕碰撞的物品，如纺织类物品，为了防潮，可以在纸箱内铺垫一层防水用品，再装入布袋、纸箱。

(7)贵重物品，例如，手表、相机等要装入坚固耐压的纸质或金属箱匣或者木箱内，箱内空隙的地方用柔软物料妥为填塞，箱外再用坚韧的纸或者用布包装。精密仪器及电子产品类物品装箱时，快件与纸箱或木箱壁间应预留余约 2 cm 的空隙，用缓冲材料填充。

(8)在一包装箱内，轻重物品要合理搭配放置，以便搬运。

(9)不能拆解的物品，必须进行全部包装，易损部位不得暴露在包装外。

(三)封箱

包装初步完成后，外箱应以印有物流公司标志的胶带封黏。

1. 胶纸封箱方法

对于外形规则类货件的包装，如使用纸箱包装的货件，要求使用胶纸对纸箱上下表面进行“ ├┤ ”形包装操作，包装步骤如下：

(1)首先使用胶纸沿着纸箱的中缝部位进行封黏，同时胶纸两端应沿纸箱两侧面放宽 5～10 cm，以便将纸箱的中缝两端开口处覆盖；同时做到压紧胶纸两端，使得胶纸和箱体充分黏合。

(2)再使用胶纸分别对纸箱的两侧缝口进行封黏，封黏要求先对纸箱一侧的侧缝开口进行封黏，同样，胶纸应延长放宽 5～10 cm；同时做到压紧胶纸两端和胶纸中间部位，使得胶纸和箱体充分黏合。

(3)在完成纸箱一表面的“ ├┤ ”形包装后，还需对另一表面进行封黏，具体要求同步骤(1)和(2)。

2. 打包带封箱

超重和贵重物品需要用打包带打成“十”字或“井”字形。凡纸箱任何一边超过 60 cm，还需用打包带加固，使用打包采用“井”字型。可使用半自动打包机或全自动打包机操作。

3. 施封锁

施封锁是铁路运输对铅封类产品的一种命名，施(实施)，封(封条、封闭)，锁(锁具)。最通俗的说法就是“一次性锁”。2009 年，国家标准委员会引入国际标准 ISO 17712 并建国家标准，正式定名为箱封。用上施封锁后就无法打开包装件，只有把它破坏掉才可以，凡需防范被别人二次接触过的地方都可以使用施封锁。每一个施封锁上都有一个编号，防止被人掉包。

4. 贴封箱签

贴封箱签用于贵重物品的签封。使用方法：

(1)底面封箱口接缝处骑缝粘贴一个。

(2)如果正面、上面封箱处没有粘贴运单，则需要再粘贴封箱签。

(3)如果正面有运单，则粘贴在侧面封箱口接缝处。

(4)在胶带外面再粘贴封箱签。

(5)每个封箱贴个数不少于两个，且封箱贴号码需要记录在运单备注栏内。

(四)贴面单(子单条码)

快递面单是指快递行业在运送货物的过程中用以记录发件人、收件人以及产品重量、价格等相关信息的单据。目前快递行业多用条码快递单，以保证快递行业的连续数据输出，便于管理。

外形规则的快件将运单粘贴在货物正面上方；外形不规则快件将运单粘贴在快件表面醒目且平整的位置，以便于扫描和分拣操作。

1. 不干胶快件运单的粘贴方法

(1)把运单背面的不干胶布面撕掉。注意，从打孔边撕贴纸比较容易，因为只有打孔边没有粘胶。

(2)把运单左边打孔边先贴到运单粘贴的位置，然后往右边平摸运单，使运单平整粘贴在快件表面上。

2. 注意事项

(1)使用不干胶运单直接粘贴时，应尽量避开骑缝线，以防箱子被挤压时骑缝线爆开，导致运单破损或脱落。

(2)运单应粘贴在快件的最大平整的表面，避免运单粘贴皱褶等。

(3)使用胶纸时，不得使用有颜色或带文字的透明胶纸覆盖运单内容；胶纸不得覆盖条形码、收件人签署、派件员签名、派件日期栏的内容。

(4)运单粘贴须保持平整；运单不能有皱褶、折叠、破损。

(5)挤出运单袋内的空气，再粘贴胶纸，避免挤破运单袋。

(6)如果是国际快件，须注意将相关的报关单据与运单一起装进运单袋内或者按照快递企业的具体要求操作。如有形式发票，应将形式发票和运单一起装进运单袋内，或者按照公司的具体要求操作。

(7)运单要与内件一致，避免运单错贴在其他快件上。

(五)粘贴包装标志

运输包装标志的使用方法执行国家标准，参照国际标准 GB 6388—1986 和 GB/T 191—2008。

运输包装标志的文字书写应与底边平行。标志图形和文字不得分开说明。出口货物的标志原则上按国家标准办理，但根据需要，标志可以不印中文。如果根据国外要求免贴标志时，可以不贴标志。必须用外文表示的标志名称或补充说明，应写在标志的下边。

1. 方式

印在标签上，然后栓挂、粘贴或钉附在运输包装上；用油漆、油墨，以镂模、印模等方式涂打或书写；采用烙烫和雕刻法将其标在运输包装上。

2. 数量与位置

“包装储运图示标志”“危险货物包装标志”拴挂、粘贴标签以及涂打、书写标志应标在显而易见的位置，包装容器形状不同位置不同。

箱型包装:包装的两端或两侧的左上方。

袋、捆包装:明显的一面。

桶形包装:应位于桶盖或桶身的四周。

包装储运图示标志的“由此吊起”“重心点”“由此开启”应根据要求涂打、粘贴或钉附在运输包装的实际位置。

收发货标志的位置,国标的要求如下:

六面体包装件的分类图示标志位置。按 GB/T 4857.1—2019 规定,放在包装件的 5、6 两面的左上角。

袋类包装件的分类图示标志放在两大面的左上角。

桶类包装件的分类标志放在左上方。

筐、篓捆扎件等栓挂收发货标志,应栓挂在包装件的两端;革包、麻袋栓挂式收发货标志应栓挂在包装件的两上角。

(六)6S 管理

6S 管理是一种管理模式,即整理(Seiri)、整顿(Seiton)、清洁(Seiketsu)、规范(Standard)、素养(Shitsuke)和安全(Safety)。

(1)包装后,清点加工数量、质量。

(2)检查使用纸箱印刷内容是否正确。填写传票,送到指定区域。

(3)下班前整理打扫作业区域卫生。

三、包装合理化作业

物流包装合理化,一方面包括包装总体的合理化,这种合理化往往用整体物流效益与微观包装效益的统一来衡量,另一方面是指在包装过程中使用适当的材料和适当的技术,制成与物品相适应的容器,节约包装费用,降低包装成本,既满足包装保护商品、方便储运、有利销售的要求,又要提高包装的经济效益的包装综合管理活动。

(一)影响包装的因素

1. 装卸搬运

对包装发生影响的第一因素是装卸搬运,目前我国铁路运输,特别是汽车运输,还大多采用手工装卸,因此,包装的外形和尺寸就要适合于人工操作;另一方面,装卸人员作业不规范会直接引发商品损失。在一次例会上,广州某快运公司的总经理曾谈起这样一件案例:从香港报关进口的一件大木箱,内装精密设备,要求运输途中不能倾斜。当木箱运至客户手中时,货主肯定地认为货物已被倾斜了,因为木箱外包装上有一个标识变成了红色——原来该货物倾斜 45°时,外包装上的标识就会变色。因此,引进装卸技术,提高装卸人员素质,规范装卸作业标准等都会相应地促进包装、物流的合理化。

2. 保管

对包装有影响的第二个因素是保管,在确定包装时,应根据不同的保管条件和方式而采用与之相适合的包装强度。

3. 运输

对包装有影响的第三个因素是运输，运送工具类型、输送距离长短、道路情况等对包装都有影响。我国现阶段，特别是广州地区，存在很多种不同类型的运输方式：航空的直航与中转，铁路快运集装箱、包裹快件、行包专列等，汽车的蓬布车、密封厢车，以上不同的运送方式对包装都有着不同的要求和影响。因此，应从物流总体角度出发，用科学方法确定最优包装。

(二)实现包装合理化的措施

1. 包装设计合理化

由于我们讨论的是物流包装，首先，设计中考虑的首要因素是货物的保护功能。包装设计基本上决定了货物的保护程度，在设计时要充分考虑到流通中的各种损害因素，一般为堆码负荷、震动、冲击、温湿度、虫害、发霉等。其次，包装设计不能忽视费用问题，过度的包装会增加包装费用，包装设计应正好符合保护货物的要求；包装的尺寸大小会影响运输工具和仓库容积使用率，这也是一个重要的影响费用的因素。再次，成组化包装设计对于提高物流运作的效率起着非常重要的作用，所以是物流管理中的一项重要任务，该项作业的直接目的就是提高劳动生产率。

2. 选择适当的包装材料

包装材料应与包装物相适应：在满足功能的基础上尽量降低材料费；包装器材与包装类别相协调，常用的器材有托盘、集装箱、木箱等；包装器材与流通条件相适宜。

3. 广泛采用先进包装技术

包装技术的改进是实现包装合理化的关键。要推广诸如缓冲包装、防锈包装、防湿包装等包装方法，使用不同的包装技法，以适应不同商品的包装、装卸、储存、运输的要求。

4. 采用组合单元装载技术

采用托盘、集装箱进行组合运输。托盘、集装箱是包装—输送—储存，三位一体的物流设备，是实现物流现代化的基础。

5. 推行包装标准化

包装标准化是指在生产技术活动中，对所有制作的运输包装和销售包装的品种、规格、尺寸、参数、工艺、成分、性能等所做的统一规定，并且按照统一的技术标准对包装过程进行管理。

目前，我国已制定的物流包装标准主要有：托盘国家标准、集装箱国家标准、包装单元货物国家标准等。

推行包装标准化可提高物流效率，以单元货载尺寸标准为例，单元货载尺寸是运输车辆、仓库、集装箱等能够有效利用的尺寸。单元货载尺寸按 GB/T 4892—2008 标准的规定，托盘以 1 100 mm×1 100 mm 和 1 000 mm×1 200 mm 为标准。将这一标准数值进行整数分割或组合而成的 69 种数值的正方形尺寸和 40 种数值的长方形尺寸作为运输包装系列尺寸的规格值。采用这种运输包装系列尺寸，可以使货物恰好不多不少地码放在托盘上，既不致溢出，也不留有空隙。卡车的车箱规格，也最好按单元货载尺寸的要求制造，使装载货物时既不致超出，也不致余空。

6. 推行包装绿色化

(1)实行包装减量化。在满足保护、方便、销售等功能的条件下，应使用量最少的适度包装。

(2)由一次性包装向反复使用的周转包装发展。随着越来越多的人加入网购大军中,快递行业也随之迅猛发展。然而,在快递业迅猛发展的同时,过度包装所造成的浪费和污染也如影随形。据了解,为了显示自家商品比较高档,现在不少卖家更愿意用纸箱来打包商品。“扔之可惜,留之无用”,除了卖给废品回收站,还有什么好办法呢?德国邮政的运输周转箱解决了这一难题。如图 5.4 所示,德国邮政的邮件运输周转箱广泛运用于邮件的交接、分拣配送等过程。箱子可以旋转套叠,可节约 50%的空间,大大提高了空返的装载效率。该周转箱配备专门的密封型箱盖,并且在镂空把手位置加装防盗把手,大大提高了快递物品的安全性。

图 5.4 德国邮政最新一代邮件运输周转箱

(3)发展利用生物或光降解的包装材料。大多数电商使用的填充物多为泡沫塑料或气泡袋,不仅成本高,而且极不环保。

当当网在福建省福州市仓库开始启用新环保包装袋,这种包装袋是以玉米淀粉为主料的淀粉基塑料,在土壤中 4 个月后大部分即可自然降解,目前已应用于图书塑封和包装环节。

(4)采用新技术减少白色垃圾。透明胶带是快递包装中不可或缺的,一个包装工人 1 天就可以用掉十几卷,但透明胶带也是全球公认的白色垃圾。淘宝网上一个在线零售商投入 500 万元,采购了一种全新的快递包装箱,这种纸箱上没有任何胶带缠绕,直接撕开纸箱表面的“拉链”,即可无障碍开箱取出商品。

任务实施

1. 讨论

请扫码观看视频并讨论:请运用你所学到的运输包装知识从专业的视角来解读佳吉的酒类运输包装。

佳吉快运的酒类运输包装

2. 演练

分组训练。

3. 评价

教师掌控作业现场,适时进行点评。

4. 定论

保护环境从节约点滴包装材料入手,注重细节、规范作业、用心操作,为经由我们包装的货物量身打造旅行的盔甲,让货物旅行的费用更低、速度更快、行程更安全。

行业链接

后疫情时代一撕得蓄力向上 拉链纸箱 6.0 实现 99%抗菌性

一撕得最早靠拉链纸箱切入电商物流包装这个细分领域。包装的封口设计成拉链形状,

只需三秒就可以轻松撕开。而且产品兼具环保属性，所用原材料全部为可降解纸浆。纸张质量方面选择了A级原纸材料，楞纸克重比行业平均克重高12.5%，且采用质量比为1:1:1黄金比例的三层纸板，使得纸箱具有更高的强度。在数小时的跌落、震动实验后，内部商品仍然完好无损。

拉链纸箱一经面世就成为一款爆品，迅速赢得了包括唯品会、阿里、京东、网易考拉、小红书这样大的电商平台，以及顺丰等快递公司和一些新零售超市等客户。

疫情之下，如何保障消费者收件包装安全？研发人员加快研发步伐，历时两个月拉链纸箱6.0完成升级，此次6.0升级主要体现在三个方面：

一是抗菌抗病毒，拉链纸箱6.0在纸箱表面增加抗菌抗病毒涂层，该涂层可实现99%的抗菌率与99%的病毒灭活率，目前已通过Rosh认证、抗菌抗病毒认证。

二是胶带更好贴，升级厚胶带保持离型纸波浪形态不变，胶带厚度加厚，胶颜色变为黄色，充分增强了与纸箱的贴合度，极大地提高了胶带的黏性。在操作中，只需轻轻按压即可充分黏合，不需要刮箱动作，大幅度提升打包效率。

三是防水又耐造，拉链纸箱6.0具有良好的防水耐造性，可以充分应对各种复杂运输环境，满足众多消费场景的外包装使用。

（资料来源：根据网络资料整理）

项目小结

学习任务	认知结果
任务一　包装方案设计	环境因素分析—包装对象分析—产品脆值测量—包装材料选择—包装方案设计—包装方案优化
任务二　包装作业组织	接受作业指令—包装作业—6S管理—作业记录

实战演练

一、自我测试

1. 单项选择题

(1)包装作为独立的商品，具有自身的(　　)。

A. 价值　　B. 实用价值

C. 价值和使用价值　　D. 作用

(2)下列选项不是包装的功能的是(　　)。

A. 保护商品　B. 便于流通　C. 促进销售　D. 增加成本

(3)(　　)是包装工业中应用最高的一种纸板。

A. 白纸板　B. 瓦楞纸板　C. 箱纸板　D. 黄纸板

(4)在五大类包装材料中,废弃后最难处理的是(　　)。

A. 金属　　B. 木材　　C. 塑料　　D. 纸

(5)(　　)不是销售包装的特点。

A. 外形美观　　B. 有必要的装潢

C. 包装单位适于商店陈设的要求　　D. 保护商品

2. 多项选择题

(1)按其在流通领域的作用,包装分为(　　)。

A. 物流包装　　B. 生产包装　　C. 商业包装　　D. 促销包装

(2)按包装容器的抗变形能力分为(　　)。

A. 硬包装　　B. 软包装

C. 拆卸折叠式包装　　D. 固定式包装

(3)包装标志按内容和作用,又可分为(　　)。

A. 运输收发货标志　　B 储运图示标志

C. 保护标志　　D. 警告性标志

(4)防震包装主要方法可分为(　　)。

A. 全面防震　　B. 部分防震

C. 包裹防震　　D. 悬浮包装

(5)影响包装的因素有(　　)。

A. 装卸　　B. 流通加工　　C. 保管　　D. 运输

二、小组攻关

1. 思考讨论

(1)简述包装在物流中的作用和重要意义。

(2)包装材料主要有哪些?

(3)简述主要的包装技术。

(4)包装标志按内容和作用可分为几种?

(5)实现包装合理化的具体措施有哪些?。

(6)快件包装作业可分为哪几步?

2. 案例分析

(1)物流人物事迹分享

请网上搜索:"河南快递小哥余建春,用新算法破解世界难题,创举流传海外引热议",并阅读相关资料,试分析:

如果余建春把他的聪明才智用在包装问题研究上,他会取得什么样的成绩?

余建春的事迹给了你哪些启示?

(2)物流史话——古代物流之中华印记

请网上搜索:"7 分钟了解包装的历史,试分析包装材料与包装容器之变迁历程",并阅读相关资料,如能力允许,请续写现代包装材料与包装容器之变迁。

项目六　认知装卸搬运作业活动

任务一　装卸搬运作业计划编制

受领任务

内容			任务指南
行动目标	知识目标		(1)掌握装卸搬运计划的编制步骤 (2)了解装卸作业方法、装卸搬运的特点 (3)熟悉装卸搬运设备
	技能目标		能编制装卸搬运计划
资料收集任务清单	分　组		(1)自由组合，全班均分为四或五组 (2)组名自拟(具有物流特色)、组长自选
	资料类型	走进企业	(1)我的企业我的家：中铁特货物流股份有限公司宣传视频 (2)中铁特货物流股份有限公司官网：物流基地、主营业务
		走近榜样	我的榜样我的路：货运站里的“帐中军师”——手工绘图调度员
		扩展阅读	(1)港口装卸搬运作业视频 (2)装卸搬运设计案例赏析：上海友存物流有限公司服务器机房搬运方案
	要　求		将收集来的装卸搬运设备图片制作成课件，展示给大家

引导案例

多措并举提升夜间装卸效率

年关将近，矿泉水、牛奶等成件包装货物运量逐渐增大，宝鸡东站货运站因地制宜，多措并举提升夜间装卸效率，有力促进货运上量。

该站提前掌握每日货物上站和装车需求，紧盯装车进度，及时提报空车需求，详细制订调车装卸计划，合理安排每批装车顺位，尽量减少叉车走行距离，提高装车效率。同时，实行班班分析夜卸情况,每天进行统计分析,对夜卸率未达到50%部门,查找问题关键,并制定整改措施。

针对成件怕湿货物到发量大、仓储设备受限等问题,该站提前分析到达货物归属,坚持每日至少两次催领,督促货主及时领货,腾空货位。结合当日交付腾空货位情况,统筹规划货物上站,合理安排货位使用,确保给夜间卸车留出足够的空货位,避免造成货位紧张,影响卸车效率。

在此基础上,该站不断优化装卸能力,实行装卸委外人员和路工混岗一体化管理,健全前后夜装卸人员、机具协调机制,加快车辆周转,努力压缩中转时间。同时,细化统一上货集中装车管理办法,动态调整重点卸车货位,对进站上货集中管理,加强与调机司机的联系,保障准确对位,有效提高装卸效率。

(资料来源:根据网络资料整理)

任务分析

装卸搬运调度员(或称装卸专员)最主要的日常工作就是编制装卸搬运作业进度计划。装卸作业进度计划是在充分了解相关作业信息的基础上,对作业方法、作业设备、作业时间、作业顺序、负荷情况等做的周密安排。

让我们以装卸搬运调度的身份,从装卸搬运作业的基础知识认知入手,编制装卸搬运作业进度计划。

知识链接

一、装卸搬运作业基础知识认知

1. 装卸搬运概念

装卸是指物品在指定地点以人力或机械装入运输设备或从运输设备上卸下的活动。搬运是指在同一场所内将物品进行水平移动为主的物流作业。广义的装卸包括了搬运活动。装卸搬运就是指在同一地域范围内进行的,以改变物的存放状态和空间位置为主要内容和目的的活动,具体包括装上、卸下、移送、拣选、分类、堆垛、入库、出库等活动。

在特定场合下,单称"装卸"或单称"搬运"也包含了"装卸搬运"的完整含义。

在习惯使用中,物流领域(如铁路运输)常将装卸搬运这一整体活动称做"货物装卸";在生产领域中,常将这一整体活动称做"物料搬运"。实际上,活动内容都是一样的,只是领域不同而已。

2. 装卸搬运作用

(1)连接作用。装卸搬运将物流的各阶段有机地连接成一个整体,在物流各阶段起到桥梁的作用。装卸搬运的合理化对加快物流速度、降低物流费用等,都起着重要的作用。

(2)保障作用。装卸搬运贯穿物流各环节的始末，装卸搬运工作不到位，会使物流过程不通畅，合理的装卸搬运工作保障了物流系统的高效运作。

3. 装卸搬运特点

(1)装卸搬运是附属性、伴生性的活动。装卸搬运是物流每一项活动开始及结束时必然发生的活动，因而有时常被人忽视，有时被看做进行其他操作时不可缺少的组成部分。例如，一般而言的“汽车运输”，就实际包含了相随的装卸搬运；仓库中泛指的保管活动，也含有装卸搬运活动。

(2)装卸搬运是支持、保障性活动。装卸搬运的附属性不能理解成被动的，实际上，装卸搬运对其他物流活动有一定决定性。装卸搬运会影响其他物流活动的质量和速度。例如：装车不当，会引起运输过程中的损失；卸放不当，会引起货物转换到下一阶段的困难。许多物流活动在有效的装卸搬运支持下，才能实现高水平。

(3)装卸搬运是衔接性的活动。在任何其他物流活动互相过渡时，都是以装卸搬运来衔接，因而，装卸搬运往往成为整个物流的“瓶颈”，是物流各功能之间能否形成有机联系和紧密衔接的关键，而这又是一个系统的关键。建立一个有效的物流系统，关键看这一衔接是否有效。比较先进的系统物流方式——联合运输方式就是着力解决这种衔接的。

(4)装卸搬运是增加物流成本的活动。尤其对于传统物流而言，物流过程中多次的装卸搬运活动，不仅延长了物流时间，而且要投入大量的活劳动和物化劳动，这些劳动不能给物流对象带来附加价值，只是增大了物流的成本，由于装卸搬运反复进行的次数多，累计成本的数量是不可忽视的。

我国对生产物流的统计，机械工厂每生产 1 吨成品，需进行 252 吨次的装卸搬运，其成本为加工成本的 15.5%。我国铁路运输的始发和到达的装卸搬运作业费占运费的 20%左右，船运占 40%左右。因此，为了降低物流费用，装卸搬运是个重要环节。

(5)装卸搬运对象复杂。在物流过程中，特别是物流中心，因货物种类、大小、性质、形状和重量不同，装卸的方法也不同。例如：对于普通的小件杂货，可以单件装卸，也可以用托盘或集装箱集装化装卸；对于化肥、水泥、小麦等，可以散装装卸，也可以袋装装卸。甚至于货物因不同的储存方法、不同的运输方式，在装卸搬运设备的运用、装卸搬运方式的选择上都有不同的要求。

4. 装卸搬运的分类

(1)按装卸作业方式分类。

①垂直装卸法。垂直装卸法也称为吊装吊卸法，是指采取提升和降落的方式对货物进行装卸搬运的方法，是采用比较多的一种装卸方法。其所用的装卸设备通用性较强，应用领域较广，如起重机、叉车、提升机等，但这种装卸方法消耗的能量较大。

②水平装卸法。水平装卸法也称为滚装滚卸法，是指采取平移的方式对货物进行装卸搬运的方法。这种装卸搬运方法不改变被装货物的势能，比较省力，但需要有专门的设施，如能和汽车水平接靠的适高站台、汽车和火车之间的平移工具等。

(2)按装卸搬运设备和场所分类。

①运输两端的装卸搬运。即从运输系统上装上或卸下货物，如汽车装卸、铁路装卸、船舶装卸和飞机装卸。

②工厂内和仓库内的搬运。工厂内装卸搬运即把原材料、半成品或产品搬上、搬下流水线

或车间;仓库内装卸搬运即把物品搬入、搬出仓库和库内搬运,并以堆垛、上架、取货等操作为主。

(3)按装卸搬运内容分类。

①堆垛作业。把商品从预先放置的场所,移动到卡车之类的商品运输设备或仓库之类固定的设备的指定位置,再按要求的位置和形态放置商品的作业。

②拆垛作业。堆垛作业的逆向作业。

③分拣作业。在堆垛、拆垛作业的前后或在配送作业之前发生的作业,把商品按品种、出入先后、货流分类(分拣分类),再分别放到规定位置的作业。

④配货作业。向卡车等运输设备装货作业前和从仓库等保管设施出库装卸前发生的作业,是把商品从特定的位置,按品种、下一步作业种类、发货对象分类(配货分类)所进行的拆垛、堆放作业。这一作业又分成把分拣作业拣出的按规定分类集中起来的作业和以一定批量移动到一端的分拣场所并分别送到指定位置的作业两类。

⑤搬送作业。为了进行上述各项作业而发生的、以这些作业为主要目的的移动作业。搬送包括水平、垂直、斜行搬送以及几种组合的搬送。

⑥移送作业。用传送带对商品进行运送的作业。

(4)按装卸搬运的机械及机械作业方式分类。

①"吊上吊下"方式。采用各种起重机械从货物上部起吊,依靠起吊装置的垂直移动实现装卸,并在吊车运行的范围内或回转的范围内实现搬运或依靠搬运车辆实现小搬运。由于吊起及放下属于垂直运动,这种装卸方式属垂直装卸。

②"叉上叉下"方式。采用叉车从货物底部托起货物,并依靠叉车的运动进行货物位移,搬运完全依靠叉车本身,货物可不经中途落地直接放置到目的处。这种方式垂直运动不大而主要是水平运动,属水平装卸方式。

③"滚上滚下"方式。主要指港口装卸的一种水平装卸方式。利用叉车或半挂车、汽车承载货物,连同车辆一起开上船,到达目的地后再从船上开下,称"滚上滚下"方式。利用叉车的滚上滚下方式,在船上卸货后,叉车必须离船。托车将半挂车、平车拖拉至船上后,托车开下离船,而载货车辆连同货物一起运到目的地,再原车开下或拖车上船拖拉半挂车、平车开下。"滚上滚下"方式需要有专门的船舶,对码头也有不同要求,这种专门的船舶称"滚装船"。

滚装船是在海上航行的专门用于装运汽车和集装箱的专用船。它是从火车、汽车渡轮的基础上发展而来的一种新型运输船舶。在船尾有一类似登陆艇的巨大跳板和两根收放跳板的起重柱。世界上第一艘滚装船是美国于1958年建成并投入使用的。近年来,世界各国相继建设了一定数量的滚装船,成为远洋船队中一支现代化的新生力量。我国实现滚装化也已有多年,在运载汽车作业上,效果十分显著。如上海江南造船厂建造的24 000 t级滚装船,可载4 000辆汽车或350个集装箱。在装卸时,集装箱挂车用牵引车拉进拉出船舱;汽车则可直接开进开出。这种船的装卸速度比一般集装箱船快30%,装卸费用比集装箱低2/3左右,也无须在港口安装大型超重装卸设备。

在船舶运输方面,国外开始使用载驳船。载驳船又称子母船,是将已载货的驳船装在母船上,从事远洋运输的新船型。当到达目的港后,卸下的驳船顶入或拖入内河,同时母船又装载等候的满载驳船返航。

④“移上移下”方式。在两车之间(如火车及汽车)进行靠接,然后利用各种方式,不使货物垂直运动,而是靠水平移动从一个车辆上推移到另一车辆上,称“移上移下”方式。“移上移下”方式需要使两种车辆水平靠接,因此,对站台或车辆货台需进行改变,并配合移动工具实现这种装卸。

⑤散装散卸方式。对散装货物进行装卸。一般从装点直到卸点,中间不再落地,这是集装卸与搬运于一体的装卸方式。

对大宗商品,如煤炭、矿石、建材、水泥、原盐、粮食等的运输采用散装散卸的方法。装卸的散装化作业与成件商品的集装化作业已成为装卸现代化的两大发展方向。装卸的散装化具有节省包装用具、节省劳动力、降低劳动强度、减少损耗、减少污染、缩短流通时间等优点。对提高装卸效率、加速车船周转、提高经济效益具有重要意义。开展装卸的散装化必须具备一定的条件和物质基础。散装化有连续性的特点,必须配备专用的设备,包括专用散装运输工具及设施、仓库、港口、车站的装卸设备,做到装、卸、运、储各个环节的工具设备配套。发、转、收各部门之间要加强横向联系形成综合能力,如果有一个环节在设备的衔接上或工作的配合上脱节,就将影响散装化的开展。

(5)按装卸作业特点分类。

①间歇作业法。间歇作业法是指以间歇运动完成对货物装卸搬运的作业方法,即在两次作业中存在一个空程准备过程的作业方法。间歇作业法的特点是有较强的机动性,装卸地点可在较大范围内变动,主要适用于货流不固定的各种货物,尤其适用于包装货物、大件货物,散装货物也可采用这种方法。

②连续作业法。连续作业法是指在装卸搬运过程中,通过连续输送机械进行连续不断的装卸作业的方法,如带式输送机、链斗装车机作业。连续作业法的特点是作业线路固定、动作单一、输送均匀、中间无停顿、货间无间隔、便于实现自动控制。在装卸量较大、装卸对象固定、货物对象不易形成大包装的情况下,适宜采用这种方法。

5. 装卸搬运的原则

(1)集中作业原则。包括搬运场地的集中和作业对象的集中。前者是在有条件的情况下,把作业量较小的、分散的作业场地适当集中,以利于装卸搬运设备的配置及使用,提高机械化作业水平,以及合理组织作业流程,提高作业效率;后者是把分散的、零星的货物汇集成较大的集装单元,以提高作业效率。

(2)系统优化原则。装卸搬运作业组织的出发点是实现装卸搬运的合理化,而其合理化的目标是系统的整体优化,要充分发挥系统中各要素的功能,从作业质量、效率、安全、经济等方面对装卸搬运系统进行评价。

(3)简化流程原则。简化装卸搬运作业流程包括两个方面:一是尽量实现作业流程在时间和空间上的连续性;二是尽量提高货物放置的活载程度。

(4)有效作业原则。有效作业原则是指所进行的装卸搬运作业是必不可少的,尽量减少和避免不必要的装卸搬运,只做有用功,不做无用功。

(5)安全作业原则。装卸搬运作业流程中,不安全因素比较多,必须确保作业安全。作业安全包括人身安全、设备安全。尽量减少事故。

二、装卸搬运物品、作业场地认知

装卸搬运作业方法、装卸搬运作业设备的选择因装卸搬运对象的属性、装卸搬运作业场地的不同而不同，因此，需要认知作业对象、作业场地。具体要掌握以下几个方面的情况。

1. 装卸搬运物品的属性

(1)种类。气体、固体及液体等。

(2)形态。散装物及包装物(单品、整箱及托盘等)。

(3)特性。软的、硬的、轻的、重的、容易污染的、容易破损的及价格高低等。

(4)量。数量的大小。

(5)外形。长形物、大型物及小型物。

2. 装卸搬运场地

(1)装卸搬运作业现场的平面布置。

(2)卸后物品摆放情况。

(3)站台及车辆靠接位置情况。

三、装卸搬运设备认知

在装卸搬运作业前要考虑许多要素，如搬运物品的属性、装卸搬运作业场地、现有搬运设备及附属工具，必须对这些要素加以整理、分析、研究，再决定采用的作业方法。

1. 装卸搬运设备的概念

装卸搬运设备是指用来搬移、升降、装卸和短距离输送物料或货物的机械。它是物流机械设备中重要的机械设备。它不仅用于完成船舶与车辆货物的装卸，而且又用于完成库场货物的堆垛、拆垛、运输，以及舱内、车内、库房内货物的起重输送和搬运。

2. 装卸搬运设备分类

装卸搬运设备是装卸搬运作业现代化的重要标志之一。装卸搬运设备主要分为装卸搬运机械和容器。

(1)装卸搬运机械。按装卸搬运机械的主要用途，可分为起重机械、输送机械、升降机械、装卸搬运车辆以及其他机械。

①起重机械。起重机改变物品的垂直位移来实现装卸，并可使物品在小范围内再实现搬运。它是在采用输送机之前曾被广泛使用的具有代表性的装卸搬运机械。它可分为轻小型起重机、桥式起重机、门式起重机、臂架式起重机及堆垛起重机等。

a. 轻小型起重机。它是仅有一个升降运动的起重机，如滑车、手动或电动葫芦等。其中，电动葫芦是在直线轨道或环形轨道上任意走向。

b. 桥式起重机。其起重原理是用一个横跨空间的横梁或桥梁，横架于车间、仓库及露天货场上方支撑起重机构、运行机构，完成起重作业。

c. 门式起重机。门式起重机的作业地点也可以在矩形场地及空间内，但与桥式起重机不同的是门式起重机有两端的高支腿，在地面上的轨道行驶。门式起重机起重量较大，可达 300 t。

d. 臂架类起重机。臂架类起重机因起重臂可以旋转且变幅，所以可以在环形场地及其空间作业。常用的类型有门座起重机、汽车起重机和轮胎起重机等。门座起重机主要用于码头、转运站等装卸搬运体量重大的货物。

e. 堆垛起重机。堆垛起重机是可以在自动化仓库高层货架之间或高层码垛货场完成取、送、堆垛和分拣等作业的起重机。其突出的特点是在可以升降的载货台上装有可以伸缩的货叉机构，能方便地在指定的货格或位置上放、取单元化货物。

②输送机械。输送机是一种可以使物品在一定输送路线上，从装载起点到卸载终点以恒定的或变化的速度连续输送物料的物料搬运机械。在物流中心的内部作业中，如果搬运的数量非常大且又是连续作业，输送机的采用就非常有效且适合。依照输送机形式的不同，可分为以下 3 种：

a. 皮带输送机。它的作用原理是由外力驱动辊柱转动，并带动张紧在辊柱上的输送带转动。皮带输送机包括三种主要类型：固定式、移动式、往复式。皮带输送机可以运送散装或小包装的物资。

b. 滚轮式输送机。它的作用原理是在动力的驱动下，由许多定向排列的小轮子在原处不停转动，以带动上置物品移动。滚轮式输送机也可以运送小包装的物资。

c. 悬挂式输送机。它的作用原理是将装载货物的吊具(作业台车、货盒、货盘等)通过滑架，悬挂在架空轨道上，滑架受牵引构件牵引，沿着架空轨道悬空输送。它可以输送装入容器的成件物品，也用于企业成品和半成品的输送。

除此之外，还有垂直位移运送散装颗粒物料的斗式提升机等。

③升降机械。升降机和绞车是使物体做垂直方向移动的机械，升降机被广泛用于多层楼房仓库。绞车是使用缆绳和链条吊升重物的装置，有电动和手动两种。

升降机又称堆高机，是在仓储搬运作业中最普遍的搬运设备。由于搬运效率非常高且富有机动性，价格也十分合理，因此很受欢迎。

堆高机的种类非常多，若以动力来区分，有人力、电力、天然气动力及柴油动力 4 种；若以功能来区分，有油压拖板车、电动拖板车、手动式堆高机、配重式堆高机、伸缩式堆高机、窄道式堆高机、拣货式堆高机、薄片托盘专用堆高机和无人堆高机等几种。

④装卸搬运车辆。装卸搬运车辆是依靠机械本身的运行和装卸机构的功能，实现物品的水平搬运和装卸、码垛(小部分车辆无装卸功能)的车辆，装卸搬运车辆主要包括叉车和搬运车。

a. 叉车。叉车又名铲车，是“具有各种叉具，能够对货物进行升降和移动以及装卸作业的搬运车辆”。它应用广泛，操作机动灵活，在仓库、码头、车站、工厂车间等使用非常普遍。叉车具有一对水平伸出的货叉，货叉可以上下移动。通过叉车的运动和货叉的升降，可以将货物的水平移动和垂直升降有效地结合起来。叉车造价不高，性能可靠，但轮压较高，对场地的承载力要求也较高。同时，作业时回转半径较大，需要较大的作业场地。叉车种类繁多，以下是几种常见叉车。

• 平衡重式叉车。这种叉车依靠车体后部的车载平衡使叉车保持平稳。负荷能力为 0.5～30 t，安全性好，主要应用于室外作业，如车站、货场等。

• 侧面叉车。叉车门架及货叉在车体一侧，主要特点为在入出库作业时，车体顺通道进入后，货叉面向货架或货垛，在装卸作业时不必再先转弯，这样，可在窄通道中作业，节约通道的占地面积，提高仓容率。有利于装搬条形长物，叉上长物，长物与车体平行，不受通道宽度限制。

• 拣选叉车。拣选叉车主要特点是操作者能随装卸装置一起在车上进行拣货作业，当叉车进行到某一货位前，货叉取出货盘，操作人员将所需数量拣出，再将货盘放回。

• 多方向堆垛叉车。这种叉车的货叉能旋转 180°，向前、左、右 3 个方向做叉货作业，极大地方便托取和堆垛作业。

b. 搬运车。搬运车是一种主要应用在物流据点内，用于水平搬运的车辆。小车上的载荷平台有固定式和升降式。升降式搬运车的载荷平台较低，可以伸入货架或托盘底部，托起货架或托盘后进行搬运。搬运车的特点是搬运速度快、噪声小，甚至可以完全由计算机直接控制搬运车系统。

⑤其他机械。托盘码垛机，将物品装上托盘的机械；托盘卸垛机，从托盘卸货的机械；跳板，将货物列车或载重汽车的车厢与站台连接起来的方便货物装卸的板；跳板调平器，将甲板加以固定，能够用油压或弹簧进行调节的装置。

(2)容器。在装卸搬运作业中，一般都会使用容器来提高装卸搬运效率、降低成本和保证质量。但由于物品不同，所使用的搬运容器也不同，较常见的有托盘、包装纸箱和塑料箱等。

3. 装卸搬运机械的选择

不同种类的货物、不同的装卸搬运场所以及不同的运输方式，所需装卸搬运机械也不尽相同。合理选择装卸搬运机械，对于降低装卸搬运费用、提高装卸搬运效率具有十分重要的意义。

装卸搬运机械的选择，应该本着经济合理、提高效率、降低费用的总要求，在考虑货物的特性、作业的特性以及经济性等诸方面的因素后，做出综合判断，以便使所选择的装卸搬运机械能发挥出最大的效益。

装卸搬运机械的选择，具体应遵循以下几个基本原则：

(1)根据货物特性、距离及流量选择设备的类别。货物的特性是指货物的种类，如散货、包装货物等。货物种类不同或者货物性质不同，则装卸搬运这些货物的机械设备也有所不同。所以，要在考虑货物特性的基础上，从作业安全和效率出发，选择合适的装卸搬运机械。

作业量的大小也影响到所需要选择的装卸搬运机械的类型和数量。如对作业量大的，应选择作业能力较强的大型专用机械；而对作业量小的，则可选择中小型通用机械。

根据设备费用数据，一般把装卸搬运设备分成 4 类——简单的搬运设备、简单的运输设备、复杂的搬运设备、复杂的运输设备。简单的搬运设备适合于距离短、物流量小的搬运需要；复杂的搬运设备适合于距离短、物流量大的搬运需要；简单的运输设备适合于距离长、物流量小的运输需要；复杂的运输设备适合于距离长、物流量大的运输需要。

(2)根据设备的技术指标、物料特点以及运行成本、使用方便等因素，选择设备系列型号。在设备选型时要注意以下几点。设备的技术性能：能否胜任工作及设备的灵活性要求等；设备的可靠性：在规定的时间内能够工作而不出现故障，或出现一般性故障易立即修复且安全可靠；工作环境的配合适应性：工作场合是露天还是室内，是否有震动、是否有化学污染及其他特定环境要求等；经济因素：包括投资水平、投资回收期及性能价格比等；可操作性和使用性：操作是否易于掌握、培训的复杂强度等；能耗因素：设备的能耗应符合燃烧与电力供应情况；备件及维修因素：设备条件和维修应方便、可行。

(3)根据作业的特性进行选择。作业的特性包括作业的性质、作业的场合、作业的运动形式、作业量、作业搬运距离等，装卸搬运机械的选择应该尽可能与作业的特性相适应。应注意以下几点：

①明确作业的性质是单纯的装卸、单纯的搬运还是装卸、搬运兼顾，从而可选择更合适的装卸搬运机械。

②不同的作业场合需要选择不同的装卸搬运机械。如在铁路专用线、仓库等场合，可选择龙门起重机；而在集装箱港口码头，则可选择岸壁集装箱装卸桥、集装箱跨运车等。

③针对水平、垂直、斜向三种典型的装卸搬运作业运动形式，也需要选择不同的装卸搬运机械。如水平运动，可选择卡车、牵引车等；垂直运动，可选择提升机、起重机等；而斜向运动，则可选择连续运输机、提升机等。

④对长距离搬运，一般选择火车、船舶、载货汽车、动力牵引车等运输设备；而对较短距离搬运，则可选择叉车、跨运车、连续运输机械等机械设备。

四、装卸搬运作业方法认知

1. 单件作业法

单件作业法是指将货物单件、逐件地进行装卸搬运的方法，这是人工装卸搬运阶段的主导方法。目前，当装卸机械涉及各种装卸搬运领域时，单件、逐件装卸搬运的方法也依然存在。主要适用于：一是单件货物本身特有的安全属性；二是装卸搬运场合没有或不适宜采用机械装卸；三是货物形状特殊、体积过大，不便于采用集装化作业等。

2. 集装作业法

集装作业法是指先将货物集零为整（集装化）后，再对集装件（箱、网、袋等）进行装卸搬运的方法。这种方法又可按集装化方式的不同，进一步细分为托盘作业法、集装箱作业法、框架作业法、货捆作业法、集装网袋作业法、挂车作业法、滑板作业法等。

（1）托盘作业法。托盘作业法是用叉车作为托盘装卸搬运的主要机械，即叉车托盘化。水平装卸搬运托盘主要采用搬运车辆和滚子式输送机；垂直装卸搬运托盘主要采用升降机、载货电梯等；而在自动化仓库中，则采用桥式堆垛机和巷道堆垛机完成在仓库货架内的取、存装卸。

（2）集装箱作业法。集装箱的装卸搬运作业在港口以跨车、轮胎龙门起重机、轨道龙门起重机为主进行垂直装卸，以拖挂车、叉车为主进行水平装卸。而其在铁路车站则以轨道龙门起重机为主进行垂直装卸，以叉车、平移装卸机为主进行水平装卸。

（3）框架作业法。框架通常采用木制或金属材料制作，要求有一定的刚度、韧性，质量较轻，以保护商品、方便装卸、有利运输作业。适用于管件以及各种易碎建材，如玻璃产品等。

（4）货捆作业法。货捆作业法是先将货物货捆单元化（集装袋、集装网等），再利用带有与各种框架集装化货物相配套的专用吊具的门式起重机、桥式起重机和叉车等进行装卸搬运作业，是颇受欢迎的集装化作业方式。货捆作业法适于长尺寸货物、块条状货物、强度较高无须保护的货物，如木材、建材、金属类货物。

（5）集装网袋作业法。将粉粒状货物装入集装袋，将各种袋装货物装入多种合成纤维或人造纤维织成的网，将各种块状货物装入用钢丝绳编成的网，这种先集装再进行装卸作业的方法称为网袋作业法。货捆装卸与集装网袋装卸有一个共同的突出优点，即货捆的捆具及集装袋、集装网本身重量轻，又可折叠，因而无效装卸少，装卸作业效率高。而且相对货物而言，捆具与集装袋、集装网成本较低，装卸后又易返运，因而装卸上有优势。适用于粒状货物、各种袋装货物、块装货物、粗杂物品的装卸搬运作业。

(6)挂车作业法。先将货物装到挂车里,然后将空车拖上或吊到铁路平板车上的装卸作业方法。属水平装卸,是所谓“滚上滚下”的装卸方式,是公铁联运的常用组织方式。

(7)滑板作业法。滑板作业法是用与托盘尺寸相一致的带翼板的滑板承放货物,组成搬运作业系统,再用带推拉器的叉车进行装卸搬运作业。

3. 散装作业法

散装作业法是指对煤炭、建材、矿石等大宗货物以及谷物、水泥、化肥、粮食、原盐等货物采用的散装、散卸的方法。目的是提高装卸效率,降低装卸成本。散装作业法可进一步细化为重力法、机械法、气力输送法、倾翻法等。

(1)重力法。重力法作业是利用货物的势能来完成装卸作业的方法。比如,重力法卸车是指底开门车或漏斗车在高架线或卸车坑道上自动开启车门,则煤炭或矿石等散装货物依靠重力自行流出的卸车方法。

(2)机械法。机械法作业是指采用各种装卸搬运机械(如带式输送机、链斗装车机、单斗装载机、抓斗机、挖掘机等),通过舀、抓、铲等作业方式,达到装卸搬运的目的。

机械法主要有两种方式:一是用吊车、叉车改换不同机具或用专用装载机,进行抓、铲、舀等形式作业,完成装卸及一定的搬运作业;二是用皮带、刮板等各种输送设备,进行一定距离的搬运卸货作业,并与其他设备配合实现装货。

(3)气力输送法。气力输送法作业是利用风机在气力输送机的管内形成单向气流,依靠气体的流动或气压差来输送货物的方法。主要设备是管道及气力输送设备,以气力运动裹挟粉状、粒状物沿管道运动而达到装、搬、卸之目的,也可采用负压抽取方法,使散货沿管道运动。管道装卸密封性好,装卸能力高,容易实现机械化、自动化。

(4)倾翻法。倾翻法作业是将运载工具的载货部分倾翻,从而将货物卸出的方法。比如自卸汽车靠液压油缸顶起货箱实现货物卸载。

五、装卸搬运作业进度计划

1. 装卸搬运作业进度计划的概念

装卸搬运作业进度计划是对作业任务与作业能力进行大体平衡,如果能力不足或过剩,应预先采取应对措施。日计划是根据前一天掌握的情况,对次日工作任务的具体安排。

2. 装卸搬运作业进度计划的编制与下达

(1)确定装卸任务量。根据物流计划、经济合同、装卸作业不均衡程度、装卸次数、装卸车时限等,来确定作业现场年度、季度、月、旬、日平均装卸任务量。装卸任务量有事先确定的因素,也有临时变动的可能。因此,要合理地运用装卸设备,就必须把计划任务量与实际装卸作业量两者之间的差距缩小到最低水平。同时,装卸作业组织工作还要把装卸作业的物资对象的品种、数量、规格、质量指标以及搬运距离尽可能地做出详细的规划。

(2)选择作业设备,确定作业方法。根据装卸对象的属性、作业现场的平面布局、装卸任务和装卸设备的生产率,确定装卸搬运设备及需用的台数。根据所选择的设备,确定相应的作业方法。

(3)编制装卸作业进度计划、下派工作任务。根据装卸任务、装卸设备生产率和需用台数,编制装卸作业进度计划。它通常包括作业方法、装卸搬运设备及作业时间表、作业流程、负荷情况等详细内容。下达装卸搬运进度计划，安排劳动力和作业班次。

（4）统计、分析装卸搬运作业的经济效益。统计和分析装卸作业成果，评价装卸搬运作业的经济效益。（此部分内容是在装卸作业任务完成后进行，以不断改进装卸作业工艺。）

任务实施

1. 讨论

组内自由讨论。

2. 分享

各组推选一名代表与大家分享讨论结果。

3. 评价

教师掌控教学现场，适时进行评价。

4. 定论

在实际操作中，装卸搬运作业进度计划的编制要视具体情况而定。黑龙江完达山哈尔滨乳业有限公司物流部的装卸搬运调度是根据生产进度计划、配送计划及外协厂卸货计划确定装卸作业任务量，根据现有叉车装卸效率及司机作业效率，编制装卸搬运作业进度计划。

行业链接

中国铁路货车首次直接出境运输

2020年4月13日，一列承载着250台商品汽车的铁路JSQ型车运输专列经过更换轮对后，从内蒙古二连浩特口岸边境站出关，驶向目的地蒙古国乌兰巴托站，于4月16日抵达。本次出境的JSQ型车是中铁特货物流股份有限公司为运输商品汽车所设计的专业货运车辆。以往，因两国之间铁路轨距不同，JSQ型车只能作为国内铁路段的运输工具，出境时需将所载商品汽车换装至蒙方的宽轨商品车上，再继续发往乌兰巴托。这种运输方式受调度与车辆数量限制，“货等车”现象时有发生，加之车辆交接环节复杂，商品汽车经多次装卸，存在较大质损风险，一定程度上制约商品汽车铁路出口运输的规模化。

这次运输是中国铁路JSQ型商品汽车专用车首次走出国门，也是中国铁路货车首次以“只换轮、不换装、不解编”的方式实现专列出境运输，标志着中国铁路货车从技术上完全实现了与邻国铁路“畅通”无缝衔接。

作为本次运输的主要承运单位，中铁特货对车货衔接、计划兑现、安全运输、运到时限等方面进行综合研判与部署安排。通过制订《中铁JSQ 6型车境外（蒙古）标准化作业指导书》并交付国外代理，规范操作流程，严格安全管理，确保铁路特货物流“质量过硬，费用经济，时效稳定”，形成与“一带一路”建设相适应的铁路商品汽车国际物流体系。

（资料来源：根据网络资料整理）

任务二　装卸搬运作业组织

受领任务

<table>
<tr><th>内　容</th><th colspan="3">任　务　指　南</th></tr>
<tr><td rowspan="2">行动目标</td><td colspan="2">知识目标</td><td>(1)掌握装卸作业合理化原则、装卸搬运合理化措施
(2)了解不合理装卸搬运现象
(3)熟悉装卸搬运作业组织流程</td></tr>
<tr><td colspan="2">技能目标</td><td>能对装卸搬运作业提出合理化建议</td></tr>
<tr><td rowspan="5">资料收集任务清单</td><td colspan="2">分　　组</td><td>(1)自由组合,全班均分为四或五组
(2)组名自拟(具有物流特色)、组长自选</td></tr>
<tr><td rowspan="3">资料类型</td><td>走进企业</td><td>(1)我的企业我的家:山东省港口集团有限公司宣传视频
(2)山东省港口集团有限公司官网:企业文化、社会责任</td></tr>
<tr><td>走近榜样</td><td>我的榜样我的路:山东港口集团青岛港桥吊司机郭磊——“最美港口人”</td></tr>
<tr><td>扩展阅读</td><td>(1)集装箱货运员岗位作业指导书视频
(2)日本工厂的5S管理</td></tr>
<tr><td colspan="2">要　　求</td><td>每组负责收集、论证装卸搬运合理化措施中的一个侧面,凝练成2分钟发言稿,题目自拟</td></tr>
</table>

引导案例

山东港口青岛港,解客户之忧,提升全球竞争力

因利制权,面对全球局势的不断变化和客户需求的不断变动,山东港口青岛港应势而为,创新装卸搬运作业模式,不断提升自身综合实力。

1.“船船直转”作业新模式

2020年10月,在山东港口青岛港前港港区,3台卸船机将停靠在76泊位的“维多利亚”轮上的铁矿石顺利装入64泊位“大欣”轮,随后,“大欣”轮发至日本,标志着铁矿石国际中转“船船直转”作业新模式成功开启。

据了解,此前,日本客户三井物产公司在国内采购了一批铁矿石,由于即将面临断货风险,日方早早将二程船“大欣”轮派至青岛港。按照以往工作流程,从卸船到装船发运需要一周时间,无法满足客户需求。

为解决客户难题,青岛港利用自贸区进口矿产品“先放后检”政策,在海关支持下量身定制“国际中转+船船直转”作业模式。该模式省去货物落地堆放环节,将原本卸船、取样、堆存、装船等至少7天的作业时间缩减至2天。

2. 保税混矿数据“虚拟”结转监管模式

2020年青岛港使用企业与海关计算机数据联网系统,将企业申报的两种保税进口铁矿石数据通过“虚拟”结转的方式形成混合后数据，实现海关对混矿整个流程的实际监管。该模式明确了混配前货物的重量及品质属性，同时也确保了混配后货物的重量和属性，做到单据流转与实际货物性质属性一致，确保海关监管的实效性与准确性。同时取消申请设立纸质账册的过程，将以往一次海关纸质审核和三次通关申报手续简化为一次网上申报，每票货物通关时间较以往缩短5～7小时，大大提高了混矿通关时效。

原混矿作业需公司将两种不同的铁矿砂分别卸在不同的作业场地，报关后再在另一块场地进行混兑。现在，通过“虚拟”结转的方式实现“落地直混”，即保税铁矿砂入库的同时就可以直接开展混矿作业，提高了场地利用率，节约了人力物力和大量物流成本。

3.“船理同屏”系统

与此同时，“船理同屏”系统正式上线运营，颠覆船岸之间数据交换传统方式。“船理同屏”系统是安装在计算机或者手机上的一款应用程序，“船”指靠泊在青岛港的船舶，“理”是外理公司，“同屏”是指船员通过计算机、手机与理货人员在屏幕间实现信息共享，数据实时在线交换。

原先船舶靠港作业期间，需要船员与理货人员当面沟通，了解全船的装卸进度、查看各舱实际装卸数量、调整船图信息等，以解决问题，现在只要扫描二维码进入系统，全船装卸进度、各舱实际装卸数量、调整船图、危险品清单、冷冻箱清单统统在线显示，而且实时更新。原先作业结束时需理货人员与船方、港方共同核对装卸数量，完成签证交接，疫情防控之下理货人员无法正常登轮，只能借助通信设备或在船梯口进行简短交接。现在作业结束时，系统会在线自动生成各类理货单证，各方实现一键签字，支持单证在线下载等功能，实现理货人员与船方“零接触”，补足疫情防控短板。

任务分析

要实现装卸搬运合理化作业，仅有一份科学完善的计划是不够的，必须要使所有参与到装卸作业活动中的员工相互配合，尤其是需要装卸搬运作业的现场员的通力协作。

为此，让我们以装卸搬运调度、装卸搬运现场员的身份，从装卸搬运不合理的表现形式认知入手，探讨装卸搬运合理化的目标，实现装卸搬运作业的合理化。

知识链接

一、不合理装卸搬运现象

在装卸搬运作业时，必须避免由于不合理装卸搬运的出现而造成的损失。由于有时某些不合理现象是伴生的，要追求大的合理，就可能派生出小的不合理，所以，具体判别时要防止绝对化。概括而言，不合理的装卸搬运形式有以下几种。

1. 过多的装卸搬运次数

在物流过程中，装卸搬运环节是发生货损的主要环节，而在整个物流过程中，装卸搬运又是反复进行的，其发生的频度超过其他任何活动，过多的装卸搬运必然导致损失的增加，同时，每增加一次装卸搬运，就会较大比例地增加费用，从而大大减缓整个物流的速度。

2. 过大包装的装卸搬运

包装过大过重，在装卸搬运作业中，就会反复在包装上消耗较大的劳动。这一消耗不是必需的，因而会形成无效劳动。

3. 无效物质的装卸搬运

进入物流过程中的货物，有时混杂着没有使用价值或对用户来讲使用价值不对路的各种掺杂物，如煤炭中的矸石、矿石中的水分、石灰中的未烧熟石灰及过烧石灰等。在反复装卸搬运时，会对这些无效物质反复消耗劳动，因而形成无效劳动。无效装卸搬运增加了物流成本，增加了货物的损耗，降低了物流的速度。

4. 搬运路线不合理

搬运路线可以有以下几种形式：

(1)直线型：物料到达目的地的距离最短。适用于短距离、大量存放的物料搬运。

(2)轨道型：物料在预定路线上，从不同的地点向同一个终点移动。适用于中少量、中长距离、不规则分散存放的物料搬运。

(3)中心型：物料向一个中心集中，最后送到终点。适合于少量、中长距离的搬运作业，要求管理水平要高。

搬运路线选择错误，如该选择直线型，却选择了轨道型、中心型，就会导致搬运距离延长、效率低下、费用上升。

二、装卸搬运合理化

1. 装卸搬运合理化的概念

装卸搬运合理化是指以最低的费用和成本、最高的效率实现物体的空间位置移动。

2. 装卸搬运合理化的目标

在任何可能的地方消除搬运，使行走距离最短，提供无瓶颈的均衡流动，尽量减少由于浪费、破损、变质和偷盗所造成的损失。可概括为距离短、时间少、质量高、费用省。

(1)装卸搬运距离短。搬运距离的长短与搬运作业量大小和作业效率是联系在一起的。在装卸搬运作业中，装卸搬运距离最理想的目标是“零”。货物装卸搬运不发生位移，应该说是最经济的，然而这是不可能办到的，因为凡是“移动”都要产生距离。距离移动越远，费用越高；距离移动越短，费用越低。所以装卸搬运合理化的目标之一就是使装卸搬运距离尽可能最短。

(2)装卸搬运时间少。主要指货物从开始装卸搬运到完成装卸搬运的时间少。如果能尽量压缩装卸搬运时间，就能提高物流速度，及时满足客户的需求。为此，应根据实际情况，实现装卸搬运机械化。装卸搬运实现机械化、自动化作业后，不仅大大缩短了时间，节约了费用，提高了效率，而且通过装卸、搬运环节的有效连接，还能激活整体物流过程。所以，装卸搬运时间尽量少是装卸搬运合理化的重要目标之一。

(3)装卸搬运质量高。装卸搬运质量高是装卸搬运合理化目标的核心。装卸搬运作业的质量高，是为客户提供优质服务的主要内容之一，也是保证生产顺利进行的重要前提。按要求的数量、品种，安全及时地将货物装卸搬运到指定的位置，这是装卸搬运合理化的主体和实质。

(4)装卸搬运费用省。装卸搬运合理化目标中,既要求距离短、时间少、质量高,又要求费用省,看起来不好理解,实际上,如果真正实现装卸搬运机械化和物流现代化,装卸搬运费用肯定能大幅度地节省。采取机械化、自动化装卸搬运作业,既能大幅度削减作业人员,又能降低人工费用,这方面费用削减的潜力很大。为此,应合理规划装卸搬运系统,设法提高装卸搬运作业的机械化程度,尽可能地实现装卸搬运作业的连续化,从而提高装卸搬运效率,降低装卸搬运成本。

装卸搬运作为物流的一个非常重要的功能,既不能改变货物的性质,也不能创造新的价值,但是由于它伴随着物流活动的每一个环节,每一次装卸搬运活动都会有劳动力消耗,同时还伴有设备的投入和货物的损耗、损坏等,因此,必须严格管理装卸搬运的次数及作业质量,科学合理地组织装卸搬运过程,尽量减少用于装卸搬运的劳动消耗,从而降低物流成本。这就是我们要研究的装卸搬运活动合理化。

3. 装卸搬运合理化措施

(1)防止和消除无效作业。无效作业是指在装卸作业活动中超出必要的装卸、搬运量的作业。装卸搬运虽然不产生物品的价值和使用价值,但却必然要消耗活劳动和物化劳动,这种劳动消耗量要以价值形态追加到装卸搬运对象的价值中去,从而增加产品的物流成本。因此,如果要降低物流成本,就要按照装卸搬运合理化的要求去做,尽量减少用于装卸搬运的劳动消耗。为了有效地防止和消除无效作业,可从以下几个方面入手:

①尽量减少装卸次数。要使装卸次数降低到最小,要避免没有物流效果的装卸作业。

②提高被装卸物料的纯度。物料的纯度指物料中含有水分、杂质和与物料本身使用无关的物质的多少。物料的纯度越高,则装卸作业的有效程度越高;反之,则无效作业就会增多。物流部门在进行装卸工作前,需预先检查,除去杂质,防止无效装卸。

③包装要适宜。包装是物流中不可缺少的辅助作业手段。包装的轻型化、简单化、实用化会不同程度地减少作用于包装上的无效劳动。

④缩短搬运作业的距离。物料在装卸、搬运当中,要实现水平和垂直两个方向的位移,选择最短的路线完成这一活动,就可避免超越这一最短路线以上的无效劳动。

(2)提高装卸搬运的活性。装卸搬运的活性是指从物的静止状态转变为装卸搬运运动状态的难易程度。在堆放货物时,事先要考虑到物料装卸作业的方便性。

日本物流专家对于不同放置状态的物品做了不同的活性规定,将活载程度分为 0、1、2、3、4 五个等级,该数值称为活性指数。

0 级——物料杂乱地堆在地面上的状态。

1 级——物料装箱或经捆扎后的状态。

2 级——箱子或被捆扎后的物料下面放有枕木或其他衬垫后,便于叉车或其他机械作业的状态。

3 级——物料被放于台车上或用起重机吊钩钩住,即刻移动的状态。

4 级——被装卸、搬运的物料已经被起动、直接作业的状态。

从理论上讲,活性指数越高越好,但也必须考虑到实施的可能性。例如,物料在储存阶段中,活性指数为 4 的输送带和活性指数为 3 的车辆,在一般的仓库中很少被采用,因为大批量的物料不可能存放在输送带和车辆上。在整个物流过程中货物需要经过多次的装卸搬运,上一步的卸货作业与后一步的装卸或搬运作业关系密切。因此,在组织装卸搬运作业时,应灵活运用各种装卸搬运工具和设备,并且上道作业要为下一道作业着想,以提高装卸搬运的活性指数。

(3)利用重力作用,减少装卸搬运时能量消耗。在装卸作业中应尽可能地利用重力进行装卸,将重力转变为促使物料移动的动力,以减轻劳动强度和能量的消耗。例如,从货车、铁路货车卸货时,利用货车与地面或小搬运车之间的高度差,使用溜槽之类的简单工具,依靠货物本身的重力,从高处滑落到低处,完成货物装卸作业。

(4)提高装卸搬运作业的机械化水平。在整个物流中,装卸是实现机械化较为困难的环节。对于劳动强度大,工作条件差,搬运、装卸频繁,动作重复的环节,应尽可能采用有效的机械化作业方式。例如,采用自动化立体仓库可以将人力作业降到最低程度,而机械化、自动化水平会得到很大提高。

(5)推广组合化装卸搬运。处理物料装卸搬运的方法有三种:普通包装的物料逐个进行装卸,称做“分块处理”;将颗粒状物资不加小包装而原样装卸,称做“散装处理”;将物料以托盘、集装箱、集装袋为单位进行组合后进行装卸,称做“集装处理”。对于包装的物料,尽可能进行“集装处理”,实现单元化装卸搬运,可以充分利用机械进行操作。

(6)合理地规划装卸搬运方式和装卸搬运作业过程。装卸搬运作业过程是指对整个装卸作业的连续性进行合理的安排,以减少运距和装卸次数。

装卸搬运作业现场的平面布置是直接关系到装卸、搬运距离的关键因素,装卸搬运机械要与货场长度、货位面积等互相协调。要有足够的场地集结货场,并满足装卸搬运机械工作面的要求,场内的道路布置要为装卸搬运创造良好的条件,有利于加速货位的周转。使装卸搬运距离达到最小的平面布局是减少装卸搬运距离的最理想的方法。

提高装卸搬运作业的连续性应做到:作业现场装卸搬运机械合理衔接;不同的装卸搬运作业在相互连接使用时,力求使它们的装卸搬运速率相等或接近;充分发挥装卸搬运调度人员的作用,一旦发生装卸搬运作业障碍或停滞状态,立即采取有力的措施补救。

(7)重视改善物流系统的总效果。装卸搬运在某种意义上是运输、保管活动的辅助活动。因此,要特别重视从物流全过程来考虑装卸搬运的最优效果。由于物流各要素之间存在着效益背反的关系,如果单独从装卸搬运的角度考虑问题,不但限制了装卸搬运活动的改善,而且还容易与其他物流环节发生矛盾,影响物流系统功能的提高。因此,要从物流全局的观点来研究问题。

三、装卸搬运作业组织

装卸搬运作业组织是以完成装卸任务为目的,并以提高装卸搬运的生产率和装卸质量、降低装卸搬运作业成本为中心的技术组织活动。

进行装卸作业组织工作时,要依据决定装卸作业方法的条件来选择相应的装卸作业方法。装卸搬运作业组织因作业场所的不同而有所不同,以下是仓库作业中的装卸搬运作业组织程序。

1. 接受作业指令

调度中心通知装卸调度安排装卸小组及时到达指定的装卸货地点。

2. 库位准备

仓管员根据进仓单或提单的货物数量,明确库内的排位。

3. 检查、清理

包括对装卸货物车辆、装卸作业区域的检查与清理，车辆必须是经过检查合格的，装卸区域必须是经过清理合格的。

4. 装卸堆码作业

(1)仓管员引领装卸工至指定排位，要求其按指定的排位码放或拣货。

(2)装卸工使用搬运工具，如液压叉车、手推车或货梯等进行装卸作业。装载过程中注意：重不压轻、大不压小，不同代码和批次的货物要隔离堆放，并且有隔离标志，车尾梯形码放。卸货过程中须注意防止货物倒塌。切实防止货物在装卸过程中的损坏。若发现已残损的货物必须及时报告仓管员。

(3)装卸工应对货物轻拿轻放，堆码整齐、稳固，批次朝外，注意货物批次隔离的标识。外箱上有堆码方式的物品要求按照堆码方式堆码，外箱上没有堆码方式的物品可根据产品外箱的尺寸大小和排位情况进行堆码；相邻的两票货物之间必须要求有 10 cm 的间距。

(4)仓管员指挥装卸工，逐件货物核查代码、批次，清点数量；监督整个装卸过程，杜绝野蛮装卸、违规操作(如倒置、抛扔货物)。

5. 清理现场

装卸货后按 6S 管理规范要求清理现场。

6. 作业记录

调度室在《装卸作业记录表》上记录装卸作业的时间及数量。

任务实施

装卸搬运作业注意事项

1. 讨论

请扫码观看视频并讨论：上海佳吉快运有限公司强化装卸责任意义何在？

2. 分享

各组推选一名代表与大家分享讨论结果。

3. 评价

教师掌控教学现场，适时进行评价。

4. 定论

在物流作业中，装卸搬运是物流每一项活动开始及结束时必然发生的活动，是影响物流效率、决定物流经济效果的重要环节，加强装卸搬运作业的过程管控、改善作业环节、合理组织装卸搬运作业是每一名物流人都需要研究的课题。

行业链接

青岛港自主创新刷新世界装卸纪录

2020 年 12 月 17 日，在“德翔普南”轮作业中，山东青岛港“连钢创新团队”创出吊单机作业效率 47.6 自然箱/小时的最新世界纪录，这是迄今为止全球唯一作业效率超过人工码头的全自动化集装箱码头，而这已经是团队第 6 次刷新世界纪录。

2020 年 12 月 30 日，山东港口青岛港自动化码头规划、建设和运营核心团队——“连钢创新团队”被中共中央宣传部授予“时代楷模”荣誉称号，这支当之无愧的英雄团队仅用 3 年时间就完成了国外 8 至 10 年的研发建设任务，自主创新建成了亚洲首个真正意义上的全自动化集装箱码头和全球首个“5G 智慧码头”，完成“十大全球首创”，为全球智慧港口建设运营提供了“中国经验”“中国方案”。

正因如此，青岛港得以在全球、行业内保持着先进性：这是全球首个破解投资成本高、建设周期长、作业效率低、盈利能力差等行业难题的自动化集装箱码头，也是全球首个采用氢动力的绿色环保码头，还是中国首个拥有自主知识产权的全自动化集装箱码头。

（资料来源：根据网络资料整理）

项目小结

学习任务	认知结果
任务一　装卸搬运作业计划编制	确定装卸任务量—确定作业设备—确定作业方法—确定作业流程—确定作业负荷—确定作业人员
任务二　装卸搬运作业组织	接受作业指令—库位准备—检查、清理—装卸堆码作业—清理现场—作业记录

实战演练

一、自我测试

1. 单项选择题

(1)(　　)方式主要指港口装卸的一种水平装卸方式。

A. 吊上吊下　　B. 滚上滚下　　C. 叉上叉下　　D. 移上移下

(2)(　　)是用传送带对商品进行运送的作业。

A. 移送作业　　B. 搬送作业　　C. 分拣作业　　D. 堆垛作业

(3)(　　)是指用来搬移、升降、装卸和短距离输送物料或货物的机械。

A. 起重机械　　B. 装卸搬运车辆

C. 升降机械　　D. 装卸搬运设备

(4)(　　)是指用最低的费用和成本、最高的效率实现物体的空间位置移动。

A. 装卸搬运原则　　B. 装卸搬运优化

C. 装卸搬运目标　　D. 装卸搬运合理化

(5)日本物流专家对于不同放置状态的物品做了不同的活性规定，将活载程度分为 0、1、2、3、4 五个等级，该数值称为(　　)。

A. 活性指数　　B. 活性指标　　C. 活动指数　　D. 活动系数

2. 多项选择题

(1)装卸搬运就是指在同一地域范围内进行的,以改变物的(　　)为主要内容和目的的活动。

A. 存放状态　　B. 活性指数　　C. 空间状态　　D. 空间位置

(2)在物品从生产到消费的流动过程中,装卸搬运主要起(　　)。

A. 空间效用　　B. 时间效用　　C. 连接作用　　D. 保障作用

(3)为了有效地防止和消除无效作业,可从以下(　　)方面入手。

A. 尽量减少装卸次数　　B. 提高被装卸物料的纯度

C. 包装要适宜　　D. 缩短搬运作业的距离

(4)概括而言,不合理的装卸搬运形式有(　　)。

A. 过多的装卸搬运次数　　B. 过大包装的装卸搬运

C. 无效物质装卸搬运　　D. 搬运路线不合理

(5)装卸搬运合理化的目标是(　　)。

A. 费用省　　B. 时间少　　C. 距离短　　D. 质量高

二、小组攻关

1. 思考讨论

(1)装卸搬运在物流中的作用有哪些?

(2)装卸搬运合理化的原则有哪些?

(3)简述主要的装卸作业方法。

(4)装卸搬运机械的选择应从哪些方面考虑?

(5)实现装卸搬运合理化的途径主要有哪些?

2. 物流人物事迹分享

请网上搜索:“80后海港梦,码头上的大学生装卸工”,阅读相关资料,试分析大学生装卸工的梦想是什么,大学生装卸工如何才能实现梦想。

3. 技能演练

试以6S管理在装卸搬运作业中的应用为主题,以组为单位提交相关论文。

项目七　认知仓储作业活动

任务一　仓储入库计划制订

受领任务

<table>
<tr><th>内　容</th><th colspan="3">任　务　指　南</th></tr>
<tr><td rowspan="2">行动目标</td><td colspan="2">知识目标</td><td>(1)掌握入库计划的内容、仓库平面布局原则及内容、仓库作业区布局模式、堆垛方法
(2)了解仓储设备的类型及功能、入库作业计划的依据
(3)熟悉不同类型的仓库技能目标、影响入库计划的因素</td></tr>
<tr><td colspan="2">技能目标</td><td>根据实际情况制定正确的仓储入库计划</td></tr>
<tr><td rowspan="5">资料收集任务清单</td><td colspan="2">分　组</td><td>自由组合,全班均分为四或五组
组名自拟(具有物流特色)、组长自选</td></tr>
<tr><td rowspan="3">资料类型</td><td>走进企业</td><td>(1)我的企业我的家:百胜中国控股有限公司宣传视频
(2)百胜中国控股有限公司官网:企业责任、新闻中心</td></tr>
<tr><td>走近榜样</td><td>我的榜样我的路:【视点】如何成为一名优秀的仓储主管?</td></tr>
<tr><td>扩展阅读</td><td>(1)仓储规划案例赏析:“多仓融合”解决方案助力新零售
(2)仓储规划案例赏析:食品流通企业仓储物流中心规划方案书</td></tr>
<tr><td colspan="2">要　求</td><td>每组负责收集、论证仓储规划内容中的一知识点,凝练成2分钟发言稿,题目自拟</td></tr>
</table>

引导案例

百胜中国西安物流中心探秘——肯德基究竟如何仓储食材

西安国际港务区的百胜中国西安物流中心主要面向百胜旗下的肯德基、必胜客、小肥羊、必胜宅急送四个品牌,提供西北区域七省的存储配送服务。

探秘多温区——分储不同食品。低温码头区域的温度是1～7 ℃,是为了有效减少出库产品温度的流失;冷藏库区域的温度是1～5 ℃,主要存储蔬菜类产品,产品流转频率较快,一般会当天进、当天出,以保证产品的新鲜度;冷冻库其温度控制在零下18 ℃以下,主要存放冷冻产品。整个冻仓采取多区间温度控制，以保证冷链物流存储过程的食品品质及安全。

探秘配送车——三种温度。低温码头是仓储与配送车之间的过渡区域，低温码头的密封门打开后，配送车可以直接与其对接，而配送车上也有“黑科技”：一车三区，分别可以实现冷冻、冷藏、常温三种温度区域，以实现干冻湿“三温同车”配送。配送车车箱侧面的前后都有2个门，前侧门用来卸冻货，后侧门卸常温货，后门卸湿货。配送车在装载货物时要提前通过低温码头“打冷”降温至0 ℃，以此确保所有产品都在低温冷链运作，实现产品在存储和运输过程中的温度控制和品质保障。

探秘库位设置——科学计算。在百胜中国西安物流中心仓库中，每个库位的设置根据对数据统计和分析后科学计算和规划，通过每个品项的重量、出货量及产品体积等一系列统计分析，考量上下架频次、托盘码放、人员搬运方便性等进行安排，从而确保用最短的时间和距离，达到最大作业效能。

探秘提升门——快速灵敏。冻仓低温码头和冷冻库之间有一道门，门内的温度是零下18 ℃，与门外的低温码头存在着较大的温差，当电动板车被快速提升门感应后，内门就快速提升，丝毫不会对人员、货物进出产生影响，人员和货物通过后，快速提升门会立即关闭，以保证减少温度流失，确保食物的保鲜和品质。

探秘穿梭车——平板机器人。仓储最常见的是横梁式货架存储，但百胜中国西安物流中心还有目前最先进的储存货架——穿梭式货架存储，主要通过平板机器人（穿梭车）作业，通过客户端发出的指令操作，其存储能力是普通横梁式货架的15倍。因存储利用率高，能最大限度地减少建设空间及耗能，在环保及节能中有着良好的表现。

（资料来源：根据网络资料整理）

任务分析

仓储管理无论是在传统的物品流通领域还是在现代物流活动过程中都占据着非常重要的位置。仓储占据了物流费用中的很大部分，要实现物流总成本的降低首先必须实现仓储成本的有效控制。制订科学合理的入库作业计划，是降低仓储成本、提高仓储作业效率的有力保证。

让我们以仓库主管的身份，从仓储作业的基础知识入手，制订仓储入库计划。

知识链接

一、仓储认知

1. 基本概念

仓储是指通过仓库对物资进行储存和保管。“仓”即仓库，为存放物品的建筑物和场地，可以是房屋建筑、洞穴、大型容器或特定的场地等，具有存放和保护物品的功能。“储”即储存、储备，表示收存以备使用，具有收存、保管、交付使用的意思。

仓储的含义可以从两个方面来理解,即狭义的仓储与广义的仓储。

狭义的仓储仅指通过仓库等场所实现对在库物品的储存与保管,是一种静态仓储。可喻之为“蓄水池”。

广义的仓储是指除了对物品的储存、保管,还包括物品在库期间的装卸搬运、分拣组合、包装刷唛、流通加工等各项增值服务功能,是一种动态仓储。可喻之为“河流”。

2. 仓储的类型

按仓储的集中程度分类,可以将仓储分为集中仓储、分散仓储和零库存三大类。

(1)集中仓储。以一定的较大批量集中于一个场所之中的仓储活动,被称为集中仓储。集中仓储是一种大规模储存的方式,可以利用“规模效益”,有利于仓储时采用机械化、自动化,有利于先进科学技术的应用。集中仓储从储存的调节作用来看,有比较强的调节能力及对需求的更大的保证能力,集中仓储的单位仓储费用较低,经济效果较好。

(2)分散仓储。分散仓储是较小规模的储存方式,往往和生产企业、消费者、流通企业相结合,不是面向社会,而是面向某一企业的仓储活动,因此,仓储量取决于企业生产或消费要求的经营规模。分散仓储的主要特点是容易和需求直接密切结合,仓储位置离需求地很近,但是由于数量有限,保证供应的能力一般较小。同样的供应保证能力,集中仓储总量远低于分散仓储总量之和,周转速度高于分散仓储,资金占用量低于分散仓储占用之和。

(3)零库存。零库存指某一领域不再保有库存,以无库存(或很低库存)作为生产或供应保障的一种系统方式。

3. 仓储作用

一般认为,仓库具有储存和保管的功能、配送和加工的功能、调节货物运输能力的功能和信息传递功能。

(1)仓储是物流的主要功能要素之一。在物流体系中,运输和仓储被称为两大支柱。运输承担着改变物品空间状态的重任,仓储则承担着改变物品时间状态的重任。

(2)仓储是整个物流业务活动的必要环节之一。仓储作为物品在生产过程中各间隔时间内的物流停滞,是保证生产正常进行的必要条件,它使上一步生产活动顺利进行到下一步生产活动。

(3)仓储是保持物资原有使用价值和物资使用合理化的重要手段。生产和消费的供需在时间上的不均衡、不同步造成物资使用价值在数量上减少,在质量上降低,只有通过仓储才能降低物资损害程度,防止产品一时过剩浪费,使物品在效用最大的时间发挥作用,充分发挥物品的潜力,实现物品的最大效益。

(4)仓储是加快资金周转、节约流通费用、降低物流成本、提高经济效益的有效途径。有了仓储的保证,就可以免除加班赶工的费用,免除紧急采购的成本增加。同时,仓储也必然会消耗一定的物化劳动和活劳动,还大量地占用资金,这些都说明仓储节约的潜力是巨大的。通过仓储的合理化,就可以加速物资的流通和资金的周转,从而节省费用支出,降低物流成本,开拓“第三利润源泉”。

仓储是物流系统中一种必要的活动,但也经常存在冲减物流系统效益、恶化物流系统运行的趋势。甚至有人明确提出,仓储中的库存是企业的“癌症”,因为仓储会使企业的成本增加。

只有考虑到仓储作用的两面性，尽量使仓储合理化，才能有利于物流业务活动的顺利开展。

二、仓库认知

1. 仓库的概念

仓库(Warehouse)是保管、储存物品的建筑物和场所的总称。

2. 仓库的功能

(1)储存和保管的功能。仓库具有一定的空间，用于储存物品，并根据储存物品的特性配备相应的设备，以保持储存物品完好性。例如：储存挥发性溶剂的仓库必须设有通风设备，以防止空气中挥发性物质含量过高而引起爆炸；储存精密仪器的仓库需防潮、防尘、恒温，因此，应设有空调、恒温设备。在仓库作业时，还有一个基本要求，就是防止搬运和堆放时碰坏、压坏物品，从而要求搬运器具和操作方法的不断改进和完善，使仓库真正起到储存和保管的作用。

(2)调节供需的功能。创造物质的时间效用是物流的两大基本职能之一，物流的这一职能是由物流系统的仓库来完成的。现代化大生产的形式多种多样，从生产和消费的连续来看，每种产品都有不同的特点：有些产品的生产是均衡的，而消费是不均衡的；还有一些产品生产是不均衡的，而消费却是均衡的。要使生产和消费协调起来，这就需要仓库来起“蓄水池”的调节作用。

(3)调节货物运输能力的功能。各种运输工具的运输能力是不一样的。船舶的运输能力很大，海运船一般是万吨级，内河船舶也有几百吨至几千吨的。火车的运输能力较小，每节车皮能装运 30 吨～60 吨，一列火车的运量最多达几千吨。汽车的运输能力很小，一般每辆车装 4 吨～10 吨。它们之间的运输衔接是很困难的，这种运输能力的差异，也是通过仓库进行调节和衔接的。

(4)流通配送加工的功能。现代仓库的功能已处在由保管型向流通型转变的过程之中，即仓库由储存、保管货物的中心向流通、销售的中心转变。仓库不仅要有储存、保管货物的设备，而且还要增加分拣、配套、捆绑、流通加工、信息处理等设备。这样，既扩大了仓库的经营范围，提高了物资的综合利用率，又方便了消费，提高了服务质量。

(5)信息传递的功能。伴随着以上功能的改变，导致了仓库对信息传递的要求。在处理仓库活动有关的各项事务时，需要依靠计算机和互联网，通过电子数据交换(EDI)和条形码技术来提高仓储物品信息的传输速度，及时而又准确地了解仓储信息，如仓库利用水平、进出库的频率、仓库的运输情况、顾客的需求以及仓库人员的配置等。

3. 仓库的分类

(1)根据保管形态分类。

①普通仓库。用于储存无特殊保管要求的物品的仓库。这类仓库具有一般商品的储存空间，普通的装卸、搬运堆码、养护等技术设施。普通仓库实用性强，应用广泛，利用率高，在我国仓库中占很大的比例。

②专用仓库。具有专门设施，用于储存某种或某类要求特殊储存条件商品的仓库。这类仓库是根据某种商品的特殊保管养护要求设计的，如茶叶、粮食、化肥、蔬菜、水产品等。由于性能比较特殊，故需单独存放，以保证质量。在仓库技术设施上，根据要求配备不同设备，如保

温仓库，设有专门的采暖设备；冷藏仓库，则需保持一定低温，用于存放要求冷藏的保鲜蔬菜食品等。

③特种仓库。通常指用于存放易燃、易爆、有毒、有腐蚀性或有辐射性的物品。这类仓库对建筑特点、库房建筑、库房内部布局都有严格的规定和要求。

(2)按仓库功能分类。

①集货中心。将零星货物集中成批量货物称为“集货”。集货中心可设在生产点数量很多、每个生产点产量有限的地区，只要这一地区某些产品的总产量达到一定水平，就可以设置这种有“集货”作用的物流据点。

②分货中心。将大批量运到的货物分成批量较小的货物称为“分货”，分货中心是主要从事分货工作的物流据点。企业可以采用大规模包装、集装货散装的方式将货物运到分货中心，然后按企业生产或销售的需要进行分装。利用分货中心可以降低运输费用。

③转运中心。转运中心的主要工作是承担货物在不同运输方式间的转运。转运中心可以进行两种运输方式的转运，也可进行多种运输方式的转运，包括卡车转运中心、火车转运中心以及综合转运中心。

④加工中心。加工中心的主要工作是进行流通加工。设置在供应地的加工中心主要进行以物流为主要目的的加工，设置在消费地的加工中心主要进行实现销售、强化服务为主要目的的加工。

⑤储调中心。储调中心以储备为主要工作内容，其功能与传统仓库基本一致。

⑥配送中心。从事配送业务的物流场所或组织，它基本符合下列要求：主要为特定的用户服务；配送功能健全；完善的信息网络；辐射范围小；多品种、小批量；以配送为主，储存为辅。

⑦物流中心。从事物流活动的场所或组织，它基本符合下列要求：主要面向社会服务；物流功能健全；信息网络完善且辐射范围大；少品种、大批量；存储、吞吐能力强；统一经营管理物流业务。

三、仓储设备认知

为了满足仓储管理的需要，仓储活动必须配置一定的设备。

1. 仓储设备

仓储工作中所使用的设备按其用途和特征可以分成装卸搬运设备、保管设备、计量设备、养护检验设备、通风照明设备、消防安全设备等。

(1)装卸搬运设备。装卸搬运设备是用于商品的出入库、库内堆码以及翻垛作业。这类设备对改进仓储管理、减轻劳动强度、提高收发货效率具有重要作用。

目前，我国仓库中所使用的装卸搬运设备通常可以分成3类：装卸堆垛设备、搬运传送设备、成组搬运工具。

(2)保管设备。保管设备是指用于保护仓储商品质量的设备。主要可归纳为以下几种：

①苫垫用品：起遮挡雨水和隔潮、通风等作用，包括苫布（油布、塑料布等）、苫席、枕木、石条等。苫布、苫席用在露天堆场。

②存货用具：包括各种类型的货架。货架即存放货物的敞开式格架。根据仓库内的布置方式不同，货架可采用组合式或整体焊接式两种。整体式的制造成本较高，不便于货架的组合

变化，因此较少采用。货架在批发、零售量大的仓库，特别是立体仓库中起很大的作用。它便于货物的进出，又能提高仓库容积利用率。

(3)计量设备。计量设备是用于商品进出时的计量、点数，以及货存期间的盘点、检查等。例如：地磅、轨道秤、电子秤、电子记数器、流量仪、皮带秤、天平仪以及较原始的磅秤、卷尺等。随着仓储管理现代化水平的提高，现代化的自动计量设备将会更多地得到应用。

(4)养护检验设备。养护检验设备是指商品进入仓库验收和在库内保管测试、化验以及防止商品变质、失效的机具、仪器。例如：温度仪、测潮仪、吸潮器、烘干箱、风幕(设在库门处，以隔内外温差)、空气调节器、商品质量化验仪器等。在规模较大的仓库这类设备使用较多。

(5)通风保暖照明设备。通风保暖照明设备是根据商品保管和仓储作业的需要而设，主要作用于存储商品和仓库作业需要对物理环境要求的保障，常见的有除湿机、抽风机、联动开窗机、防爆灯、防护隔热帘等。

(6)消防安全设备。消防安全设备是仓库必不可少的设备。它包括：报警器、消防车、手动抽水器、水枪、消防水源、砂土箱、消防云梯等。

2. 仓储设备的作用

仓储设备是构成仓储系统的重要组成因素，担负着仓储作业的各项任务，影响着仓储活动的每一个环节，在仓储活动中处于十分重要的地位，离开仓储设备，仓储系统就无法运行或服务水平及运行效率就可能极其低下。

(1)仓储设备是提高仓储系统效率的主要手段。一个完善的仓储系统离不开现代仓储设备的应用。许多新的仓储设备的研制开发，为现代仓储的发展做出了积极的贡献。实践证明，先进的仓储设备和先进的仓储管理是提高仓储能力，推动现代仓储迅速发展的两个车轮，二者缺一不可。

(2)仓储设备是反映仓储系统水平的主要标志。仓储设备与仓储活动密切相关，在整个仓储活动的过程中伴随着存储保管、存期控制、数量管理、质量养护等功能作业环节及其他辅助作业，这些作业的高效完成需要不同的仓储设备。因此，其水平的高低直接关系到仓储活动各项功能的完善和有效实现，决定着物流系统的技术含量。

(3)仓储设备是构筑仓储系统的主要成本因素。现代仓储设备是资金密集型的社会财富，购置投资相当可观。同时，为了维持系统的正常运转，发挥设备效能，还需要继续不断地投入大量的资金。仓储设备的费用对系统的投入产出分析有着重要的影响。

四、仓储总体布局认知

仓储活动主要是在仓库进行的。仓库布局是指在一定区域或库区内，对仓库的数量、规模、地理位置和仓库设施道路等各要素进行科学规划和整体设计。只有对仓库的位置、仓库内部的结构进行合理的规划，才能保证仓储活动高效、顺利地进行。

1. 仓库数量的确定

仓库数量的多少主要受成本、客户要求的服务水平、运输服务水平、中转供货的比例、单个仓库的规模、计算机网络的运用等因素的影响。

(1)成本。一般来说，随着仓库数量的增加，运输成本和失销成本会减少，而存货成本和仓储成本将增加。

(2)客户服务的需要。较高的物流服务需要较高的物流成本支持,其中的措施之一就是设立较多的仓库网点。对于企业来讲,商品的可替代程度与所需的客户服务水平之间存在着很强的相关关系。当企业的服务反应速度远远低于竞争对手时,它的销售量就会大受影响。如果客户在需要的时候不能买到产品,那么再好的广告和促销活动都不起作用。当客户对服务标准要求很高时,就需要更多的仓库来及时满足客户需求。

(3)运输服务的水平。如果需要快速的客户服务,那么就要选择快速的运输服务。如果不能提供合适的运输服务,就要增加仓库来满足客户对交货期的要求。

(4)中转供货的比例。中转供货比例的大小对仓库需求的影响非常大,当一个地区或企业中转供货的比例小,而直达供货的比例大时,这个区域或企业需要的仓库数量就会比较少,而单个仓库的规模则会比较大。反之,当这个地区或企业中转供货的比例大,而直达供货的比例小时,这个区域或企业需要的仓库数量就会比较多。

(5)计算机的应用。计算机的普及和使用成本的降低使应用模型及配套软件在现代化仓库中得以应用,利用计算机可以改善仓库布局和设施、控制库存、处理订单,从而提高仓库资源的利用率和运作效率,使仓库网点规划中空间位置与数量之间的矛盾得以缓解,实现以较少的仓库满足现有用户需求的目标。物流系统的响应越及时,对仓库数量的需求就越少。

(6)单个仓库的规模。单个仓库的规模越大,其单位投资就越低,而且可以采用处理大规模货物的设备,因此单位仓储成本也会降低。因此,从仓库规模来看,当单个仓库的规模大且计算机管理运用程度高的时候,仓库数量可以少一些;反之,则应增加数量以弥补容量及业务能力的不足。

2. 仓库规模的确定

在对仓库进行规划设计之前,要准确地确定商品保管场所的规模,这样对于合理地进行保管场所的整体规划设计具有重要作用。影响仓库规模的因素很多,包括客户服务水平、市场大小、储存商品的数量、商品储存时间的长短、所使用的物料搬运系统等。其中最主要的因素是所储存商品数量的多少和储存时间的长短。

(1)储存的商品数量。这是直接影响仓库规模的因素,一般而言,商品的储存量越大,所需建设的仓库容量也就越大,仓库的规模势必也要随之增大。只有在准确预测商品储存量的基础上,才可能正确地估计所需要的仓库容量。

(2)商品储存的时间。仓库规模的大小不但取决于商品储存数量,而且与商品储存的时间有关。在商品储存量不变的情况下,如果这些商品在仓库里平均储存的时间越短,所需要的仓库的容量就越小。在确定仓库的规模之前,必须仔细地收集有关商品储存数量和时间两方面的数据与资料。

3. 仓库位置的确定

成本最低是仓库选址最重要的依据,要从大到小地逐步缩小范围,最终找到合适的位置。

(1)选择国家。随着生产全球化的趋势不断增强,在全球范围内选择建设仓库的地点已经成为许多跨国经营企业面对的问题。在全球范围内选择建库地址时,需要考虑各国政府的政策、文化、经济、劳动供给情况以及各国在全球市场中的位置及重要程度、生产供应能力、通信技术水平和税收、汇率等情况。

(2)选择地区。在一个国家里,不同地区、不同城市的生产力发展水平可能存在较大差异,所以要根据以下因素进行选择:

①企业目标;

②地区吸引力,包括文化、税收、气候等因素;

③劳动力供应及其成本;

④公用设施的供应及其成本;

⑤土地及建筑成本;

⑥环境管理措施,因为环境管理等非量化因素有可能对仓库选址产生更为显著的影响。

(3)选择具体位置,一个城市的东西南北均存在各个方面的差异,在选择建库地址时要考虑到当地的交通情况、客户分布情况、地理环境、劳动力情况和成本等相关因素。

五、仓库的内部布局认知

仓库内部布局的主要任务就是合理地利用库房面积。仓库内部布置就是根据库区场地条件、仓库的业务性质和规模、商品储存要求以及技术设备的性能和使用特点等因素,对仓库主要和辅助建筑物、货场、站台等固定设施和库内运输路线进行合理安排和配置,以最大限度地提高仓库的储存和作业能力,并降低各项仓储作业费用。

1. 仓库总平面布置

仓库总平面布置不只包括库区的划分以及建筑物、构筑物平面位置的确定,还包括运输线路的组织与布置、库区安全防护以及绿化和环境保护等内容。

仓库总平面一般可以划分为仓储作业区、辅助作业区、行政生活区。除了上述区域之外,还包括铁路专用线和库内道路。

(1)仓储作业区。仓储作业区是仓库的主体。仓库的主要业务和商品保管、检验、包装、分类、整理等都在这个区域里进行。主要建筑物和构筑物包括库房、货场、站台,以及加工、整理、包装场所等。

(2)辅助作业区。在辅助作业区内进行的活动是为主要业务提供各项服务,例如,设备维修、加工制造、各种物料和机械的存放等。辅助作业区的主要建筑物包括维修加工以及动力车间、车库、工具设备库、物料库等。

(3)行政生活区。行政生活区由办公室和生活场所组成,具体包括办公楼、警卫室、化验室、宿舍和食堂等。行政生活区一般布置在仓库的主要出入口处并与作业区用隔墙隔开。这样既方便工作人员与作业区的联系,又避免非作业人员对仓库生产作业的影响和干扰。另外,如果作业区内来往人员过杂也不利于仓库的安全保卫工作。仓储作业区与辅助作业区分开的目的是为了避免在辅助作业区内发生的灾害事故危及存货区域。

在划定各个区域时,必须注意使不同区域所占面积与仓库总面积保持适当的比例。商品储存的规模决定了主要作业场所规模的大小。同时,仓库主要作业场所的规模又决定了各种辅助设施和行政生活场所的大小。各区域的比例必须与仓库的基本职能相适应,保证商品接收、发运和储存保管场所尽可能占最大的比例,提高仓库的利用率。

(4)库内运输道路。在仓库总面积中需要有库内运输道路,对于大型仓库还要包括铁路专用线。商品出入库和库内搬运要求库内外交通运输线相互衔接,并与库内各个区域相贯通。这些交通运输道路构成了仓库内部四通八达的交通运输网。仓库交通运输网布置得是否合理,对于仓库组织仓储作业和有效利用仓库面积都产生很大的影响。

2. 仓库作业区的布置

仓库作业区布置要求是以主要库房和货场为中心,对各个作业区域加以合理布置。特别在有铁路专用线的情况下,专用线的位置和走向制约着整个库区的布局。如何合理地安排各个区域,力求最短的作业路线,减少库内运输距离和道路占用面积,以降低作业费用和提高面积利用率,是仓储作业区布置的主要任务。布置时应该主要考虑以下几个方面:

(1)商品吞吐量。在仓储作业区内,各个库房、货场储存的商品品种和数量不同,并且不同商品的周转快慢也不同,这些都直接影响库房、货场的吞吐作业量或出入库作业量。在进行作业区布置时,应根据各个库房和货场的吞吐量确定它们在作业区内的位置。对于吞吐量较大的库房和货场,应使它们尽可能靠近铁路专用线或库内运输干线,以减少搬运和运输距离。但也要避免将这类库房过分集中,造成交通运输相互干扰和组织作业方面的困难。

(2)机械设备的使用特点。根据储存商品的特点和装卸搬运要求,货场要适当配备各种作业设备,例如输送带、叉车、桥式起重机以及汽车等。为了充分发挥不同设备的使用特点,提高作业效率,在布置库房、货场时就需要考虑所配置的设备情况。每种设备各有其不同的使用要求和合理的作业半径,因此,必须从合理使用设备出发,确定库房、货场在作业区内以及与铁路专用线的相对位置。

(3)库内道路。库内道路的配置与仓库主要建筑设施的布置是相互联系、相互影响的。在进行库房、货场和其他作业场地布置的同时应该结合对库内运输路线的分析,制订不同方案,通过调整作业场地和道路的配置,尽可能减少运输作业的混杂、交叉和迂回。另外,在布置时还应根据具体要求合理确定干、支线的配置,适当确定道路的宽度,最大限度地减少道路的占地面积。

(4)仓库业务以及作业流程。仓库业务流程可以归纳为两种形式:一种是整进、整出,商品基本按原包装入库和出库,其业务过程比较简单;另一种是整进零出或零进整出,即商品整批入库,拆零付货或零星入库、成批出库,其业务过程比较复杂。除了接收、保管、发运外,还需要拆包、挑选、编配和再包装等业务。为了以最小的人力、物力耗费,并在最短的时间完成各项作业,就必须按照各个作业环节之间的内在联系对作业场地进行合理布置,使作业环节之间密切衔接、环环相扣。

六、仓库存储规划认知

存储规划就是通过合理规划库区对库存进行分类保管,建立保管秩序,对物品进行定置管理,实现“物得其所,库尽其用”的管理目标。这是一个仓库空间利益和库存物品处置成本之间如何进行平衡的问题。它不仅直接影响仓库的进库作业的流畅性,还将直接对进出库作业和保管作业的成本产生影响。仓库存储规划主要包括仓库货区布局、空间利用以及堆码衬垫等内容。

1. 分区分类规划

分区分类规划是指按照库存物品的性质划分出类别,根据各类物品存储量的计划任务,结合各种库房、货场、起重运输设备的具体条件,确定出各库房和货场的分类存储方案。具体有以下 3 种方法:

(1)按库存物品理化性质不同进行规划。即按照库存物品的理化性质进行分类管理,如化工品区、纺织品区、金属材料区、冷藏品区等。在这种分类方式下,理化性质相同的物品集中堆放,便于仓库对库存物品采取相应的养护措施,同时还便于对同种库存物品进行清仓盘点。

(2)按库存物品的使用方向或按货主不同进行规划。即根据物品的所有权关系来进行分区分类管理,以便于仓库发货或货主提货。但这种方式非常容易造成货位的交叉占用,以及物品间相互产生影响。

(3)混合货位规划。即综合考虑按理化性质分类和按使用方向分类的优缺点,对通用物品按理化性质分类保管,专用物品则按使用方向分类保管。

2. 仓库货区布局的种类

仓库货区布置分为平面布置和空间布置两种。

(1)平面布置。平面布置是指对货区内的货垛、通道、垛间距、收发货区等进行合理的规划,并正确处理它们的相对位置。平面布置的形式可以概括为垂直式和倾斜式。

①垂直式布局是指货垛或货架的排列与仓库的侧墙互相垂直或平行,具体包括横列式布局、纵列式布局和纵横式布局。

- 横列式布局是指货垛或货架的长度方向与仓库的侧墙互相垂直。这种布局的主要优点是:主通道长且宽,副通道短,整齐美观,便于存取查点,如果用于库房布局,还有利于通风和采光,如图 7.1 所示。

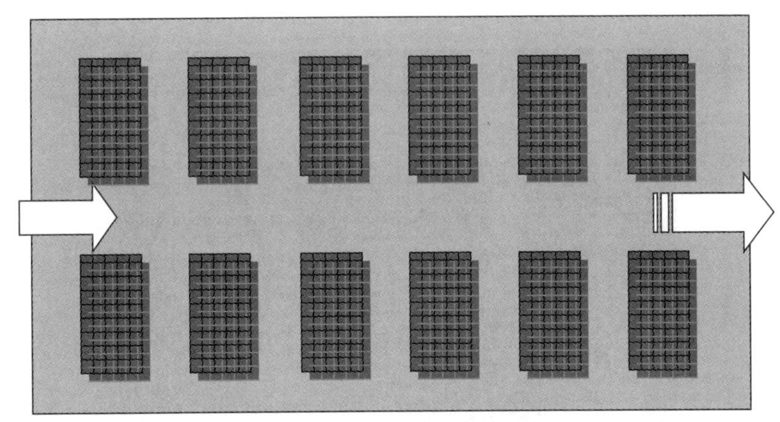

图 7.1　仓库横列式布局

- 纵列式布局是指货垛或货架的长度方向与仓库侧墙平行。这种布局的优点主要是可以根据库存物品在库时间的不同和进出频繁程度安排货位:在库时间短、进出频繁的物品放置在主通道两侧;在库时间长、进库不频繁的物品放置在里侧,如图 7.2 所示。

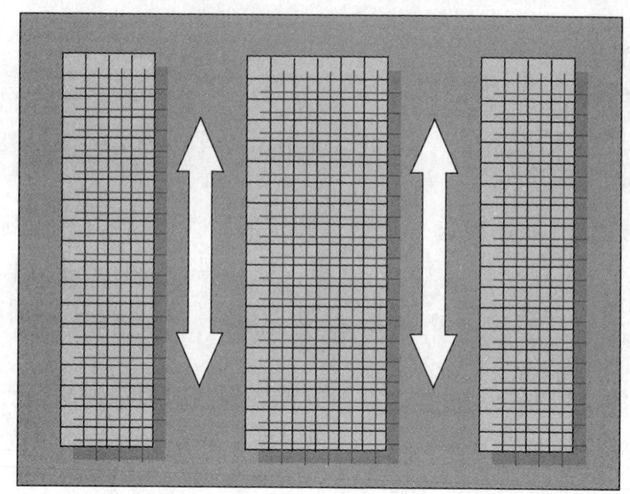

图 7.2　仓库纵列式布局

• 纵横式布局是指在同一保管场所内，横列式布局和纵列式布局兼而有之，可以综合利用两种布局的优点，如图 7.3 所示。

②倾斜式布局是指货垛或货架与仓库侧墙或主通道成 60°、45°或 30°夹角，具体包括货垛倾斜式布局和通道倾斜式布局。

• 货垛倾斜式布局是横列式布局的变形，它是为了便于叉车作业、缩小叉车的回转角度、提高作业效率而采用的布局方式，如图 7.4 所示。

• 通道倾斜式布局是指仓库的通道斜穿保管区，把仓库划分为具有不同作业特点，如大量存储和少量存储的保管区等，以便进行综合利用。这种布局形式的仓库内形式复杂，货位和进出库路径较多，如图 7.5 所示。

(2)空间布局。空间布局是指库存物品在仓库立体空间上布局，其目的在于充分有效地利用仓库空间。空间布局的主要形式有就地堆码、上货架存放、架上平台、空中悬挂等。

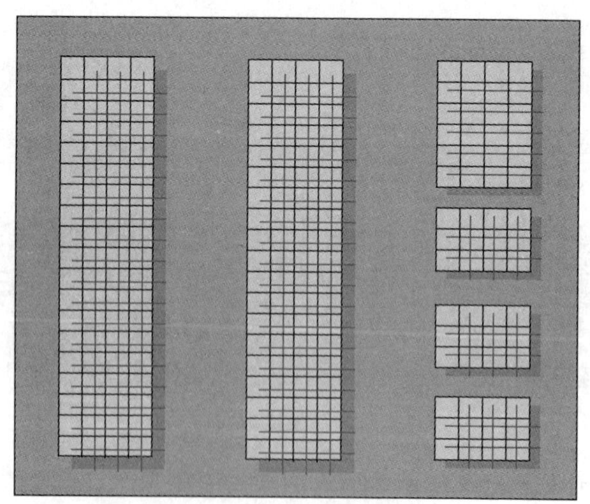

图 7.3　纵横式布局

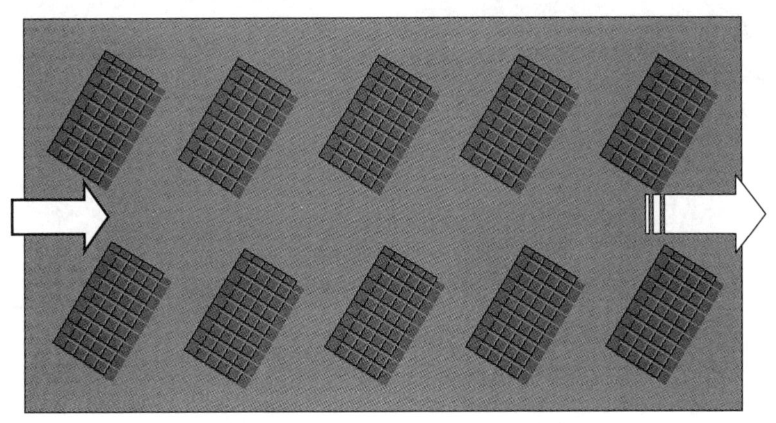

图 7.4　货垛倾斜式布局

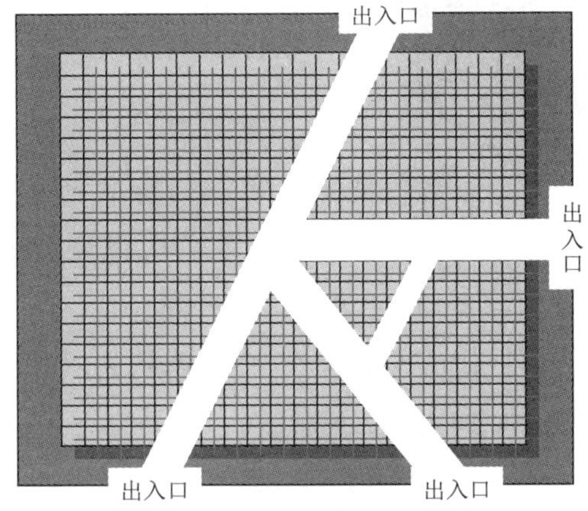

图 7.5　通道倾斜式布局

其中，使用货架存放物品有很多优点，概括起来有以下几个方面：便于充分利用仓库空间，提高库容利用率，扩大存储能力；物品在货架里互不挤压，有利于保证物品本身和其包装完整无损；货架各层中的物品，可随时自由存取，便于做到先进先出；物品存入货架，可防潮、防尘，某些专用货架还能起到防损伤、防盗、防破坏的作用。

七、货物堆码

物品堆码是指根据物品的包装、外形、性质、特点、种类和数量，结合季节和气候情况，以及储存时间的长短，将物品按一定的规律码成各种形状的货垛。堆码的主要目的是便于对物品进行维护、查点等管理和提高仓库利用率。商品堆码操作要达到合理、牢固、定量、整齐、节约的要求。一般的堆码方式有重叠式、纵横交错式、仰伏相间式、压缝式、通风式、栽柱式、衬垫式、五五化等。

1. 重叠式

逐件逐层向上重叠码高，是机械化作业的主要形式之一，适于硬质整齐的物资包装，如集装箱、钢板等的存放，如图 7.6 所示。

2. 纵横交错式

将长短一致、宽度排列可以和长度相等的物资一层横放，一层纵放，交错堆码，形成方型垛，如图 7.7 所示。

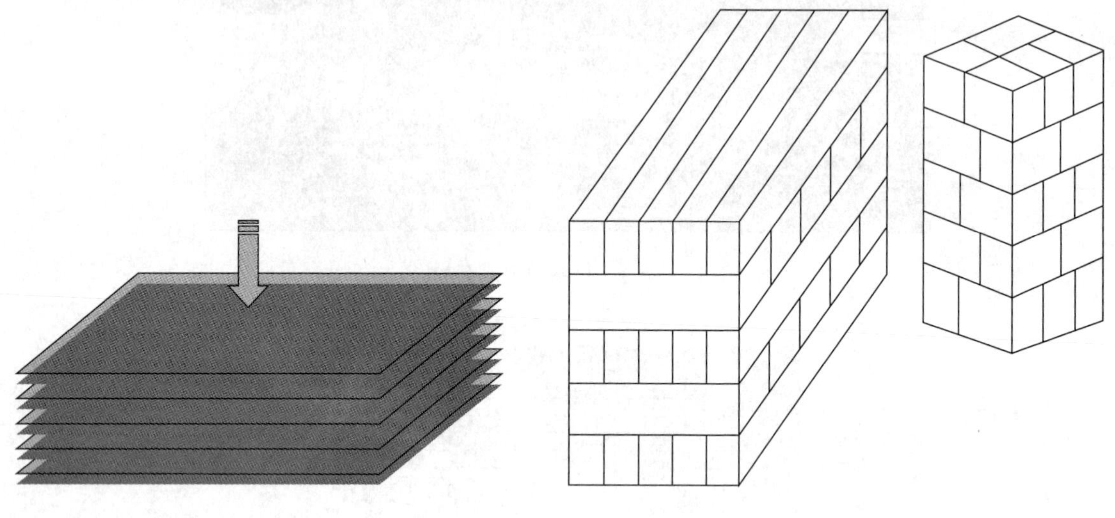

图 7.6　重叠式堆码

图 7.7　纵横交错式堆码

3. 仰伏相间式

对于角钢、槽钢、钢轨等物品，可以一层仰放、一层伏放，两层相扣，使货垛稳定。如果露天存放，要注意一头稍高，以便于排水，如图 7.8 所示。

4. 压缝式

将垛底底层排列成正方形或长方形，上层起压缝堆码，即每件物品都压住下层的两件物品，适用于缸、建筑陶瓷、阀门等物品的堆码，如图 7.9 所示。

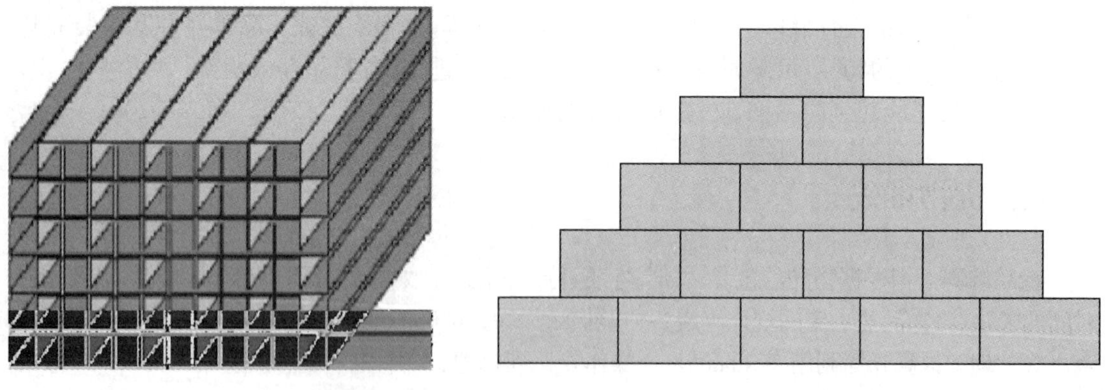

图 7.8　仰伏相间式堆码

图 7.9　压缝式堆码

5. 通风式

与压缝式相似，压缝式是在两件物品上压缝上码。通风式是在四件物品的中心上方上码放，逐层缩小，例如电线电缆的码放，如图 7.10 所示。

6. 栽柱式

在货垛两旁栽放钢柱，每层或隔层用铁丝与货物拉紧，以防倒塌，多用于金属的长方材料，如圆钢等，如图 7.11 所示。

7. 衬垫式

码垛时，隔层或隔几层铺放衬垫物，衬垫物平整牢靠后，再往上码，如图 7.12 所示。

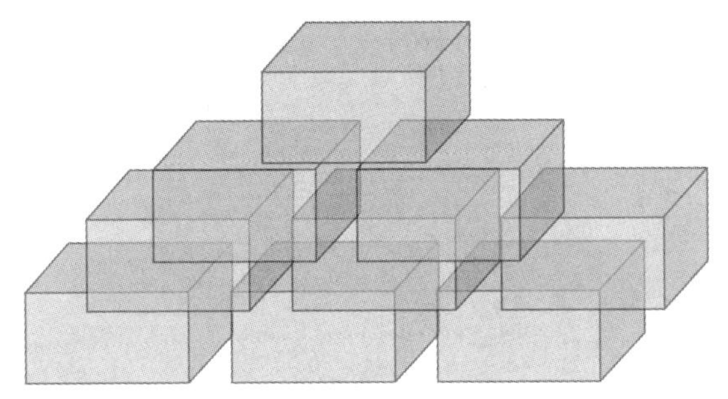

图 7.10　通风式堆码

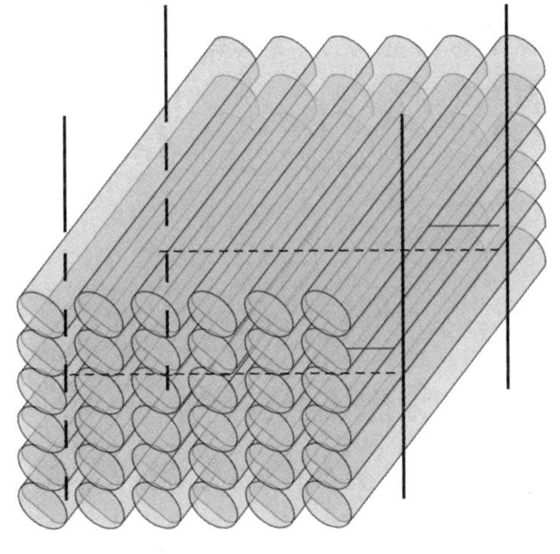

图 7.11　栽柱式堆码

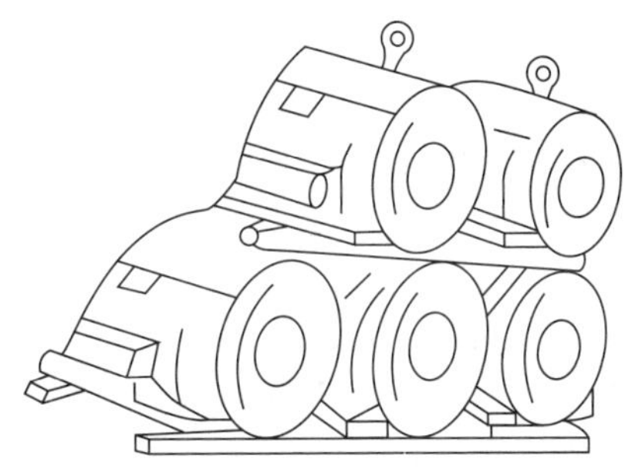

图 7.12　衬垫式堆码

8. 五五化堆码

堆码成各种总数为五的倍数的货垛，使货物“五五成行、五五成方、五五成包、五五成堆、五五成层”，堆放整齐，过目知数，便于清点，收发快，适于按件计数的物资，如图 7.13 所示。

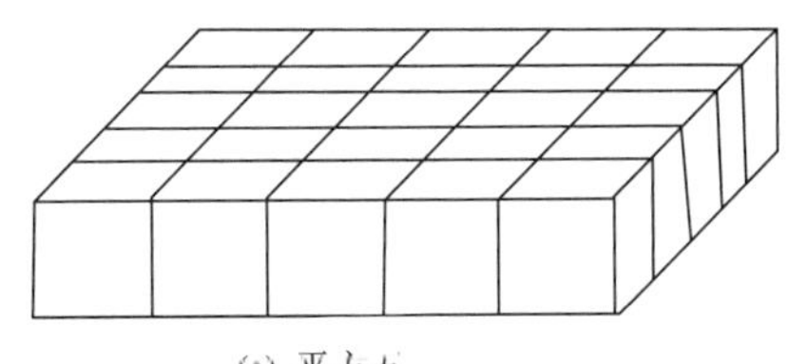

(a) 平方五

(b) 平行五

图 7.13　五五化堆码

八、仓储入库计划制订

请扫码观看视频，学习相关知识。

任务实施

1. 讨论

组内自由讨论。

2. 分享

各组推选一名代表与大家分享讨论结果。

3. 评价

教师掌控教学现场，适时进行评价。

4. 定论

仓储作业环节是上下游作业流程重要的衔接部分，在进行作业区域规划和设计时要加强对全局的把控，既要满足现阶段要求，又要为未来发展留有空间；既要结合企业、行业的需求，又要考虑储存物品的特性、作业环境的特点，要在对现有仓储管理要素充分了解的前提下制订科学的入库作业计划，从而提高仓储服务水平。

行业链接

直播电商为何选择云仓代发——新业态催生云仓热

云仓可以说是向社会开放仓储资源和配送资源的第三方物流仓配一体服务模式。商家跟云仓平台企业签定入仓协议，在云仓平台根据市场销售预测数据来布局库存，使用云仓平台的仓库资源，将库存布在离消费者最近的仓库里。当顾客订单下达后，由云仓平台自动选择最优仓库拣选出货，然后由云仓平台将货品送到顾客手中，最终实现对市场需求的极速反应，提高市场竞争力。

对于中小直播卖家而言，找到一个靠谱的云仓会是一个比较好的选择。首先，云仓会有专业的仓库物流人才针对不同品类进行库容规划，避免淡旺季的仓库面积浪费的问题，精益高效的管理，保证库存准确及发货时效。其次，自动化设备的运用及流程优化。自动打包机、贴单机等仓库自动化设备的投入解决发货人力问题。IT 系统的无缝对接、拣货路径优化等，专业高效灵活的运用是精髓。第三，也是最重要的一点，诚信。卖家入仓需要把货送到云仓，保证货物财产的安全是最基本的要求。

新业态的爆发也带动了仓配一体以及供应链的转型与模式升级，各类云仓开始迎来高速发展。目前，云仓模式可分为三种：主要有自建云仓网络，类似京东物流云仓这种；第二种是自建云仓＋加盟型的混合型模式，例如百世云仓；第三种是由多家云仓企业共建的共享垂直云仓。

（资料来源：根据网络资料整理）

任务二　仓储作业组织

受领任务

内容			任务指南
行动目标	知识目标		(1)掌握仓储作业组织流程、仓储合理化措施 (2)了解仓储合理化的概念 (3)熟悉仓储合理化的标志
	技能目标		能够组织完成商品出入库作业
资料收集任务清单	分　组		自由组合,全班均分为四或五组 组名自拟(具有物流特色)、组长自选
	资料类型	走进企业	(1)我的企业我的家:浙江心怡供应链管理有限公司宣传视频 (2)浙江心怡供应链管理有限公司官网:综合供应链、智能科技
		走近榜样	我的榜样我的路:韩佳林成长的故事 韩佳林成长的故事
		扩展阅读	(1)亚洲一号的智能仓储作业方式 (2)深度:心怡科技终入菜鸟,仓网一体化给中国物流带来了什么?
	要　求		每组负责收集、论证仓储作业合理化中的一个侧面,凝练成2分钟的发言稿,题目自拟

引导案例

心怡科技,智能玩转电商仓储

电商仓储作业复杂而繁重,高效的仓储管理和快速准确的发货都离不开规范化和标准化的作业管理。如何提高电商仓储作业效率,且让客户满意度提高?作为电商物流行业领军者的心怡科技提出了两大解决方案。

"仓库大总管"——订单再多都不怕

心怡科技采用全程信息化管理,依托自主研发的WMS仓库管理系统,对仓库的每个作业环节、人员操作情况进行信息化和可视化管理,所有的作业流程和人员操作均在信息系统的规划指导下进行,将每一个作业环节分解、计算,合理规划以提高人员操作的效率和可执行性。同时采用多重防错措施,通过唯一标准条码、数量和重量比对、视频监控等方式,依靠管理系统对人员操作进行防错、纠错,人员在系统的管理和提示下操作,即使面对大批量订单,仍能有效避免错误,降低错发漏发率。

采用“预分配”策略，WMS仓库管理系统根据整仓任务量和不同岗位的需求量提前进行规划安排，使资源与人力配置优化，人员开始工作前便可获悉当天的工作安排和工作量，实现更灵活的工作弹性。这种策略的优势在618、双11等订单高峰期间尤其明显。

采用有效工时考核法，根据各岗位工作强度和特性，合理计算人员的有效工时，进行公平合理的绩效考评，并结合钉钉电子看板实时展现工作状态，有效提高人员工作积极性、主动性，彻底解决仓库员工考核困难等问题。

智能化＋信息化管理——双重保驾护航

心怡科技采用标准化电商仓储管理模式，实现一人多岗，一岗多能。

仓库内的各个岗位均采用标准化模式，降低人员操作的复杂度，使一人可兼任多岗，一岗可实现多能，系统根据仓库内作业情况可随时进行人员岗位调配，如包装任务量大时，可随时增设包装作业台，并调拨其他较空闲岗位的人员进行包装，避免某一作业岗位工作量巨大而导致的整体效率降低。

心怡科技还建立了标准化信息技术服务管理体系。针对电商企业自有仓库提供仓储管理系统软件输出、仓库内部硬件升级、仓库内部流程优化、团队管理经验共享、管理人员培训等一系列标准化服务，运用成熟高效的仓储管理软件、系统支持服务以及沉淀多年的仓内管理功底，打造高效准确的智慧仓库。

除此之外，心怡科技善于使用科技手段确保物流仓储的安全性问题，加强智能仓库管理系统对所有货物情况和作业环节的监管，使货物的存储、发货、运输等情况可以随时通过系统进行查看，通过系统和PDA等记录和管理员工的作业情况，使客户实时掌握自己商品的动态，保证每一环节的可追溯性，确保货物安全性。

（资料来源：根据网络资料整理）

任务分析

要对仓储作业活动进行合理的安排和组织，就需要掌握仓储作业的基本流程。让我们以仓库保管员的身份，从仓储作业流程认知入手，探寻、组织仓储的合理化作业。

知识链接

一、入库作业

入库作业是指仓储部门按照存货方的要求合理组织人力、物力等资源，按照入库作业程序，认真履行入库作业各环节的职责，及时完成入库任务的工作过程。

1. 商品入库交接的程序

（1）订购单。采购部门根据货源的情况，及时填写订购单，送部门经理批准，并送一份给仓库，作为核对货物以及单价的依据。订购单须注明品名、规格、数量、单价以及供应商名称。

(2)送货单。供应商须凭送货单将货物送至指定地点,送货单亦须注明供应商名称、品名、数量、规格、单价、金额等。

(3)点收检查。仓库核对订购单、送货单无误后,将货物点收入库,如是货运公司送货,须将送货单随货同行,并在货运单上注明货单在哪个箱中。

(4)办理入库手续。仓库填写入库单,送财务经理批准并分单。

(5)仓库将货物放置到规定的货架并填写货物标识卡加以标识。影响入库作业的因素主要有货品供应商、货物运输方式、商品种类、特性与数量,以及入库作业的组织管理情况。因此,可以根据不同的管理策略、货物属性、数量以及现有库存情况,自动设定货物堆码位置、货物堆码顺序建议,从而有效地利用现有仓库容量,提高作业效率。

2. 入库作业的内容

(1)商品接运。商品接运是指仓库对于通过铁路、水运、公路、航空等方式运达的商品,进行接收和提取的工作。接运的主要任务是准确、齐备、安全地提取和接受商品,为入库验收和检查做准备。

接运的方式主要有车站码头提货、铁路专用线接车、自动提货和库内提货。

由于商品到达仓库的形式不同,除了一小部分由供货单位直接运到仓库交货外,大部分要经过铁路、公路、航运、空运和短途运输等运输工具转运。凡经过交通运输部门转运的商品,均须经过仓库接运后,才能进行入库验收。因此,商品的接运是商品入库业务流程的第一道作业环节,也是商品仓库直接与外部发生的经济联系。

做好商品接运业务管理的主要意义在于,防止把在运输过程中或运输之前已经发生的商品损害和各种差错带入仓库,减少或避免经济损失,为验收和保管、保养创造良好的条件。

(2)商品入库的验收。商品验收是按照验收业务作业流程,核对凭证等规定的程序和手续,对入库商品进行数量和质量检验的经济技术活动的总称。

①数量检验。要求物资入库时一次进行完毕。一般在质量验收之前,由仓库保管职能机构组织进行。按商品性质和包装情况,数量检验分为 3 种形式,即计件、检斤、检尺求积。

②质量检验。质量检验包括外观检验、尺寸精度检验、机械物理性能检验和化学成分检验四种形式。仓库一般只做外观检验和尺寸精度检验,后两种检验如果有必要,则由仓库技术管理职能机构取样,委托专门检验机构进行检验。

以外观质量检验为例说明。外观检验是指通过人的感觉器官,如眼看、耳听、鼻嗅、口尝、手摸等方法,检查商品外观质量的检查过程。主要检查货物的自然属性是否因物理及化学反应而造成负面的改变,是否受潮、沾污、腐蚀、霉烂等;检查商品包装的牢固程度;检查商品有无损伤,例如撞击,变形,破碎等。对外观有严重缺陷的商品,要单独存放,防止混杂,等待处理。凡经过外观检验的商品,都应该填写"检验记录单"。

外观检验的基本要求是:凡是通过人的感觉器官检验商品后就可决定商品质量的,由仓储业务部门自行组织检验,检验后做好商品的检验记录;对于一些特殊商品,则由专门的检验部门进行化验和技术测定。验收完毕后,应尽快签返验收入库凭证,不能无故积压单据。

③包装检验。物资包装的好坏、干潮直接关系着物资的安全储存和运输,所以对物资的包装要进行严格验收,凡是产品合同对包装有具体规定的要严格按规定验收,如箱板的厚度和纸箱、麻包的质量等。对于包装的干潮程度,一般是用眼看、手摸的方法进行检查验收。

3. 办理入库手续

入库手续主要是指交货单位与库管员之间所办理的交接工作。其中包括:商品的检查核对,事故的分析、判定,双方认定,在交库单上签字。仓库一面给交货单位签发接收入库凭证,并将凭证交给会计、统计入账、登记;一面根据入库商品的数量、性质、外观形态安排仓位,提出保管要求。

4. 入库中的问题处理

(1)证件问题。商品验收中,可能会发现诸如证件不齐、数量短缺、质量不符合要求等问题,应区别不同情况,及时处理。

(2)商品问题。在商品验收过程中,如果发现商品数量或质量的问题,应该严格按照有关制度进行处理。

储存作业的主要任务在于把将来要使用或者要出货的物料做保存,且经常做库存品的检核控制,不仅要善用空间,亦要注意存货的管理。

二、储存作业

1. 储存作业主要内容

(1) 储存策略。储存策略主要在于制定储位的指派原则,良好的储存策略可以减少出入库移动的距离,缩短作业时间,甚至能够充分利用储存空间。

①定位储放。定位储放指每一项储存货品都有固定储位,货品不能互用储位。

②随机储放。随机储放指每一个货品被指派储存的位置都是经由随机的过程产生的,而且可经常改变,也就是说,任何品项可以被存放在任何可利用的位置。此随机原则一般是由储存人员按习惯来储放,且通常可与靠近出口法则联用,即按货品入库的时间顺序储放于靠近出入口的储位。

③分类储放。分类储放指所有的储存货品按照一定特性加以分类,每一类货品都有固定存放的位置,而同属一类的不同货品又按一定的法则来指派储位。

④分类随机储放。分类随机储放指每一类货品有固定存放的储区,但在各类的储区内,每个储位的指派是随机的。

⑤共同储放。在确定知道各货品的进出仓库时刻的情况下,不同的货品可共用相同储位的方式称为共同储放。共同储放在管理上虽然较复杂,但储存空间及搬运时间却更经济。

(2)储位管理原则。储位是指仓库中实际可用于堆放商品的面积。储位的选择是在商品分区分类的基础上进行的,所以储位的选择应遵循确保商品安全,方便吞吐发运,力求节约仓容的原则。

2. 库存商品质量管理

(1)影响库存商品质量的因素。

①影响库存商品质量变化的内在因素有商品的组织结构、化学成分及理化性质等。所有这些都是在制造中决定了的,在储存过程中,要充分考虑这些性质和特点,创造适宜的储存条件,减少或避免其内部因素发生作用而造成商品质量的变化。

②影响库存商品质量变化的外在因素可分为社会因素和自然条件因素两方面。社会因素包括国家的方针政策、生产经济形势、技术政策和企业管理、人员素质以及规章制度等。这些

因素影响商品的储存规模、储存水平及储存时间，对储存质量具有间接影响。自然因素包括气温及湿度的影响、臭氧和氧的作用、日光照射、有害气体的影响、微生物及虫鼠害的侵害、机构损伤、卫生条件的影响等。所有这些都是直接作用，都会造成商品变质和损坏。因此，必须采取有效措施，防止有害因素的影响，保证商品的储存安全。

(2)防止商品质量变化的措施。

①仓库的密封。仓库密封就是把整库、整垛或整件商品尽可能地密封起来，减少外界不良气候条件对其影响，以达到商品安全储存的目的。

②通风。通风就是利用库内外空气温度不同而形成的气压差，使库内外空气形成对流，来达到调节库内温湿度的目的。按通风的目的不同，可分为利用通风降温或增温和利用通风散潮两种。当仓库温度过高时，通常采取自然通风和机械通风方法降温；当冬季储存防冻商品时，在北方常采用暖气设备来提高温度，在南方一般采用自然通风的办法来提高温度。

③吸潮。吸潮是与密封配合，用以降低库内空气湿度的一种有效方法。在梅雨季节或阴雨天，当库内湿度过大，又无适当通风时机的情况下，在密封库里常采用吸潮的办法，以降低库内的湿度，常采用吸潮剂或去湿机吸潮。吸潮剂主要有生石灰、硅胶等。

除仓库温湿度的控制外，还可采取密封储藏、涂敷防护层、防霉、防锈、防腐蚀、防虫害、搞好仓库清洁卫生等措施。

三、出库作业

1. 商品出库的依据

商品出库必须依据货主开的“商品调拨单”，如表 7.1 所示，才能出库。“商品调拨单”的格式不尽相同，不论采用何种形式，都必须是符合财务制度要求的有法律效力的凭证，要坚决杜绝凭信誉或无正式手续的发货。

表 7.1　商品调拨单

单位：　　　　　　　　运输方式：
地址：　　　　　　　　结账方式：
终到站：　　　　　　　银行账号：
收货人：　　　　　　　开单日期：

品名规格	单位	数量	单价	总价	调拨原因

主管：　　　　账务：　　　　保管：　　　　制单：

2. 商品出库要求

商品出库要做到“三不三核五检查”。

（1）“三不”，即未接单据不翻账、未经审单不备货、未经复核不出库。

（2）“三核”，即在发货时，要核实凭证、核对账卡、核对实物。

（3）“五检查”，即对单据和实物要进行品名检查、规格检查、包装检查、件数检查、重量检查。具体地说，商品出库要求严格执行各项规章制度，提高服务质量，使用户满意。它包括对品种规格要求，积极与货主联系，为用户提货创造各种方便条件，杜绝差错事故。

3. 出库作业的基本方式

（1）客户自提。客户自己派人或派车来公司的库房提货。

（2）委托发货。自提货有困难的客户会委托公司找第三方物流公司提供送货服务。

（3）送货上门。仓储企业派自己的货车给客户送货。

除此以外，根据业务的需要，出库又可分为提样出库、商品移库、商品过户 3 种形式。

4. 出库程序

（1）核单备料。发放货物必须有正式的出库凭证，严禁无单或白条发料。保管员接到出库凭证后，应仔细核对，这就是出库业务的核单（验单）工作。首先，要审核出库凭证的合法性和真实性；其次，核对商品品名、型号、规格、单价、数量、收货单位、到站、银行账号；最后，审核出库凭证的有效期等。如属自提商品，还须检查有无财务部门准许发货的签章。

在对“商品调拨单”所列项目进行核查之后，才能开始备料工作。出库商品应附有质量证明书或抄件、磅码单、装箱单等。机电设备等配件产品，其说明书及合格证应随货同到。备料时应本着“先进先出、易霉易坏先出、接近失效期先出”的原则，根据领料数量下堆备料或整堆发料。备料的计量实行“以收代发”，即利用入库检验时的一次清点数，不再重新过磅。备料后要及时变动料卡余额数量，填写实发数量和日期等。

（2）复核。为防止差错，备料后应立即进行复核。出库的复核形式主要有专职复核、交叉复核和环环复核三种。除此之外，在发货作业的各道环节上，都贯串着复核工作。例如，理货员核对单货，守护员（门卫）凭票放行，账务员（保管会计）核对账单（票）等。这些分散的复核形式，起到分头把关的作用，都有助于提高仓库发货业务的工作质量。复核的主要内容包括品种数量是否准确、商品质量是否完好、配套是否齐全、技术证件是否齐备、外观质量和包装是否完好等。复核后保管员和复核员应在“商品调拨单”上签名。

（3）包装。出库的货物如果没有符合运输方式所要求的包装，应进行包装。根据商品外形特点，选用适宜包装材料，其重量和尺寸应便于装卸和搬运。出库商品包装要求干燥、牢固，如有破损、潮湿、捆扎松散等不能保障商品在运输途中安全的，应负责加固整理，做到破包破箱不出库。此外，各类包装容器，若外包装上有水湿、油迹、污损，均不许出库。另外，在包装中严禁互相影响或性能互相抵触的商品混合包装；包装后，要写明收货单位、到站、发货号、本批总件数、发货单位等。

（4）点交。货物经复核后，如果是本单位内部领料，则将货物当面点交给提货人，办清交接手续；如系送料或将货物调出本单位办理托运的，则与送料人员或运输部门办理交接手续，当面将货物交点清楚。交清后，提货人员应在出库凭证上签章。

（5）登账。点交后，保管员应在出库单上填写实发数、发货日期等内容，并签名，然后将出库单连同有关证件资料，及时交货主，以使货主办理货款结算。

（6）现场和档案的清理。现场清理包括清理库存货物、库房、场地、设备和工具等。档案清理是指对收发、保养、盈亏数量和垛位安排等情况进行分析。

在整个出库业务程序过程中，复核和点交是两个最为关键的环节。复核是防止差错的重要的和必不可少的措施，而点交则是划清仓库和提货方两者责任的必要手段。

四、仓储合理化

仓储合理化就是用最经济的办法实现仓储的功能。仓储的功能是对需要的满足，实现被储物的"时间价值"。商品储备必须有一定的量，才能在一定时期内满足需要，这是仓储合理化的前提或本质。如果不能保证储存功能的实现，其他问题便无从谈起了。但是，储存的不合理又往往表现在对储存功能实现的过分强调，因而是过分投入储存力量和其他储存劳动所造成的。所以，合理储存的实质是，在保证储存功能实现前提下尽量少的投入，这是一个投入和产出的关系问题。

（一）合理储存的标志

1. 质量标志

保证被仓储物的质量，是完成仓储功能的根本要求。只有这样，商品的使用价值才能通过物流之后得以最终实现。在仓储中增加了多少时间价值或是得到了多少利润，都是以保证质量为前提的。所以，仓储合理化的主要标志中，为首的应是反映使用价值的质量。现代物流系统已经拥有很有效的维护货物质量、保证货物价值的技术手段和管理手段，也正在探索物流系统的全面质量管理问题，即通过物流过程的控制，通过工作质量来保证仓储物的质量。

2. 数量标志

在保证功能实现前提下，寻求一个合理的数量范围。

3. 时间标志

在保证功能实现前提下，寻求一个合理的仓储时间，这是和数量有关的问题，仓储量越大而消耗速率越慢。

4. 结构标志

从被储物不同品种、不同规格、不同花色的仓储数量的比例关系对仓储的合理性进行判断，尤其是相关性很强的各种货物之间的比例关系更能反映仓储合理与否。

5. 分布标志

分布标志是指不同地区仓储的数量比例关系，以此判断当地需求比，以及对需求的保障程度，也可以此判断对整个物流的影响。

6. 费用标志

考虑仓租费、维护费、保管费、损失费、资金占用利息支出等，才能从实际费用上判断仓储的合理与否。

（二）仓储合理化措施

1. 实行 ABC 分类控制法

ABC 分类控制法是指将库存货物按重要程度细分为特别重要的库存（A 类货物），一般重要的库存（B 类货物）和不重要的库存（C 类货物）三个等级，针对不同类型级别的货物进行分别管理和控制的方法。此部分内容我们会在后继专业核心课程“仓储管理”里进行深入的研究，如果你想先睹为快，请扫二维码观看视频ABC库存管理方法探秘。

ABC库存管理方法探秘

2. 适当集中库存

适当集中库存是利用储存规模优势，以适当集中储存代替分散的小规模储存来实现合理化。

3. 加速总周转

储存现代化的重要课题是将静态储存变为动态储存，周转速度一快，会带来一系列的合理化好处：资金周转快、资本效益高、货损小、仓库吞吐能力增加、成本下降等。

4. 采用有效的“先进先出”方式

保证每个被储物的储存期不致过长，“先进先出”是一种有效的方式，也成了仓储管理的准则之一。有效的先进先出方式主要有：贯通式货架系统储存、“双仓法”储存、计算机存取系统储存等。

5. 提高仓容利用率

提高仓容利用率的方法主要有：采取高垛的方法、缩小库内通道宽度以增加储存有效面积、减少库内通道数量以增加储存有效面积。

6. 采用有效的储存定位系统

储存定位的含义是被储物位置的确定。如果定位系统有效，能大大节约寻找、存放、取出的时间，节约不少物化劳动及活劳动，而且能防止差错，便于清点及实行订货点等的管理方式。

7. 采用有效的监测清点方式

监测清点的有效方式主要有：“五五化”堆码(以“五”为基本计数单位，堆成总量为“五”的倍数的垛形，如梅花五、重叠五)、光电识别系统、计算机监控系统等。

任务实施

药品仓储注意事项

1. 讨论

请扫码观看视频并讨论：仓储作业应注意哪些事项？

2. 分享

各组推选一名代表与大家分享讨论结果。

3. 评价

教师掌控教学现场，适时进行评价。

4. 定论

为了保证仓储作业各环节的正常运行，并且取得良好的经济效率，就必须协调组织好仓储作业过程中涉及的人、机器、设备、物料等之间的关系，实现仓储作业的合理化。

行业链接

心怡科技并入阿里菜鸟供应链体系

2020年8月11日，心怡科技正式并入菜鸟网络，据企查查信息显示，心怡科技的股东方更换为阿里巴巴和菜鸟网络，这家成立于2004年的5万人规模物流科技企业，正式成为阿里物流体系的中流砥柱。

并购背后，是中国物流科技演进版图，也是中国物流行业从传统行业向科技智能转型，拥抱AI的历程。

（资料来源：根据网络资料整理）

项目小结

学习任务	认知结果
任务一　仓储规划方案设计	仓储总体布局—库区内部布局—存储规划—仓储设备选择
任务二　仓储作业组织	入库作业—养护作业—盘点作业—出库作业

实战演练

一、自我测试

1. 单项选择题

（1）库存管理就是对于库存物品的管理，重点是（　　）管理。

A. 库存业务　　B. 库存物品品种数量

C. 库存成本　　D. 库存量的控制

（2）下列不随库存量增加而上升的费用是（　　）。

A. 资金成本　　B. 仓储空间费用

C. 物品变质和陈旧　　D. 缺货损失费

（3）（　　）的优点主要是可以根据库存物品在库时间的不同和进出频繁程度安排货位。

A. 倾斜式布局　　B. 纵列式布局　　C. 纵横式布局　　D. 横列式布局

（4）（　　）是仓库对于通过铁路、水运、公路、航空等方式运达的商品，进行接收和提取的工作。

A. 商品接运　　B. 订货　　C. 商品检验　　D. 商品入库

2. 多项选择题

（1）按仓库功能可将仓库分为（　　）、调度中心、加工中心等。

A. 集货中心　　B. 分货中心　　C. 转运中心　　D. 配送中心

（2）仓库数量的多少主要受（　　）、单个仓库的规模、计算机网络的运用等因素的影响。

A. 成本　　B. 企业资金的多少

C. 客户要求的服务水平　　D. 运输服务水平

（3）影响仓库规模的因素很多，其中最主要的因素是（　　）。

A. 所储存商品数量的多少　　B. 客户服务水平

C. 市场大小　　　　　　　　　　　　D. 储存时间的长短

(4)垂直式布局是指货垛或货架的排列与仓库的侧墙互相垂直或平行,具体包括(　　)。

A. 倾斜式布局　　B. 纵列式布局　　C. 纵横式布局　　D. 横列式布局

(5)检验货物是仓储业务中的一个重要环节,包括(　　)检验等内容。

A. 数量　　B. 质量　　C. 标志　　D. 包装

二、小组攻关

1. 思考讨论

(1)简述仓储活动和仓库的类型。

(2)主要的仓储设备有哪些?

(3)如何对仓库进行布局?

(4)如何对仓库货区进行布局?

(5)货物堆码方式有哪些?

(6)入库作业流程是什么?

(7)出库作业流程是什么?

(8)仓储合理化措施有哪些?

2. 物流史话——古代物流之中华印记

(1)请网上搜索:“中国古代‘物流’仓储保管之大任”,阅读相关资料,试分析我国古代的仓储智慧。

(2)请网上搜索:“千年中国的粮食储备智慧”,阅读相关资料,试分析粮食储备的意义,有能力者请完成有关粮仓进化的论文。

项目八　认知运输作业活动

任务一　运输方案设计

要领任务

内容			任务指南
行动目标	知识目标		(1)掌握运输方案构成项目、运输方式选择标准、运输线路选择方法 (2)了解各种运输方式的优缺点 (3)熟悉运输工具和运输路线
	技能目标		能制订运输方案
资料收集任务清单	分组		(1)自由组合，全班均分为四或五组 (2)组名自拟(具有物流特色)、组长自选
	资料类型	走进企业	(1)我的企业我的家：杭州运脉科技有限公司宣传视频 (2)杭州运脉科技有限公司官网：关于运脉、产品
		走近榜样	我的榜样我的路：记忆的高地——物流经理人成长纪实(张波)
		扩展阅读	(1)运输方案案例分享：精创股份为疫苗超低温冷链运输提供智慧可视化监控方案 (2)他山之石：UPS不左转
	要求		各小组搜集各企业运输规划的案例，凝练成3分钟发言稿，题目自拟

引导案例

"量身定做"运输方案

某物流公司接到新疆生产建设兵团农一师水产技术推广站电话，称其有3万尾罗非鱼苗5月上旬要从新疆石河子运输到阿克苏，想请其承担运输任务，该物流公司立即着手准备相关事宜。

1. 制订运输方案

(1)运输时间。罗非鱼是一种热带鱼类，具有生长快、肉质好、没有肌间刺的特点，所以深受广大消费者的欢迎。罗非鱼的另一个特点是最低致死温度为8 ℃～10 ℃，即使在10 ℃～

15 ℃的温度也很容易冻伤，冻伤后的罗非鱼很容易得水霉病死亡。5 月份，南疆池塘水温已升到 20 ℃以上，适宜罗非鱼的投入。

下午 6 点从石河子出发，第二天中午到达阿克苏市，运输时间为 20 小时左右。选择这个时间段运输，主要考虑到运达目的地是白天，便于卸鱼；另外则是可避开最高温段，避免水温上升太快。

(2)运输方式。两地距离远(运距 1 200 km，横跨天山南北)，要实现门到门运输必须采用公路运输方式。

(3)运输工具。活鱼罐车，选择有运输鱼苗经验的司机。

(4)运输途中所需物品的准备。运输时间达 20 小时左右，昼夜温差大，夜间水温控制难度大。要随时观测水温变化，以采取必要措施。

准备充足的氧气是关键，另外准备 3～4 袋增氧灵，以备急需。其他备用物品有温度计、手电筒等。

(5)关注两地及沿途的天气预报。由于新疆昼夜温差大，5 月份天气变化较大，两地距离较远等诸多影响天气的因素存在，因此，要密切关注天气变化，选择最佳时间运输。

2. 实施运输方案

(1)鱼苗停食 2 天以上，鱼苗能排泄掉大部分有机物，保持运输途中的水质良好。

(2)据天气预报，5 月 9 日至 10 日两地沿途天气晴朗，气温在 15 ℃～27 ℃之间，适宜运输，因此，选定在 5 月 9 日运输。

(3)运输车辆及所需物品齐备，符合运输要求。

(4)5 月 9 日下午 2:00 装车，由于石河子前段时间气温较低，露天池水温度较低，只有 11 ℃，所以运输用水取自温室大棚池内的水，水温 23 ℃，但水质较差，颜色略为发暗。

(5)6:00 从石河子出发，气温 25 ℃，沿途每隔 3～4 小时，停车观察鱼的状况和测量水温。打开活鱼罐盖子，鱼苗迅速下潜，游动活泼，说明鱼苗正常；如果浮在水面，行动迟缓，则说明鱼苗有缺氧现象，需加大氧气量。

(6)在运输途中约 300 km 的地方，气温急降到 12 ℃，水温降到 20 ℃；约 500 km 的途中，发现有轻微缺氧现象，采取增大氧气的措施后，鱼苗恢复正常。

(7)5 月 10 日下午 4:00 到达阿克苏，水温 17 ℃，池塘水温 19 ℃，鱼苗死亡数量不到 50 尾，成活率 99.8%。

3. 总结

99.8%的成活率，意味着此次鱼苗运输作业非常成功。之所以取得如此高的成活率，原因主要有以下几点：

(1)准备工作充分，“工欲善其事，必先利其器”，事先应充分考虑到各种风险，制订出相应的应急预案。

(2)运输途中勤于观察，以便及时发现问题，解决问题，把损失降到最低。

(3)“量身定做”运输方案是运输活动取得成功的基础。

(资料来源：根据相关网络资料整理)

任务分析

运输是物流中最重要的作业活动，物流合理化在很大程度上依赖于运输合理化。而合理

化的运输作业离不开科学的运输方案。让我们以运输调度员的身份，一起去认知运输作业基础知识，为运输作业活动“量身定做”运输方案。

知识链接

一、运输作业基础知识认知

1. 概念

运输指用设备和工具，将物品从一地点向另一地点运送的物流活动。其中包括集货、分配、搬运、中转、装入、卸下、分散等一系列操作。

有时，运输也是指人或者物借助于运力创造时间和空间效应的活动。当产品因从一个地方转移到另一个地方而价值增加时，运输就创造了空间价值；时间效应则是指这种服务在需要的时候发生。运力是指由运输设施、路线、设备、工具和人力组成的，具有从事运输活动能力的系统。关于人的运输称为客运，货物的运输称为货运。

2. 运输的作用

(1)运输是社会物质生产的必要条件之一。运输是生产过程在流通领域内的继续，生产与生产、市场与市场、生产与消费都需要运输来维系，使得社会生产得以延续，它是加速社会再生产和促进社会再生产连续不断进行的前提条件。运输虽然只能改变物品的位置，不会有新的物质产生，也不能创造使用价值，但是却可以通过运输来实现商品的价值。电冰箱生产出来后，不运到消费者需要的地方，生产也就没有意义。所以不管是生产领域内部，还是生产与生活领域之间，都必须靠运输链接。

(2)运输是物流的主要功能要素之一，创造场所效应。物流能够创造场所价值、时间价值，其中场所价值主要是通过运输来实现的。物流也就是物资的流动，物资如何流动，主要靠运输来实现。利用运输可以把物资运送到需求量较高的地区，从而可得到最大的利益。在物流诞生之前，甚至今天，还有不少人将运输等同于物流，主要是因为物流中很大一部分责任是由运输来担任的，是物流的主要部分。

(3)运输是“第三个利润源”的主要源泉。运输是“第三个利润源”的主要源泉，是企业降低成本的宝库。运输费用占物流总费用的50%左右，可以通过选择合理的运输方式，规划合理的运输路线来节约运输费用，从而降低物流成本。

(4)合理运输能加快资金周转速度，提高物流经济效益和社会效益。如何搞好运输工作，开展合理运输，不仅关系到物流时间占用的多少，而且还会影响到物流费用的高低。不断降低物流运输费用，对于提高物流的经济效益和社会效益，都有着重要作用。而且，对于物流管理者来说，商品运输的竞争特性，意味着将有更多的机会从运输提供者那里获得更好的服务项目或更低的成本。

由此可见，运输在整个物流系统，乃至国民经济中都发挥着重要的作用，运输方式的选择是物流系统决策中的一个重要环节，是物流合理化的重要内容。

3. 运输管理的基本原理

指导运输管理与运营的两条基本原理是规模经济和距离经济，在评价各种运输决策方案时，这些原理是重点考虑的因素，其目的是使装运的批量和距离最大化，同时满足客户的服务期望。

(1)规模经济原理，是指随着运输工具装载规模的增长，每单位载重量运输成本下降的原理。

(2)距离经济原理，也称递远递减原理，是指每单位运输距离的成本随着运输距离的增加而减少。在运输装卸费用的分摊上，距离越长，固定费用分摊后的值越小，导致每单位距离支付的总费用减少。

4. 运输方式认知

(1)按照使用的运输设备及运输工具不同分类。

①公路运输。这是主要使用汽车，也使用其他车辆(如人、畜力车)在公路上进行货客运输的一种方式。公路运输主要承担近距离、小批量的货运，如水运、铁路运输难以到达地区的长途、大批量货运及铁路、水运优势难以发挥的短途运输。由于公路运输有很强的灵活性，近年来，在有铁路、水运的地区，较长途的大批量运输也开始使用公路运输。

公路运输主要优点是灵活性强，公路建设期短，投资较低，易于因地制宜，对收货站设施要求不高。可以采取"门到门"运输形式，即从发货者门口直到收货者门口，而不须转运或反复装卸搬运。公路运输也可做为其他运输方式的衔接手段。公路运输的经济半径，一般在 300 km 以内。

②铁路运输。这是使用铁路列车运送客货的一种运输方式。铁路运输主要承担长距离、大数量的货运，在没有水运条件的地区，几乎所有大批量货物都是依靠铁路，它是在干线运输中起主力作用的运输形式。

铁路运输的优点是速度快，运输不太受自然条件限制，载运量大，运输成本较低。主要缺点是灵活性差，只能在固定线路上实现运输，需要以其他运输手段配合和衔接。铁路运输经济里程一般在 300 km 以上。

③水运。这是使用船舶运送客货的一种运输方式。水运主要承担大数量、长距离的运输，是在干线运输中起主力作用的运输形式。在内河及沿海，水运也常做为小型运输工具使用，担任补充及衔接大批量干线运输的任务。

水运的主要优点是成本低，能进行低成本、大批量、远距离的运输。但是水运也有显而易见的缺点，主要是运输速度慢，受港口、水位、季节、气候影响较大，因而一年中中断运输的时间较长。

④航空运输。这是使用飞机或其他航空器进行运输的一种形式。航空运输的单位成本很高，因此，主要适合运载的货物有两类：一类是价值高、运费承担能力很强的货物，如贵重设备的零部件、高档产品等；另一类是紧急需要的物资，如救灾抢险物资等。

航空运输的主要优点是速度快，不受地形的限制。在火车、汽车都达不到的地区也可依靠航空运输，因而有其重要意义。

⑤管道运输。这是利用管道输送气体、液体和粉状固体的一种运输方式。其运输形式是靠物体在管道内顺着压力方向循序移动实现的，和其他运输方式的重要区别在于，管道设备是静止不动的。

管道运输的主要优点是，由于采用密封设备，在运输过程中可避免散失、丢失等损失，也不存在其他运输设备本身在运输过程中消耗动力所形成的无效运输问题。另外，运输量大，适合于大且连续不断运送的物资。

当然，运输方式选择不仅限于单一的运输手段，而是通过多数运输手段的合理组合实现物流的合理化。可以在不同运输方式间自由变换运输工具，即"联运"，它是运输性质不断改变的一个反映，标志着物流管理者将两种或更多种运输方式的优势集中在一起，并天衣无缝地融入一种运输方式的能力，相比单一方式，可为顾客提供更快、风险更小的服务。其组合方式有很多种，例如：铁路运输和公路运输、铁路运输和水运、铁路运输和航空运输、水路运输和管道运输、水路运输和航空运输等。目前，常被采用的联运方式有：铁路运输和公路运输的组合（"驮背运输"）、公路运输和水上运输的组合（"鱼背运输"）、公路运输和航空运输的组合（"鸟背运输"）。发展联合运输是充分发展我国运输方式的优势，使之相互协调、配合，建立起运输体系的重要途径。

(2)按照运输的范畴分类。

①干线运输。干线运输是利用铁路、公路的干线，以及大型船舶的固定航线进行的长距离、大数量的运输。干线运输因为其运输距离长、运力集中，使得大量的货物能够迅速地进行大跨度的位移，长期以来，是我国运输的主要形式。

②支线运输。支线运输是与干线相接的分支线路上的运输。它是干线运输与收、发货地点之间的补充性运输，主要承担运输供应链中从供应商到运输干线上的集结站点以及从干线上的集结点到配送站的运输任务。比如，京哈线（北京—哈尔滨）、京广线（北京—广州）是我国南北交通的最主要干线，与其相连的沈大铁路（沈阳—大连）、石太铁路（石家庄—太原）等可以说是其相对的支线（在沈阳和大连、石家庄和太原之间都有高速公路相连，它们也都可以看做主干线的支线）。

③二次运输。二次运输是指经过干线与支线运输到站的货物，还需要再从车站运至仓库、工厂或集贸市场等指定交货地点的运输。二次运输是一种补充性的运输方式，路程短，运量小。由于该种运输形式是满足单个单位的需要，所以核算成本后，单个物品的运输成本将高于干、支线运输。

④厂内运输。厂内运输又称工业运输，是指工厂企业内部在生产过程中所进行的运输，是工矿企业整个生产活动的重要组成部分，即由于厂矿内部技术分工所形成的生产原材料、半成品、在制品与产品（有的还有某些设备与人员），从企业内一个生产场所运往另一个场所的运输，以及为厂矿生产服务的厂外企业专用线的运输。

(3)按照运输的作用分类。

①集货运输。集货运输是将分散的货物集中运输的一种运输形式。一般是短距离、小批量的运输。承运人根据自己的业务覆盖范围，集中、汇总所承运的货物，然后再由干线与支线完成长距离及大批量运输，以充分发挥运输的规模效应，因此，集货运输是干线运输的一种补充形式。

②配送运输。配送运输是指将被订购的货物使用汽车或其他运输工具从供应点送至顾客手中的活动。配送运输通常是一种短距离、小批量、高频率的运输形式，它以服务为目标，以尽可能满足客户要求为优先。

(4)按运输的协作程度分类。

①一般运输。主要是指在运输的全部过程中，单一地采用同种运输工具，或是孤立地采用不同种运输工具而在运输过程中没有形成有机协作整体的运输形式，如汽车运输、火车运输等为一般运输。

②联合运输。将两种或两种以上运输方式或运输工具连起来，实行多环节、多区段相互衔接的接力式运输。

(5)按货物是否集装运输分类,可分为散货运输、托盘运输、集装箱运输。

5. 运输工具认知

运输设备主要指的是运输的工具,与公路、铁路、水路、航空、管道五种运输方式相对应,运输工具也有五大类。这里只介绍前三类。

(1)公路运输工具。公路运输工具主要指的是汽车,汽车按运输对象不同又分为货车和客车。其中,货车又称为载货、载重汽车、卡车,是一种主要为运送各种货物或牵引全挂车而设计和装备的商用车辆。

①货车按载重质量分类:微型货车(载重量≤1.8 t)、轻型货车(1.8 t<载重量≤6 t)、中型货车(6 t<载重量≤14 t)、重型货车(载重量>14 t)。

②货车按用途分类:普通货车(一种是敞开式的/平板式的,另一种是封闭式的/厢式);多用途货车;全挂牵引车;专用作业车;专用货车。

③货车按燃料分类:按所需燃料可分为汽油货车、柴油货车、其他燃料货车。

(2)铁路运输工具。

①铁路机车。铁路机车是牵引客、货列车和在车站进行调车作业的基本动力,其本身不载旅客或货物。机车按用途不同,分为速度较高的客运机车、牵引力较大的货运机车和机动灵活的调车机车。按原动力的不同,可分为内燃机车、电力机车以及蒸汽机车。

②铁路车辆。铁路车辆是装运货物、运送旅客的运载工具。它没有动力装置,需要把车辆连挂在一起由机车牵引,才能完成客货运输任务。铁路车辆根据运输的需要,可分为客车、货车两大类。货车又分为敞车、棚车、平车、罐车、长大货物车、冷藏车、漏斗车、自翻车、家畜车、守车、钢水车、铸锭车、鱼苗车等。

(3)水路运输工具。水路运输工具主要指的是船舶。船舶是能航行或停泊于水域内进行运输或作业的工具。主要有以下几类:

①驳船。驳船是内河运输货物的主要运载工具,本身一般无自航能力,需拖船或推船等机动船带动形成船队进行运输。

②拖船。拖船是用于拖带其他船只或浮动建筑物的船舶。其船身较小,而功率较大,自身并不载运货物。

③推船。推船是专门用于顶推非自航货船的机动船舶。与拖船相比,顶推航行时驳船在前,推船在后,整个船队有较好的机动性。

④干货船。干货船是用于装载干货的船舶,常见的干货船主要有如下几种:杂货船、集装箱船、滚装船。

⑤载驳船。又称子母船、载货驳船,是指专门用以载货驳船为运输单元的船舶。其主要特点是载驳船在到达中转港时,由母船起重设备卸下驳船,然后用拖船或推船将载货的驳船拉到目的港。不须占用码头泊位,不须货物换装倒载。

⑥冷藏船。设有冷藏设备,用来装运易腐货物或需要低温运输的某些货物的专用船舶。冷藏船温度范围为-25 ℃~15 ℃,可根据不同货种选择适宜的温度。

⑦散货船。专门用于载运粉末状、颗粒状、块状等散堆货物运输的船舶,主要有普通散货船、专用散货船、兼用散货船及特种散货船等。

⑧液货船。液货船主要是用于载运液态货物的船舶。液货船的运量在现代商船队中占有重要的比例(约44.7%)。液货船主要有油船、液化气船、液体化学品船等。

6. 运输线路认知

运输线路是运输系统中的基础设施，是供运输工具定向移动的通道，是运输工具赖以运行的物质基础。在现代运输系统中主要有公路、铁路、航线和管道等运输线路。

全部物流活动是在线路和结点进行的。其中，在线路上进行的活动主要是运输，包括集货运输、干线运输、配送运输等。物流功能要素中的其他所有功能要素，如包装、装卸、保管、分货、配货、流通加工等，都是在结点上完成的。所以，从这个意义来讲，物流结点是物流系统中非常重要的部分。实际上，物流线路上的活动也是靠结点组织和联系的，如果离开了结点，物流线路上的运动必然陷入瘫痪。

(1)铁路线路的等级。铁路等级是铁路的基本标准，设计铁路时，首要任务就是确定铁路等级。我国铁路的等级通常分为三级，用罗马数字Ⅰ、Ⅱ、Ⅲ表示。等级的划分是根据具体线路在路网中的作用和远期年客货运量来确定的。

(2)公路线路分级。

①按行政等级可分为国道、省道、县道、乡道、专用公路五个等级，一般把国道和省道称为干线，县道和乡道称为支线。

②按交通量及其使用任务和性质，可分为五个等级，即高速公路、一级公路、二级公路、三级公路、四级公路。

(3)航道分类。

①按形成原因可将航道分为天然航道和人工航道。天然航道是指自然形成的江、河、湖、海等水域中的航道，包括水网地区在原有较小通道上拓宽加深的那一部分航道；人工航道是指在陆上人工开发的航道，包括人工开辟或开凿的运河和其他通航渠道。

②按使用性质可分为专用航道和公用航道。专用航道是指由军事、水利、电力、林业、水产等部门以及其他企业事业单位自行建设、使用的航道。公用航道是由国家各级政府部门建设和维护、供社会使用的航道。

(4)航线的分类。

①国际航线。它指飞行的路线连接两个国家或两个以上国家的航线。在国际航线上进行的运输是国际运输，一个航班如果它的始发站、经停站、终点站有一点在外国领土上都叫做国际运输。

②地区航线。它是指在一国之内，各地区与有特殊地位地区之间的航线，如我国内地与港、澳、台地区的航线。

③国内航线。它是一个国家内部的航线，又可以分为干线、支线和地方航线三大类。必须明确的是，在一望无际的天空中，实际上有着看不见的一条条空中通道，它对高度、宽度、路线都有严格的规定，偏离这条安全通道，就有可能存在失去联络、迷航、与高山等障碍物相撞的危险。

(5)管道的分类。按照输送对象不同，管道可分为输油管道和输气管道。

7. 运输成本认知

(1)运输成本。物流运输成本是指企业在对原材料、在制品以及产成品的运输活动中所发生的各种费用。运输成本主要有：人工费用，包括工资、福利费、奖金、津贴和补贴等；营运费用，包括营运车辆的燃料费、轮胎费、折旧费、维修费、租赁费、车辆牌照检查费、车辆清理费、养路费、过路费、保险费、公路运输管理费等；其他费用，包括差旅费、事故损失、相关税金等。

(2)影响运输成本的因素。

①距离。距离是影响运输成本的主要因素，因为它直接对劳动、燃料和维修保养等变动成

本发生作用。图 8.1 显示了距离和成本的一般关系，并说明了以下两个重点：第一，成本曲线不是从原点开始的，因为它存在着与距离无关，但与货物的提取和交付活动有关的固定费用；第二，成本曲线的增长幅度是随距离增长而减少的一个函数，这种特征称做递减原则，即运输距离越长，城市间每千米单位费用相对较低。但市内配送是个例外，因市内配送通常会频繁地停车，要增加额外的装卸成本。

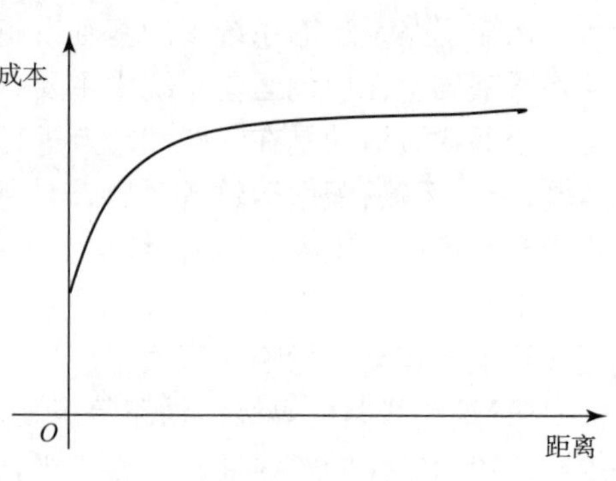

图 8.1 “距离—成本”曲线

②装载量。装载量之所以会影响运输成本，是因为与其他许多物流活动一样存在着规模经济，每单位重量的运输成本随装载量的增加而减少，如图 8.2所示。

③产品密度。密度因素是把重量和空间方面的因素结合起来考虑。密度越疏，重量越轻，受空间限制越大。密度小的货物每单位质量所花的费用比密度大的货物每单位质量所花的费用要高，如图 8.3 所示。

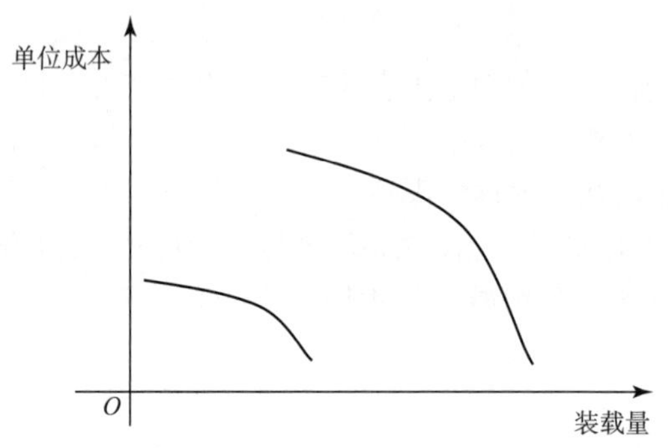

图 8.2 “装载量—单位成本”曲线

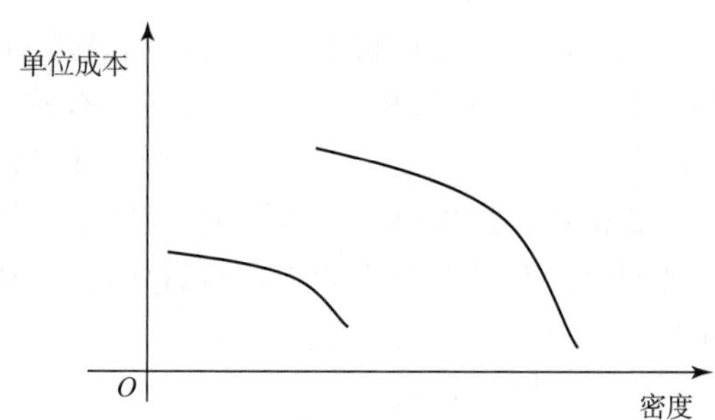

图 8.3 “密度—单位成本”曲线

④配积载能力。配积载能力是指产品的具体尺寸及其对运输工具(铁路车、拖车或集装箱)的空间利用程度的影响。

⑤搬运的难易。显然，同质的产品或通用设备可搬运的产品比较容易搬运，而特别的搬运设备则会提高总的运输成本。

⑥责任。责任主要关系到货物损坏风险和导致索赔事故，对产品要考虑的因素是易损坏性、货运财产损害责任、易腐性、易盗性、易自燃性或自爆性等。承运人承担的责任越大，其索要的运输费用越高。

⑦市场。除了与产品有关的因素外，市场因素也对运输成本有重要影响。影响比较大的市场因素有：同种运输方式间的竞争以及不同运输方式间的竞争，市场的位置，政府对承运人限制的现状和趋势，运输活动季节。

(3)运输成本的构成。

①固定设施成本。固定运输设施的投资被认为是一种沉没成本，因为这些设施一旦建成就不能再移动，而且在一定程度上不能再用于其他用途。例如，港口和道路被废弃时，原来的

码头和路基几乎无法改做他用。有学者甚至认为，从这一点来看，已经形成固定运输设施的投资是没有机会成本的，原因是该资源已经没有再用于其他用途的机会。

固定运输设施除了起初的投资建设，还有在使用寿命期间所需要的养护及维修，因此，固定设施成本还包括养护、维修及其他相关使用成本。与投资相比，这些固定设施的养护、维修及使用费用比较少，其中有些费用与使用这些固定设施提供的运输量关系不大，属于固定成本，另外一些则可能与运输量的多少有密切联系，因此被认为属于变动成本。

②移动设备成本。管道是唯一只使用固定设施的运输方式，其他各种运输方式都同时包括固定设施和移动设备。可移动的载运工具包括铁路机车车辆、各类卡车、公共汽车、小汽车、各类客货船舶和飞机等。由于这些运输工具可以根据需要在不同运输市场之间甚至不同用途之间转移，也就是说，它们的用途不是唯一的，能够允许人们进行选择，因此，在移动运输工具上的投资不属于沉淀成本。

所有运输工具都有使用寿命，运输工具的价值在其使用期内会逐渐转化为运输成本，因此，使用寿命决定着运输工具的折旧过程。有些运输工具的使用寿命是以年限计算的，在这种情况下，运输工具的折旧转移成本似乎与其使用中所提供的运输量没有直接关系，是每年或每月固定的成本。还有些运输工具的使用寿命是以行驶里程计算的，在这种情况下，运输工具的折旧转移成本就与其使用中提供的运输量直接相关，属于变动成本。

③运营成本。在运营成本中，有两类应该是直接与运输量相关的变动成本：一类是直接运营人员的工资；另一类是运输工具消耗的燃料。运输工作量越大，这些直接的运营成本数量也会越大。除了这些直接与运输量相关的变动成本，运输企业一般还需要配备若干辅助人员和管理人员，这些辅助人员和管理人员的工资以及所需要的工作开支属于间接运营成本。间接运营成本的一部分是与运输量有关的变动成本，其他部分与运输量变动关系不大。

二、运输方案设计

运输方案设计实际上就是以何种方式运输，以何种运输工具载运货物，经过哪些运输路线，是直达还是中转，在何时运抵接收地等环节所做的统筹安排。另外，在设计运输方案时，还要考虑成本因素。

1. 收集信息

货物特性、运输路况，甚至于运输沿途气温变化情况都会影响到运输方式、运输线路的选择，对运输方案产生一定的影响，为此，运输方案设计的前期工作是收集有关货物特性、沿途路况等信息。

2. 确定运输方式

具体来说，在选择运输方式时，要考虑的是运输物品的种类、运输量、运输距离、运输时间、运输费用等相关因素。必须在了解各种运输方式特点的基础上选择恰当的运输方式。

(1)影响运输方式选择的因素。一般来说，选择运输方式要考虑运输货物的种类、运输量、运输距离、运输时间、运输成本、服务要求和竞争等七个方面的因素，这些因素不是相互独立的，而是紧密相连、互为决定的。

①运输货物的种类。要考虑运输对象的形状、重量、容积和理化性质，如危险性、易腐性、串味、渗漏、氧化、分解等指标。对于某些特殊货物，要选择专用的运输工具来运输。如大型工

业设备，要选用平板拖车及相匹配的装卸设备。

②运输量。一般来说，运输20 t以下的货物用汽车运输；20 t以上的货物用铁路运输；数百吨以上的货物，应选择船舶运输，铁路运输次之。选择合适的运输工具进行运输是降低成本的良策。

③运输距离。一般情况下，可以依照以下原则：300 km以内用汽车运输，300～500 km的区间，用铁路运输；500 km以上，运输量大的用船舶运输，运输量小的用航空运输。

④运输时间。随着现代物流理念的深入，企业竞争的焦点是速度和时间。由于产品地域的差异产生了运输需求，运输的速度在某种程度上对企业的发展起到了关键作用。五种运输方式的竞争逐渐由成本竞争转向速度竞争。企业必须调查各种运输方式所需的运输时间，由此决定选择何种运输方式和运输工具。运输时间一般由选定的运输方式决定。运输方式的快慢顺序一般情况下依次为：航空运输、汽车运输、铁路运输、船舶运输。运输时间还必须与交货日期相联系，所以应保证运输时限。

⑤运输成本。对于一般企业来讲，更看重的是运输成本，运价就成为选择运输方式的一个非常重要的因素。但运输时间与运输成本是相互矛盾的，如果要采用运价低的运输方式，有可能导致运输速度的减缓；而要利用快速的运输方式，又可能增加运输成本。

因此，企业在考虑运输成本时，要综合考虑运输方案全部物流总成本。如运输成本与库存是一种效益背反关系，运输成本的增加会降低在途库存，而运输成本的降低会增加在途库存，两者有一个总成本均衡点。所以，在选择运输方式时，不能将运价作为唯一的考虑因素。

⑥考虑服务要求（见表8.1）。服务频率是指在一个给定时间内，始、终两地之间运输服务往返的次数。承运人提供的服务频率依赖于托运人在两地间的服务需求量。

服务可得性是指在特定服务的地理区域内，各种运输方式的可接近性和可达性。综合运输有助于提高不同运输方式间的可得性。服务能力是指处理异型、重质、易碎、液态、易燃、易爆、易腐或易受污染的货物的能力。

表8.1　各种运输方式的服务指标评价

运输方式	铁　路	公　路	水　路	航　空	管　道
成本	中	中	低	高	很低
速度	快	快	慢	很快	很慢
频率	高	很高	有限	高	连接
可靠性	很好	好	有限	好	很好
可用性	广泛	有限	很有限	有限	专业化
距离	长	中、短	很长	很长	长
规模	大	小	大	小	大
能力	强	强	最强	弱	最弱

⑦考虑竞争因素。运输方式的选择如直接涉及竞争优势和市场份额，则应采用考虑竞争因素的方法。在某一细分的市场稳定的时候，企业通过运输服务的改进，如服务频率增强、服务可得性提高、运输时间缩短等，虽然增加了成本，但可以争取更多的市场份额和更多的客户，从而获得规模经济，也就是薄利多销。这必然导致竞争对手客户的减少，从而降低竞争对手的收益。

（2）运输方式选择——定量分析法。定量分析法即根据影响运输方式的四个因素——经济性、迅速性、安全性、便利性，进行综合评价，根据评价结果确定运输方式的选择方法。

①经济性。运输工具的经济性是由运费、包装费、装卸费、设施费等有关费用合计来表示的。很显然，费用越高，经济性越差。假设可供选择的运输工具有火车(T)、汽车(M)、轮船(V)、飞机(A)，各种运输工具所需要的成本为：$C(T)$、$C(M)$、$C(V)$、$C(A)$。其平均值是：

$$C=\{C(T)+C(M)+C(V)+C(A)\}/4$$

为了更清楚地比较各种运输工具的经济性指标和相互之间的差异性，可以用相对值来表示：

$$F_1(T)=C(T)/C,F_1(M)=C(M)/C$$
$$F_1(V)=C(V)/C,F_1(A)=C(A)/C$$

看哪个值最小，哪种方式就最经济。

②迅速性。运输工具的迅速性一般用从发货地到收货地所需要的天数或时间来表示，所需要的时间越长，则迅速性越低。假设各运输工具所需要的时间为 $H(T)$、$H(M)$、$H(V)$、$H(A)$。其平均值为：

$$H=\{H(T)+H(M)+H(V)+H(A)\}/4$$

各运输工具迅速性的相对值为：

$$F_2(T)=H(T)/H,F_2(M)=H(M)/H$$
$$F_2(V)=H(V)/H,F_2(A)=H(A)/H$$

迅速性的相对值越小越好。

③安全性。运输工具的安全性是根据过去一段时间内的货损、货差率来确定的，一般实行计量化比较合适。破损率越高，则安全性越差。设各运输工具的破损率为 $D(T)$、$D(M)$、$D(V)$、$D(A)$。其平均值为：

$$D=\{D(T)+D(M)+D(V)+D(A)\}/4$$

各运输工具安全性的相对值为：

$$F_3(T)=D(T)/D,F_3(T)=D(M)/D$$
$$F_3(V)=D(V)/D,F_3(T)=D(A)/D$$

安全性的相对值越小越好。

④便利性。单纯以便利性计量化是比较困难的，理想的办法是具体情况具体分析。以代办货物运输为例，考虑货物运输到代办运点所需要的时间和距离等问题时，通常用代办点的经办时间与货物到代办点所需要的时间差来衡量。可以看出时间差越大，便利性越高(假设代办点的经办时间一定，货物到代办点所需要的时间越少，则说明代办点分布越密集，距离货主越近，货主办理越方便)。设运输工具的时间差是：$V(T)$、$V(M)$、$V(V)$、$V(A)$，则平均值是：

$$V=\{V(T)+V(M)+V(V)+V(A)\}/4$$

各运输工具便利性的相对值为：

$$F_4(T)=V(T)/V,F_4(M)=V(M)/V$$
$$F_4(V)=V(V)/V,F_4(A)=V(A)/V$$

时间差越大，便利性越高。

根据上面的分析可以看出，前三项指标均属于反方向变化，只有最后一项是正方向变化的。为了便于比较，可以令前三项指标取负值，后一项指标取正值，这样可以得到统一的评价尺度，从而得出不同运输工具的综合评价值：

$$F(T)=-W_1C(T)/C-W_2H(T)/H-W_3D(T)/D+W_4V(T)/V$$

$$F(M)=-W_1C(M)/C-W_2C(M)/H-W_3D(M)/D+W_4V(M)/V$$

$$F(T)=-W_1C(V)/C-W_2H(V)/H-W_3D(V)/D+W_4V(V)/V$$

$$F(T)=-W_1C(A)/C-W_2H(A)/H-W_3D(A)/D+W_4V(A)/V$$

其中，W_1、W_2、W_3、W_4 是各种运输工具的权重数。

3. 确定运输工具

与运输方式相协调，根据货物特性、货运量大小，选择合适规格、型号并且适载的运输工具。

4. 选择运输线路

运输线路一般应尽量安排直达、快速运输，尽可能缩短运输时间，否则可安排沿路和循环运输，以提高车辆的容积利用率和车辆的里程利用率，从而达到节省运输费用、节约运力的目的。

运输路线的选择影响到运输设备和人员的利用，确定合理的运输路线可以降低成本，因此，运输路线的确定是运输决策的一个重要领域。尽管路线选择问题种类繁多，但可以将其归纳为以下几个基本类型：

（1）起讫点不同的单一问题。对分离的、单个始发点和终点的网络运输路线选择问题，最简单和直观的方法是最短路线法。网络由结点和线组成，点与点之间由线连接，线代表点与点之间运行的成本（距离、时间或时间和距离加权的组合）。初始，除始发点外，所有结点都是未解的，即均未确定是否在选定的运输路线上。始发点作为已解的点，计算从原点开始。计算方法是：

①第 n 次迭代的目标。寻求第 n 次最近始发点的结点，重复 $n=1,2,\cdots$，直到最近的结点是终点为止。

②第 n 次迭代的输入值。$(n-1)$ 个最近始发点的结点是由以前的迭代根据离始发点的最短路线和距离计算而得的。这些结点以及始发点称为已解的结点，其余的结点是尚未解的点。

③第 n 次最近结点的候选点。每个已解的结点由线路分支通向一个或多个尚未解的结点，这些未解的结点中有一个以最短路线分支连接的是候选点。

④第 n 个最近的结点的计算。将每个已解的结点及其候选点之间的距离和从始发点到该已解结点之间的距离加起来，总距离最短的候选点即是第 n 个最近的结点，也就是始发点到达该点最短距离的路径。

在结点很多时，用手工计算比较繁杂，如果把网络的结点和连线的有关数据存入数据库中，最短路线方法就可用电子计算机求解。绝对的最短距离路径并不说明穿越网络的最短时间，因为该方法没有考虑各条路线的运行质量。因此，对运行时间和距离都设定权数就可以得出比较具有实际意义的路线。

（2）多起讫点问题。如果有多个货源地可以服务多个目的地，那么面临的问题就是，要指定各目的地的供货地，同时要找到供货地、目的地之间的最佳路径。该问题经常发生在多个供应商、工厂或仓库服务于多个客户的情况下。如果各供货地能够满足的需求数据有限，则问题会更复杂，解决这类问题常常需要运用一类特殊的线性规划算法，即运输方法求解。

（3）起讫点重合的问题。物流管理人员经常遇到的一个路线选择问题是始发点就是终点的路线选择。这类问题通常在运输工具是私人所有的情况下发生，例如，配送车辆从仓库送货至零售点，然后返回仓库，再重新装货；当地的配送车辆从零售店送货至顾客，再返回；学校巴士的运行路线；送报车辆的运行路线；垃圾收集车辆的运行路线等。这类问题求解的目标是寻求访问各点的次序，以求运行时间或距离最小化。始点和终点相重合的路线选择问题通常称为"旅行推销点"问题，对这类问题应用经验探试法比较有效。

5. 确定运输环节

每增加一次运输，不但会增加起运的运费和总运费，而且必然增加运输的附属活动，如装卸、包装等，各项技术经济指标也会因此下降。所以，减少运输环节，尤其是同类运输工具的环节，对合理运输有促进作用。在设计运输方案时，应尽量选择直达运输。

6. 运输成本核算

对运输成本进行核算，对设计出的不同运输方案核算其成本，应选择成本相对较低的运输方案。

任务实施

1. 讨论

组内自由讨论。

2. 分享

各组推选一名代表与大家分享讨论结果。

3. 评价

教师掌控教学现场，适时进行评价。

4. 定论

运输是当今人类社会生产活动和生活活动不可缺少的组成部分。选择合理的运输工具与运输路线，提高运输效率，迅速将客户托付的货物及时并完好地送达到收货方是运输调度员应该具有的基本能力。

行业链接

@物流人，你该切换智能模式了

对调度而言，接到任务后，最重要的事是及时调度足够的车辆去运输货物，保证车辆准时到位。当企业自有车辆不能满足运输需求时，就需要靠调度外协车辆来保证运力供给。然而由于人工调度的不稳定、效率低，无法高效获得合适的运力，稍一疏忽，就有可能给公司造成极大的订单损失和成本的增加。

对物流公司的客服而言，每天最头疼的就是处理催货质询和投诉，一般情况下，货物从发车后直到司机返回公司，其间的"车到哪儿，货物是否签收，什么时候签收，是否有异常"等信息，物流公司基本一无所知。上游货主想要获知货物情况，需要在司机结束送货工作后，将纸质回单带回，由物流公司客服人员将信息反馈后才知晓。若是遇到异常情况，中间协调更是费劲，上游货主查单，下游收货人询问，客服人员需反反复复与司机电话沟通、确认、等待，工作量巨大，耗时又耗力。

杭州运脉科技有限公司通过链接人、车、货，实现货主、物流方、司机之间的业务流转和工作协同，实现信息化、数字化管控，大幅提高物流管理效率，降低物流成本。

运脉物流云，让调度操作更便捷！

运力分层管理功能帮助企业搭建自身运力池，混合管理自有、合同及社会运力，根据车辆规格、运输范围等快速筛选空闲、待发、在途等不同状态的运力，运力选择更直观方便，大幅提高调度环节的工作效率，高效匹配运力。

预约请车功能通过调度线上化操作，使车辆预约更加高效、省力，能更好地满足企业的用车需求，保证车辆不脱节，确保车辆准时到位，不耽误物流时间。

运脉物流云，让订单追踪更轻松！

通过订单全程可视化功能，精准掌握货物的每个运输、分拣、中转、配送、签收等结点，订单状态一目了然。出现异常时，系统还可以预警，方便及时查明原因并找准解决方法，维护好客户的体验，减少由于物流问题造成的经济损失。

客服人员在后台就可以“看见”每笔订单的运输结点、在途轨迹、电子回单等信息，并与云司机 App 深度互联，如遇堵车、事故等突发情况，司机可使用 App 一键上传异常情况，任务完成后也可使用 App 在线签收、上传电子回单，减少了大量与司机的碎片化交流，节约时间成本，将信息及时准确地反馈给客户，提高客户满意度。同时还提供 Web 端、App、小程序、微信公众号等多元化查单方式，让货主实时查询货物的物流进度，方便又快捷，大大提升客户体验。

（资料来源：根据网络相关资料整理）

任务二　运输作业组织

受领任务

<table>
<tr><th>内　容</th><th colspan="3">任　务　指　南</th></tr>
<tr><td rowspan="2">行动目标</td><td colspan="2">知识目标</td><td>(1)掌握合理化运输的具体措施及运输作业组织流程
(2)了解合理化运输的要素
(3)熟悉不合理运输的具体形式</td></tr>
<tr><td colspan="2">技能目标</td><td>能根据合理化运输措施优化运输方案</td></tr>
<tr><td rowspan="5">资料收集任务清单</td><td colspan="2">分　组</td><td>(1)自由组合，全班均分为四或五组
(2)组名自拟(具有物流特色)、组长自选</td></tr>
<tr><td rowspan="3">资料类型</td><td>走进企业</td><td>(1)我的企业我的家：广州金域达物流有限公司宣传视频
(2)金域达物流——金域医学官网：冷链物流、服务优势</td></tr>
<tr><td>走近榜样</td><td>我的榜样我的路：金域达物流东北大区物流负责人张道海寄语青年学子
优秀毕业生
张道海的寄语</td></tr>
<tr><td>扩展阅读</td><td>(1)运输作业组织案例分享：押运员解读：高考试卷是怎样运到考场
(2)他山之石：我们在甩挂，他们在甩箱</td></tr>
<tr><td colspan="2">要　求</td><td>搜集企业运输合理化案例，熟悉各自资料，凝练成 3 分钟发言稿，题目自拟</td></tr>
</table>

引导案例

另一片“战场”：怎么保证新冠疫苗的运输安全？

新冠疫苗给民众提供生命护盾之前，要经历研发—生产—包装—运输—保存多个环节。被称为人类抗击新冠肺炎疫情的另一“战场”的疫苗冷链运输，是如何应对此次“大考”的呢？

疫苗运输中的深度冷链难题：温控

目前根据运输疫苗时温度要求的不同，有以下几种疫苗冷链——深度冷链(－70 ℃)、冻链(－20 ℃)和冷藏链(2 ℃～8 ℃)。

需要在－70 ℃条件下进行运输的深度冷链是最难的，分发过程对冷链物流是一个挑战。就目前来说，针对这类疫苗，超低温冷柜几乎是长途运输载体唯一的选择。如果是短途运输，则可以利用充满干冰的被动式冷冻箱来保存。但干冰会挤占疫苗的存储空间，同时也存在箱体内部的局部温度不均等问题，因此主要作为权宜之计。当疫苗运抵接种点后，接种机构需要选择工业用冷柜等能够维持－70 ℃低温的设备进行储存，并且一旦该疫苗移到冷藏温度柜(2 ℃～8 ℃)中，必须在短时间内完成注射。这一系列苛刻的温度要求对于接种机构而言也是艰难挑战，如果不能按预定完成接种任务就会导致大量疫苗的报废。

目前上市的新冠疫苗中，国产灭活疫苗的运输储存需要在 2 ℃～8 ℃的环境下进行，我国现有的冷链物流体系完全可以满足其运输要求。即便如此，一旦冷链体系出现一丝一毫的纰漏，都可能造成整批商品的报废，造成巨额损失，所以医药品冷链运输需要严格保障。

为此，交通运输部、国家卫生健康委、海关总署与国家药品监督管理局四部门联合印发了《新冠病毒疫苗货物道路运输技术指南》，进一步明确了对于新冠病毒疫苗货物道路运输过程中的人员配置、车辆设备以及运输环节等方面的要求。

不仅如此，运输疫苗的企业也要经过层层把关筛选，只有满足所有装备要求的企业，才能接受疫苗运输的任务。

(资料来源：中国科普博览)

任务分析

据统计与分析，在中国，大部分物流企业的资产回报率仅为 1%。中国运输电子产品和食品的成本较高，低下的运输效率直接导致了企业回报率降低，同时也意味着大量金钱在运输途中被燃烧了。可见，加强运输过程管控意义重大，为此，让我们以运输专员、运输调度员的身份，从运输合理化基础知识认知入手，去探索、组织合理化的运输作业。

知识链接

一、运输合理化

1. 运输合理化的概念

运输合理化是指在实现物质实体从生产地到消费地转移的过程中，运用系统理论和系统工程原理和方法，充分有效地选择合理的运输工具和运输路线，以最短的距离、最少的环节、最快的时间、最小的成本，及时、迅速、按质和安全地完成运输任务。

运输合理化是指按商品自然流向，组织商品合理运输的活动，它直接决定商品物流的效率与效果。合理优化的商品运输不仅节约物流成本，提高商品运动的速度，而且，还由于它能够有效地连接生产与消费，从而既有利于物流服务和商品附加值的实现，又能有效地促进生产商高效地生产，真正使供应链的管理建立在适需经营的基础上。

2. 合理运输五要素

运输合理化的影响因素很多，起决定性作用的有五方面的因素，称做合理运输的五要素。

(1)运输距离。在运输时，运输时间、运输货损、运费、车辆或船舶周转等运输的若干技术经济指标，都与运距有一定比例关系，运距长短是运输是否合理的一个最基本因素。缩短运输距离从宏观、微观角度都会带来好处。

(2)运输环节。每增加一次运输，不但会增加起运的运费和总运费，而且必然增加运输的附属活动，如装卸、包装等，各项技术经济指标也会因此下降。所以，减少运输环节，尤其是同类运输工具的环节，对合理运输有促进作用。

(3)运输工具。各种运输工具都有其适用的优势领域，对运输工具进行优化选择，按运输工具特点进行装卸运输作业，最大程度地发挥所用运输工具的作用，是运输合理化重要的一环。

(4)运输时间。运输是物流过程中需要花费较多时间的环节，尤其是远程运输，在全部物流时间中，运输时间占绝大部分，所以，运输时间的缩短对整个流通时间的缩短有决定性的作用。此外，运输时间短，有利于运输工具的加速周转，充分发挥运力的作用，有利于货主资金的周转，有利于运输线路通过能力的提高，对运输合理化有很大贡献。

(5)运输费用。运费在全部物流费中占很大比例，运费高低在很大程度上决定整个物流系统的竞争能力。实际上，运输费用的降低，无论对货主、企业来讲，还是对物流经营企业来讲，都是运输合理化的一个重要目标。对运费的判断，也是各种合理化实施是否行之有效的最终判断依据之一。

二、不合理运输形式认知

不合理运输是在现有条件下可以达到的运输水平而未达到，从而造成了运力浪费、运输时间增加、运费超支等问题的运输形式。

目前，我国存在的主要的不合理运输形式有：

1. 返程或起程空驶

空车无货载行驶可以说是不合理运输的最严重形式。

在实际运输组织中，有时候必须调运空车，从管理上不能将其看成不合理运输。但是，因调运不当、货源计划不周、不采用社会化运输而形成的空驶，是不合理运输的表现。造成空驶的不合理运输主要有以下几种原因：

(1)能利用社会化的运输体系而不利用，却依靠自备车送货提货，这往往出现单程重车、单程空驶的不合理运输。

(2)由于工作失误或计划不周，造成货源不实，车辆空去空回，形成双程空驶。

(3)由于车辆过分专用,无法搭运回程货,只能单程实车、单程回空周转。

2. 对流运输

对流运输亦称“相向运输”“交错运输”,指同一种货物,或彼此间可以互相代用而又不影响管理、技术及效益的货物,在同一线路上或平行线路上做相对方向的运送,而与对方运程的全部或一部分发生重迭交错的运输。已经制订了合理流向图的产品,一般必须按合理流向的方向运输,如果与合理流向图指定的方向相反,也属对流运输。

在判断对流运输时需注意的是,有的对流运输是不很明显的隐蔽对流,例如不同时间的相向运输,从发生运输的那个时间看,并无出现对流。

3. 迂回运输

迂回运输是舍近取远的一种运输,指可以选取短距离进行运输,却选择路程较长路线进行运输的一种不合理形式。迂回运输有一定复杂性,只有当计划不周、地理不熟、组织不当而发生的迂回,才属于不合理运输;如果最短距离有交通阻塞、道路情况不好或有对噪音、排气等特殊限制而不能使用时发生的迂回,不能称不合理运输。

4. 重复运输

本来可以直接将货物运到目的地,但是在未达目的地之前,或在目的地之外的其他场所将货卸下,再重复装运送达目的地,这是重复运输的一种形式。另一种形式是,同品种货物在同一地点运进的同时又向外运出。重复运输的最大问题是增加了非必要的中间环节,这就延缓了流通速度,增加了费用,增大了货损。

5. 倒流运输

倒流运输是指货物从销地或中转地向产地或起运地回流的一种运输现象。其不合理程度要甚于对流运输,其原因在于:往返两程的运输都是不必要的,形成了双程的浪费。倒流运输也可以看成隐蔽对流的一种特殊形式。

6. 过远运输

过远运输是指调运物资舍近求远,近处有资源不调而从远处调,这就造成可采取近程运输而未采取、拉长了货物运距的浪费现象。过远运输占用运力时间长,运输工具周转慢,物资占压资金时间长,远距离自然条件相差大,又易出现货损,增加了费用支出。

7. 运力选择不当

运力选择不当是指没有发挥运输工具优势,不正确地利用运输工具造成的不合理现象。常见有以下若干形式:

(1)弃水走陆。弃水走陆指在同时可以利用水运及陆运时,不利用成本较低的水运或水陆联运,而选择成本较高的铁路运输或汽车运输,使水运优势不能发挥。

(2)铁路、大型船舶的过近运输。不是铁路及大型船舶的经济运行里程却利用这些运力进行运输的不合理做法。主要不合理之处在于火车及大型船舶起运及到达目的地的准备、装卸时间长,且机动灵活性不足,在过近距离中利用,发挥不了运速快的优势。相反,由于装卸时间长,反而会延长运输时间。另外,和小型运输设备相比,火车及大型船舶装卸难度大,费用也较高。

(3)运输工具承载能力选择不当。不根据承运货物数量及重量选择,而盲目决定运输工具,造成过分超载、损坏车辆及货物不满载、浪费运力的现象。尤其是“大马拉小车”现象发生较多。由于装货量小,单位货物运输成本必然增加。

8. 托运方式选择不当

对于货主而言，在可以选择最好的托运方式时而未选择，造成运力浪费及费用支出加大的一种不合理运输。

例如，应选择整车反而采取零担托运，应当直达而选择了中转运输，应当中转运输而选择了直达运输等，都属于这一类型的不合理运输。

三、合理化运输措施探求

运输成本在物流成本中所占的比重最大。物流合理化在较大程度上取决于运输的合理化。因此，在物流过程的各项业务活动中，运输是关键。运输合理化的途径有以下几个方面：

1. 运输网络的合理配置

运输网络是指由若干个收发货“结点”与其之间的“连线”所构成的组织网络以及与之相伴随的信息流网络的有机系统。企业设置的收发货结点是指各层仓库，如制造厂仓库、中间商仓库、中转点仓库以及流通加工配送中心。

运输网络研究的中心问题是确定生产地和消费地的位置，各层级仓库及流通层次的位置、规模和数量。企业在规划运输网络时，需要考虑其经营战略、销售政策等重要因素。物流中心的设置应有利于货物直送比率的提高。物流中心的数量、布局等问题应该整体规划，统一考虑，这样才可能既满足销售需要，又能减少交叉、迂回、空载等不合理运输，完善和优化物流网络，降低运输成本，提高竞争能力。

2. 选择最佳的运输方式

选择运输方式通常应考虑因素包括运输成本、安全性、可靠性、及时性等。铁路、公路、水运、航空、管道 5 种运输方式，各有其经济技术特点，其运载的货运对象也有所差别。

铁路和水运的特点是运量大、运费低，适于长距离、大批量的干线运输，运输的货物适于“重、厚、长、大”，经济运输里程为 200 km 以上；不足是灵活性差，两头需要配套设备衔接，装卸搬运次数多。公路运输的特点是适合短距离、小批量、多品种的支线运输，适宜运输“轻、薄、短、小”的货物，此外，灵活性高，可开展“门到门”的送货服务；不足之处在于长途运输和大批量的干线运输缺乏优势，汽车废气不利环保。航空运输的特点是速度快，这是其最大的优势，保鲜果蔬、高价值商品、紧急救险、救灾物资等适合航空运输方式；缺点是运费高、运量小。管道运输的特点是采用密闭装备，运输途中能避免散失、遗漏，而且运输量大、有连续性、占地小、零包装；但是运输对象仅限于气体、液体和粉状物。

开展中短距离铁路公路分流，“以公代铁”的运输是选择最佳的运输方式的经验做法。这一措施的要点是在公路运输经济里程范围内，或者经过论证，超出通常平均经济里程范围，也尽量利用公路。这种运输合理化的表现主要有两点：一是对于比较紧张的铁路运输，用公路分流后，可以得到一定程度的缓解，从而加大这一区段的运输能力；二是充分利用公路门到门和在中途运输中速度快且灵活机动的优势，实现铁路运输服务难以达到的水平。

我国“以公代铁”目前在杂货、日用百货运输及煤炭运输中较为普遍，一般在 300 km 以内，有时可达 700～1 000 km。山西煤炭外运经认真的技术经济论证，用公路代替铁路运至河北、天津、北京等地是合理的。

3. 提高运行效率

努力提高车辆实载率,可以降低单位货物的运输成本,也是提高运行效率的措施。

实载率有两个含义:一是单车实际载重与运距的乘积和标定载重与行驶里程的乘积的比率,这在安排单车、单船运输时,是判断装载合理与否的重要指标;二是车船的统计指标,即一定时期内车船实际完成的货物周转量(以 t·km 计)占车船载重吨位与行驶里程乘积的百分比。在计算时,车船行驶的里程,不但包括载货行驶,也包括空驶。

提高实载率的意义在于:充分利用运输工具的额定能力,减少车船空驶和不满载行驶的时间,减少浪费,从而求得运输的合理化。

配载运输也是提高运行效率的重要手段,是充分利用运输工具的载重量和容积,合理安排装载的货物及载运方法以求合理化的一种运输方式。配载运输也是提高运输工具实载率的一种有效形式。配载运输往往是轻重商品的混合配载,在以重质货物运输为主的情况下,同时搭载一些轻泡货物,如海运钢材、矿石等重质货物,在仓面捎运木材、毛竹等,在基本不增加运力投入、不减少重质货物运输的情况下,解决了轻泡货的搭运,因而效果显著。

提高运行效率,还要大力推广新的运输模式,如多式联运、成组化运输、智能化运输等。

采取减少动力投入,提高有效工作时间,增加运输能力的有效措施使之合理化。目前,国内外在这方面的有效措施如下:

(1)铁路运输的"满载超轴"。其中"超轴"的含义就是在机车能力允许情况下,多加挂车皮。我国在客运紧张时,也采取加长列车、多挂车皮的办法,在不增加机车的情况下增加运输量。

(2)水运拖排和拖带法。竹、木等物资的运输,利用竹、木本身浮力,不用运输工具载运,采取拖带法运输,可省去运输工具本身的动力消耗从而求得合理;将无动力驳船编成一定队形,一般是"纵列",用拖船拖带行驶,可以有比船舶载乘运输运量大的优点,求得合理化。

(3)顶推法。顶推法是我国内河货运采取的一种有效方法,指将内河驳船编成一定队形,由机动船顶推前进的航行方法。其优点是航行阻力小,顶推量大,速度较快,运输成本很低。

(4)汽车挂车。汽车挂车的原理和船舶拖带、火车加挂基本相同,都是在充分利用动力能力的基础上,增加运输能力。

4. 尽量发展直达运输

直达运输主要指运输部门尽量减少货物运输的中间环节,把货物由产地直接运送给客户,它是交通运输部门组织的主要形式。直达运输是追求运输合理化的重要形式,其对合理化的追求要点是缩短货物运输时间,通过减少中转换载,从而提高运输速度,省却装卸费用,降低中转货损。直达的优势,尤其是在一次运输批量和用户一次需求量达到了一整车时表现最为突出。此外,在生产资料、生活资料运输中,通过直达,建立稳定的产销关系和运输系统,也有利于提高运输的计划水平。特别需要一提的是,如同其他合理化措施一样,直达运输的合理性也是在一定条件下才会有所表现,不能绝对认为直达一定优于中转。这要根据用户的要求,从物流总体出发做综合判断。如果从用户需要量看,批量大到一定程度,直达是合理的,批量较小时中转是合理的。

发展"四就"直拨运输是发展直达运输的重要手段。"四就"直拨是减少中转运输环节,力求以最少的中转次数完成运输任务的一种形式。一般批量到站或到港口的货物,首先要进分配部门或批发部门的仓库,然后再按程序分拨或销售给用户。这样一来,往往出现不合理运输。

"四就"直拨，首先是由管理机构预先筹划，然后就厂或就站（码头）、就库、就车（船）将货物分送给用户，不需再入库了。

5. 采用先进的科学技术

依靠科技进步是运输合理化的重要途径。例如，专用散装及罐车解决了粉状、液状物运输损耗大、安全性差等问题，袋鼠式车皮、大型半挂车解决了大型设备的整体运输问题，滚装船解决了车载货的运输问题，集装箱船比一般船能容纳更多的箱体，集装箱高速直达车船加快了运输速度等，都是通过先进的科学技术实现合理化。

6. 推进共同运输

现在提倡的现代运输社会化是发展运输的大生产优势，打破一家一户自成运输体系，其核心是追求组织效益和规模效益，所以发展社会化的运输体系是运输合理化的非常重要的措施。

通过流通加工，使运输合理化。有不少产品，由于产品本身形态及特性问题，很难实现运输的合理化，如果进行适当加工，就能够有效解决合理运输问题。例如，将轻泡产品预先捆紧包装成规定尺寸，装车就容易提高装载量；纸材预先加工成干纸浆，然后压缩体积运输，就能解决纸材运输不满载的问题；机械产品分解运输，就可提高车辆装载率并降低运输损耗。

运输合理化的目标不仅要考虑运输系统的基本特性，还要综合考虑物流系统整体最优，以提高物流服务质量。事实上，每个客户的需求侧重点不同，因此，应细化客户差异性需求，确定每一个客户的需求模型，据此为客户"量身定做"物流运作方案。

四、优化运输方案

1. 评判原有运输方案

分析原有运输方案是否存在不合理运输现象，做出准确评判。

2. 对原方案进行优化

对运输方案中存在的不合理运输现象进行修正，采取多种合理化运输措施优化运输方案。

五、运输作业组织

上海佳吉快运有限公司运输作业组织流程简述如下：

1. 货物接单

接受客户的货物运输要求并发快运计划，快运部接收客户的出库提货单证。

2. 货物登记

快运部人员把货物到达的目的地和标定收货人提货号码写在登记表里，司机到快运部拿提货单并在运输登记本上确认签收。

3. 调用安排

运输计划的填写、运输全过程的填写（包括在途、送到跟踪，货物完整情况）、制作追踪反馈表及计算机输单。

4. 车队安排

根据快运方向、重量、体积统筹安排车辆。报运输计划给客户处，并确认到厂提货时间。

5. 提货、发送运输

准时到达客户提货仓库—检查车辆情况—办理提货手续—提货—办理出厂手续—电话通知收货客户预达时间。

6. 全程跟踪

建立收货客户电子档案；与司机做好货运跟踪，及时反馈途中信息；向收货人汇报快运情况；填写电子货运跟踪记录；有异常情况及时与客户联系。

7. 货到签收

准时准确到达指定卸货地点；货物交接；签收。确保准确，保证运输产品的数量和质量与客户出库单一致。将签收货物回执单用 EMS 或传真反馈至物流公司。

8. 运费结算

整理好收费票据；做好收费汇总表交至客户，确认后交回财务结算部门；财务结算部门开具发票，向客户收取运费。

任务实施

药品运输注意事项

1. 讨论

请扫码观看视频并讨论：如何实现运输作业合理化？

2. 分享

各组推选一名代表与大家分享讨论结果。

3. 评价

教师掌控教学现场，适时进行评价。

4. 定论

物流合理化在很大程度上取决于运输的合理化。重视合理运输“五要素”，优化运输方案，加强运输作业过程管控才能实现各物流环节的合理衔接，取得最佳的经济效益。

行业链接

检测能力+冷链物流，打造差异化竞争的护城河

第三方医学实验室的开创者金域医学位于广州，截至 2020 年 11 月下旬，金域医学累计新冠核酸检测超过 2 700 万人份，约占全国核酸检测总量近十分之一。是什么铸就了金域高效战“疫”的硬实力？

除专业化的检测能力外，检测标本运输是 ICL 服务的一个重要环节，病毒属于易感性样本，需要专人专车运输，此次高效抗疫的背后，离不开金域医学高效的冷链物流体系。

高效的运营能力，通过自有物流网络与社会资源的定向协作，为客户提供以逆向运输为主、正向运输为辅的客制化模块式运输服务；通过标准操作流程、路由设计及货物投保机制保障高价值货物的安全，为客户提供完整的物流解决方案，满足生命科学、生物医药、诊断试剂等行业客户多样的个性化物流需求。

精准化温控冷链管理,使用VIP等不同材质的保温箱、无源制冷冰排和GPS温度计的设备组合,实现常温(15 ℃～25 ℃)、冷藏(2 ℃～8 ℃)、冷冻(－15 ℃～－25 ℃)、深冷冻[－60 ℃～－40 ℃,干冰(－80 ℃)]不同温区范围的长途控温运输服务。

智能化的平台管控:自主研发的智能信息化物流系统让服务更加便利,轻松录入订单信息,轻松查询货物状态,轻松解决疑难问题,轻松整理统计信息,实现全程严密监控、信息实时传递。

合规化的医疗冷仓管控:高标配、高标准、高度安全,集信息化与专业化管理的第三方生物样本存储中心拥有超过500万例的生物样本、病理样本管控经验;自主研发的生物样本库管理系统;以－80 ℃、－20 ℃超低温冰箱库为主,符合医疗需求的合规冰箱库和冷库;多样的增值服务:样本的离心、移液、分装及其耗材包的定制服务;多维度保障生物样本存储管理的有序可控运行。

定制化的服务流程:因地制宜,为医疗项目量身定制冷链物流方案。

覆盖32个省超过2 340个网点的运输网络、领先的包装方案、卓越的温度监控、强大的信息化系统,金域达专业的医疗冷链物流团队,在此次抗疫中发挥了很大作用。

(资料来源:根据网络资料整理)

项目小结

学习任务	认知结果
任务一　运输方案设计	信息收集—运输方式选择—运输工具选择—运输线路选择—运输环节确定—运输成本核算
任务二　运输作业组织	接单—货物登记—调用安排—车队安排—提货发送运输—全程跟踪—货到签收—运费结算

实战演练

一、自我测试

1. 单项选择题

(1)下列能够实现门到门运输的运输方式是(　　)。

A. 公路　　B. 铁路　　C. 水路　　D. 航空

(2)运输20 t以下的货物用(　　)运输。

A. 汽车　　B. 火车　　C. 轮船　　D. 飞机

(3)500 km以上,运输量大的货物用(　　)运输。

A. 汽车　　B. 火车　　C. 轮船　　D. 飞机

(4)(　　)的最大问题是增加了非必要的中间环节，这就延缓了流通速度，增加了费用，增大了货损。

A. 对流运输　　B. 重复运输　　C. 倒流运输　　D. 过远运输

(5)(　　)指调运物资舍近求远，近处有资源不调而从远处调，这就造成可采取近程运输而未采取、拉长了货物运距的浪费现象。

A. 迂回运输　　B. 重复运输　　C. 倒流运输　　D. 过远运输

2. 多项选择题

(1)运输是用设备和工具，将物品从一地点向另一地点运送的物流活动，其中包括(　　)、装入、卸下、分散等一系列操作。

A. 集货　　B. 分配　　C. 搬运　　D. 中转

(2)指导运输管理与运营的两条基本原理是(　　)。

A. 规模经济　　B. 包装经济　　C. 搬运经济　　D. 距离经济

(3)按照使用运输设备及运输工具的不同，可将运输分为(　　)和管道运输。

A. 公路　　B. 铁路　　C. 水路　　D. 航空

(4)下列是运输合理化的影响因素的有：(　　)、运输费用。

A. 运输距离　　B. 运输环节　　C. 运输工具　　D. 运输时间

(5)下列(　　)是舍近取远的运输。

A. 对流运输　　B. 迂回运输　　C. 倒流运输　　D. 过远运输

(6)影响运输成本的因素有：(　　)、搬运的难易、责任、市场。

A. 距离　　B. 装载量　　C. 产品密度　　D. 配积载能力

二、小组攻关

1. 思考讨论

(1)运输在物流系统中发挥着哪些作用？

(2)运输包括哪些类型？

(3)影响运输方式选择的因素有哪些？

(4)在选择运输工具时，主要考虑哪些方面的因素？

(5)如何选择运输路线？

(6)什么是运输合理化？

(7)造成空驶的不合理运输主要有哪些原因？

(8)运输合理化的途径有哪几个方面？

(9)什么是“四就”直拨？

(10)如何优化运输方案？

2. 物流史话——古代物流之中华印记

请网上搜索：“中国古代‘物流’运输工具”，并阅读相关资料，试分析历代运输工具的传承情况。试述科技创新对物流运输的意义。

3. 技能训练

到企业调研，收集该企业的运输方案，并判断其是否合理。

项目九　认知流通加工作业活动

任务一　流通加工作业计划编制

受领任务

<table>
<tr><th>内　容</th><th colspan="3">任　务　指　南</th></tr>
<tr><td rowspan="2">行动目标</td><td colspan="2">知识目标</td><td>(1)掌握流通加工计划、流通加工的基本业务内容
(2)了解流通加工的概念、特点、作用,生产加工与流通加工的区别
(3)熟悉几种典型的流通加工技术</td></tr>
<tr><td colspan="2">技能目标</td><td>能编制流通加工作业计划</td></tr>
<tr><td rowspan="5">资料收集任务清单</td><td colspan="2">分　　组</td><td>(1)自由组合,全班均分为四或五组
(2)组名自拟(具有物流特色)、组长自选</td></tr>
<tr><td rowspan="3">资料类型</td><td>走进企业</td><td>(1)我的企业我的家:沃尔玛(中国)宣传视频
(2)沃尔玛(中国)官网:新闻动态、招聘信息</td></tr>
<tr><td>走近榜样</td><td>我的榜样我的路:沃尔玛零售公司创始人的励志故事——一面墙,一种命运</td></tr>
<tr><td>扩展阅读</td><td>(1)延迟策略
(2)配送中心流通加工作业视频</td></tr>
<tr><td colspan="2">要　　求</td><td>将收集来的流通加工设备图片制作成课件、展示给大家</td></tr>
</table>

报喜鸟服装自动化物流配送中心的配送加工作业

为了有利于与第三方物流承运商进行结算,报喜鸟要求每一箱货物,无论是原箱还是拆零拣选后的包装箱,都必须要有重量信息。该重量信息不但要在仓库管理系统里能查询到,而且要求打印在箱子的表面,这对物流技术在服装行业的使用提出了更高的要求。报喜鸟服装自动化物流配送中心在货物经复核包装后进入自动分拣机前引入了自动称重技术,采用世界先进的称重设备，辅助后台驱动平台，在每一箱识别之前都要进行位置整理、条码阅读等，然后完成自动称重、重量数据自动记录、自动绑定等工作。为了实现重量信息的打印功能，采用了自动贴标技术，在自动称重设备的下一步配置了高速自动贴标设备，将刚刚记录的重量信息自动贴标在箱子的指定位置，确保在箱子的交接过程中能对此重量信息一目了然。

而服装产品在运输过程中的丢货现象一直是令人头痛的顽症，各个企业为解决此问题想了很多办法。其中森马上海物流中心采用的自动在线热塑膜技术很好地解决了这一问题。但是，森马项目中的纸箱子的大小尺寸是完全一样的，报喜鸟的箱子尺寸差异很大，甚至有的相差两倍以上，这为自动热塑膜技术带来了很大的挑战。经过详细的调研、方案比较和仔细的深化设计，研制出异尺寸自动热塑膜设备，满足了报喜鸟的这一技术要求。

（资料来源：中国物流产品网）

任务分析

配送中心流通加工部主管负责流通加工作业的日常管理，制订流通加工作业计划，组织、管控流通加工作业是其主要的工作职责，让我们以流通加工部主管的身份，从认知流通加工作业的基础知识入手，编制流通加工作业计划。

知识链接

一、流通加工基础知识认知

1. 流通加工概念

流通加工是指“物品在从生产地到使用地的过程中，根据需要施加包装、分割、计量、分拣、刷标志、拴标签和组装等简单作业的总称”。

流通加工是流通中的一种特殊形式。在流通过程中，辅助性的加工活动都称为流通加工。

2. 流通加工的意义及作用

(1)流通加工的意义。

①流通加工完善了流通环节的衔接。流通加工是具有补充、完善、提高、增强作用的功能要素，它能起到运输、储存等其他功能要素无法起到的作用。由于现代社会生产的相对集中和消费的相对分散，生产和消费往往不能密切衔接，而通过流通加工就可以较好地有效解决这个供需矛盾。流通加工是提高物流水平、促进流通向现代化发展的不可缺少的形态。

②流通加工是物流中的重要利润源。流通加工是一种低投入高产出的加工方式，往往以简单加工解决大问题。实践证明，有的流通加工通过改变装潢使商品档次跃升而充分实现其价值，有的流通加工将产品利用率一下子提高了20％～50％，甚至更高，如对平板玻璃进行流通加工(集中裁制，开片供应)，玻璃利用率从60％左右提高到85％～90％，这是采取一般方法提高生产率所难以企及的。根据我国近些年的实践，流通加工单就向流通企业提供利润一点，

其成效并不亚于从运输和储存中挖掘的利润，是物流中的重要利润源。

③流通加工是国民经济中的重要产业形态。目前，在世界许多国家和地区的物流中心或仓库经营中都大量存在流通加工业务，有的规模也很大，在美国、日本等发达国家则更为普遍。而在我国，随着经济增长、国民收入增加，消费者的需求出现多样化，从而促使在流通领域也开展流通加工。在整个国民经济的组织和运行方面，流通加工是其中一种重要的加工形态，对推动国民经济的发展、完善国民经济的产业结构和生产分工有一定的意义。

(2)流通加工的作用。

①提高原材料利用率。利用流通加工环节进行集中下料，是将生产直运来的简单规格产品，按使用部门的要求进行下料。例如，将钢板进行剪板、切裁；将钢筋或圆钢裁制成毛坯；将木材加工成各种长度及大小的板、方等。集中下料可以优材优用、小材大用、合理套裁，有很好的技术经济效果。

②进行初级加工，方便用户。用量小或临时需要的使用单位，缺乏进行高效率初级加工的能力，依靠流通加工可使使用单位省去进行初级加工的投资、设备及人力，从而搞活供应，方便用户。目前发展较快的初级加工有：将水泥加工成生混凝土，将原木或板方材加工成门窗，冷拉钢筋及冲制异型零件、钢板预处理、整形、打孔等加工。

③提高运输保管效率。使商品在克服了时间距离后，仍然可以保持新鲜状态。如食品的保鲜包装、罐装食品加工等。

组装型商品在运输和保管过程中处于散件状态，出库配送前或者到达用户后再进行组装，以此提高运输工具的装载率和仓库保管效率。例如，对物品实施流通加工后，再组织运输，可以消灭无效运输，提高运输工具的实载率。

④提高商品的附加值。蔬菜等食品原料经过深加工，如加工成半成品，可以满足消费者对商品的需求，提高商品的附加价值。

3. 流通加工与生产加工的区别

流通加工是在流通领域从事的简单生产活动，具有生产制造活动的性质，流通加工和一般的生产型加工在加工方法、加工组织、生产管理方面并无显著区别，但在加工对象、加工程度方面差别较大，其主要差别表现在以下 6 个方面：

(1)加工对象不同。流通加工的对象是进入流通过程的商品，具有商品的属性。流通加工的对象是商品，生产加工对象是原材料、零配件、半成品，不是最终产品。

(2)所处环节不同。流通加工是在流通过程中的加工，生产加工是在生产过程中的加工。

(3)加工程度不同。流通加工大多是简单加工，是生产加工的一种辅助及补充，它绝不能取消或代替生产加工。生产加工是复杂加工。

(4)附加价值不同。流通加工是完善产品的使用价值，并在不做大的改变的情况下提高价值。生产加工的目的在于创造价值及使用价值。

(5)加工单位不同。流通加工由商业或物资流通企业密切结合流通的需要进行组织加工来完成。而生产加工则由生产企业完成。

(6)加工目的不同。流通加工是除了以消费为目的所进行的加工，也有时候是以自身流通为目的所进行的加工，纯粹是为流通创造条件。生产加工是以交换、消费为目的的商品生产。

二、几种典型的流通加工作业

1. 生产资料的流通加工

(1)钢材的流通加工。各种钢材(钢板、型钢、线材等)的长度、规格有时不完全适用于客户,如热轧厚钢板等板材的最大交货长度可达 7 m～12 m,有的是成卷交货,对于使用钢板的用户来说,如果采用单独剪板、单独下料方式,设备闲置时间长,人员浪费大,不容易采用先进方法;而采用集中剪板、集中下料方式,可以避免单独剪板、单独下料的一些弊病,提高材料利用率。

钢材的流通加工主要有剪板加工、薄板切断、型钢熔断、厚钢板切割、线材切断等集中下料以及线材冷拉加工等方式。

和钢板的流通加工类似的还有薄板的切断、型钢的熔断、厚钢板的切割、线材切断等集中下料以及线材冷拉加工等。

如生产汽车、冰箱、冰柜、洗衣机等的生产制造企业每天需要大量的钢板,除了大型汽车制造企业外,一般规模的生产企业如若自己单独剪切,难以解决因用料高峰和低谷的差异引起的设备忙闲不均和人员浪费问题,如果委托专业钢板剪切加工企业,可以解决这个矛盾。

(2)水泥的流通加工。

①水泥熟料磨制加工。水泥的半成品熟料是颗粒状物体,不会造成粉尘飞扬,不会吸潮变质失效,将水泥熟料这种半成品投入到物流过程中,在水泥使用者所在地附近设立加工点,再将这种熟料研磨成粉状,就成为成品水泥。

在需要经过长距离输送供应的情况下,以熟料形态代替传统的粉状水泥有很多优点。

• 可以大大降低运费,节省运力。运输普通水泥和矿渣水泥平均约有 30%以上的运力消耗在矿渣及其他各种加入物上。在我国水泥需用量较大的地区,工业基础大都较好,当地又有大量的工业废渣。如果在使用地区对熟料进行粉碎,可以根据当地的资源条件选择混合材料的种类,这样就节约了消耗在混合材料上的运力,节省了运费。同时,水泥输送的吨位也大大减少,有利于缓和铁路运输的紧张状态。

• 可按照当地的实际需要大量掺加混合材料。生产廉价的低标号水泥,发展低标号水泥的品种,就能在现有生产能力的基础上更大限度地满足需要。我国大、中型水泥厂生产的水泥,平均标号逐年提高,但是目前我国使用水泥的部门大量需要较低标号的水泥,然而,大部分施工部门没有在现场加入混合材料来降低水泥标号的技术设备和能力,因此,不得已使用标号较高的水泥,这是很大的浪费。如果以熟料为长距离输送的形态,在使用地区加工粉碎,就可以按实际需要生产各种标号的水泥,尤其可以大量生产低标号水泥,以减少水泥长距离输送的数量。

• 容易以较低的成本实现大批量、高效率的输送。从国家的整体利益来看,在铁路输送中运力利用率比较低的输送方式显然不是发展方向。如果采用输送熟料的流通加工形式,可以充分利用站、场、仓库等地现有的装卸设备,又可以利用普通车皮装运,比散装水泥方式具有更好的技术经济效果,更适合于我国的国情。

• 可以大大降低水泥的输送损失。未磨细的熟料抗潮湿的稳定性很强。所以,输送熟料也基本可以防止由于受潮而造成的损失。此外，颗粒状的熟料也不像粉状水泥那样易于散失。

• 能更好地衔接产需，方便用户。采用长途输送熟料的方式，水泥厂就可以和有限的熟料粉碎工厂之间形成固定的直达渠道，使水泥的物流更加合理，从而实现经济效果较优的物流。水泥的用户也可以不出本地区而直接向当地的熟料粉碎工厂订货，因而更容易沟通产需关系，大大方便用户。

②混凝土集中搅拌。将粉状水泥运送到使用地区的流通加工点(称为集中搅拌混凝土工厂)，在那里将粉状水泥添加上黄沙、石块、其他配料和水，搅拌成商品混凝土，然后供应给各个建筑工地或预制件生产厂使用。有时将熟料粉碎与混凝土搅拌结合起来，效果更好。

这种水泥流通加工方法有如下优点：

• 将水泥的使用从小规模的分散形态改变为大规模的集中加工形态，因此，可以利用现代化的科技手段，组织现代化大生产。

• 集中搅拌可以采取准确的计量手段，选择最佳的工艺，提高混凝土的质量和生产效率，节约水泥。

• 可以广泛采用现代科学技术和设备，提高混凝土质量和生产效率。

• 可以集中搅拌设备，有利于提高搅拌设备的利用率，减少环境污染。

• 在相同的生产条件下，能大幅度降低设备、设施、电力、人力等费用。

• 可以减少加工据点，形成固定的供应渠道，实现大批量运输，使水泥的物流更加合理。

• 有利于新技术的采用，简化工地的材料管理，节约施工用地等。

(3)木材的流通加工。木材流通加工可依据木材的种类、地点等，来决定加工方式。在木材产区可对原木进行流通加工，使之成为容易装载、易于运输的形状。

①磨制木屑，压缩输送。这是一种为了方便流通的加工。木材是容重轻的物资，在运输时占有相当大的容积，往往使车船满装但不能满载，同时，装车、捆扎也比较困难。从林区外送的原木中有相当一部分是造纸材，木屑可以制成便于运输的形状，以供进一步加工，这样可以提高原木利用率、出材率，也可以提高运输效率，具有相当客观的经济效益。例如，美国采取在林木生产地就地将原木磨成木屑，然后压缩使之成为容重较大、容易装运的形状，而后运至靠近消费地的造纸厂，取得了较好的效果。根据美国的经验，采取这种办法比直接运送原木节约一半的运费。

②集中开木下料。在流通加工点将原木锯截成各种规格锯材，同时将碎木、碎屑集中加工成各种规格板，甚至还可进行打眼、凿孔等初级加工。过去，用户直接使用原木，不但加工复杂、加工场地大、加工设备多，更严重的是资源浪费严重，木材平均利用率不到50%，平均出材率不到40%。实行集中下料，按用户要求供应规格料，可以使原木利用率提高到95%，出材率提高到72%左右，有相当好的经济效果。

(4)玻璃的流通加工。平板玻璃的集中套裁、开片供应是重要的流通加工方式。在城镇居民集中区设置玻璃加工中心，按用户提供的尺寸统一裁制小块玻璃，向用户提供成品玻璃。这样做可以提高平板玻璃利用率，由分散切割玻璃的利用率60%提高到90%以上，并且可以集中回收玻璃的边角余料。从玻璃厂到套裁中心运输平板玻璃可以搞大规模集装，简化了玻璃的包装，降低了运输过程中的破损。

(5)煤炭的流通加工。

①除矸加工。以提高煤炭纯度为目的的加工形式。一般煤炭中混入的矸石有一定发热

量，混入一些矸石是允许的，也是较经济的。但是，有时则不允许煤炭中混入矸石，在运力十分紧张的地区要求充分利用运力，降低成本，多运“纯物质”，少运矸石，在这种情况下，可以采用除矸的流通加工方法排除矸石。除矸加工可提高煤炭运输效益和经济效益，减少运输能力浪费

②煤浆加工。在流通的起始环节将煤炭磨成细粉，本身便有了一定的流动性，再用水调和成浆状，则具备了流动性，可以像其他液体一样进行管道输送。将煤炭制成煤浆采用管道输送是一种新兴的加工技术。这种方式不和现有运输系统争夺运力，输送连续、稳定、快速，是一种经济的运输方法。

③配煤加工。在煤炭用户相对集中的地区设立配煤加工中心，将各种质量的煤及煤矸石等其他发热物质按不同配方混合，配成各种发热量的燃料，既满足了不同类型用户的需要，又避免了浪费，便于控制生产过程和产品质量。

2. 消费物品的流通加工

消费物品的流通加工有纤维制品的缝制和整烫、贴标签、家具组装等。这种流通加工一方面是为了提高顾客服务水平，另一方面也是为了提高物流效率。

(1)机电产品及零部件的流通加工。自行车及机电产品设备储运问题一直困扰企业，如进行防护包装，包装成本过大，并且运载困难，装载效率低，流通损失严重。为解决储运问题，降低储运费用，采用半成品(部件)高容量包装出厂，在消费地拆箱组装的方式。组装一般由流通部门在所设置的流通加工点进行，组装之后随即进行销售。

(2)服装、书籍的流通加工。服装流通加工主要指的不是材料的套裁和批量缝制，而是在批发商的仓库或配送中心进行缝商标、拴标签、改换包装等简单的加工作业。近年来，因消费者要求的个性化，退货大量增加，从商场退回来的衣服，一般在仓库或配送中心重新分类、整理、改换价签和包装。

国外书籍的流通加工作业主要有：简单的装帧、套书壳、拴书签，以及退书的重新整理、复原等。

3. 食品的流通加工

第一产业的农、林、牧、副、渔为人类提供了绝大多数的生活必需品，其中多数是肉、蛋、奶、海产、蔬菜、水果。生鲜食品的物流一直是物流系统的难点，其运输、储存条件非常苛刻，非常容易发生变质、破损、污染、不新鲜等生化变化，轻则丧失食品的部分使用价值，重则完全丧失使用价值和价值，甚至危及人类健康。食品的流通加工的类型种类很多。超市里的货柜摆放的各类洗净的蔬菜、水果、肉末、鸡翅、香肠、咸菜等都是流通加工的结果。这些商品的分类、清洗、贴商标和条形码、包装、装袋等是在摆进货柜之前就已进行了加工作业，这些流通加工都不是在产地，而是已经脱离了生产领域，进入了流通领域。食品流通加工的具体项目主要有如下几种：

(1)冷冻、冷藏加工。冷冻、冷藏加工指为了保鲜而进行的流通加工，为了解决鲜肉、鲜鱼在流通中保鲜及装卸搬运的问题，采取低温冻结方式的加工。这种方式也用于某些液体商品、药品等。

(2)分拣加工。分拣加工指为了提高物流效率而进行的对蔬菜和水果的加工，如去除多余的根叶等。农副产品规格、质量离散情况较大，为获得一定规格的产品，采取人工或机械分选的方式的加工称为分选加工。这种方式广泛用于果类、瓜类、谷物、棉毛原料等。

(3)精制加工。农、牧、副、渔等产品的精制加工是在产地或销售地设置加工点,去除无用部分,甚至可以进行切分、洗净、分装等加工,可以分类销售。这种加工不但大大方便了购买者,而且还可以对加工过程中的淘汰物进行综合利用。比如,鱼类的精制加工所剔除的内脏可以制成某些药物或用做饲料,鱼鳞可以制高级黏合剂,头尾可以制鱼粉等;蔬菜的加工剩余物可以制饲料、肥料等。

(4)分装加工。分装加工指许多生鲜食品零售起点较小,而为了保证高效输送出厂,包装一般比较大,也有一些是采用集装运输方式运达销售地区,在销售地区再按所要求的零售起点进行新的包装,即大包装改小包装、散装改小包装、运输包装改销售包装,以满足消费者对不同包装规格的需求,从而达到促销的目的。

此外,半成品加工、快餐食品加工也成为流通加工的组成部分。这种加工形式节约了运输等物流成本,保护了商品质量,增加了商品的附加价值。如葡萄酒是液体,从产地批量地将原液运至消费地配制、装瓶、贴商标,包装后出售,既可以节约运费,又安全保险,以较低的成本卖出较高的价格,附加值大幅度增加。

三、流通加工的类型

1. 为满足用户多样化需求的流通加工

生产部门为了实现高效率、大批量的生产,其产品往往不能完全满足用户的要求。为了满足用户对产品多样化的需要,同时又要保证高效率的大生产,可将生产出来的单一化、标准化的产品进行多样化的改制加工。例如,对钢板卷板的舒展、剪切加工,平板玻璃按需要规格的开片加工,木材改制成枕木、板材、方材的加工。

2. 为方便消费的省力的流通加工

根据下游生产的需要将商品加工成生产直接可用的状态。例如,根据需要将钢材定尺、定型,按要求下料;将木材制成可直接投入使用的各种型材;将水泥制成混凝土拌和料,使用时只需要稍加搅拌即可使用等。

3. 为保护产品所进行的流通加工

在物流过程中,为了保护商品的使用价值,延长商品在生产和使用期间的寿命,防止商品在运输、储存、装卸搬运、包装等过程中遭受损失,可以采取稳固、改装、保鲜、冷冻、涂油等方式。例如,水产品、肉类、蛋类的保鲜、保质的冷冻加工、防腐加工等;丝、麻、棉织品的防虫、防霉加工等;防止金属材料的锈蚀而进行的喷漆、涂防锈油等措施,运用手工、机械或化学方法除锈的加工;木材的防腐朽、防干裂加工;煤炭的防高温自燃加工;水泥的防潮、防湿加工。

4. 为弥补生产领域加工不足的流通加工

由于受到各种因素的限制,许多产品在生产领域的加工只能到一定程度,而不能完全实现终极的加工。例如,木材如果在产地完成成材加工或制成木制品,就会给运输带来极大的困难,所以,在生产领域只能加工到圆木、板、方材这个程度,进一步的下料、切裁、处理等加工则由流通加工完成;钢铁厂大规模的生产只能按规格生产,以使产品有较强的通用性,从而使生产效率提高,取得较好的效益。

5. 为促进销售的流通加工

流通加工也可以起到促进销售的作用。例如，将过大的包装或散装物分装成适合按件销售的小包装的分装加工；将以保护商品为主的运输包装改换成以促进销售为主的销售包装，以起到吸引消费者、促进销售的作用；将蔬菜、肉类洗净切块以满足消费者要求等。

6. 为提高加工效率的流通加工

许多生产企业的初级加工由于数量有限，加工效率不高。而流通加工以集中加工的形式，解决了单个企业加工效率不高的弊端。它以一家流通加工企业的集中加工代替了若干家生产企业的初级加工，促使生产水平有一定的提高。

7. 为提高物流效率，降低物流损失的流通加工

有些商品本身的形态使之难以进行物流操作，而且商品在运输、装卸搬运过程中极易受损，因此，需要进行适当的流通加工加以弥补，从而使物流各环节易于操作，提高物流效率，降低物流损失。例如：造纸用的木材磨成木屑的流通加工，可以极大提高运输工具的装载效率；自行车在消费地区的装配加工可提高运输效率，降低损失；石油气的液化加工，使很难输送的气态转变为容易输送的液态物，也可以提高物流效率。

8. 为衔接不同运输方式，使物流更加合理的流通加工

在干线运输和支线运输的结点设置流通加工环节，可以有效解决大批量、低成本、长距离的干线运输与多品种、少批量、多批次的末端运输和集货运输之间的衔接问题。在流通加工点与大生产企业间形成大批量、定点运输的渠道，以流通加工中心为核心，组织对多个用户的配送，也要以在流通加工点将运输包装转换为销售包装，从而有效衔接不同目的的运输方式。例如，散装水泥中转仓库中，将大规模散装水泥转化为小规模散装水泥的流通加工，就衔接了水泥厂大批量运输和工地小批量装运的需要。

9. 生产—流通一体化的流通加工

依靠生产企业和流通企业的联合，或者生产企业涉足流通，或者流通企业涉足生产，形成的对生产与流通加工进行合理规划、合理组织、合理分工，统筹进行生产与流通加工的安排，这就是生产—流通一体化的流通加工形式。这种形式可以促成产品结构及产业结构的调整，充分发挥企业集团的经济技术优势，是目前流通加工领域的新形式。

10. 为实施配送进行的流通加工

这种流通加工形式是配送中心为了实现配送活动、满足客户的需要而对物资进行的加工。例如，混凝土搅拌车可以根据客户的要求，把沙子、水泥、石子、水等各种不同材料按比例要求装入可旋转的罐中，在配送路途中，汽车边行驶边搅拌，到达施工现场后，混凝土已经搅拌均匀，可以直接投入使用。

四、流通加工的基本业务

1. 初级流通加工

初级流通加工一般仅限于包装的改变，附加值比较低。

(1)拆箱作业。拆箱作业是根据单品拣货的拆箱割箱作业，一般发生在流通加工区、散装拣货区等。

(2)裹包。裹包是用纸、塑料薄膜、铝箔、复合薄膜等柔性材料，将物品包覆起来的包装方法，一般发生在流通加工区、集货区等。

(3)多种物品集包。多种物品集包是根据客户需求将数件、数种物品集成小包装或附赠品包装的包装方式，一般发生在流通加工区、集货区等。

(4)外部外箱包装。外部外箱包装是根据运输配送需求将物品装箱或以其他方式外部包装的包装方法，一般发生在流通加工区、集货区等。

(5)发货物品称重。发货物品称重是根据运输配送需求或运费计算需要对发货物品进行的称重作业，一般发生在流通加工区、发货暂存区、称重作业区等。

(6)附印条形码文字。附印条形码文字是根据顾客需求在发货物品外箱或外包装印制有关条形码文字的作业，一般发生在流通加工区、分类区等。

(7)印制粘贴标签。印制粘贴标签是根据顾客需求印制条形码文字标签并贴附在物品外部的作业，一般发生在流通加工区、分类区等。

2. 深度流通加工

深度流通加工的附加值比较高。不同商品的深度流通加工差别较大，其共同特点是在不改变商品性能的前提下完善和提高使用性能。如钢材流通加工、木材流通加工、水泥流通加工、机电产品的流通加工活动都属于深度流通加工。

五、流通加工作业计划编制

一般而言，编制流通加工作业计划的首要任务是汇总加工订单，确认不同加工类型的加工任务量，在此基础上进行加工能力评价，安排加工批次、进度及加工人员。

不同类型的配送中心，其物流运作各不相同，其流通加工作业计划亦有很大的不同。以下是联华生鲜食品配送中心的流通加工生产计划/任务的制订过程。

联华生鲜的加工按原料和成品的对应关系可分为两种类型：组合和分割。两种类型在BOM设置和原料计算以及成本核算方面都存在很大的差异。在BOM中每个产品设定一个加工车间，只属于唯一的车间，在产品上区分最终产品、半成品和配送产品，商品的包装分为定量和不定量的加工，对于秤重的产品/半成品需要设定加工产品的换算率(单位产品的标准重量)，原料的类型区分为最终原料和中间原料，设定各原料相对于单位成品的耗用量。

生产计划/任务中需要对多级产品链计算嵌套的生产计划/任务，并生成各种包装生产设备的加工指令。对于生产管理，在计划完成后，系统按计划内容出标准领料清单，指导生产人员从仓库领取原料以及生产时的投料。在生产计划中考虑产品链中前道与后道的衔接，各种加工指令、商品资料、门店资料、成分资料等下发到各生产自动化设备。

最后，由加工车间人员根据加工批次、加工调度，协调不同量商品间的加工关系，满足配送要求。

1. 讨论

组内自由讨论。

2. 分享

各组推选一名代表与大家分享讨论结果。

3. 评价

教师掌控教学现场，适时进行评价。

4. 定论

流通加工是配送的前沿，它是衔接储存与末端运输的关键环节，是流通主体为了完善流通服务功能，为了促进销售、维护产品质量和提高物流效率而开展的一项活动。而流通加工作业计划的编制，又直接关系到流通加工作业的效率和经济效益，唯有具备相应的专业知识和丰富的实践经验才能制订出科学合理的流通加工作业计划。是故学而知不足，要成为一名优秀的物流管理者要学习的知识还很多。

行业链接

山姆会员店的流通加工——关注细节和标准

清晨，在山姆会员店收货处常常会看到这样有趣的一幕：员工拿着标准化香蕉色卡，逐一对照香蕉颜色。色卡按照香蕉表皮呈现的不同颜色，将香蕉从青涩到完全成熟分为 7 个阶段。员工只接收 4 段和 5 段的香蕉，即“大部分已变成黄色”和“整体变为黄色，两端仍为绿色”的两种。

此外，员工还要尽可能保证 5 段香蕉占总量的 30%，在上午上货；4 段香蕉占 70%，在下午补货。这样的比例基本保证了不论顾客何时购买，食用时都刚好可以达到口感最好的 6～7 段。这是山姆会员店通过标准化手段确保商品品质的方法之一。

山姆会员店还通过数据分析会员的购物习性，总结他们对于某个品牌或品类的定向需求。通过调查发现，当消费者用完两瓶洗发露时，差不多刚好使用完一瓶护发素。所以山姆会员店推出“2 瓶洗发露＋1 瓶护发素”的资生堂“水之密语”大包装商品，让商品具有更高的会员价值。最终，相比两瓶装，这种三瓶套装销量大幅增加。

（资料来源：根据网络资料整理）

任务二　流通加工作业组织

受领任务

<table>
<tr><th>内　容</th><th colspan="2">任　务　指　南</th></tr>
<tr><td rowspan="2">行动目标</td><td>知识目标</td><td>(1)掌握流通加工合理化措施及流通加工作业组织流程
(2)了解不合理流通加工的形式</td></tr>
<tr><td>技能目标</td><td>能对流通加工作业提出合理化建议</td></tr>
</table>

续表

<table>
<tr><th>内 容</th><th colspan="3">任 务 指 南</th></tr>
<tr><td rowspan="5">资料收集任务清单</td><td colspan="2">分 组</td><td>(1)自由组合,全班均分为四或五组
(2)组名自拟(具有物流特色)、组长自选</td></tr>
<tr><td rowspan="3">资料类型</td><td>走进企业</td><td>(1)我的企业我的家:中国外运股份有限公司宣传视频
(2)中国外运股份有限公司官网:职业生涯、行业解决方案</td></tr>
<tr><td>走近榜样</td><td>我的榜样我的路:潍坊中外运国际物流有限公司党支部书记潘甲树——我的初心系列</td></tr>
<tr><td>扩展阅读</td><td>流通加工作业视频、上海联华生鲜食品加工配送中心</td></tr>
<tr><td colspan="2">要 求</td><td>各组负责一种流通加工作业设备使用资料收集工作,做成 PPT,展示给同学</td></tr>
</table>

时装 RSD 服务

RSD 服务是时装的接收、分类和配送服务。RSD 是 TNT 澳大利亚下属的一家分公司开展的物流服务业务。它可以为顾客提供从任何地方来,到任何地方去的时装流通加工、运输和分送的需要。

时装 RSD 运输服务是建立在时装仓库的基础上的。时装仓库最大的特点是具有悬挂时装的多层仓库导轨系统。一般有 2~3 层导轨悬挂的时装,可以直接传输到运送时装的集装箱中,形成时装取货、分类、库存、分送的仓储、流通加工、配送等的集成系统。

在这个基础上,无论是平装还是悬挂的时装,都能以最优越的时装运输条件进行门到门的运输服务。在先进的时装运输服务基础上,公司开展 RSD 服务项目,其实质是一种流通加工业务。RSD 服务满足了时装制造厂家、进口商、代理商或零售商的需要,依据顾客及市场的情况对时装的取货、分类、分送(供销)全部过程负责。

时装 RSD 服务可以完成制衣过程的质量检验等工作,并在时装仓库中完成进入市场前的一切准备工作。

(1)取货:直接到制衣厂上门取时装。

(2)分类:根据时装颜色、式样进行分类。

(3)检查:时装颜色、脱线等质量问题。

(4)装袋:贴标签后装袋、装箱。

(5)配送:按销售计划,直接送达经销商或用户。

(6)信息服务与管理:提供相应的时装信息服务和计算机化管理。

许多属于生产过程的工作程序和作业,可以在仓储过程中完成,这是运输业务的前向和后向延伸,是社会化分工与协作的又一具体体现。这样,服装生产厂家可以用最小的空间(生产场地)、最少的时间、最低的成本来实现自己的销售计划,物流企业也有了相对稳定的业务量。

(资料来源:根据网络资料整理)

任务分析

流通加工有效地补充和完善了生产产品的使用价值，但是，设计不当，会产生负效应，为此，应设计出科学合理的流通加工计划。让我们以流通加工作业部主管的身份，从不合理流通加工的形式认知入手，探讨流通加工合理化作业的具体措施，以实现流通加工的合理化作业。

知识链接

一、不合理流通加工形式认知

1. 概念

流通加工合理化的含义是实现流通加工的最优配置，也就是对是否设置流通加工环节，在什么地方设置，选择什么类型的加工，采用什么样的技术装备等问题做出正确抉择。这样做不仅要避免各种不合理的流通加工形式，还要做到最优。

2. 不合理流通加工形式认知

(1)流通加工地点设置的不合理。流通加工地点设置即布局状况是决定整个流通加工是否有效的重要因素。一般来说，为衔接单品种大批量生产与多样化需求的流通加工，加工地点设置在需求地区，才能实现大批量的干线运输与多品种末端配送的物流优势。如果将流通加工地设置在生产地区，一方面，为了满足用户多样化的需求，会出现多品种、小批量的产品由产地向需求地的长距离的运输；另一方面，在生产地增加了一个加工环节，同时也会增加近距离运输、保管、装卸等一系列物流活动。所以，在这种情况下，不如由原生产单位完成这种加工而无须设置专门的流通加工环节。

另外，一般来说，为方便物流的流通加工环节应该设置在产出地，设置在进入社会物流之前。如果将其设置在物流之后，即设置在消费地，则不但不能解决物流问题，又在流通中增加了中转环节，因而也是不合理的。

即使是产地或需求地设置流通加工的选择是正确的，还有流通加工在小地域范围内的正确选址问题。如果处理不善，仍然会出现不合理。这种不合理，主要表现在交通不便、流通加工与生产企业或用户之间距离较远、加工点周围的社会环境条件不好、流通加工点的投资过高(如所选地地价昂贵)等。

(2)流通加工方式选择不当。流通加工方式包括流通加工对象、流通加工工艺、流通加工技术、流通加工程度等。流通加工方式的确定实际上是与生产加工的合理分工。分工不合理，把本来应由生产加工完成的作业错误地交给流通加工来完成，或者把本来应由流通加工完成的作业错误地交给生产过程去完成，都会造成不合理。

流通加工不是对生产加工的代替，而是一种补充和完善。所以，一般来说，如果工艺复杂、技术装备要求较高，或加工可以由生产过程延续或轻易解决的，都不宜再设置流通加工。如果流通加工方式选择不当，就可能会出现与生产争利的恶果。

(3)流通加工作用不大，形成多余环节。有的流通加工过于简单，或者对生产和消费的作用都不大，甚至有时由于流通加工的盲目性，同样未能解决品种、规格、包装等问题，相反却增加了作业环节，这也是流通加工不合理的重要表现形式。

(4)流通加工成本过高，效益不好。流通加工之所以能够有生命力，重要优势之一是有较大的产出投入比，因而有效起着补充完善的作用。如果流通加工成本过高，则不能实现以较低投入实现更高使用价值的目的。除了一些必须的、从政策要求进行的加工外，都应看成不合理的流通加工。

二、流通加工作业合理化措施

目前，国内在进行这方面合理化的考虑中已积累了一些经验，取得了一定成果。实现流通加工合理化主要考虑以下几方面：

1. 流通加工和配送相结合

这是当前对流通加工做出合理化选择的重要形式，在煤炭、水泥等产品的流通中已表现出了较大的优势。流通加工将流通加工设置在配送点中，一方面按配送的需要进行加工，另一方面加工又是配送业务流程中分货、拣货、配货之一环，加工后的产品直接投入配货作业，这就无须单独设置一个加工的中间环节，使流通加工有别于独立的生产，而使流通加工与中转流通巧妙结合在一起。同时，由于配送之前有加工，可使配送服务水平大大提高。但是，如果流通加工地点设置选择不当，则会大大增加物流费用。

2. 流通加工和配套相结合

在对配套要求较高的流通中，配套的主体来自各个不同的生产单位，但是，完全配套有时无法全部依靠现有的生产单位，进行适当流通加工可以有效促成配套，大大提高流通的桥梁与纽带的能力。

3. 流通加工和合理运输相结合

流通加工能有效衔接干线运输和支线运输，促进两种运输形式的合理化。利用流通加工，在支线运输转干线运输或干线运输转支线运输等本来就必须停顿的环节，不进行一般的支转干或干转支，而是按干线或支线运输合理的要求进行适当加工，从而大大提高运输及转载水平。

4. 流通加工和合理商流相结合

通过加工有效促进销售，使商流合理化，也是流通加工合理化的考虑方向之一。加工和配送的结合，通过加工提高配送水平，强化销售，是加工与合理商流相结合的一个成功的例证。

此外，通过简单地改变包装加工，形成方便购买量，通过组装加工解除用户使用前进行组装、调试的难处，都是有效促进商流的例子。

5. 流通加工和节约相结合

节约能源、节约设备、节约人力、节约耗费是流通加工合理化重要的考虑因素，也是目前我国设置流通加工，考虑其合理化的较普遍形式。

对于流通加工合理化的最终判断，是看其是否能实现社会的和企业本身的效益，而且是否取得了最优效益。对流通加工企业而言，与一般生产企业一个重要的不同之处是，流通加工企业更应树立社会效益为第一观念，只有在以补充完善为己任的前提下才有生存的价值。如果只是追求企业的微观效益，不适当地进行加工，甚至与生产企业争利，这就有违于流通加工的初衷，或者其本身已不属于流通加工范畴了。

三、配送中心流通加工作业组织

1. 接受任务

接受上级下达的流通加工任务时，应明确流通加工要求，详细了解其要采用的流通加工方式。

2. 请领物品

在明确流通加工要求后，可根据要求到相关部门领取待加工材料和加工工具等。

3. 加工作业

作业时应注意加工工具的正确使用，正确放置；操作过程中严格遵守操作规程，注意人身、设备、物品的安全。

在加工过程中合理安排、合理套裁，在满足用户要求的前提下，达到用料最省、成本最低、效率最高。

4. 填写作业清单

加工完毕后，认真填写作业清单，按要求传递给下一环节。

5. 6S 管理

作业完毕后，做好清洁、整理工作，并将边角余料放至指定位置。

通过规范现场、现物，营造一目了然的工作环境，其最终目的是提升人的品质，培养员工良好的工作习惯。革除马虎之心，凡事认真（认认真真地对待工作中的每一件“小事”），遵守规定，自觉维护工作环境整洁明了。

任务实施

1. 讨论

组内自由讨论。

2. 分享

各组推选一名代表与大家分享讨论结果。

3. 评价

教师掌控教学现场，适时进行评价。

4. 定论

为避免各种不合理现象，对是否设置流通加工环节、在什么地点设置、选择什么类型的加工、采用什么样的技术装备等，需要做出正确的抉择。流通加工部主管责任重大，应密切关注行业内国内外有关流通加工的动态，要勇于创新。

行业链接

中外运物流用增值服务拓市场

中国外运是中国最大的货运代理公司,国内货运代理行业绝对龙头企业,拥有广泛而全面的国内服务网络和海外网络。中外运有宁波最大的CFS物流单体仓库,且通过自主研发应用智能化管理系统,仓库利用率不断提升,软硬件方面的优势使得公司开展增值配套服务得心应手。传统的仓储物流企业仅仅重视集装箱的进出和装卸,以运往海外超市的零售品为例,在以集装箱方式运抵后对方还需一道分拣、打包、扫描、贴唛等的工序。中外运主打的增值服务就是将这几道分散的工序整合在一起,经他们分门别类后的货物一旦运抵客户手上,经过简单的处理即可投入销售环节,工作量和时间大幅削减,因此很受海外客户欢迎。

经过初期的服务试水后,中外运加大了针对海外超市货物的增值服务力度,外资货代公司根据客户要求在国内采购一批零售品后,可以向中外运提出“个性化打包”的要求,位于欧洲、俄罗斯等地的超市都能借此收到经初级分拣处理后的货物。

(资料来源:中国物流与采购网)

项目小结

学习任务	认知结果
任务一　流通加工作业计划编制	加工订单汇总—加工类型选择—加工设备选择—作业批次进度安排—加工人员安排
任务二　流通加工作业组织	任务受领—物品领取—加工作业—作业清单填写—6S管理

实战演练

一、自我测试

1. 单项选择题

(1)流通加工是在流通领域从事的简单生产活动,具有(　　)的性质。

A. 生产制造活动　　B. 商品流通活动
C. 生产加工活动　　D. 流通加工活动

(2)流通加工中的(　　)是指作业完毕后,将设备做好清洁、整理工作,并将边角余料放至指定位置。

A. 4S管理　　B. 7S管理　　C. 5S管理　　D. 7R管理

(3)流通加工合理化的含义是实现流通加工的(　　)。

A. 7R　　B. 最优配置　　C. 最优组合　　D. 5S管理

(4)在对配套要求较高的流通中，进行适当(　　)可以有效促成配套，大大提高流通的桥梁与纽带的能力。

A. 配套生产　　B. 集中套裁
C. 分散加工　　D. 流通加工

(5)对于(　　)的最终判断，是看其是否能实现社会的和企业本身的两个效益，而且是否取得了最优效益。

A. 流通加工科学性　　B. 流通加工合理化
C. 流通加工效益　　D. 流通加工成本降低

2. 多项选择题

(1)在流通过程中辅助性的加工活动都称为流通加工，如(　　)。

A. 将肉进行分割　　B. 家用电器的组装
C. 礼品的拼装　　D. 钢板进行剪板、切裁

(2)流通加工是在物品从生产领域向消费领域流动的过程中，为(　　)，对物品进行一定程度的加工。

A. 提高产品价值　　B. 促进销售
C. 维护产品质量　　D. 提高物流效率

(3)食品流通加工的具体项目主要有(　　)。

A. 冷冻、冷藏加工　　B. 分拣加工
C. 精制加工　　D. 分装加工

(4)煤炭流通加工的具体项目主要有(　　)。

A. 除矸加工　　B. 煤浆加工
C. 精制加工　　D. 配煤加工

(5)水泥的流通加工的具体项目主要有(　　)。

A. 熟料磨制加工　　B. 配料加工
C. 精制加工　　D. 混凝土集中搅拌

二、小组攻关

1. 思考讨论

(1)简述流通加工的意义及作用。

(2)流通加工与生产加工的区别有哪些?

(3)简述流通加工的类型。

(4)简述流通加工作业任务流程。

(5)不合理的流通加工主要表现在哪些方面?

(6)如何实现流通加工的合理化?

(7)如何组织流通加工作业?

2. 案例分析

阿迪达斯流通加工的创新

阿迪达斯公司在美国有一家超级市场，设立了组合式鞋店，摆放着的不是做好了的鞋，而

是做鞋用的半成品,款式、花色多样,有6种鞋跟、8种鞋底,均为塑料制造的,鞋面的颜色以黑白为主,搭带的颜色有80种,款式有百余种,客户进来可任意挑选自己所喜欢的各个部位,交给职员当场进行组合。只要10分钟,一双崭新的鞋便制成了。这家鞋店昼夜营业,职员技术熟练,鞋子的售价与成批制造的价格差不多,有的还稍微便宜些。所以客户络绎不绝,销售金额是邻近鞋店的10倍。

试分析:阿迪达斯组合式鞋店流通加工创新成功的原因有哪些?

3. 物流史话——古代物流之中华印记

请网上搜索:“中国古代‘物流’运输工具”,并阅读相关资料,试分析历代运输工具的传承情况。

项目十　认知配送作业活动

任务一　配送作业计划编制

受领任务

内容	任务指南		
行动目标	知识目标		(1)掌握配送作业计划编制的依据、内容 (2)理解配送的功能要素和作用 (3)了解配送与配送中心的概念、类型
	技能目标		能编制配送作业计划
资料收集任务清单	分　组		(1)自由组合,全班均分为四或五组 (2)组名自拟(具有物流特色)、组长自选
	资料类型	走进企业	(1)我的企业我的家:九州通医药集团物流有限公司宣传视频 (2)九州通医药集团物流有限公司官网:公司介绍、人才招聘
		走近榜样	我的榜样我的路:九州通张青松——荣誉属于全部物流人
		扩展阅读	(1)配送方案分享:来肯冷藏奶配送方案 (2)配送方案分享:无人机+无人车,京东智能物流方案攻克农村配送难题
	要　求		搜集学院路上各种物品的需求情况,制定合理的配送计划,展示给大家

引导案例

九州通调度员用“四新”勉励自己

80后的小伙子杨育锟,在九州通有13年工作经历,现在是公司的配送调度员,管理着湖北区域74名配送员。小杨2014年在九州通入党,是集团1 148名党员中的一员。

小杨干过三年的配送员,他说:“在九州通,配送员是最基层的员工,这个岗位非常锻炼人,要和各种客户打交道,要有比较强的统筹、协调和沟通能力。”

中午,在公司调度指挥中心,多画面大屏幕中间显示武汉地图,旁边显示物流环节的实时监控。小杨介绍,现在每一台送货车都装上了GPS定位系统,这个大屏幕显示着今天出去的

79台送货车辆的位置,还可以记录速度、在途实时温度等信息。“以前是人工调度、手工发货、手工开票,劳动强度大,效率低;现在公司将自动化、信息化应用于仓储物流环节,效率大大提高。”

十九大召开期间,小杨每天收看十九大新闻。“那天看新闻,听到习近平总书记在参加贵州代表团讨论时的讲话,总书记提出学习领会的‘四个新’,让我感触很深。”小杨拿出一个崭新的笔记本,笔记本扉页上写着新论断、新特点、新目标、新要求。“那天我正好换了一个新笔记本,听了总书记的讲话,就写下了这‘四个新’,以鞭策和鼓励自己,我觉得这也和我们现在做的事情非常符合。我们现在跨入一个新时代,做的全是新的,我们将一如既往,在自己的岗位上发挥作用,跟企业、国家一起发展,希望更上一个台阶。”

(资料来源:根据相关资料整理)

任务分析

随着消费者需求的多样化与个性化的发展和连锁超市的出现,物流配送显得越来越重要,让我们以配送专员、调度员的视角,从配送作业基础知识认知入手,探讨如何编制合理的配送作业计划。

知识链接

一、配送基础知识

1. 配送的概念

配送指在经济合理区域范围内,根据客户要求,对物品进行拣选、加工、包装、分割、组配等作业,并按时送达指定地点的物流活动。

整个概念描述了接近用户资源配置的全过程,这个概念的内容概括了5点:

(1)配送的实质是送货。配送是一种送货,但和一般送货有区别:一般送货可以是一种偶然的行为,而配送却是一种固定的形态,甚至是一种有确定组织、确定渠道,有一套装备和管理力量、技术力量,有一套制度的体制形式。所以,配送是高水平送货形式。

(2)配送是一种“中转”形式。配送是从物流结点至用户的一种特殊送货形式。从送货功能看,其特殊性表现为:从事送货的是专职流通企业,而不是生产企业;配送是“中转”型送货,而一般送货尤其从工厂至用户的送货往往是直达型;一般送货是生产什么送什么,配送则是企业需要什么送什么。所以,要做到需要什么送什么,就必须在一定中转环节筹集这种需要,从而使配送必然以中转形式出现。

(3)配送是“配”和“送”有机结合的形式。配送与一般送货的重要区别在于:配送利用有效的分拣、配货等理货工作,使送货达到一定的规模,以利用规模优势取得较低的送货成本。如果不进行分拣、配货,有一件运一件,需要一点送一点,就会大大增加动力的消耗,使送货并不优于取货。所以,追求整个配送的优势,分拣、配货等工作是必不可少的。

(4)配送以用户要求为出发点。在定义中强调"根据客户要求"明确了用户的主导地位。配送是从用户利益出发,按用户要求进行的一种活动,因此,在观念上必须明确"用户第一""质量第一",配送企业的地位是服务地位而不是主导地位,因此不能从本企业利益出发,而应从用户利益出发,在满足用户利益基础上取得本企业的利益。更重要的是,不能利用配送损害或控制用户。

(5)概念中"在经济合理区域范围内"的提法是基于这样一种考虑:过分强调"根据客户要求"是不妥的,用户要求受用户本身的局限,有时实际会损失自我或双方的利益。对于配送者而言,必须以"要求"为依据,但是不能盲目,应该追求合理性,进而指导用户,实现共同受益的商业原则。

2. 配送的功能要素

(1)集货。集货是将分散的或小批量的物品集中起来,以便进行运输、配送的作业。集货是配送的重要环节,为了满足特定客户的配送要求,有时需要把从几家甚至数十家供应商处预订的物品集中,并将要求的物品分配到指定容器和场所。

(2)分拣。分拣是将物品按品种、出入库先后顺序进行分门别类堆放的作业。

(3)配货。配货是使用各种拣选设备和传输装置,将存放的物品按客户要求分拣出来,配备齐全,送达指定发货地点。

(4)配装。配装就是在单个客户配送数量不能达到车辆的有效运载负荷时,集中不同客户的配送货物,进行搭配装载以充分利用运能、运力的物流作业活动。

(5)配送运输。配送运输是运输中的末端运输、支线运输,和一般运输形态的主要区别在于,配送运输是较短距离、较小规模、额度较高的运输形式,一般使用汽车做运输工具。与干线运输的另一个区别是,配送运输的路线选择问题是一般干线运输所没有的,干线运输的干线是唯一的运输线,而配送运输由于配送客户多,一般城市交通路线又较复杂,如何组合成最佳路线、如何使配装和路线有效搭配等,是配送运输的特点,也是难度较大的工作。

(6)送达服务。将配好的货物运送到客户还不算配送工作的结束,这是因为送达货和客户接货往往还会出现不协调,使配送前功尽弃。因此,要圆满地实现运到之货的移交,并有效地、方便地处理相关手续并完成结算,还应讲究卸货地点、卸货方式等。

(7)配送加工。配送加工是按照配送客户的要求所进行的流通加工。

3. 配送的分类

(1)按配送组织者分类。

①配送中心配送。配送中心专业性强,和客户有固定的配送关系,一般实行计划配送。配送设施及工艺是按用户特点专门设计的。所以,配送中心配送能力强,配送距离较远,配送品种多,配送数量大,可以承担企业主要物资的配送及实行补充性配送等,是配送的主要形式。

②商店配送。它指配送组织者是商业零售网点的配送。这些网点主要承担商品的零售,规模一般不大,但经营品种较齐全,商业零售网点数量较多,配送距离较短,所以比较灵活机动,往往只是小量、零星商品的配送。

③仓库配送。仓库配送是以一般仓库为结点进行配送的形式。仓库配送规模较小,配送的专业化较差,但可以充分利用原仓库的储存设施及能力、收发货场地、交通运输线路等,所以是开展中等规模的配送可选择的配送形式。

④生产企业配送。这种配送的组织者是生产企业,尤其是进行多品种生产的生产企业。

在运作时，直接由本企业开始进行配送而无须将产品发运到配送中心再进行配送。在地方性较强的产品生产企业中应用较多，如就地生产和就地消费的食品、饮料、百货等；在生产资料方面，某些不适于中转的化工产品及地方建材也采取这种方式。

(2)按配送商品种类和数量的多少分类。

①少品种或单品种、大批量配送。当客户所需的商品品种较少，或对某个品种的商品需要量较大、较稳定时，可实行此种配送形式。这种形式多由生产企业或专业性很强的配送中心直送客户。

②多品种、少批量、多批次配送。按客户要求，将所需的各种商品配备齐全，凑整装车后由配送结点送达客户。这种配送作业水平要求高，使用设备较复杂，计划难度大，需要有高水平的组织工作做保证和配合。这种配送方式是一种高水平、高技术的方式，符合现代"消费多样化""需求多样化"的新观念。

(3)按配送时间和数量分类。

①定量配送。它指每次按固定的数量(包括商品的品种)在指定的时间范围内进行配送。它的计划性强，每次配送的品种、数量固定，备货工作简单。可以按托盘、集装箱及车辆的装载能力规定配送的定量，能有效利用托盘、集装箱等集装方式，配送效率较高，成本较低。由于时间不严格限定，可以将不同客户所需商品凑整车后配送，提高车辆利用率，客户每次接货都处理同等数量的货物，有利于人力、物力的准备。

②定时配送。它指按规定的间隔时间进行配送，如数天或数小时一次等，每次配送的品种和数量均可按计划执行，也可按事先商定的联络方式下达配送通知，按客户要求的品种、数量和时间进行配送。定时配送有以下两种具体形式：

• 当日配送。日配是定时配送中较广泛的方式，尤其在城市内的配送，日配占了绝大多数比例。日配要求厂商大体上是上午的订货下午可送达，下午的订货第二天早上送达，一般送达时间在订货的 24 小时之内。

• 准时方式。它是使配送供货与生产企业生产保持同步的一种方式。这种配送每天至少一次，甚至几次，以保证企业生产的不间断。这种方式追求的是供货时间恰好是客户生产之时，货物不须在客户仓库中停留，而可直接运往生产场地，可以绝对地实现零库存。

③定时定量配送。它指按规定时间和规定的商品品种及数量进行配送。它结合了定时配送和定量配送的特点，服务质量水准较高，组织工作难度很大，通常针对固定客户进行这项服务。

④定时定量定点配送。它指按照确定的周期、确定的商品品种和数量、确定的客户进行配送。这种配送形式一般事先由配送中心与客户签订协议，双方严格按协议执行。它有利于保证重点需要和降低企业库存，主要适用于重点企业和重点项目。

⑤定时定线配送。它指在规定的运行路线上制定到达时间表，按运行时间表进行配送，客户可按规定路线及规定时间接货。采用这种配送方式有利于安排车辆及驾驶人员，在配送客户较多的地区，配送工作组织相对容易。

⑥即时配送。即随要随送，按照客户提出的时间和商品品种、数量的要求，随即进行配送。这种方式是以某天的任务为目标，在充分掌握了这一天需要的客户、需要量及种类的前提下及时安排最优的配送路线并安排相应的配送车辆实行配送。即时配送适合一些零星商品、临时需要的商品或急需商品的配送。

(4)按配送专业化程度分类。

①综合配送。它指配送商品种类较多,不同专业领域的产品在一个配送结点中组织对客户的配送。它可降低客户为组织所需全部商品进货的负担,而只须通过和少数配送企业联系,便可解决多种需求的配送,是对客户服务较强的配送形式。

②专业配送。它指按产品性质和状态划分专业领域的配送方式。这种配送方式由于自身的特点,可以优化配送,合理配备配送机械、车辆,并能制定适用合理的工艺流程,以提高配送效率。诸如中、小件杂货配送,金属材料配送,燃料煤、水泥、木材、平板玻璃、化工产品、生鲜食品等的配送,都属于专业配送。

(5)共同配送。共同配送是为提高物流效率,对许多企业一起进行配送的配送方式。其实质是相同或不同类型的企业联合配送。

共同配送的目的在于最大限度地提高人员、物资、金钱、时间等物流资源的效率(降低成本),取得最大效益(提高服务)。还可以去除多余的交错运输,并取得缓解交通、保护环境等社会效益。

共同配送可以分为两种类型:一种是以货主为主体的共同配送,另一种是以物流业者为主体的共同配送。

①以货主为主体的共同配送。以货主为主体的共同配送是由有配送需要的厂家、批发商、零售商以及由它们组建的新公司或合作机构作为主体进行合作,解决个别配送的效率低下问题。

②以物流业者为主体的共同配送。以物流业者为主体的共同配送是由提供配送的物流企业,或以它们组建的新公司或合作机构作为主体进行合作,克服个别配送的效率低下等问题。

4. 配送的作用

(1)提高物流的经济效益。采取配送方式,通过增大订货经济批量可以降低进货成本;通过将客户所需的各种商品配备好,集中起来向客户发货,以及将多个客户的小批量商品集中在一起进行一次发货等方式,可以提高物流经济效益。另外,配送环节的建立实现了规模经济优势,使单位存货和管理的总成本下降,同时加强了调节能力,提高了物流经济效益。

(2)通过集中库存使企业降低库存量。实现了高水平的配送之后,尤其是采取定时定量配送方式之后,生产企业可以依靠配送中心的准时配送使自己实现"零库存",或者只须保持少量安全库存,减少大量储备资金的占用,改善企业的财务状况。

(3)简化手续,方便客户。采用配送方式,客户只须向一个企业订购,就可订购到以往须向许多企业订购才能订到的货物,接货手续也可简化。大大减轻了客户工作量,节省了开支,方便了客户,从而提高了物流服务质量。

(4)提高了供应保证程度。由生产企业自己保持库存、维持生产,由于受到库存费用的制约,供应保证程度很难提高。而采取配送方式,配送中心比任何单独企业的储备量大得多,对每个企业而言,由于缺货而影响生产的风险便相对缩小。

二、配送中心认知

1. 配送中心的含义

配送中心是指接受供应者所提供的多品种、大批量的货物,通过储存、保管、分拣、配货及流通加工、信息处理等作业后，将按需要者订货要求配齐的货物送交顾客的组织机构的物流设施。

2. 配送中心的类型

(1)储存型配送中心。有很强储存功能的配送中心，一般来讲，在买方市场下，企业成品销售需要有较大的库存支持，其配送中心可能有较强储存功能；在卖方市场下，企业原材料、零部件供应需要有较大的库存支持，这种供应配送中心也有较强的储存功能。大范围配送的配送中心需要有较大库存，也可能是储存型配送中心。

(2)流通型配送中心。包括通过型或转运型配送中心，仅以暂存或随进随出方式进行配货、送货的配送中心。这种配送中心的典型方式是，大量货物整进并按一定批量零出，采用大型分货机，进货时直接进入分货机传送带，分送到各用户货位或直接分送到配送汽车上，货物在配送中心里仅做少许停滞。

(3)加工型配送中心。配送中心具有加工职能，根据用户的需要或者市场竞争的需要，对配送物进行加工之后进行配送的配送中心。在这种配送中心内，有分装、包装、初级加工、集中下料、组装产品等加工活动。

三、编制配送作业计划

配送计划是指配送企业(配送中心)在一定时间内编制的生产计划。它是配送中心生产经营的首要职能和中心环节，为具体的配送作业提供指导。

(一)配送计划的主要内容

一份完整的、具有可操作性的配送计划由以下几方面内容构成。

1. 客户订单方面

客户需求的物品品名、规格、数量、交货时间和交货地点。

2. 配送作业方面

(1)送货车辆、送货线路与人员。尽可能优化车辆行走路线与送货批次，并将送货地点和路线在地图上标明或在表格中列出，配备合适人员全程、全车负责，完成对客户的送货。

(2)满足客户时间性需求，结合运输距离确定送货提前期。

(3)满足客户需求所选择的送达服务的具体组织方式和规范。包括货物的卸下、搬运、放置，设施的安装、调试、维护、修理、更换，废弃物清理、回收，单据的填写、签章，货款的结算方式和规范。

3. 配送预算方面

配送计划应对配送成本支出项目做出合理预算，包括资本成本分摊、支付利息、员工工资福利、行政办公费用、商务交易费用、自有车辆设备运行费、外车费用、保险费或残损风险、工具及耗损材料费、分拣及装卸搬运作业费、车辆燃油费等。

配送计划确定之后，还应将货物送达时间、品种、规格、数量通知客户，使客户按计划准备接货工作。

(二)配送计划编制的主要依据

1. 客户订单

客户订单对配送商品的品种、规格、数量、送货时间、送达地点、收货方式等都有要求，因此，客户订单是拟订配送计划的最基本的依据。

2. 客户分布、送货路线、送货距离

客户分布是指客户的地理位置分布，配送距离的长短、配送中心到达客户收货地点的路径选择，直接影响到配送成本。

3. 物品特性

配送货物的体积、形状、重量、性能、运输要求，是决定运输方式、车辆种类、载重、容积、装卸设备的制约因素。

4. 运输、装卸条件

道路交通状况、送达地点及其作业地理环境、装卸货时间、气候等对配送作业的效率也有相当大的约束作用。

5. 运能与运力需求匹配度

当运力需求超过运能时，需要根据分日、分时的运力配置情况决定是否要临时增减配送业务。

6. 配送点存量

要调查各配送点的物品品种、规格、数量是否适应配送业务的要求。

（三）配送计划编制的影响因素

配送计划的制定受以下因素的影响。

1. 配送对象

配送对象（客户）是分销商、配送中心、个人消费者、连锁店铺、百货公司、便利店、平价商店等业态中的一种或几种。不同的客户其订货量不同，出货形式也不尽相同。比如，分销商、配送中心及连锁门店等的订货量较大，它的出货形态可能大部分为整托盘出货，小部分为整箱出货；超市的订货量其次，它的出货形态可能 10％属于整托盘出货，60％属于整箱出货，30％属于拆箱出货；便利店及平价商店订货量较小，它的出货形态可能是 30％属于整箱出货，70％属于拆箱出货。

出货形态不一致，会影响到理货、拣货、配货、配装、包装、送货、服务与信息等作业在人员、设备、工具、效率、时间和成本等方面的不同，也就是配送计划的内容会有所不同。

2. 配送物品种类

配送中心处理的货物品项数，多则几千甚至上万种，少则数百种甚至几十种，品种数不同，复杂性与困难性也不同。另外，配送中心所处理的货物种类不同，其特性也不完全相同。

3. 配送数量或库存量

配送中心的出货数量、库存量、库存周期，影响到配送中心的作业能力和设备的配置，也影响到配送中心的面积和空间的需求。因此，应对库存量和库存周期进行详细的分析。

4. 配送物品价值

配送计划预算或结算时，配送成本往往会按物品的比例进行计算。如果物品的价值高则其百分比相对会比较低，客户能够负担得起；如果物品的价值低则其百分比相对会比较高，客户会感觉负担较重。

5. 物流渠道

物流渠道大致有以下几种模式：

(1)生产企业—配送中心—分销商—零售商—消费者。

(2)生产企业—分销商—配送中心—零售商—消费者。

(3)生产企业—配送中心—零售商—消费者。

(4)生产企业—配送中心—消费者

制订物流配送计划时,应根据配送中心在物流渠道中的位置和上下游客户的特点进行规划。

6. 物流服务水平

衡量物流服务水平的指标主要包括订货交货时间、货品缺货率和增值服务能力等。配送中心应该针对客户的需求,制定一个合理的服务水准,使配送服务与配送成本均衡,实现客户满意。

7. 物流交货期

物流交货期是指从客户下订单开始,经过订单处理、库存查询、集货、流通加工、分拣、配货、装车、送货后,到达客户手中的这段时间。

物流的交货时间依厂商的服务水准不同,可分为 2 小时、12 小时、24 小时、2 天、3 天、1 星期等几种。

(四)配送计划决策

配送计划的决策最主要考虑以下问题。

1. 基本配送区域划分

首先对客户所在地的具体位置做系统统计,并将其进行区域上的整体划分,再将每一客户包括在不同的基本配送区域之中,以作为配送决策的基本参考。例如,按行政区域或交通条件分配配送区域。

2. 车辆配载

由于配送货物品种、特性的差异,为提高送货效率,确保货物品质,在接到客户订单后,应首先对货物分类,决定采取不同的送货方式和运输工具。例如,根据食品、冷冻食品、服装、图书等进行分类配载。然后,根据货物的轻重缓急,做好车辆的初步配装工作。

3. 配送顺序暂定

根据客户订单的交货期要求,将送货的先后顺序做大致的预定,为后续车辆积载做准备工作,以有效保证送货时间,提高运作效率。

4. 车辆安排

车辆安排要解决的问题是安排什么类型、什么吨位的配送车辆,是使用自用车还是外雇车。首先,要了解有哪些车辆可供调派且符合要求,也就是了解这些车辆的容积和额定载重量是否满足要求;其次,分析订单物品信息,如重量、数量、体积、装卸要求、包装要求、运输要求等。综合考虑各方面影响因素后,做出合适的车辆安排,决定每辆车负责的客户。

5. 路线选择

根据各客户点的位置关联性及交通状况来作送货路线的选择,以最快的速度完成这些客户点的配送。除此之外,对于有些客户或所在环境有送达时间要求的也要加以考虑,像有些客户不愿中午收货,或是有些道路在高峰时间不准卡车进入等,都必须尽量在选择路线时避开。

6. 最终送货顺序确定(略)

7. 车辆装载方式确定

车辆装载要解决的问题是如何将货品装车、以什么顺序装车。原则上是后送先装、先送后装,但有时为妥善利用空间,还要根据货品的性质(怕震、怕撞、怕湿)、形状、容积及重量等来做弹性置放。此外，有些货品的装卸方式也有必要依货品的性质、形状等来决定。

(五)配送计划表

结合客户订单情况，制订本次配送任务的配送计划，形成配送计划表。配送计划的格式见表10.1。

表10.1 配送计划表

配送点(或部门)： 年 月 日

序号	客户名称	商品品名	商品规格	配送数量	配送时间	运输工具
合计						

配送计划制订后，可以通过计算机网络或表格的形式及时下达到客户、配送点或直接下达储存仓库、装卸搬运及运输等部门，使客户按计划做好接货的准备；仓储部门做好理货、分拣、加工、配货、包装等准备；装卸搬运及运输部门做好设备、工具、人员等作业准备。

任务实施

1. 讨论

组内自由讨论。

2. 分享

各组推选一名代表与大家分享讨论结果。

3. 评价

教师掌控教学现场，适时进行评价。

4. 定论

配送是“配”与“送”的结合。制订科学合理的配送计划是实现“配”与“送”完美结合的先决条件。

行业链接

智能算法调度物流，提高交付效率

城配物流是城市正常运转的重要补给方式，相当于整个大物流的微循环系统，其重在交付效率。城配物流也有波峰波谷，每逢货运“爆仓”，在物流调度任务里，面对复杂排线，投入大量人力来编排路径也无法提高交付效率。

唯捷城配运用百度智能云的物流专用地图和算法引擎实现了调度智能化。

1. 算法引擎提供智能调度方案

算法引擎从仓库到门店贯穿唯捷城配的全链条交付过程，帮助其提升仓配运营智能化水平。按照以往的人工调度排线，在三十分钟内基本无法完成几千个订单的排单。即使能完成，也有可能要投入至少十个人以上，三到五个小时的工作量才能够真正排出来。且排线经常出现不合理的情况，复查时间也不够，造成的直接后果就是司机的交付效率降低，甚至出现放弃配送的极端情况。

针对调度排线复杂的问题，百度智能云的排单排线智能调度方案借助路网矩阵的算法，提供了可选择的路径最优或者里程最短的场景选择；其次，提供了时间窗、车辆类型等自主调节的参数，解决了目前无法按照时间窗进行快速排线的问题，为根据收货人的不同时间进行路径最优排线提供了很大帮助。

百度智能云提供的极速排单智能调度接口能够实时进行导航距离的精准计算，自主设置仓库、车型、网点等信息，能快速提供智能排线的结果，同时提高司机配送的准确性和及时性。

2. 物流地图提供定制化服务

物流专用地图可以有效为运输行业提供定制化服务，在车辆限行方面为地址规划和车辆导航进行了有效支持。城配物流的另一大难点在于道路情况的复杂，以及突发情况的不可预知，针对道路复杂情况，唯捷城配使用了百度智能云的物流地图，结合智能调度算法，让司机可以实时获取路况信息，在调度排线的时候就能通过五限信息（限高、限重、限宽、限轴、限行）让车辆运行的路线最优，如遇突发状况又能实时避开交通异常情况，大大提高了司机的配送效率，降低了运营成本。

此外，百度智能云的智能语音系统也发挥了重要作用，对客户，实时告知物流情况，对司机，提醒司机配送规范，减轻客服处理异常的工作量。

唯捷城配以仓配一体模式、标准化运营体系和智能化系统平台为核心，提供多温区、多城市、全渠道的敏捷交付服务；通过运营过程透明化和数据化解决方案，为大客户提供运营和经营的决策支持。

（资料来源：国际在线）

任务二　配送作业组织

受领任务

内容		任务指南
行动目标	知识目标	(1)掌握配送作业组织流程、配送合理化措施 (2)了解不合理配送的表现形式 (3)熟悉配送作业合理化的判断标志
	技能目标	能准确判断配送流程合理与否

续表

内　容	任　务　指　南		
资料收集任务清单	分　　组		(1)自由组合,全班均分为四组 (2)要求:组名自拟(具有物流特色)、组长自选
	资料类型	走进企业	(1)我的企业我的家:多多买菜商家入驻流程视频 (2)拼多多(多多买菜)官网:招采平台、校园招聘
		走近榜样	我的榜样我的路:多多买菜山东省济南市中展东网格仓负责人肖鹤成长的故事 肖鹤成长的故事
		扩展阅读	网格仓运作方案分享:社区团购如何搭建自己的网格仓?参考兴盛优选美团的运营方案
	要　　求		组间资料不重复,熟悉各自资料,凝练成3分钟发言稿,题目自拟

京东物流“人机CP”成科技神助攻

“人机搭配,干活不累”。人机CP作为京东物流先进的生产力,更是扛起了速度、效率和温度的大旗。在618前线,我们见证了9对配合默契的人机CP。

邹瑞+六轴机器人:机器像人一样,有灵性

邹瑞操控智能设备——六轴机器人,在刚刚过去的618,这对“人机CP”共同承担起无人仓中的入库、视觉验收,自动供件等核心仓储工作,在业务量暴增三倍的情况下实现了“订单处理零失误”的记录。负责视觉验收的机器人在邹瑞的悉心“调教”下,运营效率比去年刚安装时相比增长了5倍。而邹瑞则表示,“这个效率只是标配,机器人是有灵性的,就像人做一项工作一样,做的时间越长越熟练。”

张同+Shuttle:618当天“我俩”拣货1万件

张同以前每天在仓库里不停奔跑也只能拣货2 000件;而现在,通过操作shuttle智能系统,他每天无须走动即可完成拣货工作。618当天,他还创下了个人拣货1万件的纪录。“以前是我自己跑来跑去,现在是我让机器人跑来跑去。”张同说,他还要继续加油,才能让这位机器兄弟通过自己发挥出更大的价值。

杨丽娜+地狼:以前我找他,现在他找我

8年时间,把杨丽娜从普通的一线打包员工磨炼成为了京东物流在华北标杆仓库的“智慧大脑”,地狼“能把货架移来移去,搬到操作员工的附近”,可实现“货到人”的效果。杨丽娜现是负责北京亚洲一号“货到人智能系统”的管理者,她说地狼有点类似魔法世界里的“飞来咒”:不是你找他,而是让他主动找到你。

姜珊＋小红人:可以任意调度 300 个小红人

作为物流界的网红,京东小红人可是闻名海外的。

以前姜珊每天要准确识别 8 000 个条码,琐碎重复的工作索然无味,而有了小红人之后,姜珊从零开始学习智能操作技能,操作小红人即可自动完成识别、分拣等任务。现在作为 300 个小红人的管理者,姜珊真正体会到了“工作的价值”。

成幸幸＋黑金刚:看似笨拙,他可一点也不笨

成幸幸负责上海嘉定的全球首个全流程无人仓的运营工作,和“黑金刚”搬运机器人成为了默契的搭档,在这里,只需在屏幕上轻轻一点,这些“黑金刚”就能非常高效准确地完成生产任务。京东物流独有的大力士“黑金刚”负责搬运的都是最笨重的商品。令人吃惊的是,“黑金刚”并不笨,他载着装满包裹的袋子,奔跑速度最快依然可以达到 3 m/s,与小红人不相上下。

慕鑫龚＋智能笼车:1 天搬运 12 万单商品

以前,在装货或卸货时,工人把商品一个个地搬运上车,十分费力。而慕鑫龚所做的就是“一招搞定”让装卸变轻松,其操作方法也很简单:把所有要装的货放上一个笼车,直接把这个笼车送上运输车就好。慕鑫龚每天要负责昆山无人分拣中心内所有叉车的调度,仅 618 当天他处理搬运货量超过 12 万单,准确率可达 99.99%。慕鑫龚觉得自己肩上的责任很重,“机器使工作省了力,但怎么更好地进行调度需要人的智慧”。

薛富民＋外骨骼机器人:两套骨骼,他比我自己这套好用

薛富民说“打包工作每天要弯腰 3 000 次,很辛苦,但现在有了外骨骼机器人,我可以轻松搬运 25 千克的矿泉水,618 也更有劲儿了。”京东物流为员工配备了升级后的第 2 代外骨骼机器人,这款机器人对第 1 代外骨骼机器人进行了 18 项贴合人性的创新,如航天级材料让设备更轻,自动控制＋蓝牙手套自主控制双模式适应左撇子员等,可助力工人轻松搬运一整箱 4L＊6规格的矿泉水,广泛应用于拣货、存储、分拣、装卸货等 8 个仓储物流的核心环节。借助科技,工作可以变得很轻松。

王英超＋智能耳机:能动口绝不动手,一天多送 20 单

以前每天打几百个电话、用 POS 进行操作,对配送员而言是再日常不过的事情,但京东智能耳机的出现颠覆了这一切:王英超只要对着智能耳机说话,即可完成拨打电话等工作,不需要再低头摸手机或 POS 机,以前靠动手解决的问题,现在动动嘴就可以了,提高了效率,有时候一天能多送 20 单。

王浩宇＋智配中心:不用搬运那么重的东西了

与一般的配送员相比,王浩宇的工作有点特殊:他负责的是在京东智配中心配合一系列智能自动化设备,完成对城市“最后一公里”配送的探索。这是一个迷你版的智能分拣中心,它减轻配送员装卸重物的负担,整体效率提升 3 倍。智配中心是京东物流对城市仓储配送网络布局的一种全新尝试,在智配中心实现仓储直发、集装集卸,构建立体化的中小件网络,有利于提升整个物流的智能化和运营效率。

从北京亚洲一号到上海嘉定无人仓,从昆山无人分拣中心到配送最前线……9 位京东物流的员工成为“人机 CP”的见证人,也成为推动物流行业快速发展的一股新鲜血液。

(资料来源:根据相关资料整理)

任务分析

在当前的物流配送服务中，越来越强调配送合理化的重要性，因此，我们有必要了解不合理配送作业的形式，对配送合理与否做出准确判断，从而不断优化现有的配送流程，合理组织配送作业。

知识链接

一、不合理配送的形式

对于配送的决策优劣，不能简单处之，也很难有一个绝对的标准。如企业效益是配送的重要衡量标志，但是在决策时常常考虑各个因素，有时要做赔本买卖。所以，配送的决策是全面、综合决策。在决策时，要避免由于不合理配送出现所造成的损失，但有时某些不合理现象是伴生的，要追求大的合理，就可能派生小的不合理，所以，这里只单独论述不合理配送的表现形式，但要防止绝对化。

1. 资源筹措的不合理

配送通过筹措资源的规模效益来降低资源筹措成本，使配送资源筹措成本低于用户自己筹措资源成本，从而取得优势。如果不是集中多个用户需要进行批量筹措资源，而仅仅是为某一、两户代购代筹，对用户来讲，就不仅不能降低资源筹措费，相反却要多支付一笔配送企业的代筹代办费，因而是不合理的。

资源筹措不合理还有其他表现形式，如配送量计划不准、资源筹措过多或过少、在资源筹措时不考虑建立与资源供应者之间长期稳定的供需关系等。

2. 库存决策不合理

配送应充分利用集中库存总量低于各用户分散库存总量的优势，从而大大节约社会财富，同时降低用户实际平均分摊库存的负担。因此，配送企业必须依靠科学管理来实现一个低总量的库存，否则就会出现单是库存转移，而未解决库存降低的不合理。

配送企业库存决策不合理还表现在储存量不足、不能保证随机需求、失去了应有的市场。

3. 价格不合理

总的来讲，配送的价格应低于不实行配送时用户自己进货时产品购买价格加上自己提货、运输、进货之成本总和，这样才会使用户有利可图。有时候，由于配送有较高服务水平，价格稍高，用户也是可以接受的，但这不能是普遍的原则。如果配送价格普遍高于用户自己进货的价格，损伤了用户利益，就是一种不合理的表现。

价格制定过低，使配送企业处于无利或亏损状态下运行，会损伤销售者，也是不合理的。

4. 配送与直达的决策不合理

一般的配送总是增加了环节，但是这个环节的增加，可降低用户平均库存水平，因此不但抵消了增加环节的支出，而且还能取得剩余效益。但是如果用户使用批量大，可以直接通过社会物流系统均衡批量进货，较之通过配送中转送货则可能更节约费用，所以，在这种情况下，不直接进货而通过配送，就属于不合理范畴。

5. 送货中不合理运输

配送与用户自提比较，尤其对于多个小用户来讲，可以集中配装一车送几家，这比一家一户自提，可大大节省运力和运费。如果不能利用这一优势，仍然是一户一送，而车辆达不到满载(即时配送过多过频时会出现这种情况)，则就属于不合理。

此外，不合理运输若干表现形式在配送中都可能出现，会使配送变得不合理。

6. 经营观念的不合理

在配送实施中，有许多是经营观念不合理，使配送优势无从发挥，相反却损坏了配送的形象。这是在开展配送时尤其需要注意克服的不合理现象。例如：配送企业利用配送手段，向用户转嫁资金、库存困难，在库存过大时，强迫用户接货，以缓解自己库存压力；在资金紧张时，长期占用用户资金；在资源紧张时，将用户委托资源挪做它用来从中获利；等等。

二、配送作业合理化的判断标志

对于配送合理与否的判断，是配送决策系统的重要内容，目前国内外尚无一定的技术经济指标体系和判断方法，按一般认识，配送合理化有以下几种标志：

1. 库存标志

库存是判断配送合理与否的重要标志。具体指标有以下两方面：

(1)库存总量。在一个配送系统中，从分散于各个用户的库存转移给配送中心施行一定程度的集中库存。在实行配送后，配送中心库存数量加上各用户在实行配送后库存数量之和应低于实行配送前各用户库存量之和。

此外，从各个用户角度判断，各用户在实行配送前后的库存量比较也是判断合理与否的标准，某个用户库存上升而库存总量下降，也属于一种不合理现象。

库存总量是一个动态的量，上述比较应当是在一定经营量的前提下，在用户生产有发展之后，库存总量的上升则反映了经营的发展，必须扣除这一因素，才能对总量是否下降做出正确判断。

(2)库存周转。由于配送企业的调剂作用，以低库存保持高的供应能力，库存周转一般总是快于原来各企业的库存周转。此外，从各个用户角度进行判断，各用户在实行配送前后的库存周转比较也是判断合理与否的标志。

为取得共同比较基准，以上库存标志都以库存储备资金计算，而不以实际物资数量计算。

2. 资金标志

实行配送应有利于资金占用降低及资金运用的科学化。具体判断标志如下：

(1)资金总量。用于资源筹措所占用的流动资金总量，随储备总量的下降及供应方式的改变必然有一个较大的降低。

(2)资金周转。从资金运用来讲，由于整个节奏加快，资金充分发挥作用，同样数量资金，过去需要较长时期才能满足一定供应要求，配送之后，在较短时期内就能达此目的。所以，资金周转是否加快，是衡量配送合理与否的标志。

(3)资金投向的改变。资金分散投入还是集中投入，是资金调控能力的重要反映。实行配送后，资金必然应当从分散投入改为集中投入，以能增加调控作用。

3. 成本和效益

总效益、宏观效益、微观效益、资源筹措成本都是判断配送合理化的重要标志。对于不同的配送方式，可以有不同的判断侧重点。例如，配送企业、用户都是各自独立的以利润为中心的企业，不但要看配送的总效益，而且还要看对社会的宏观效益及两个企业的微观效益，不顾及任何一方，都必然出现不合理。又例如，如果配送是由用户集团自己组织的，配送主要强调保证能力和服务性，那么，效益主要从总效益、宏观效益和用户集团企业的微观效益来判断，不必过多顾及配送企业的微观效益。

由于总效益及宏观效益难以计量，在实际判断时，常以按国家政策进行经营、完成国家税收及配送企业及用户的微观效益来判断。对于配送企业而言（在满足用户要求，即投入确定了的情况下），企业利润反映配送合理化程度。对于用户企业而言，在保证供应水平或提高供应水平（产出一定）前提下，供应成本的降低反映了配送的合理化程度。

成本及效益对合理化的衡量，还可以具体到储存、运输等具体配送环节，使判断更为精细。

4. 供应保证标志

从用户的角度看，其最大的担心是害怕供应保证程度降低，进而增加风险承担的程度。提高对用户的供应保证能力是配送的重点工作之一。只有提高对用户的供应保证能力，配送才算做到了合理。供应保证能力可以从以下方面判断：

（1）缺货次数。实行配送后，对各用户来讲，该到货而未到货以致影响用户生产及经营的次数必须下降才算合理。

（2）配送企业集中库存量。对每一个用户来讲，其数量所形成的保证供应能力高于配送前单个企业保证程度，从供应保证来看才算合理。

（3）即时配送的能力及速度。即时配送的能力及速度是用户出现特殊情况的特殊供应保障方式，这一能力必须高于未实行配送前的用户紧急进货能力及速度才算合理。

配送企业的供应保障能力是一个科学的、合理的概念，而不是无限的概念。具体来讲，如果供应保障能力过高，超过了实际的需要，也属于不合理。所以，追求供应保障能力的合理化也是有限度的。

5. 社会运力节约标志

末端运输是目前运能和运力使用不合理、浪费较大的领域，因而，人们寄希望于配送来解决这个问题。这也成为配送合理化的重要标志。

运力使用的合理化是依靠送货运力的规划和整个配送系统的合理流程及与社会运输系统合理衔接实现的。送货运力的规划是任何配送中心都需要花力气解决的问题，可以简化判断如下：社会车辆总数减少，而承运量增加；社会车辆空驶减少，一家一户自营运输减少，社会化运输增加。

6. 用户企业仓库、供应、进货人力、物力节约标志

配送的重要作用是以配送帮助用户。因此，实行配送后，各用户库存量、仓库面积、仓库管理人员减少为合理；用于订货、接货、供应的人力减少为合理。真正解除了用户的后顾之忧，配送的合理化程度则可以说是达到高水平了。

7. 物流合理化标志

配送必须有利于物流合理，这可以从以下几方面判断：是否降低了物流费用，是否减少了物流损失，是否加快了物流速度，是否发挥了各种物流方式的最优效果，是否有效衔接了干线运输和末端运输，是否不增加实际的物流中转次数，是否采用了先进的管理方法及技术手段。

三、配送合理化可借鉴的方法

1. 推行专业性独立配送或综合配送

专业性独立配送是指根据产品的性质将其分类，由各专业经销组织分别、独立地进行配送。其优点是可以充分发挥各专业组织的优势，便于用户根据自身的利益选择配送企业，从而有利于形成竞争机制。这类配送主要适宜于小杂货配送、生产资料配送、食品配送、服装配送等。

2. 推行加工配送

加工配送指通过加工和配送相结合，在充分利用本来应有的中转，而不增加新的中转的情况下求得配送合理化。同时，加工借助于配送，加工目的更明确，和用户联系更紧密，更避免了盲目性。

3. 推行共同配送

共同配送是指对某一地区的用户进行配送不是由一个企业独自完成，而是由若干个配送企业联合在一起共同去完成。共同配送是在核心组织(配送中心)的统一计划、统一调度下展开的。通过共同配送，能以最近的路程、最低的配送成本去完成配送，从而达到配送合理化效果。

4. 推行送取结合

配送企业与用户建立稳定、密切的协作关系，它不仅是用户的供应代理人，而且又是用户的储存据点，甚至变成用户的产品代销人。在配送时，将用户所需的物资送到，再将该用户生产的产品用同一车辆运回，这种产品也成了配送中心的配送产品之一，或者作为代存代储，免去了生产企业的库存包袱。这种送取结合，使运力充分利用，也使配送企业功能有更大的发挥，从而趋向合理化。

5. 推行准时配送

准时配送是配送合理化的重要内容。只有将配送做到了准时，用户才有资源把握，可以放心地实施低库存或零库存，才可以有效地安排接货的人力、物力，以追求最高效率的工作。另外，保证供应能力，也取决于准时供应。从国外物流企业的管理经验看，准时供应配送系统是现在许多配送企业追求配送合理化的重要手段。

6. 推行即时配送

作为计划配送的应急手段，即时配送是最终解决用户企业担心断供之忧，大幅度提高供应保证能力的重要手段。即时配送是配送企业快速反应能力的具体化，是配送企业能力的体现。即时配送成本较高，但它是整个配送合理化的重要保证手段。此外，用户实行零库存，即时配送也是重要保证手段。

四、配送作业组织

产品从生产厂商到最终客户中间要经过进货、储存、补货、拣货、配货、配装、出货、送货等环节才能到达客户手中。配送作业流程如图 10.1 所示。

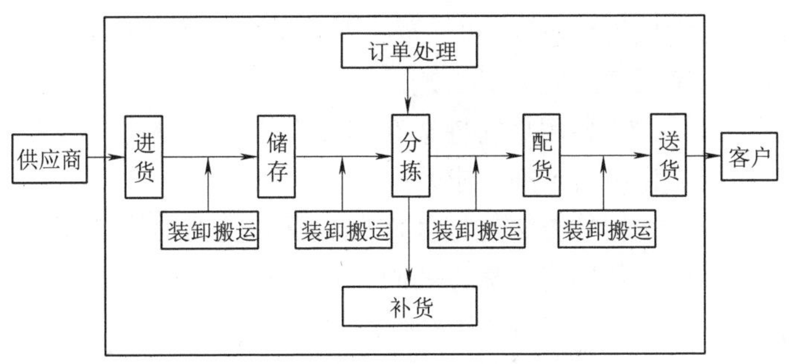

图 10.1 配送作业流程图

1. 订单处理

从接到客户订单开始到着手准备拣货之间的作业阶段，称之为订单处理。通常包括订单确认、存货查询、单据处理等内容。订单处理是与客户直接沟通的作业阶段，对后续的拣选作业、调度和配送产生直接的影响。

2. 进货作业

进货作业是指对物品实体上的接收，从货车上将物品卸下，并核对该物品的数量及状态，然后将必要信息书面化等。配送中心的进货作业由订货、接货、验收入库 3 个环节组成。进货作业流程如下：进货作业计划—商品送达—收货—货物识别编号—货物分类—货物核单验收—处理进货信息。

3. 储存作业

配送中的储存有储备及暂存两种形态。储备是按一定时期的配送经营要求，形成的对配送的资源保证。这种类型的储备数量较大，储备结构也较完善。另一种储存形态是暂存，即是分拣、配货之后，形成的发送货载的暂存，这个暂存主要是调节配货与送货的节奏，暂存时间不长。

4. 拣货作业

拣货作业是依据客户的订货要求或配送中心的送货计划，迅速准确地将商品从其储位或其他区域拣选出来，并按一定的方式进行分类集中，等待配装送货的作业过程。拣货作业是整个配送中心作业系统的核心工序。

分拣配货作业常用的作业方法有拣选式和分货式两种。

(1)拣选式工艺。这种工艺是拣选人员或拣选工具巡回于各个储存点将所需的物品取出，完成货物配备的方式。拣选式工艺如图 10.2 所示。

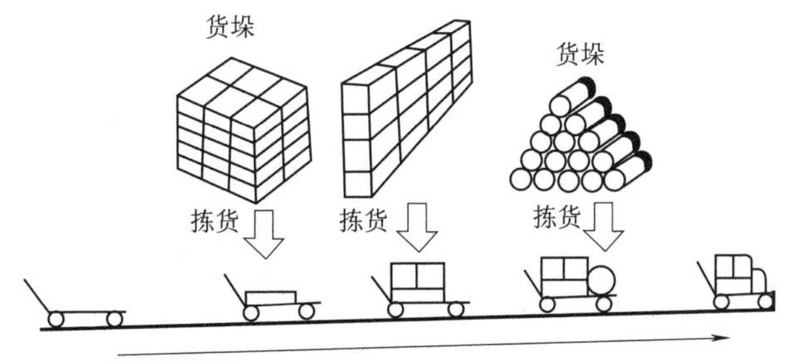

图 10.2 拣选式工艺

拣选式配货的特色是储物货位相对固定，而拣选人员或工具相对运动，所以又称作人到货前式工艺。形象地说,又类似人们进入果园,在一棵树上摘下熟了的果子后,再转到另一棵树前去摘果,所以又称之为摘果式或摘取式工艺。

拣选式的特点是一单一拣,各用户的拣选互相没有牵制。拣选完一个货单,货物便配齐,所以可以不需暂存,对机械化没有严格要求。

(2)分货式工艺。分货式配货方法是指分货人员或分货工具从储存点集中取出各个用户共同需要的货物,然后巡回于各用户的货位之间,将这一种货物按用户需要量分别放下,再集中取出共同需要的第二种,如此反复进行,直至用户需要的所有货物都分放完毕,同时完成各个用户的配货工作。它的工艺特色是用户的分货位固定,而分货人员或工具携货物相对运动,所以又称做货到人前式工艺。形象地说,又类似于一个播种者,一次取出几亩地所需的种子,在地中边巡回边播撒,所以又形象称之为播种工或播撒式工艺,其作业工艺如图 10.3 所示。

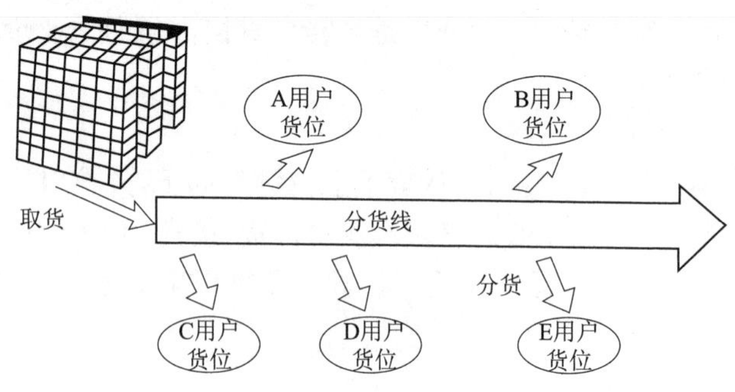

图 10.3　分货式工艺

分货式的特点是共同需求量大,工艺难度较高,专业性强,计划性强。

5. 补货作业

补货作业是在拣货区的存货低于设定标准的情况下,将货物从仓库保管区域搬运到拣货区的工作,其流程如图 10.4 所示。

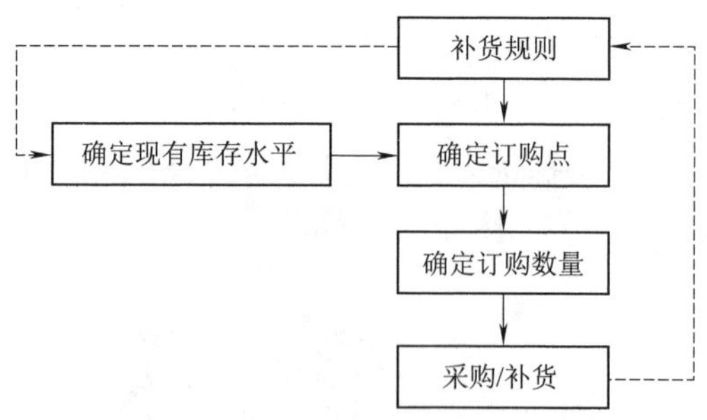

图 10.4　补货作业流程图

6. 流通加工作业

配送中心的各项作业中,流通加工能提高商品的附加价值。流通加工作业包括商品的分类、拆箱重包装、贴标签及商品组合包装。

7. 出货作业

处理完成商品拣取及流通加工作业后,即可进行商品出货作业。出货作业包括:根据客户订单为客户打印出货单据,制定出货调度计划,打印出货批次报表、出货商品上所需地址标签及出货核对表;由调度人员决定集货方式,选用集货工具、调派集货作业人员,并决定运输车辆大小与数量;由仓库管理人员或出货管理人员决定出货区域的规划布置及出货商品的摆放方式。

8. 配送作业

配送作业包括商品装车并实际配送。完成这些作业需事先规划配送区域的划分或配送路线安排,由配送路线的先后次序来决定商品装车顺序,并在商品配送途中进行商品跟踪、控制及配送途中意外状况的处理。

(1)配送路线安排。配送路线合理与否对配送速度、成本消耗、服务水平影响很大,现代社会道路资源逐渐丰富,在城市和经济发达地区,可选配送线路组合多种多样,采用科学合理的方法制定配送路线,提高配送服务水平和配送效率,是配送管理中非常重要的一项工作。

(2)配装。配装是指充分利用运输工具(如货车、轮船等)的载重量和容积,采用先进的装载方法,合理安排货物装载的作业。

配送面临的一般是小批量多批次的送货,单个客户的配送数量往往不能达到车辆的有效载运负荷。例如由于货物包装情况,如车厢尺寸不与货物包装容器的尺寸成整倍数关系,则无法装满车厢。因此,在配送作业流程中需要安排配装,把多个客户的货物或同一客户的多种货物进行搭配装载,满载于同一辆车。这样,不但能降低送货成本,提高企业的经济效益,还可以减少交通流量,改善交通拥挤状况。所以,配装是配送系统中有现代特点的功能要素,也是现代配送不同于传统送货的重要区别之处。

任务实施

配送注意事项

1. 讨论

请扫码观看视频并讨论:如何理解天下没有送不出去的货?

2. 分享

各组推选一名代表与大家分享讨论结果。

3. 评价

教师掌控教学现场,适时进行评价。

4. 定论

配送属于末端物流,是最接近消费者的物流活动,合理化的问题是配送要解决的大问题,也是衡量配送本身的重要标志。只有组织合理化的配送作业,才能最大限度地提高顾客服务水平,提高配送效益。

行业链接

社区团购中的网格仓到底是个啥?

目前,兴盛优选、多多买菜、美团优选、橙心优选、十荟团等平台,均是采用由中心仓—网格仓—团长组成的三级仓配模式。

社区团购中商品的流动过程为:供应商将货提前入到共享仓,晚上平台截单后在平台要求规定时间内，将所售出数量商品送到团购平台中心仓，在中心仓内团购平台按各网格仓所覆盖区域售出的订单进行分拣，用箱式货车将分拣出的商品送至网格仓，所有商品到网格仓后再将商品分拣至各个团，司机配送至各团自提点，团长收到货后通知消费者可来自提。各团购平台实际操作过程中也有些许不一样之处，如十荟团会选择去产地采购部分生鲜原料在自己库内进行分装，橙心优选会采取中心仓所在附近区域直配，周边县市先配送至相应网格仓再进行配送到团。

如果说中心仓作为大区域的中心，那么网格仓就是作为小区域的落地执行单位：在规定的"网格"区域，中心仓将按照网格仓的SKU(最小存货单位)分拣，网格仓会按照团长的SKU分拣，团长再按照用户下单的SKU分拣。

网格仓实现的是货在中心仓与团长之间的转移，在整个过程中需要提供的，一是500～1 000 m^2的仓库；二是站长、司机、客服、分拣员；三是10辆左右面包车或者厢式货车；四是托盘、泡沫箱、冰柜、打印机等基础设施。

网格仓由加盟商来出资建仓并运营，网格仓与大仓之间并不是上下级关系，对于平台而言也是"零成本"，合伙人是赚取佣金。

网格仓的出现调动了平台自身以外的社会上的闲置资源，一方面降低了自身搭建仓配物流基础设施的成本，另一方面提高了整体的物流配送效率。假设各平台的结团时间统一按照23:00计算，00:00之前供应商会分两批次将货运输至中心仓，然后从中心仓到网格仓一般需要两小时车程。次日凌晨1:00～6:00分拣，6:00开始往团长站点配送。但是对于网格仓的出现而言，n个网格仓就相当于总共就将会有$n\times 6$个小时的时间用来加工和分拣，是过去分拣时间的n倍。

一个中心仓会辐射40～70个网格仓，单个网格仓大概覆盖300～500个团长，如果一个500～1 000户的小区里放上两个团长，那么也就是说一个网格仓大概可以触达150～250个小区。更是意味着，一个中心仓将可以间接覆盖6 000～10 500个小区。

(资料来源：根据相关资料整理)

项目小结

学习任务	认知结果
任务一　配送作业计划编制	订单汇总—客户信息确认—基本配送区域划分—配送路线选择—车辆装载方式确定
任务二　配送作业组织	订单处理—进货作业—储存作业—拣货作业—补货作业—流通加工作业—出货作业—配送作业

实战演练

一、自我测试

1. 单项选择题

(1)(　　)是使用各种拣选设备和传输装置，将存放的物品按客户要求分拣出来，配备齐全，送达指定发货地点。

A. 集货　　B. 分拣　　C. 配货　　D. 配装

(2)(　　)配送在地方性较强的产品生产企业中应用较多，如就地生产、就地消费的食品、饮料、百货等。

A. 仓库　　B. 商店　　C. 生产企业　　D. 配送中心

(3)(　　)工艺是拣选人员或拣选工具巡回于各个储存点将所需的物品取出，完成货物配备的方式。

A. 拣选式　　B. 分货式　　C. 播种式　　D. 播撒式

(4)在拣货区的存货低于设定标准的情况下，将货物从仓库保管区域搬运到拣货区的工作是(　　)。

A. 补货作业　　B. 拣选作业　　C. 播种式　　D. 分货式

(5)配送中心 A 距配送点 B、C 的距离分别为 9 km 和 12 km，B、C 的距离为 9 km，则 A 一次向 B 和 C 配送比 A 向 B、C 分两次配送可以节约(　　)里程。

A. 9 km　　B. 12 km　　C. 18 km　　D. 24 km

2. 多项选择题

(1)下列关于配送的理解正确的是(　　)。

A. 配送实质是送货

B. 配送是一种“中转”形式

C. 配送以企业要求为出发点

D. 配送是“配”和“送”有机结合的形式

(2)资源筹措不合理表现形式包括(　　)。

A. 资源筹措过多　　B. 资源筹措过少

C. 配送量计划不准　　D. 配送量计划准确

(3)配装的基本原则是(　　)。

A. 重的货物在下，轻的货物在上

B. 先卸载后，后卸载前

C. 外观相近，容易混淆的货物尽量分开装载

D. 配载时不允许超过车辆所允许的最大载重量

(4)配送作业合理化的判断标志有(　　)。

A. 库存标志　　B. 资金标志

C. 供应保证　　D. 社会运力节约标志

(5)配送合理化可借鉴的方法有(　　)。

A. 送取结合　　B. 准时配送

C. 共同配送　　D. 加工配送

二、小组攻关

1. 思考讨论

(1)如何理解配送及配送中心？

(2)配送的类型有哪些?

(3)配送有哪些作用?

(4)拣选式作业主要适用于哪些领域?

(5)分货式作业主要适用于哪些领域?

(6)如何组织配送作业?

(7)如何实现配送合理化?

2. 案例分析

高效物流配送解密"戴尔现象"

在不到20年的时间内,戴尔计算机公司的创始人迈克尔·戴尔,白手起家把公司发展到250亿美元的规模。即使面对美国经济的低迷,在惠普等超大型竞争对手纷纷裁员减产的情况下,戴尔仍以两位数的发展速度飞快前进。

亨特在分析戴尔成功的诀窍时说:"我们只保存可供5天生产的存货,而我们的竞争对手则保存30天、45天,甚至90天的存货,这就是区别。""戴尔总支出的74%用在材料配件购买方面,2000年这方面的总开支高达210亿美元,如果我们能在物流配送方面降低0.1%,就等于我们的生产效率提高了10%。物流配送对企业的影响之大由此可见一斑。"

信息时代,特别是在高科技领域,材料成本随着日趋激烈的竞争而迅速下降。以计算机工业为例,材料配件成本的下降速度为每周1%。从戴尔公司的经验来看,其材料库存量只有5天,当其竞争对手维持4周的库存时,就等于戴尔的材料配件开支与对手相比保持着3%的优势。当产品最终投放市场时,物流配送优势就可转变成2%至3%的产品优势,竞争力的优劣不言而喻。

在提高物流配送效率方面,戴尔和50家材料配件供应商保持着密切、忠实的联系,庞大的跨国集团戴尔所需材料配件的95%都由这50家供应商提供。戴尔与这些供应商每天都要通过网络进行协调沟通:戴尔监控每个零部件的发展情况,并把自己新的要求随时发布在网络上,供所有的供应商参考,提高透明度和信息流通效率,并刺激供应商之间的相互竞争;供应商则随时向戴尔通报自己的产品发展、价格变化、存量等方面信息。

几乎所有工厂都会出现过期、过剩零部件。而高效率的物流配送使戴尔的过期零部件比例保持在材料开支总额的0.05%~0.1%之间。而这一比例在戴尔的对手企业都高达2%~3%,在其他工业部门更是高达4%~5%。即使是面对如此高效的物流配送,戴尔的亨特副总裁仍不满意:"有人问5天的库存量是否为戴尔的最佳物流配送极限,我的回答是当然不是,我们能把它缩短到2天。"

试分析:戴尔是如何实现高效率配送的?

3. 物流史话——古代物流之中华印记

请网上搜索:"送信、送货、送钱,古代快递的N种打开方式",并阅读相关资料,试分析推动现代物流发展的关键因素。

项目十一　认知物流信息管理活动

任务一　物流信息管理系统认知

受领任务

内容			任务指南
行动目标	知识目标		(1)了解物流信息的基本概念、分类及管理要求 (2)熟悉物流信息系统的功能模块,掌握其主要功能模块 (3)掌握物流信息技术在物流领域中的使用情况
	技能目标		能准确认知物流信息技术在物流领域中的使用情况
资料收集任务清单	分组		(1)自由组合,全班均分为四或五组 (2)组名自拟(具有物流特色)、组长自选
	资料类型	走进企业	(1)我的企业我的家:UPS中国宣传视频 (2)UPS中国官网:服务、运输
		扩展阅读	物流信息管理系统方案分享: 快达(杭州快达航空运输有限公司)物流信息系统个性化解决方案
	要求		每组负责收集、论证仓储作业合理化中的一个侧面,凝练成2分钟发言稿,题目自拟

引导案例

大数据赋能物流行业

自2009年"智慧物流"这一概念被提出后,物流业发展日新月异,物联网、大数据、人工智能等技术更是将物流这一传统行业引入信息化、智能化的快车道。近几年,大数据、人工智能更成为了物流企业优化效率、提升服务的利器。

在仓储物流领域,大数据可应用于掌握场内物流各个流程环节的具体执行情况,并运用大数据分析,对人、车、库的利用率和效率等进行实时分析、监控,由此管理并优化仓库资源。不仅如此，大数据还广泛应用在物流决策、物流客户管理、物流智能预警等方方面面。

(1)库存预测。大数据技术可优化库存结构和降低库存存储成本，从而提高资金利用率。运用大数据分析商品品类，系统会自动分解用来促销和用来引流的商品；同时，系统会自动根据以往的销售数据进行建模和分析，以此判断当前商品的安全库存，并及时给出预警。

(2)市场预测。对一定周期内物流数据在不同区域呈现的销售热度图进行分析，以划分确定时期内高热度区域和低热度区域。对高热度区域加强仓储资源整合，提升服务品质、满足客户、刺激销售；对低热度区域则将更多精力放在市场挖掘和市场分析上。如果这些数据与订货金额和订货频次数据结合起来，就能发挥更大的价值。再结合可视化技术处理，为企业管理者提供清晰的运营状况分析。

(3)仓储规划运营。在进行仓储规划时，会碰到许多约束条件，包括：产品的存储量、品项数、规格；发货订单的流量、特点，波次；仓库的安全库存、设计面积、效率、流程、外围的预算和自动化程度，以及基于对仓储建筑设计特殊要求的匹配。通过对项目运营中提炼到的数据进行不断修正、调整，可以形成不同运营策略，包括仓储选型策略、货品分拣分配策略、人效提升策略、智慧货位布局策略、多仓联动策略、仓储选址等策略。

(4)车货匹配。通过对货主、司机和任务的精准画像，可实现智能化定价、为司机智能推荐任务和根据任务要求指派配送司机等，从而减少空驶带来的损耗。

大数据应用会根据任务要求，如车型、配送公里数、配送预计时长、附加服务等自动计算运力价格并匹配最符合要求的司机，司机接到任务后会按照客户的要求进行高质量的服务。

此外，大数据应用可以根据司机的个人情况、服务质量、空闲时间为他自动匹配合适的任务，并进行智能化定价。

(5)客户体验提升。大量的物流数据能够描绘出更加清晰的客户消费画像。如果企业增加对用户收货习惯、验货偏好、购买频次等方面的数据收集，加深对用户的了解程度，就可以推动对客户的个性化服务，让服务更加精准。如为年纪大的客户主动提供上门验货模式，为年轻女士随箱配置开箱工具等。

大数据在物流行业的应用，给消费者带来了更好的购物体验。然而赋能仓储物流、提高仓储效率只是大数据技术应用的第一步，未来大数据还将在客户个性化服务等方面赋能更多价值，从而提高企业核心竞争力。

(资料来源：和玛大数据)

任务分析

物流信息系统是物流企业进行货物运输安排、配送路线的选择等工作的基础平台，作为企业物流信息系统的操作员必须要对各种物流信息系统的构成、应用的各种技术与设备有一定的了解，才能更好地利用它完成物流工作。让我们以物流信息系统操作员的身份，从物流信息管理基础知识认知入手，了解物流信息管理的基本情况。

一、物流信息管理基础知识

1. 物流信息的概念

物流信息(Logistics Information)是反映物流各种活动内容中有关的知识、资料、图像、数据、文件的总称。

物流信息是伴随着企业物流活动的发生而产生的,企业如果希望对物流活动进行有效的控制就必须及时掌握准确的物流信息的情况。由于物流信息贯穿于物流活动的整个过程中,并通过其自身对整体物流活动进行有效控制,因此,物流信息被称为现代物流的中枢神经。

2. 物流信息的分类

(1)按不同物流功能分类。按信息产生和作用所涉及的不同功能领域分类,物流信息包括仓储信息、运输信息、加工信息、包装信息、装卸信息等。对于某个功能领域还可以进行进一步细化,例如,仓储信息分成入库信息、出库信息、库存信息、搬运信息等。

(2)按信息的应用层次分类。

①基础信息。它是物流活动的基础,是最初的信息源,如物品基本信息、货位基本信息等。

②作业信息。作业信息是物流作业过程中发生的信息,信息的波动性大,具有动态性,如库存信息、到货信息等。

③协调控制信息。它主要是指物流活动的调度信息和计划信息。

④决策支持信息。它是指能对物流计划、决策、战略具有影响或与之有关的统计信息或宏观信息,如科技、产品、法律等方面的信息。

(3)按信息加工程度的不同分类。

①原始信息。它是指未加工的信息,是信息工作的基础,也是最有权威性的凭证性信息。

②加工信息。它是对原始信息进行各种方式和各个层次处理后的信息,这种信息是原始信息的提炼、简化和综合,利用各种分析工作在海量数据中发现潜在的、有用的信息和知识。

(4)按信息的作用不同分类。

①计划信息。它指尚未实现的且已当做目标确认的一类信息,如物流量计划、仓库吞吐量计划、车皮计划等。只要尚未进入具体业务操作的,都可以归入计划信息之中。它的特点是带有相对稳定性,信息更新速度较慢。计划信息对物流活动有非常重要的战略指导意义。

②控制及作业信息。它是物流活动过程中发生的信息,带有很强的动态性,是掌握物流现实活动状况不可缺少的信息,如库存种类、库存量、在运量、运输工具状况、物价、运费、投资在建情况、港口发货情况等。它的特点是:动态性非常强,更新速度很快,信息的时效性很强。主要作用是用以控制和调整正在发生的物流活动和指导即将发生的物流活动,以实现对过程的控制和对业务活动的微调。

③统计信息。它是物流活动结束后,对整个物流活动的一种终结性、归纳性的信息。

这种信息是一种恒定不变的信息，有很强的资料性，例如以前年度发生的物流量、物流种类、运输方式、运输工具等信息。它的特点是信息所反映的物流活动已经发生了，再也不能改变了。主要作用是用于正确掌握过去的物流活动及规律，以指导物流战略发展和制订计划。

④支持信息。它是指能对物流计划、业务、操作有影响或与之有关的文化、科技、产品、法律、教育、民俗等方面的信息，例如物流技术革新、物流人才需求等。这些信息不仅对物流战略发展有价值，而且也对控制、操作能起到指导、启发的作用，可以从整体上提高物流水平。

3. 物流信息的管理

物流信息管理是对物流信息进行采集、处理、分析、应用、存储和传播的过程，也是将物流信息从分散到集中、从无序到有序的过程。具有以下几个方面的要求：

(1)可得性。保证大量分散、动态的物流信息在需要的时候能够容易获得，并且以数字化的适当形式加以表现。

(2)及时性。随着社会化大生产的发展和面向客户的市场策略变化，社会对物流服务的及时性要求也更加强烈。物流服务的快速、及时，要求物流信息必须及时提供、快速反馈。及时的信息可以减少不确定性，增加决策的客观性和准确性。

(3)准确性。物流信息中不准确的信息带来的决策风险有时比没有信息支撑的拍脑袋决策的风险更大。

(4)集成性。物流信息的基本特点就是信息量大，每个环节都需要信息输入，并产生新的信息进入下一环节。所涉及的信息需要集成，并使其产生互动，实现资源共享，减少重复操作，减少差错，从而使得信息更加准确和全面。

(5)适应性。适应性包含两个方面的内容：一是指适应不同的使用环境、对象和方法；二是指能够描述突发或非正常情况的事件，如运输途中的事故、货损、出库货物的异常变更、退货、临时订单补充等。

(6)易用性。信息的表示要明确、容易理解和方便应用，针对不同的需求和应用要有不同的表示方式。

4. 物流信息技术的构成

(1)物流信息基础技术。即有关元件、器件的制造技术，它是整个信息技术的基础，例如微电子技术、光子技术、光电子技术、分子电子技术等。

(2)物流信息系统技术。即有关物流信息的获取、传输、处理、控制的设备和系统的技术，它是建立在信息基础技术之上的，是整个信息技术的核心。其内容主要包括物流信息获取技术、物流信息传输技术、物流信息处理技术及物流信息控制技术。

(3)物流信息应用技术。即基于管理信息系统(MIS)技术、优化技术和计算机集成制造系统(CIMS)技术而设计出的各种物流自动化设备和物流信息管理系统，例如自动化分拣与传输设备、自动导引车(AGV)、集装箱自动装卸设备、仓储管理系统(WMS)、运输管理系统(TMS)、配送优化系统、全球定位系统(GPS)、地理信息系统(GIS)等。

(4)物流信息安全技术。即确保物流信息安全的技术，主要包括密码技术、防火墙技术、病毒防治技术、身份鉴别技术、访问控制技术、备份与恢复技术和数据库安全技术等。

二、物流信息系统

1. 物流信息系统的概念

物流信息系统(Logistics Information System,LIS)是指由人员、计算机硬件、软件、网络通信设备及其他办公设备组成的人机交互系统。其主要功能是进行物流信息的收集、存储、传输、加工整理、维护和输出,为物流管理者及其他组织管理人员提供战略、战术及运作决策的支持,以达到组织的战略竞优,提高物流运作的效率与效益。

物流系统包括运输系统、储存保管系统、装卸搬运系统、流通加工系统、物流信息系统等,其中物流信息系统是高层次的活动,是物流系统中最重要的方面之一,涉及运作体制、标准化、电子化及自动化等方面的问题。由于现代计算机及计算机网络的广泛应用,物流信息系统的发展有了一个坚实的基础,计算机技术、网络技术及相关的关系型数据库、条形码技术、EDI 等技术的应用使得物流活动中的人工、重复劳动及错误发生率减少,效率增加,信息流转加速,使物流管理发生了巨大变化。

2. 物流信息系统的功能

(1)数据的收集和输入。物流数据的收集首先是将数据通过收集子系统从系统内部或者外部收集到预处理系统中,并整理成为系统要求的格式和形式,然后再通过输入子系统输入到物流信息系统中。这一过程是其他功能发挥作用的前提和基础,如果一开始收集和输入的信息不完全或不正确,在接下来的过程中得到的结果就可能与实际情况完全相左,这将会导致严重的后果。因此,在衡量一个信息系统性能时,应注意它收集数据的完善性、准确性,以及校验能力、预防和抵抗破坏能力等。

(2)信息的存储。物流数据经过收集和输入阶段后,在其得到处理之前,必须在系统中存储下来。即使在处理之后,若信息还有利用价值,也要将其保存下来,以供以后使用。物流信息系统的存储功能就是要保证已得到的物流信息能够不丢失、不走样、不外泄、整理得当、随时可用。无论哪一种物流信息系统,在涉及信息的存储问题时,都要考虑到存储量、信息格式、存储方式、使用方式、存储时间、安全保密等问题。如果这些问题没有得到妥善的解决,信息系统是不可能投入使用的。

(3)信息的传输。物流信息在物流系统中,一定要准确、及时地传输到各个职能环节,否则信息就会失去其使用价值。这就需要物流信息系统具有克服空间障碍的功能。物流信息系统在实际运行前,必须要充分考虑所要传递的信息种类、数量、频率、可靠性要求等因素。只有这些因素符合物流系统的实际需要时,物流信息系统才是有实际使用价值的。

(4)信息的处理。物流信息系统的最根本目的就是要将输入的数据加工处理成物流系统所需要的物流信息。数据和信息是有所不同的,数据是得到信息的基础,但数据往往不能直接利用,而信息是从数据加工得到的,它可以直接利用。只有得到了具有实际使用价值的物流信息,物流信息系统的功能才能发挥。

(5)信息的输出。信息的输出是物流信息系统的最后一项功能,也只有在实现了这个功能后,物流信息系统的任务才算完成。信息的输出必须采用便于人或计算机理解的形式,在输出形式上力求易读易懂,直观醒目。

这五项功能是物流信息系统的基本功能,缺一不可。而且,只有五个过程都没有出错,最后得到的物流信息才具有实际使用价值,否则会造成严重的后果。

3. 物流信息系统的主要功能模块

物流信息系统的主要功能模块包括物品管理子系统、存储管理子系统、配送管理子系统、运输与调度子系统、客户服务子系统、财务管理子系统、质量管理子系统、人力资源管理子系统等。

三、物流信息技术

(一)条形码技术

条形码(Barcode)是将宽度不等的多个黑条和空白,按照一定的编码规则排列,用以表达一组信息的图形标识符。常见的条形码是由反射率相差很大的黑条(简称条)和白条(简称空)排成的平行线图案。条形码可以标出物品的生产国、制造厂家、商品名称、生产日期、图书分类号、邮件起止地点、类别、日期等许多信息,因而在商品流通、图书管理、邮政管理、银行系统等许多领域都得到了广泛的应用。

1. 条形码的工作原理

图 11.1 为条形码系统的工作原理图。

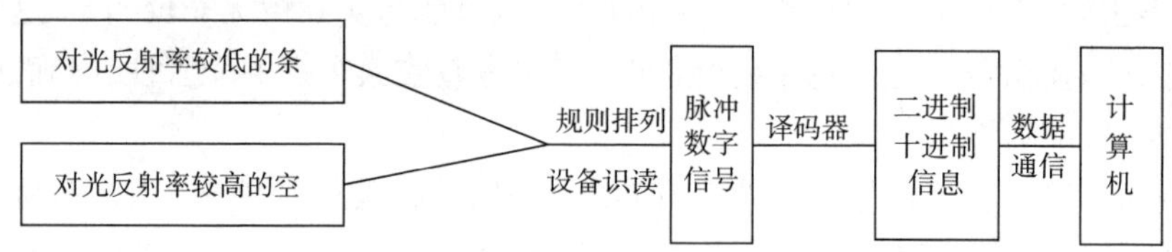

图 11.1　条形码系统的工作原理图

条形码系统是由条形码符号设计、制作及扫描阅读组成的自动识别系统。它利用光学扫描系统读取条形码符号,由光电转换器将光信号转换为电信号,通过电路系统对电信号进行放大和整形,最后以二进制脉冲信号输出给译码器进行译码。

2. 条形码分类

(1)商品条形码。商品条形码是商品身份的统一编码,是印在零售包装上,作为商品由制造、批发到销售等一连串作业过程的自动化管理符号。主要有两种条形码:EAN 码和 UPC 码。

①EAN 码。国际物品编码协会规定的国际通用商品代码格式,有标准版的 ENA-13 码与 ENA-8 缩短码。标准 ENA-13 代码由 13 位数字构成,包括国家代码(3 位),厂商代码(4 位)、产品代码(5 位)、校验码(1 位)。

②UPC 码(统一产品代码):该条形码主要在美国和加拿大使用。

(2)储运条形码。储运条形码是用在商品装卸、仓储、运输等配送过程中的识别符号,也叫物流条形码,主要标识在储运单元上,如图 11.2 所示。

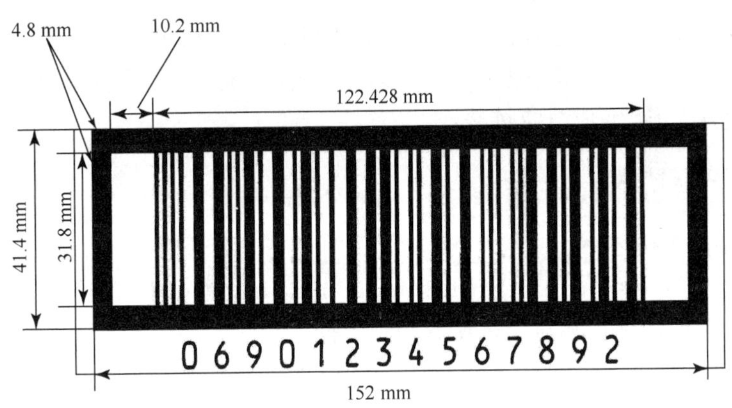

图 11.2 储运条形码

所谓储运单元是指为了便于搬运、仓储、订货、运输等由消费单元组成的商品包装单元，它分为定量储运单元和变量储运单元。定量储运单元是由按商品件数计价销售的定量储运单元组成的储运单元，如成箱的药品、服装等；变量储运单元是按基本计量单位计价，以随机数量销售的变量储运单元组成的储运单元，如布匹、农产品等。

储运单元条形码一般采用 ITF-14 条形码。目前我国部分超市的配送中心已开始使用，主要用于商品的纸质包装箱上。

(3)二维条形码。一维条形码所携带的信息量有限，如商品上的条形码仅能容纳 13 位(EAN-13 码)阿拉伯数字，更多的信息只能依赖商品数据库的支持，离开了预先建立的数据库，这种条形码就没有意义了，因此在一定程度上也限制了条形码的应用范围。基于这个原因，在 20 世纪 90 年代发明了二维条形码。二维条形码除了具有一维条形码的优点外，同时还有信息量大，可靠性高，保密、防伪性强等优点。目前二维条形码主要有 PDF417 码、Code49 码、Code 16K 码、Data Matrix 码、Maxi Code 码等，主要分为堆积式(或层排式)和棋盘式(或矩阵式)两大类。

二维条形码现已应用在国防、公共安全、交通运输、医疗保健、工业、商业、金融、海关及政府管理等多个领域。

二维条形码依靠其庞大的信息携带量，可以直接通过阅读条形码得到相应的信息，并且二维条形码还有错误修正技术及防伪功能，增加了数据的安全性。

3. 条形码在物流中的应用

(1)销售信息系统(POS 系统)：在商品上贴上条形码，就能快速准确地利用计算机进行销售和配送管理。其过程为：对销售商品进行结算时，通过光电扫描读取并将信息输入计算机，然后输进收款机，收款后开出收据，同时，通过计算机处理，掌握进、销、存的数据。

(2)库存系统：在库存物资上应用条形码技术，尤其是用在规格包装、集装、托盘货物上，入库时自动扫描并输入计算机，由计算机处理后形成库存的信息，并输入库区位、货架、货位的指令。出库程序则和 POS 系统条形码应用一样。

(3)分货拣选系统：在配送方式中和仓库出货时，利用条形码技术可以自动进行分货拣选，并实现有关管理。过程如下：一个配送中心接到若干个配送订货要求，将若干订货汇总，每一品种汇总成批后，按批发出所在条形码的拣货标签，拣货人员到库中将标签贴于每件商品上并取出自动分拣机分货，分货机始端的扫描器对分货机上处于运动状态的货物扫描，一方面确认所拣出货物是否正确，另一方面识读货物条形码上的用户标记，指令商品在确定的分支分流，到达各用户的配送货位，完成分货拣选作业。

（二）射频识别技术

1. 射频识别技术概述

射频识别技术（Radio Frequency Identification，RFID）是一种非接触式的自动识别技术，它通过射频信号自动识别目标对象来获取相关数据。

RF 接收转发装置通常安装在运输线的一些检查点上（如门框上、桥墩旁等），以及仓库、车站、码头、机场等关键点。接收装置收到 RF 标签信息后，连通接收地的位置信息，上传至通信卫星，再由通信卫星传送给运输调度中心，送入中心数据库中。

RFID 系统在具体的应用过程中，根据不同的应用目的和应用环境，系统的组成会有所不同，但一般都由信号发射设备、信号接收设备、编程器、发射接收天线几部分组成。

2. 射频识别技术工作流程

（1）编程器预先将数据和信息写入标签中。

（2）读卡器将设定数据的无线电载波信号经过发射天线向外发射。

（3）当标签进入发射天线的工作区时，标签内的卡被激活，主动将卡内的信息由卡内的发射天线发射出去。

（4）接收天线将所收到的载波信号，经过天线调节器传给读卡器，由读卡器对收到的信号进行解调解码，并送到后台的计算机控制器。

（5）计算机控制器根据逻辑运算，判断出该卡的合法性，进行相应的处理和控制，同时发出指令信号，控制执行机构做出相应的动作。

（6）执行机构按照控制器的指令，执行相应的操作。

（7）通过计算机通信网络，将各个监控点连接起来，建立总控制信息平台。

3. 射频识别技术应用

射频识别卡可具有读写能力，可携带大量数据，难以伪造，且有智能。RFID 适用于物料跟踪、运载工具和货架识别等要求非接触数据采集和交换的场合，由于 RFID 标签具有可读写能力，对于需要频繁改变数据内容的场合尤为适用。射频识别技术被广泛应用在各类企业的经营管理工作中。

如在生产制造企业中，制造商可以利用小标签的优势，将其用于在制品和终身跟踪、材料管理、库存控制、设备服务与维护等应用。射频识别标签耐受工业环境内的炎热、潮湿、溶剂、磨蚀材料以及其他使条形码性能受损的状况，因此该技术提供了在制造、运作中获得直观性的新方式。根据数据研究，通过创建程序来利用射频识别技术的直观性优势，制造商可以将库存量减少 10%～30%，并由于减少了库存用尽现象而产生相关的利益，使资产利用率改善及营运资本的要求减少。

在 Just-In-Time 零库存环境中，读取器可以触发警报，提醒所需的材料已经到达，并指派叉车操作工将材料送往工作站。叉车安装的读取器将记录材料的接收，工作站的读取器将记录该处送交的货物。另外，贴有标签的工件可以通过传送系统自动送交，无须人为介入。库存记录将随着每次交易自动更新。部件料箱可以用相同的方式来管理。

贴在子组件和部件上的智能标签可以自动而准确地实现在制品跟踪，并可用于产品终身识别，该特性对于退货、服务和产品保修等运作都很有用处。除了作为唯一识别工具之外，智能标签有足够的存储量来存储配置信息。作为最终装配与包装之前的质量控制程序的组成部分，产品可以通过读取以确认所有需要的部件都已按照适当的配置方法被装配在组件的内部。该程序可以避免返工现象，并使质量控制任务更快地完成，超过手工测试与检验的速度。无人看管的高速读取操作使检验每个组件的目标得以实现，而不是采用抽样检查。

(三)电子数据交换技术

1. 电子数据交换技术概述

电子数据交换(Electronic data interchange，EDI)是指按照通用标准格式，将标准的经济信息，通过通信网络传输，在贸易伙伴的电子计算机系统之间进行数据交换和自动处理。

2. 电子数据交换技术的优点

(1)迅速准确。在国际、国内贸易活动中使用 EDI 业务，以电子文件交换取代了传统的纸面贸易文件(如订单、发货票、发票)，双方使用统一的国际标准格式编制文件资料，利用电子方式将贸易资料准确迅速地由一方传递到另一方，是发达国家普遍采用的“无纸贸易手段”，也是世贸组织成员国将来必须使用和推广的标准贸易方式。

(2)安全可靠。采用 EDI 业务可以将原材料采购与生产制造、订货与库存、市场需求与销售，以及金融、保险、运输、海关等业务有机地结合起来，集先进技术与科学管理为一体，极大地提高了工作效率，为实现“金关”工程奠定了基础。安全可靠在 EDI 系统中每个环节都建立了责任的概念，每个环节上信息的出入都有明确的签收、证实的要求，以便于为责任的审计、跟踪、检测提供可靠的保证。在 EDI 的安全保密系统中广泛应用了密码加密技术，以提供防止流量分析、防假冒、防否认等安全服务。

(3)方便高效。减少了许多重复劳动，提高了工作效率。如果没有 EDI 系统，即使是高度计算机化的公司，也需要经常将外来的资料重新输入本公司的计算机。调查表明，从一部计算机输出的资料有多达 70%的数据需要再输入其他的计算机，既费时又容易出错。EDI 使贸易双方能够以更迅速有效的方式进行贸易，大大简化了订货或存货的过程，使双方能及时地充分利用各自的人力和物力资源。通过 EDI 可以改善贸易双方的关系，厂商可以准确地估计日后商品的需求量，货运代理商可以简化大量的出口文书工作，商户可以提高存货的效率，大大提高他们的竞争能力。

(4)降低成本。EDI 系统规范了信息处理程序，信息传递过程中无须人工干预，在提高了信息可靠性的同时，大大降低了成本。使用 EDI 可提高商业文件传送速度 81%，降低文件成本 44%，减少错漏造成的商业损失 41%，降低文件处理成本 38%。此外，大大降低了纸张的消费。根据联合国组织的一次调查，进行一次进出口贸易，双方约需交换近 200 份文件和表格，其纸张、行文、打印及差错可能引起的总开销等大约为货物价格的 7%。

3. 电子数据交换技术工作流程

以采购业务为例，电子数据交换技术(EDI)的工作流程如下：

(1)当买方的库存系统提出购买某种物料的数据时，EDI 通过翻译软件编制一份 EDI 订单。

(2)通信软件将订单通过网络送至网络中心指定的卖方邮箱,同时将这些数据送至本公司内部的应付账部门和收货部门,进行有关的登记。

(3)卖方定时经通信网络到网络中心的邮件内取回订单,EDI的翻译软件把这份订单翻译成卖方数据格式。

(4)如果确认可以售给买方指定的物料,则送出供应单经相反方向返回给买方,同时把有关的数据传送给仓库或工厂,以及开票部门。

(5)买方收到供应单后,在订单基础上产生一份商品情况询问表,传送给卖方,双方就价格等问题进行讨论,直到达成一致。

(6)达成一致后,卖方的仓库或工厂填制装运单,编制船期通知,并传给买方。同时,将船期通知传给开票部门,生成电子发票,传给买方。卖方在开发票时,有关数据就进入应收账部门,对应收账的有关数据进行更新。

(7)买方接到船期通知后,有关数据自动进入收货部门,产生收货通知。收货部门的收货通知传给应付账部门。

(8)买方收到电子发票后,产生一份支付核准书,传给应付账部门。

(9)买方应付账部门开具付款单据通知自己的开户银行付款,同时通知卖方付款信息。

(10)卖方收到汇款通知后,有关数据经过翻译后进入应收账户,买方则因支付而记入卖方项目。

(四)地理信息系统

1. 地理信息系统概述

地理信息系统(Geographic Information System,GIS)是以地理空间数据库为基础,在计算机软硬件的支持下,对空间相关数据进行采集、管理、操作、分析、模拟和显示,并采用地理模型分析方法,适时提供多种空间和动态的地理信息,为地理研究和决策服务而建立起来的计算机技术系统。简言之,GIS就是一个空间数据库管理系统。

2. 地理信息系统特征

(1)具有系统管理、分析和以多种方式输出地理空间信息的能力,具有空间性和动态性,GIS的数据必须具有空间分布特征,具有一个特定投影和比例的参考坐标系统,基于共同的地理基础。

(2)为管理和决策服务,以地理模型方法为手段,具有区域空间分析、多要素综合分析和动态预测能力,产生决策支持信息及其他高层地理信息。

(3)由计算机系统支持进行地理空间数据管理,并由计算机程序模拟常规的专门地理分析方法,作用到空间数据之上产生有用信息,完成人类难以完成的任务。计算机系统的支持使得GIS具有快速、精确并能综合地对复杂的地理信息进行空间动态分析的能力。

3. 地理信息系统在现代物流中的应用

GIS应用于物流分析,主要是指利用GIS强大的地理数据功能来完善物流分析。企业已经开发出利用GIS为物流分析提供专门分析的工具软件。完整的GIS物流分析软件集成了车辆路线模型、最短路径模型、网络物流模型、分配集合模型和设施定位模型等。

(1)车辆路线模型。车辆路线模型用于解决在一个起点、多个终点的货物运输问题中,如何降低操作费用并保证服务质量的问题,包括决定使用多少车辆,每个车辆经过什么路线等。

(2)网络物流模型。用于解决如何寻求最有效的分配货物路径的问题,也就是物流网点分布问题,如将货物从 N 个仓库运往 M 个商店,每个商店都有固定的需求量,因此需要确定由哪个仓库提货送给哪个商店,且所需运输代价最小。

(3)分配集合模型。分配集合模型可以根据各个要素的相似点把同一层上的所有或部分要素分成几组,可以用于解决确定服务范围、销售市场范围等问题。

(4)设施定位模型。设施定位模型用来确定仓库、医院、零售商店、加工中心等设施的最佳位置,其目的同样是为了提高服务质量,降低操作费用,使利润最大化等。

(五)全球卫星定位系统

1. 全球定位系统概述

全球定位系统(Global Positioning System,GPS)是结合了卫星及无线技术的导航系统,具备全天候、全球覆盖、高精度的特征,能够实时、全天候地为全球范围内的陆地、海上、空中的各类目标提供三维定位、三维速度及精确时间信息。

GPS 是美国从 20 世纪 70 年代开始研制,历时 20 年,耗资 200 亿美元,于 1994 年全面建成,具有在海、陆、空进行全方位实时三维导航与定位能力的新一代卫星导航与定位系统。目前我国的 GPS 兼容覆盖全球的“北斗”导航系统已经开通使用。

随着全球定位系统的不断改进,硬件、软件的不断完善,应用领域正在不断地开拓,目前已遍及国民经济各个部门,并开始逐步深入人们的日常生活。

2. GPS 的物流功能

(1)实时控制功能。在任意时刻通过发出指令查询运输工具所在的地理位置(经度、纬度、速度等信息),并在电子地图上直观地显示出来。

(2)双向通信功能。GPS 的用户可使用 GSM 的话音功能与司机进行通话或使用安装在运输工具上的移动设备的汉字液晶显示终端进行汉字消息收发对话。驾驶员通过按下相应的服务、动作键,将信息反馈到网络 GPS,质量监督员可在网络 GPS 工作站的显示屏上确认其工作的正确性,了解并控制整个运输作业的准确性(发车时间、到货时间、卸货时间、返回时间等)。

(3)动态调度功能。调度人员能在任意时刻通过调度中心发出文字调度指令,并得到确认信息。可进行运输工具待命计划管理,操作人员通过在途信息的反馈,运输工具未返回车队前即做好待命计划,可提前下达运输任务,减少等待时间,加快运输工具周转速度。可进行运能管理,将运输工具的运能信息、维修记录信息、车辆运行状况登记,司机人员信息、运输工具的在途信息等多种信息提供调度部门决策,以提高重车率,尽量减少空车时间和空车距离,充分利用运输工具的运能。

(4)数据存储、分析功能。实现路线规划及路线优化,事先规划车辆的运行路线、运行区域,何时应该到达什么地方等,并将信息记录在数据库中,以备以后查询、分析使用。

可进行可靠性分析,通过汇报运输工具的运行状态,了解运输工具是否需要较大的修理,预先做好修理计划;计算运输工具平均差错时间,动态衡量该型号车辆的性能价格比。

可进行服务质量跟踪,在中心设立服务器,并将车辆的有关信息让有该权限的用户能异地方便地获取自己需要的信息。同时,还可以对客户索取的位置信息用相对应的地图传送过去,并将运输工具的历史轨迹印在上面,使该信息更加形象。

依据资料库储存的信息,可随时调阅每台运输工具以前的工作资料,并可根据各管理部门的不同要求制作各种不同形式的报表,使各管理部门能更快速、更准确地做出判断及提出新的指示。

3. 全球定位系统在物流领域的应用

(1)用于汽车自定位、跟踪调度。车辆导航将成为未来全球卫星定位系统应用的主要领域之一。

(2)用于铁路运输管理。我国铁路开发的基于 GPS 的计算机管理信息系统,可以通过 GPS 和计算机网络实时收集全路列车、机车、车辆、集装箱及所运货物的动态信息,可实现列车、货物追踪管理。只要知道货车的车种、车型、车号,就可以立即从近 10 万千米的铁路网上流动着的几十万辆货车中找到该货车,还能得知这辆货车现在何处运行或停在何处,以及所有的车载货物发货信息。铁路部门运用这项技术可大大提高其路网及其运营的透明度,为货主提供更高质量的服务。

(3)用于军事物流。全球卫星定位系统首先是因为军事目的而建立的,在军事物流中,如后勤装备的保障等方面,应用相当普遍。尤其是在美国,其在世界各地驻扎的大量军队无论是在战时还是在平时都对后勤补给提出很高的需求,在战争中,如果不依赖 GPS,美军的后勤补给就会变得一团糟。美军在 20 世纪末的地区冲突中依靠 GPS 和其他顶尖技术,以强有力的、可见的后勤保障,为保卫美国的利益做出了贡献。目前,我国军事部门也在运用相关技术。

(4)用于内河及远洋船队最佳航程和安全航线的测定、航向的适时调度、监测及水上救援。

(5)用于空中交通管理、精密进场着陆、航路导航和监视。

任务实施

1. 讨论

组内自由讨论。

2. 分享

各组推选一名代表与大家分享讨论结果。

3. 评价

教师掌控教学现场,适时进行评价。

4. 定论

现代物流活动的运作离不开信息化。信息在实现物流系统化和物流作业一体化方面发挥着重要作用。而信息技术的发展也为现代物流提供了企业减少非增值的物流活动、提高物流效率的必要支撑。物流信息管理系统涉及仓储作业管理、运输及配载管理、财务管理、人力资源管理等相关知识。通过使用计算机技术、通信技术、网络技术等手段,建立物流信息化管理,以提高物流信息的处理和传递速度,使物流活动的效率和快速反应能力得到提高。

行业链接

UPS 的信息追踪解决方案

无论是递送 10 把小提琴至当地的音乐商店,还是运送 10 000 份疫苗至海外的诊所,都需要安排运输和追踪，然而追踪管理这二种货件运输时，所需要的货件状态信息则完全不同。

UPS开发了一系统的货件追踪工具，让客户能随时随地获取精准的货件状态信息。借此客户可以调整小提琴的递送行程，使其能赶上开学的第一堂课，或是预估急救药品的送达时间，以便诊所的工作人员能有所安排。

UPS追踪功能可提供多种追踪方式，让客户方便了解货件的当前状态、意外延误和最终递送时间。通过参考信息追踪，创建货件时，可以指定采购订单编号或客户编号(最多35个字符)等参考信息，以便在不输入追踪编码的情况下追踪货件；追踪历史记录，登录ups.com查看最多75件最近追踪的货件。可以在“追踪历史记录”表格中存储最多50个追踪号码，以方便访问。也可在此添加或更改货件描述，方便用作快速参考；更好的可见性，综合掌握整个供应链，随时了解重要的货件详情。使用UPS追踪，客户可以追踪在国内运送的单个货件或运输至世界各地的集装箱货物。

(资料来源：UPS(中国)官网)

任务二　物流信息管理

受领任务

内容	任务指南		
行动目标	知识目标		(1)了解物流信息采集、处理、分析、服务的概念、注意事项； (2)熟悉物流功能信息的采集途径，物流信息处理的内容，物流分析报告的内容 (3)掌握物流信息采集、处理、分析方法，掌握物流信息服务工作的内容
	技能目标		能进行物流信息的采集、处理与分析
资料收集任务清单	分　组		(1)自由组合，全班均分为四或五组 (2)组名自拟、组长自选
	资料类型	走进企业	(1)我的企业我的家：浙江丹鸟物流科技有限公司宣传视频 (2)浙江丹鸟物流科技有限公司官网：产品及服务、人才招聘
		走近榜样	我的榜样我的路：阿里巴巴菜鸟网络北京城市负责人丁加仁寄语青年学子 丁加仁成长的故事
		扩展阅读	(1)最新数据安全解决方案分享：顺丰“粹御数据安全解决方案” (2)经典案例分享：“啤酒＋尿布”的故事
	要　求		组间资料不重复、熟悉各自资料，凝练成3分钟发言稿，题目自拟

引导案例

与创新者同行——蒙牛低温奶“长鲜”常胜的秘诀

低温奶是一种“低温杀菌牛奶”，这种牛奶从离开生产线，到运输、销售、储存等各个环节，都要求在 4 ℃左右(不同品牌的温控要求略有差异)的环境中冷藏保存，保证有益菌群一定的活性，以及其口感和营养价值。

“在运输环节，冷链物流是保障低温奶安全的基础条件，但有了冷链，并不代表‘路上的奶’就一定万无一失。驾驶员是不是‘打冷’了，温度是不是合适，这批货是不是按照约定的时间被准时送达，是不是被正常签收了，我们用客户投诉来评估准点率的统计方式统计是否准确和科学……我们希望用技术的手段打开‘运输黑匣子’，看到这个运单在路上的一切状态，使蒙牛的产品质量安全再上一个新台阶。”说起最开始与 G7 的合作缘由，蒙牛物流的一位高管如是说。在收到蒙牛的需求后，G7 内部迅速成立乳制品标杆项目组，经过调研分析蒙牛的业务运输方式，结合其业务特性，创新性借鉴国外 milk run 模式，为蒙牛定制开发了以订单为核心的“端到端”全程可视方案，用物联网技术将“蒙牛”、“承运商”、“司机”、“车”与“货物”真正链接，让蒙牛低温奶的品质如虎添翼。

端到端全程可视方案的应用，让蒙牛低温物流的管理者不仅仅可以随时随地知道每一个运单货物的实时温度，如果不幸真的有驾驶员忘记了开冷机，便会按照约定规则方式分等级地向业务管理人员报警，使其第一时间发现问题及时处理；时效，是低温奶产品的重要保障，Milk run 模式＋G7 IOT 设备在蒙牛运输中的应用，大幅提升了货物送达的准点率，提升了运输效率，是保障“新鲜好奶”的第二道技术；出发、到达、晚点、位置、温度等各种数据的实时感知，让蒙牛物流的精细化管理有了抓手，对承运商的考核有据可依，通过不断优化 KPI、不断改进服务质量，蒙牛的管理与业务形成良性循环，不断提升着蒙牛低温奶的食品安全。

蒙牛作为乳业巨头，G7 作为物流领域物联网技术的坚定践行者，携手同行，迎接挑战。

(资料来源：根据相关资料整理)

任务分析

物流发展到今天，获取物资在流通过程中各个环节的信息比以往任何时候都更加重要，这些信息对企业的物流管理起着至关重要的作用。让我们以物流信息主管、客服专员的身份，去了解物流信息采集、处理及分析的相关知识。

知识链接

物流信息管理是对物流信息进行采集、处理、分析、应用、存储和传播的过程，也是将物流信息从分散到集中、从无序到有序的过程。物流信息管理的主要内容包括信息采集、信息处理、信息传递、信息服务与应用、信息政策制定、信息规划等。

一、物流信息采集

物流信息采集即应用各种手段，通过各种渠道进行物流信息的收集，以反映物流系统及其所处环境情况，为物流信息管理提供素材和原料。对物流信息进行采集就是及时捕捉商品在出库、入库、分拣、运输等物流服务过程中的各种信息。

（一）物流信息采集方法

1. 基于人工系统的信息采集方法

（1）一手资料的采集。直接观察，在信息源现场，信息采集者对客观现象不加任何干预，只凭视觉、听觉和基于上述感知的思维，以及借助录音机、摄像机等设备记录的客观信息源所产生信息的行为过程。也可应用各种科学的调查方式方法，收集、整理、分析相关物流信息。

（2）二手资料的采集。方案调查，利用图书、报纸、期刊、资料、文献、论文等进行查阅；网络调查，利用网络尤其是搜索引擎采集物流信息。

2. 基于计算机系统的信息采集方法

利用计算机处理信息，首先是将信息输入计算机，经过处理后输出、存储到计算机中。数据只有经过计算机加工处理后才能变成有用的信息。对于计算机来说，数据的形式多种多样，如图形、声音、视频、文字等，这些数据必须经过“数据采集”（数字化）后才能变成计算机里的数据，基于计算机系统的信息必须数字化。

信息采集技术多种多样，包括语音信息的采集与数字化、图像信息的采集与处理、视频信息的采集与处理、文字信息的采集与处理、条码技术等。

（二）物流信息采集注意事项

1. 要进行信息的需求分析

采集工作前要进行信息的需求分析，准确了解企业各级管理人员何时、何处以及为何需要信息，确定信息需求的层次、目的、范围、精度、深度等要求。按需收集，避免收集的信息量过大，造成人、财、物的浪费，或收集的信息过于狭窄影响使用效果等。

2. 要具有系统性和连续性

采集工作要具有系统性和连续性，要求采集到的信息能客观、系统地反映物流活动的情况，并能随一定时间的变化，记录经济活动的状况，为预测未来物流发展提供依据。

3. 要合理选择信息源

信息源的选择与信息内容及收集目的有关，必须选择能提供所需信息的最有效信息源。信息源一般较多，应进行比较，选择提供信息数量大、种类多、质量可靠的信息源，建立固定信息源和渠道。

4. 要有计划地进行管理

信息收集过程的管理工作要有计划，使信息收集过程成为有组织、有目的的活动。

（三）物流信息采集过程

1. 制定采集计划

只有制定周密、切实可行的信息收集计划，才能指导整个信息采集工作正常开展。

2. 设计采集提纲和表格

为了便于以后的加工、储存和传递，在进行信息采集以前，就要按照信息采集的目的和要求设计合理的采集提纲和表格。

3. 明确信息采集的方式和方法

社会调查是获得真实可靠信息的重要手段。社会调查是指运用观察、询问等方法直接从社会中了解情况，收集资料和数据的活动。利用社会调查收集到的信息是第一手资料，因此比较接近社会，接近生活，容易做到真实、可靠。也可采用文案调查法或网络调查法等二手资料调查法取得物流信息。

4. 提供信息采集的成果

要以调查报告、资料摘编、数据图表等形式把获得的信息整理出来，并要将这些信息资料与采集计划进行对比分析，如不符合要求，还要进行补充采集。

（四）物流作业信息的采集

1. 订单信息的采集

物流活动的第一步就是接受顾客的订单，根据订单处理顾客的要求是物流活动的开始。因此，从订单中获得的信息是全部物流活动的基本信息。订单管理的过程涉及从最初的接收订单直到交付、开票以及通常的托收等有关管理顾客需要的方方面面，因此，通过订单还可以了解到许多相关的物流信息。

通过订单可以了解到的相关物流信息，包括以下几个方面：

(1)市场需求信息，包括实际需求和潜在需求、近期需求和长远需求，以及需求的变化趋势等信息。

(2)市场占有信息，包括主要客户信息及客户特征等。

(3)市场产品与价格信息，包括价格的形成、变化等信息。

(4)销售渠道和销售技术信息，包括中间商和营业部的情况，广告、宣传、推销的效果以及售后服务的情况。

2. 包装信息的采集

(1)从操作现场产生的资料中获取。包装信息多发生在包装作业现场，因此，包装信息的获取较为简单，主要是从操作现场产生的资料中获取。

(2)从货主提供的信息资料中获取。有一些包装作业在货主那里完成，这时利用货主提供的信息资料就成为包装信息的主要来源。

3. 仓储信息的采集

仓储信息产生于仓储活动的过程。在仓储控制系统中，监控信息的采集、传递、反馈是控制的一个关键，这可以说是信息要素在这个系统中的突出点。

此外，经常的监测清点也是掌握仓储物质量状况的重要工作。监测清点的有效方式主要有以下几种：

(1)“五五化”堆码。储存物堆垛时，以“五”为基本计数单位堆成总量为“五”的倍数的垛形，有经验者可过目成数，大大加快了人工点数的速度，并且减少差错。

(2)光电识别系统。在货位上设置光电识别装置，该装置对被存物进行扫描，并将准确数目自动显示出来。这种方式不需要人工清点就能准确掌握库存的实有数量。

(3)电子计算机监控系统。在被存物上采用条码识别技术，使识别计数和计算机联结，每存、取一件货物时，识别装置自动识别条码并将其输入计算机，计算机会自动做出存取记录。这样，只需向计算机查询，就可了解所存货物的准确情况。用电子计算机指示存取可以防止人工存取易出现的差错。

(4)射频技术。在物品上挂一块射频标签牌，内有储存信息的芯片和发射信息的天线。当货物经过读写装置时，信息被读出或被写入芯片中。射频技术适用于物料跟踪、运载工具和货架识别等要求非接触数据采集和交换的场合。由于射频标签具有可读写能力，对于需要频繁改变数据内容的场合尤其适用。

4. 装卸信息的采集

在装卸搬运环节中货物的状态信息发生改变的频率较高，且是针对不同个体发生的，需要及时获取这些信息，并反映到物流信息系统中。此外，装卸过程中货物的有序化程度最低，此时的物流信息污染也较其他环节更加严重，因此要特别注意信息的准确性。

5. 运输信息的采集

运输过程中货物和运输工具都处于运动的状态，不易得到物流系统的支持，所涉及的信息采集是动态的、相对独立的。另外，运输途中受到环境因素的影响较大，如天气情况、道路和航道的状况、经过的车站和码头的情况、运输路线等。如果采用多式联运的方式，涉及的信息量更会成倍增加。在实际操作中还经常发生临时改变运输计划、运输线路和运送货物的情况，这些都加剧了运输信息的无序性。因此，运输过程中除了物流系统本身的信息外，还包括了大量的环境信息，其信息获取的难度要高于其他物流环节，相应的费用也要高一些。

现代物流中大量用到了各种信息科技，尤其是 GPS 技术、GIS 技术和现代通信技术的应用使得运输过程中信息的获取更加及时和准确。

6. 配送信息的采集

配送是按用户订货要求在配送中心或其他物流节点进行货物配备，并以最合理的方式送交用户。比较独特的部分是在配送中心完成的销售和货物分拣，其中应用的销售时点信息系统和自动分拣系统是两个重要的信息来源。

(1)销售时点信息系统。通过自动读取设备(如收银机)，在销售货物时直接读取销售信息(如名称、单价、销售数量、销售时间、销售店铺、购买顾客等)，并通过通信网络和计算机系统传送至有关部门进行分析、加工。销售时点信息系统使数据收集能力大大提高，实现了信息发生时点收集。同时，简化了数据输入手段，增强了信息的可信度，为管理工作提供了强有力的支持。

(2)自动分拣系统。自动分拣系统一般由控制装置、分类装置、输送装置及分拣道口组成。控制装置的作用是识别、接收和处理分拣信号，根据分拣信号的指示分类装置按货物品种、货物送达地点或货主的类别对货物进行自动分类。这些分拣需求可以通过不同方式，如条码扫描、色码扫描、键盘输入、重量检测、语音识别、高度检测及形状识别等方式输入到分拣控制系统中去。通过对这些分拣信号的判断来决定某一种货物该进入哪一个分拣道口。分类装置的作用是根据控制装置发出的分拣指示，将具有相同分拣信号的货物送入其他输送机或送入分拣道口。输送装置待分拣商品依次通过控制装置、分类装置，经过分拣道口时，分好类的货物滑下主输送机进入分拣道口，最终到达集货站台。在那里由工作人员将该道口的所有货物集中后入库储存，或是组配装车并进行配送作业。

自动分拣系统可以连续运行 100 个小时以上，每小时可分拣 7 000 件包装货物。如果采用人工，则每小时只能分拣 150 件左右。目前自动分拣系统主要采用条码技术来识别货物，分拣误差率极低。在采用人工键盘或语音识别方式输入时，误差率在 3%左右。

现代物流要求各环节货物信息的采集和货物的识别实现自动化。货物的自动识别是采集信息的重要环节。关于某种货物的信息可以有很多，但是只要它有唯一性的标识符，就可以通过识别这个标识符获得有关该货物的全部信息。

二、物流信息处理

物流信息处理是指根据使用者的信息需求，对采集到的信息进行筛选、分类、加工、存储等活动。

(一)物流信息处理的主要内容

1. 订货信息处理

(1)计划阶段：选定订货方法；选定订货信息的传递手段。

(2)实施阶段：订货处理；核对库存；核对装卸能力；核对配送能力；制作出货单；制作进货单；迟进货物的管理。

(3)评价阶段：订货统计分析；退货处理；进货管理。

2. 库存信息处理

(1)计划阶段：决定库存地点的数量；商品库存的合理配置；设定库存预算；拟订标准的库存周转率。

(2)实施阶段：查询库存；进出库处理；移送处理；确定卸货货架。

(3)评价阶段：库存预算与库存实际的对比；标准库存周转率与实际周转率的对比；分析过剩库存；分析缺货库存；分析商品的恶化和破损；计算保管费；计算保险费。

3. 进货信息处理

(1)计划阶段：选定进货方法；选定进货信息传递手段。

(2)实施阶段：进货；掌握和督促未进仓库的商品。

(3)评价阶段：分析进货统计。

4. 仓库管理信息处理

(1)计划阶段：租用储运公司的仓库或使用自有仓库的决定；决定仓库容积和设备的设计；保管形式的设计；仓库设备投资的经济核算。

(2)实施阶段：自动仓库的经营；容纳场所的指示；故障对策，仓库的安全设备完善；安置管理。

(3)评价阶段:仓库设备调动分析;故障分析;修理费用计算,保安设施费用计算。

5. 装卸信息处理

(1)计划阶段:装卸方法的设定;装卸机械投资的经济核算。

(2)实施阶段:装卸作业指示;商品检查。

(3)评价阶段:装卸费用分析;装卸机械调动分析。

6. 包装信息处理

(1)计划阶段:包装形式确定;运输货物形态的决定;包装标准拟订;自动包装的设计。

(2)实施阶段:包装材料的管理;包装工程的管理;空集装箱的管理。

(3)评价阶段:包装费用分析;事故统计。

7. 运输信息处理

(1)计划阶段:运输工具的选定;运输路线的选定;运送大宗货物的决定。

(2)实施阶段:车辆调配;货物装载指示;货物跟踪管理。

(3)评价阶段:运费计算;装载效率分析;车辆调动分析;迂回运输分析;事故分析。

8. 配送信息处理

(1)计划阶段:配送中心的数量、位置的确定;配送区域的确定。

(2)实施阶段:配送指示;货物抵达点的联络;货物跟踪管理。

(3)评价阶段:运费计算;装载效率分析;车辆调动分析;退货的运费分析;误差分析。

9. 综合系统信息处理

(1)计划阶段:物流综合系统的设计;需求的预测。

(2)实施阶段:订货处理的流向跟踪。

(3)评价阶段:综合业绩的掌握和分析;综合流通费用的分析;服务时间和服务效率的分析。

(二)物流信息处理方法

1. 将声音数据转换为文本数据

针对多媒体中的声音文件,使用语音识别技术将其转换为文字。另外可以用人工的方式为多媒体文件创建一个反映其主要内容的文字摘要。把多媒体(复杂)格式的数据转换为文本(简单)格式的数据后,可供采用的处理技术更多、更成熟,可以从数据中获取更多的信息。

2. 纯文本抽取技术

在一些文本文档中除了与自然语言对应的字符外,还有一些为了实现显示格式的控制字符,比如,PDF、Word、Excel、Powerpoint、XML 和 HTML 等格式文档中都含有控制字符。这给数据处理带来了不便,需要借助纯文本抽取技术把这些文档中的自然语言字符抽取出来。

3. 将图像数据转换为文本数据

一方面,可以从图像中发现并抽取属于自然语言的字符,这些自然语言字符通常与图像所表达的含义紧密相关;另一方面,可以用人工的方式为图像创建文字说明,描述图像的含义。

4. 信息抽取技术

信息抽取技术可以实现从文本到数据库字段的转换。信息抽取技术能够发现文本中的重要信息点,并将其抽取出来,这些信息点通常与数据库的字段相对应。这样就实现了文本格式到数据库格式的转变。

5. 语义图技术

当把级别Ⅲ和级别Ⅱ的数据都转换为级别Ⅰ的数据后(即数据库格式数据),在级别Ⅰ会存在大量的数据,通常会涉及成千上万的实体(人物、机构、地点)和描述实体间关系所需的关系定义(人物之间发生过怎样的联系、人物与机构之间的关系等)。要想对这些海量数据进行融合和挖掘,就必须对它们进行有效的组织。语义图是目前实现对数据进行有效组织和表示的主要技术之一。在一个语义图中,实体被表示为结点,实体之间的关系被表示为结点之间的连线。如,人物甲曾经给人物乙发送过电子邮件;人物乙曾经打电话给人物丙;人物乙为公司Y工作。通过对语义图进行分析可以发现在一些文本格式下不易发现的知识。比如,人物甲与人物丙之间经由人物乙存在间接联系。利用语义图还可以进行更为复杂的知识挖掘,如跟踪目标实体在时间、空间的变化情况,发现并跟踪实体之间有意义的关联关系以及这种关系随时间变化的情况。

(三)物流信息数据控制

数据控制是为确保所输入数据的准确性和完整性而采取的一些措施。

在处理数据的不同阶段中,都有可能出现错误。一般而言,错误大多产生在处理数据之前,而这些错误会导致无用输入、无用输出的情况。若输入错误的数据,便会得到没有用的信息。为确保所输入数据的准确性和完整性需要进行数据控制。

数据控制涉及两方面的工作,分别是数据校验和数据有效性检验。

1. 数据校验

数据校验是检查输入的数据与源文件上的数据是否一致的措施,通常通过以下两种方式进行:

(1)输入的数据会实时或以成批的方式输出,然后跟源文件比较,以检查有没有不吻合的情况。

(2)由两名操作员独立地输入相同的数据,然后由计算机程序检测两组输入的数据是否一致。

若能广泛地和适当地进行数据校验,则输入的数据应与原来的数据一致。数据校验一般会在准备数据的阶段进行,其缺点是要花费很多时间和成本。

2. 数据有效性检验

数据有效性是指输入的数据是合理和可接受的。要保证数据的有效性,输入的数据都要经由一个有效性检验程序来检测,这个过程称为数据有效性检验。若有效性检验程序检测到任何无效的数据,便会向用户显示错误列表或错误报告,提醒用户再次输入有关的部分。以下是一些常用的有效性检验方法:

(1)类型检查。类型检查可用来检查输入数据的类型是否正确。输入的数据一般可分为两类:数字和字母。

(2)范围检查。范围检查确保输入的数据限制在一定范围内。

(3)长度检查。长度检查确保输入的数据含有正确数目的字符或数字。

(4)合理性检查。合理性检查会尝试确定输入的数据是否合理。

(5)检查数位。检查数位是检查附加在某个代码末尾处的一个数字,可用来检查输入的代码是否正确。

三、物流信息分析

物流信息分析，就是根据特定问题的需要，对大量相关物流信息进行深层次的思维加工和分析研究，形成有助于问题解决的新物流信息的信息劳动过程。

(一)物流信息定量分析

定量分析方法强调对数据的分析，通过建立数学模型等可重复检验的手段表达数据的内涵，是一种高度抽象的方法。其特点在于，可以对事物的发展做出定量的描述；借助于数和数量关系研究事物的发展规律。

1. 物流信息定量分析过程

物流信息定量分析过程可以分为三步：用精确的数量值代替模糊的印象；依据数学公式导出精确的数量结论；将结论的数量形式解释为直观性质。

2. 常见物流信息定量分析法

(1)物流信息评估法。信息评估是在对大量相关信息进行分析与综合的基础上，经过优化选择和比较评价，形成能满足决策需要的支持信息的过程。常见的评估方法有：指标评分、层次分析、价值工程、成本-效益分析、可行性研究、投入产出分析、系统工程和运筹学方法等。

(2)信息预测法。预测是人们利用已掌握的知识和手段，预先推知和判断事物未来发展的活动。常见的信息预测法有逻辑推理、趋势外推、回归分析、时间序列、德尔菲法等。

3. 典型物流信息定量分析法——层次分析法

层次分析法(AHP)是将与决策有关的元素分解成目标、准则、方案等层次，在此基础之上进行定性和定量分析的决策方法。层次分析法的步骤如下：

(1)通过对系统的深刻认识，确定该系统的总目标，弄清规划决策所涉及的范围、所要采取的措施方案和政策、实现目标的准则、策略和各种约束条件等，广泛地收集信息。

(2)建立一个多层次的递阶结构，按目标的不同，实现功能的差异，将系统分为几个等级层次。

(3)确定以上递阶结构中相邻层次元素间的相关程度。通过构造比较判断矩阵及矩阵运算的数学方法，确定对于上一层次的某个元素而言，本层次中与其相关元素的重要性排序的相对权值。

(4)计算各层元素对系统目标的合成权重，进行总排序，以确定递阶结构图中最底层各个元素在总目标中的重要程度。

(5)根据分析计算结果，考虑相应的决策。

(二)物流信息定性分析

定性分析方法是指获得关于研究对象的质的规定性方法，定性分析方法适用于那些不需要或不可能应用定量方法进行分析研究的课题。

1. 常见物流信息定性分析法

(1)信息联想法。是指在事物之间建立或发现相关关系的思维活动，其关键是准确把握事物之间的关系。常见信息联想法有比较分析、逻辑分析、头脑风暴、触发词、强制联想、特性列举、偶然联想链、因果关系、相关分析等。

(2)信息综合法。综合是把研究对象的各部分、方面、因素有机联结和统一起来,从总体上进行考察和研究的一种思维方法。常见的信息综合法有归纳、背景分析、环境、扫描、SWOT分析、系统识别、数据挖掘等。

2. 典型物流信息定性分析法——信息链分析方法

信息链就是在特定的信息环境下,采用某种技术手段向物流用户提供服务,使物流信息在具有信息生产、存储、传递、加工、整合、消费等功能的节点间流动增值而形成的链状序列。信息链分析方法的步骤如下:确定分析目标、识别信息链节点、描述信息环境与信息人特征、视图化描述、采集数据与计算信息链指标、信息链的分析。

3. 头脑风暴法

头脑风暴法又可分为直接头脑风暴法(通常简称为头脑风暴法)和质疑头脑风暴法(也称反头脑风暴法)。前者是在专家群体决策时尽可能激发创造性,产生尽可能多的设想的方法;后者则是对前者提出的设想、方案逐一质疑,分析其现实可行性的方法。

采用头脑风暴法组织群体决策时,要集中有关专家召开专题会议,主持者以明确的方式向所有参与者阐明问题,说明会议的规则,尽力营造融洽轻松的会议气氛。一般不发表意见,以免影响会议的自由气氛。由专家们“自由”提出尽可能多的方案。

(三)物流信息分析报告

信息分析报告是信息分析的最终成果。信息分析报告撰写得成功与否,直接影响信息的开发与利用。

1. 信息分析报告的类型

(1)综述性信息分析报告。综述性信息分析报告是指对一个信息分析对象所涉及的诸多文献、资料、数据、图表等大量的信息进行全面地归纳分析和总结所形成的内容全面、完整的分析报告,适用于宏观信息的分析。在撰写综述性信息分析报告时应该遵循准确、全面、系统、原始、科学等原则。

(2)评论性信息分析报告。评论性信息分析报告与综述性信息分析报告既有联系又有区别。二者的联系在于在信息的分析与比较方面均有归纳、总结等活动;二者的区别在于综述性信息分析报告在归纳总结后就可以结束报告。而评论性信息分析报告仍然要在总结的基础上提出明确的观点,概括观点的形式则正是评论,因此评论性信息分析报告通常又称述评或评述等。

(3)预测性信息分析报告。预测性信息分析报告是在综述性信息分析报告和评论性信息分析报告的基础上完成的,是信息分析报告的高级形式。通常该类信息分析报告又可以称为“展望”“前瞻”“走势”。

2. 信息分析报告的内容

(1)分析条件:信息、数据、人力、物质、财力。

(2)主题:主要解决的问题、关键部位。

(3)支持技术与方法。

(4)信息分析报告的形成过程。

3. 信息分析报告撰写应注意的问题

(1)信息报告中的数据、图表、资料、信息等准确性问题。一份完整的信息分析报告,撰写得成功与否,首先取决于所采用的有关数据、图表、信息等是否准确。如果有关的数据或信息出现问题,将会直接影响信息分析报告的真实性、客观性。

(2)技术与方法采用时的认可度和实用性、适用性问题。在信息分析报告中,特别重要的一点,就是在信息分析过程中所采用的方法是否科学、适用,其可信度、专家认可度如何。

(3)权重的设置和权值的分配问题。任何信息分析报告均需要采用一定的分析标准、技术和方法等。而对于具体的信息分析报告,一定要仔细研究相关权重比例,研究权值设置是否合理。只有这样才能使信息分析报告客观准确地反映其本质。

四、信息服务应用

信息工作目的就是将信息提供给有关方面使用。物流信息的服务工作主要内容有以下几方面:

1. 信息发布和传播服务

按一定要求将信息内容通过新闻、出版、广播、电视、报刊杂志、音像影视、会议、文件、报告、年鉴等形式予以发表或公布,便于使用者搜集、使用。

2. 信息交换服务

通过资料借阅、文献交流、成果转让、产权转移、数据共享等多种形式进行信息的交换,以起到交流、宣传、使用信息的作用。

3. 信息技术服务

信息技术服务包括数据处理、计算机、复印机等设备的操作和维修及技术培训、软件提供、信息系统开发服务等活动。

4. 信息咨询服务

信息咨询服务包括公共信息提供、行业信息提供、政策咨询、管理咨询、工程咨询、信息中介、计算机检索等,实现按用户要求收集信息、查找和提供信息,或就用户的物流经营管理问题进行针对性信息研究、信息系统设计与开发等,帮助用户提高管理决策水平,实现信息的增值和放大,以信息化水平的提高带动用户物流管理水平的提高。

任务实施

佳吉快运的电商物流服务

1. 讨论

请扫码观看视频并讨论:现代信息技术对电商物流服务水平提升之意义。

2. 分享

各组推选一名代表与大家分享讨论结果。

3. 评价

教师掌控教学现场,适时进行评价。

4. 定论

物流信息管理就是对物流信息资源进行统一规划和组织，并对物流信息的收集、加工、存储、检索、传递和应用的全过程进行合理控制，从而使物流供应链各环节协调一致，实现信息共享和互动，减少信息冗余和错误，辅助决策支持，改善客户关系，最终实现信息流、资金流、商流、物流的高度统一，达到提高物流供应链竞争力的目的。

行业链接

“丹鸟”更名“菜鸟直送”

2020 年 8 月 5 日，“丹鸟”的微信公众号改名为“菜鸟直送”，并贴出新 logo。而其最新的企业简介为：立足区域内，菜鸟直送提供仓配、城配、即时配等多场景的优质配送服务，致力于成为高品质的本地生活物流服务品牌。

“菜鸟直送”是容纳整合了丹鸟、点我达、蓝豚等菜鸟旗下原有品牌之后，全新推出的统一品牌名。菜鸟直送正是配合阿里的商流端，即同城零售战场打好物流辅助战。其中，丹鸟物流的运营模式——B2C 仓到门模式、B2B 配送上门模式、O2O 即时配送模式，正好能满足同城零售线上线下交叉、立体的物流需求。

（资料来源：根据相关资料整理）

项目小结

学习任务	认知结果
任务一　物流信息管理系统认知	(1)物流信息系统是整个物流系统的心脏 (2)物流信息系统是现代物流企业的灵魂
任务二　物流信息管理	采集—处理—分析—应用

实战演练

一、自我测试

1. 单项选择题

(1)条形码技术最早出现在 20 世纪(　　)年代。

A. 20　　B. 30　　C. 40　　D. 50

(2)国际通用商品代码格式是(　　)。

A. 39 码　　B. EAN 码

C. 128 码　　D. UPC 码

(3)现代商业中的“无纸化贸易”是指(　　)。

A. GPS　　B. EDI　　C. REID　　D. GIS

(4)标准 EAN-13 码是由 13 位数字组成,其中效验码为(　　)位。

A. 1　　B. 2　　C. 3　　D. 4

(5)全球卫星定位系统是由(　　)颗地球卫星组成的。

A. 20　　B. 22　　C. 24　　D. 36

2. 多项选择题

(1)对于物流信息的有效管理要求包括(　　)。

A. 可得性　　B. 大量性　　C. 及时性　　D. 准确性

E. 集成性

(2)二维条形码的优点有(　　)。

A. 信息量大　　B. 可靠性高　　C. 保密性好　　D. 防伪性强

E. 准确度高

(3)电子数据交换系统由(　　)组成。

A. 通信模块　　B. 格式转换模块

C. 联系模块　　D. 消息生成和处理模块

E. 安全模块

(4)地理信息系统基本构成包括(　　)。

A. 计算机硬件平台　　B. GIS 专业软件

C. 地理数据　　D. GIS 人员

E. GIS 模型

(5)物流信息系统包括(　　)子系统。

A. 物品管理　　B. 存储管理　　C. 配送管理　　D. 运输与调度

E. 客户服务

二、小组攻关

1. 思考讨论

(1)物流信息技术的构成包括哪些内容?

(2)试述电子数据交换的流程。

(3)GIS 和 GPS 如何联合使用?

(4)试述物流信息系统的工作流程。

(5)采集物流信息应注意哪些事项?

(6)如何采集物流作业信息?

(7)物流信息处理方法有哪几种?

(8)物流信息处理的主要内容有哪些?

(9)物流信息分析的方法有几种?

(10)撰写信息分析报告应注意哪些问题?

(11)物流信息服务包括哪些内容?

2. 案例分析

物流信息技术的应用是沃尔玛成功的保证

信息共享是实现供应链管理的基础。供应链的协调运行建立在结点企业之间高质量的信息传递与共享的基础上，因此，有效的供应链管理离不开信息技术的可靠支持。在沃尔玛，除了配送中心外，投资最多的便是电子信息通信系统。沃尔玛是第一个发射和使用自有通信卫星的零售公司，截至20世纪90年代初，沃尔玛在计算机和卫星通信系统上就已经投资了7亿美元，甚至超过了电信业巨头美国电报电话公司。在本顿威尔总部的信息中心，1.2万平方米的空间装满了计算机，仅服务器就有200多个。20世纪80年代初，沃尔玛较早地开始使用商品条形码和电子扫描器实现存货自动控制。采用商品条形码可代替大量手工劳动，不仅缩短了顾客结账时间，更便于利用计算机跟踪商品从进货到库存、配货、上架、售出的全过程，及时掌握商品销售和运行信息，加快商品流转速度。80年代末，沃尔玛开始利用EDI与供应商建立自动订货系统，该系统又称为无纸贸易系统，通过计算机联网，向供应商提供商业文件、发出采购指令、获取收据和装运清单等，同时也使供应商及时、精确地把握其产品的销售情况。1990年，沃尔玛与1 800家供应商实现了电子数据交换，成为EDI技术的美国最大用户。沃尔玛还利用更先进的快速反应系统代替采购指令，真正实现了自动订货，此系统利用条形码扫描和卫星通信，与供应商每日交换商品销售、运输和订货信息。正是依靠先进的电子通信手段，沃尔玛才做到了商品的销售与配送中心保持同步、配送中心与供应商保持同步。

试分析：沃尔玛是如何实现商品的销售与配送中心保持同步、配送中心与供应商保持同步的？

3. 物流史话——古代物流之中华印记

请网上搜索："中国古代'物流'"，并阅读相关资料，试分析物流信息管理的意义。有能力的同学请概述物流信息管理技术的进化历程。

下篇　认知物流管理系统

引　言

物流管理是对物流活动进行计划、组织、协调与控制，以最低的物流成本达到客户要求的服务水平的管理活动。

物流管理的内容包括物流服务对象管理、物流控制要素管理和物流职能管理。物流服务对象管理分为物流客户管理和物流服务管理；物流控制要素管理分为物流信息管理、物流成本管理和物流质量管理；物流职能管理分为物流组织管理和物流战略管理。

考虑到职业升迁的需求，作为物流管理专业的学生有必要了解物流管理系统的相关知识。但因篇幅有限，此部分只设立了二个学习项目，让我们以基层管理者的身份，去认知物流服务管理、物流成本管理的基础知识，培养我们的职业素养。

学习任务总览

项　目	学 习 任 务	行 动 目 标
认知物流服务管理	任务一　物流服务管理基础知识认知 任务二　物流员工行为规范实训	树立服务理念
认知物流成本管理	任务一　物流成本管理基础知识认知 任务二　物流功能成本控制	树立成本意识

项目十二　认知物流服务管理

任务一　物流服务管理基础知识认知

受领任务

内　容			任　务　指　南
行动目标	知识目标		(1)掌握物流服务管理概念、流程及物流客户服务策略 (2)了解物流服务与客户服务的关系、内容 (3)熟悉度量物流服务质量的指标、物流服务管理的基本准则
	技能目标		对物流服务方案提出建设性意见
资料收集任务清单	分　组		(1)自由组合,全班均分为四或五组 (2)组名自拟(具有物流特色)、组长自选
	资料类型	走进企业	(1)我的企业我的家:百世集团(中国)有限公司宣传视频 (2)百世集团(中国)有限公司官网:百世云仓、百世集团、百世云配
		走近榜样	我的榜样我的路:百世快递“单王”之方叶飞——做快递小哥中的“最强大脑”
		扩展阅读	(1)配送案例分享:顺丰同城急送2周年庆,四大升级全面提升用户体验 (2)经典案例分享:“啤酒+尿布”的故事
	要　求		组间资料不重复,熟悉各自资料,凝练成3分钟发言稿,题目自拟

引导案例

后快递时代:免费“增值服务”将成趋势

我国快递市场的抢夺大战一直在进行。

众所周知,京东物流作为电商平台自建物流的代表,经历了近十三年的发展,实现了自身的迅速成长与迭代进化,已经基本完成了从“企业物流”到“物流企业”的转变,并向着全球供应链基础设施服务商迈进。凭借快速、庞大的供应链网络,深受消费者好评。

物流迅捷快速、货物送货上门,京东快递小哥还能顺手帮你把垃圾带下楼,京东物流在速度和服务上均得到业界认可。尤其是疫情期间未停歇的京东物流,不仅将防疫用品及时运抵灾区,也为更多消费者送去安全保障。疫情之后,全社会更加清晰地看到了物流的价值,京东物流的社会责任感及应急物流的快速响应力得到了大家的高度认可。

而另一方面，德邦快递则是在大件快递业务方面打响了品牌，在行业中拥有了极高的辨识度。将“增值服务”深植于企业基因的德邦快递，以大件为核心业务，真正解决了人们寄大件、重件难的问题。为了做到更体贴的服务，德邦快递在2018年战略发布会上提出“大件快递发德邦”“上至60 kg免费上楼”的服务，真正实现自身的差异化服务，真正为消费者提供有价值且免费的“增值服务”。

在消费者将名牌化弱化，更加注重产品的性价比、简单舒适，注重品牌和自己内心交流的第四消费时代，能满足消费者内心诉求的物品和服务才能被消费者所认可。快递行业中兼具差异化和极致化的免费“增值服务”，或许更能抓住消费者的心。

（资料来源：根据相关资料整理）

任务分析

物流服务管理的目的是以适当的成本实现较高水平的物流服务，由于所有的服务都要由物流企业的员工来提供，服务意识就显得格外重要，为此，我们有必要从认知物流服务管理的基础知识入手，从现在开始逐步树立起“以顾客为中心”的服务理念，以便在今后的工作中为客户提供最优质的物流服务。

知识链接

一、物流服务

1. 物流服务的概念

对于大多数企业来说，物流服务可以用一种或几种方式来定义：一种管理理念，如顾客是上帝等；一种绩效水平，如在24小时内实现98%的订单送货率；一项活动，如送货等。

物流服务是企业为了满足客户（包括内部和外部客户）的物流需求，开展一系列物流活动的结果。

2. 物流服务的作用

（1）物流服务成为市场细分营销的重要环节。在从大批量生产和销售的规模营销转向细分市场营销后，市场的多样化和分散化使企业不断地符合各种类型与不同层次的市场要求，企业根据差别化战略对客户进行差异化服务，物流服务是差别化营销的重要方式和途径。

（2）物流服务水准的确立对经营绩效具有重大影响。物流服务水准的确定是构筑物流系统的前提条件，并成为企业经营战略的重要一环。在市场运行中物流服务的经济特征越来越明显，即物流服务有随市场机制和价格机制变化的倾向，或者说，市场机制和价格机制的变动通过供求关系既决定了物流服务的价值，又决定了一定服务水准下的成本。所以，物流服务的供给不是无限制的，否则，过高的物流服务成本必然损害经营绩效，不利于企业收益的稳定。

企业的物流成本控制决定企业的物流服务是有限的。在制定合理的企业预期物流服务时，必须考虑到对企业经济效益的影响，特别是对一些非常规紧急物流服务，应考虑成本适当化，保证经营效益不受太大的影响。

(3)物流服务方式的选择对降低流通成本具有重要影响。低成本战略一直以来都是企业获取竞争优势的手段之一，而低成本往往涉及商品生产、流通的全过程，除了生产原材料、零配件、人力成本等各种有形的影响因素外，物流服务方式等软性要素的选择对成本也具有相当大的影响力。

合理的物流服务方式能够给企业带来经济效益，成为企业的第三利润源，特别是采用精益物流、虚拟物流、共同配送都能够有效降低总体的物流成本。

(4)物流服务有效推动供应链的运作。对供应链的所有成员提高物流服务，将导致在整个流通过程中不断调整企业应对市场的策略，进而创造出一种超越单个企业的供应链价值。

3. 物流服务与客户服务的关系

企业物流服务属于客户服务的范围，物流服务围绕客户期望的物品、期望的传递时间和期望的质量开展。企业物流服务从以下 3 个方面满足客户对物流的需求：

(1)备货保证。对于客户所期望的物品要有足够的库存。

(2)输送保证。在客户期望的时间内及时输送物品，包括物品长距离的运输保证和近距离的配送保证。

(3)品质保证。质量应保证符合客户的期望。

4. 物流服务的内容

(1)物流的基本服务。物流基本服务通过功能要素的活动实现，包括包装、运输与配送、储存、流通加工，以及相关的物流信息。物流基本服务实现物品的空间效用、时间效用和流通加工效用。物流的基本服务是向所有的顾客提供支持的最低的服务水准。

①创造空间效用服务。物流服务选择满足客户需要的最经济的运输方式，在规定的时间内将物品送达客户的收货地，并实时监控运输过程，合理调配运输工具，减少回程车辆放空。在为客户提供满意服务的同时，提高自身的经济效益。

②创造时间效用服务。物品在生产经营过程中的暂时停滞，对货主而言是资源的被动浪费，储存功能将其转化为积极的调节功能。

• 调节供需与价格。当市场上物品供应过多，价格下降时，将一部分物品储存起来，减少供应，使价格回升；当市场上物品供应减少，价格上升时，将储存物品尽快输送到市场，保证供应，实现价格稳定。

• 调节物品运输。将分散货源集中到集货中心，然后进入快速干线运输；将集中货物从干线运输分散到配送中心，再配送到终端客户。从物品的分散到集中的过程中，使储存功能发挥保障和调节作用。

• 调节库存，保障供给。物流服务商选择连贯的运输方式，通过在储存体系中配备高效的分拣、传送、保管设备，多种物流作业同时交叉进行，减少货主企业的库存量和库存时间。物流服务商还可以采用准时供应方式，利用信息网络的虚拟库存代替实物库存，实现在不降低物流服务水平的前提下，尽可能减少实物库存水平。

③流通加工效用服务。流通加工是在流通过程中，应客户要求对物品进行的外形和包装加工。流通加工的作用是促进销售、维护产品质量、实现物流的高效率，流通加工是物流作业中最明显的客户服务功能要素。

(2)物流的增值服务。增值服务是针对特定的客户或特定物流活动的定制化服务，它是超出基本服务范围之外的附加性服务。

增值物流服务是在完成物流基本功能基础上，据客户需求提供的各种延伸业务活动。

①增加便利性的服务。在提供物流服务时，推行一条龙门到门服务：提供完备的操作或作业提示、免费培训、维护、省力化设计或安装、代办业务、24小时营业、自动订货、传递信息和转账、物流全过程追踪。

②加快反应速度的服务。优化配送中心、物流中心网络，重新设计适合客户的流通渠道，以此来减少物流环节，简化物流过程，提高物流系统的快速反应能力。

③降低成本的服务。采用3PL服务商，采取物流共同化计划，采用比较适用但投资较少的物流技术和设施设备，或推行物流管理技术。

④延伸服务。例如：市场调查与预测、采购及订单处理；物流咨询、物流系统设计、物流方案的规划与选择、库存控制决策建议；货款回收与结算；教育与培训等。

5. 度量物流服务质量的指标

对于物流服务的整体质量，美国学者通过对大型第三方物流企业和顾客的深入调查，最终总结出由顾客角度出发的度量物流服务质量的9个指标。

(1)人员沟通质量。人员沟通质量指负责沟通的物流企业服务人员是否能通过与顾客的良好接触提供个性化的服务。一般来说，服务人员相关知识丰富与否、是否体谅顾客处境、能否帮助解决顾客的问题，这些都会影响顾客对物流服务质量的评价。这种评价形成于服务过程之中。

因此，加强服务人员与顾客的沟通是提升物流服务质量的重要方面。

(2)订单释放数量。一般情况下，物流企业会按实际情况释放(减少)部分订单的订量(出于供货、存货或其他原因)。对于这一点，尽管很多顾客都有一定的心理准备，但是，不能按时完成顾客要求的订量会对顾客的满意度造成影响。

(3)信息质量。指物流企业从顾客角度出发提供产品相关信息的多少。这些信息包含了产品目录、产品特征等。如果有足够多的可用信息，顾客就容易做出较有效的决策，从而减少决策风险。

(4)订购过程。指物流企业在接受顾客的订单、处理订购过程时的效率和成功率。调查表明，顾客认为订购过程中的有效性和程序及手续的简易性非常重要。

(5)货品精确率。指实际配送的商品和订单描述的商品相一致的程度。货品精确率应包括货品种类、型号、规格准确及相应的数量正确。

(6)货品完好程度。指货品在配送过程中受损坏的程度。如果有所损坏，那么物流企业应及时寻找原因并及时进行补救。

(7)货品质量。这里指货品的使用质量，包括产品功能与消费者的需求相吻合的程度。货品(如货品数量、种类)精确率与运输程序有关，货品完好程度反映损坏程度及事后处理方式，货品质量则与产品生产过程有关。

(8)误差处理。指订单执行出现错误后的处理。如果顾客收到错误的货品，或货品的质量有问题，都会向物流供应商追索更正。物流企业对这类错误的处理方式直接影响顾客对物流服务质量的评价。

(9)时间性。指货品是否如期到达指定地点。它包括从顾客下订单到订单完成的时间长度，受运输时间、误差处理时间及重置订单的时间等因素的影响。

二、物流服务管理

1. 概念

物流服务管理是一种了解和创造客户需求，以实现客户满意为目的，企业全员、全过程参与的一种经营行为和管理方式。物流服务管理的目的是以适当的成本实现高质量的顾客服务。

2. 物流服务管理的基本准则

(1)向市场导向转变。物流服务水准的确定不能从供给方的理论出发,而应该充分考虑需求方的要求,即从产品导向向市场导向转变。市场导向型的物流服务根据经营部门的信息和竞争企业的服务水准相应制定,既避免了过剩服务的出现,又能及时进行控制。

(2)转向一般消费者群。在决策物流服务要素和服务水准的过程中,需要注意服务的顾客对象应该向一般消费者群转化,确立面向零售业,特别是大型零售业、连锁店等的服务系统和服务设施,开展符合零售要求的输送、库存服务(如多频度配送)。

(3)制定多物流服务组合。随着顾客业种和业态多样化的发展,顾客的需求不可能千篇一律,因此,应制定多物流服务组合,在决定物流服务时,应根据顾客的不同类型采取相应的物流服务。

(4)开发对比性物流服务。企业在制定物流服务要素和服务水准的同时,应当保证服务的差别化,要实现这一点,就必须具有对比性的物流服务观念,集中了解和收集竞争对手的物流服务信息。

(5)注重物流服务的发展性。顾客服务的变化往往会产生新的物流服务需求,所以在物流服务管理中,应当充分重视物流服务的发展方向和趋势。过去主要是提供交货日期、库存、再进货、到货日期、脱销等情况和运输中的商品信息与追踪信息,今后为适应特约商店、零售商店简化业务手续的需要,提供传票样式的统一商品接收总计表等信息服务将更为重要。

(6)重视物流服务与社会系统的吻合。物流服务不完全是一种企业独资的经营行为,它必须与整个社会系统相吻合,企业需要认真考虑环保、节能、节约资源及废弃物回收等问题,企业行为的各个方面都必须符合伦理和环境的要求。为减少交通混乱、道路拥挤等问题,企业应冲破互相竞争的壁垒,推进共同配送。

(7)建立能把握市场环境变化的物流服务管理体制。物流服务水准是根据市场形势、竞争企业的状况、商品特性以及季节的变化而变化,所以应在物流部门建立能把握市场环境变化的物流服务管理体制。

(8)建设与完善物流中心。物流中心作为客户服务的基础设施,它的建立和完善对于保障高质量的客户服务是必不可少的,这是因为物流中心的功能表现为通过集中管理订货频度较高的商品使进货时期正确化,提高在库服务率,同时由于缩短商品在库期间,提高了在库周转率,商品出入库增多。

(9)构筑信息系统。要实现高质量的客户服务,还必须建立完善的信息系统,这种信息系统的机能除了接受订货,迅速、完好地向客户传递服务外,更重要的是通过送货期回复、商品物流周转期缩短、备货保证、信息处理时间缩短、货物追踪等各种机能确保不劣于竞争对手的客户服务。

(10)不断对物流服务的绩效进行评估,物流部门应定期对物流服务进行评估,检查销售部门或顾客有没有索赔,有没有误配、晚配、事故、破损等。通过征求顾客意见等办法了解服务水平是否已经达到标准;成本的合理化达到何种程度,是否有更合理的办法等。通过不断对物流服务的绩效进行评价,来适应顾客需求的变化,及时制定最佳的顾客服务组合,改善物流系统。

3. 物流服务管理的流程

进行物流服务战略的分析和策划是物流管理中一项十分重要的职能,科学、合理的物流服务管理流程是物流服务战略的具体执行得以实施的重要保证。物流服务的管理流程主要有以下几个步骤:

(1)从客户的角度进行评估,确定客户真正重视的物流服务要素。物流服务要素是指构成物流服务的各项活动,具体包括订货周期、缺货比率、配送可靠性、特殊服务等。物流服务要素是物流服务的具体化。

要开展物流服务，必须明确物流服务包括哪些项目内容、活动要素以及相应的指标；要想提供能满足顾客需求的物流服务，还必须要了解顾客对物流活动的需求，通过调查的方式，从客户的角度进行评估，确定客户真正重视的服务要素。

设计顾客对服务的要求调查表，如表12.1所示，将调查表发给客户，请客户将表中的每个项目按其重要性(程度)排出顺序，并注明他们所希望达到的服务水平。

表12.1 顾客对服务的要求

客户希望的服务水平	物流服务项目	按重要程度排序
	订货周期	
	存货可获得性(订货数量的百分比)	
	订货数量限制	
	配送可靠性(及时送货率)	
	送货频率(配送次数/月)	
	单据质量(差错率)	
	申诉/投诉程序	
	订单完整性(送货种数百分比)	
	技术支持(反应时间)	
	订货状况信息	

回收调查问卷，进行调查数据汇总，可以清晰反映出企业提供的现有服务是否能满足客户需求，如不能满足则需要进一步分析原因。

(2)收集竞争对手的客户服务信息，弄清各自的优劣势。要想提供能满足顾客需求的物流服务，还必须充分了解竞争对手的服务水平状况，因此，掌握竞争企业物流服务水平的相关信息，如服务项目、服务的程度、效率及收费标准等就显得格外重要。可以通过问卷调查、专访、座谈、客户评议等方式进行相关信息的收集，或委托专业调查公司进行调查。

设计物流服务比较问卷表，如表12.2所示，表中列出物流服务的项目，对各个项目按评价标准(程度)的不同设定不同的分值，将调查表发给客户，让客户按表中内容分别给本企业和竞争企业评分，对回收回来的调查问卷进行汇总。

表12.2 物流服务比较问卷

你认为某公司在下列指标(服务)工作得如何？请评分，分值从1至5，1=很差，5=优秀					
订货周期	1	2	3	4	5
存货可获得性	1	2	3	4	5
订货数量限制	1	2	3	4	5
配送可靠性	1	2	3	4	5
送货频率	1	2	3	4	5
单据质量	1	2	3	4	5
申诉/投诉程序	1	2	3	4	5
订单完整性	1	2	3	4	5
技术支持	1	2	3	4	5
订货状况信息	1	2	3	4	5

(3)分析比较,调整物流服务水平。分析比较的方法是:将不同客户的评分加权平均,便可得到本企业和竞争对手在各个项目上的得分,分值的高低即可反映出在该项目上的优劣和同其他企业间的差异。

经过比较分析,企业可根据顾客的服务需求及与竞争对手之间的差距调整物流服务水平,以满足顾客和企业竞争的需要。

(4)针对不同客户需求,确定适宜的物流服务组合战略。首先应进行顾客服务需求的分类,不同细分市场中的顾客服务需求是不一致的,此外,顾客思维方式以及行为模式的差异也会呈现出多样化的服务需求。企业可针对不同的顾客群体制定出相应的物流服务基本方针,并根据不同顾客群体对企业贡献度的大小和重要程度的不同而有所侧重。

然后进行物流服务水平设定的成本分析,将该服务水平下的收益与成本相比较,分析对企业盈利的影响;将本企业的物流成本与竞争企业的物流成本相比较,分析企业是否具有竞争的优势。

最后,在成本分析的基础上,结合对竞争企业服务水平的分析,根据不同的顾客群体制定相应的物流服务组合战略。即根据顾客的经营规模、类型和对本企业的销售贡献度的大小,将顾客分成不同的层次,按顾客的层次确定服务水平。

(5)评价物流服务绩效评价,调整物流服务组合战略。在物流服务组合战略实施后,企业的有关部门应对实施效果进行评估,检查有没有索赔、迟配、事故、破损等。通过顾客意见,了解服务水平是否已经达到标准、成本的合理化达到何种程度、企业的利润是否增加、市场是否扩大等。

企业根据物流服务的绩效评价,及时调整,制定出最佳的顾客服务组合,以不断适应顾客需求及市场竞争的变化,从而保证物流服务的效率化。

三、物流客户服务策略

物流服务对于企业经营管理的影响很大,是企业经营战略的重要组成部分,如何根据企业经营管理及发展的需要,制定出行之有效、切实可行的物流服务战略,直接影响到物流服务的绩效以及由此而产生的顾客满意度和企业竞争力。

由于不同的客户对客户服务有不同的要求,企业希望以最低的成本来留住老客户和吸引新用户,因此,物流企业应适当采取不同的措施来调整对客户服务的决策。

1. 差别化服务

通过细分客户群,重新进行目标市场的定位,了解不同客户的需要情况和目前的满足情况,发现哪些客户服务需要进行较大的改进。其次,对相对稳定、业务量大的客户群采用更及时、优质和多样化的服务有利于加强供应商的联系,有利于双方构建长期合作关系,为物流企业带来稳定的利润源,同时增加其客户价值。

2. 集成化服务

信息网络技术是构成现代物流体系的重要组成部分,是提高物流服务效率的重要技术保障,是提升客户服务质量的重要内容。实现物流流动各环节的实时跟踪、有效控制和全程管理,进而保证供应链快捷顺畅运作,就需要一个完善的信息收集、整理、发布、跟踪、查询系统。信息集成使系统地管理物流成为可能,从而有效地缩短供应渠道,减少备货时间,加快企业的反应速度,提高客户满意度和客户服务质量。

3. 不同物流企业间实行要素协同化

在我国,目前存在进行物流要素产权自由交易的市场,如货运市场、仓储市场等,我国众多的物流企业是由传统的运输公司、储运公司转型而来的,由于受原先行业的影响,在各自领域各有特色,如果能在一定范围内将闲置与浪费的物流资源实现要素协同,既可以降低物流成本,又可以提高客户服务水平。

4. 提升客户满意度,建立忠诚的客户关系

物流企业只追求客户满意是不够的,必须提升客户的忠诚度。对美国汽车制造业的有关调查表明,客户满意度达 85%~95%,但其再次购买率仅 40%,这表明客户满意并不意味着客户忠诚。有专家估计,企业 65%的销售来自于老客户,而发展一个新客户的费用平均是保留一个老客户所需费用的六倍。因此,建立忠诚的客户关系是物流企业减少总成本,获取竞争优势的重要途径。

5. 重视社会资本经营,从战略角度提高客户服务水平

"社会资本是个体或群体可获得的善意",它强调的是:"我现在为你做,因为知道在将来某一时候你也将为我做。"物流企业在处理客户服务时,不应因暂时的利益得失而失去潜在客户,因此,有必要根据客户对企业长远的合作关系进行权衡,以获取客户满意,提高客户服务水平。

任务实施

客户说好才是真的好

1. 讨论

请扫码观看视频并讨论:如何理解物流服务"客户说好才是真得好"?

2. 分享

各组推选一名代表与大家分享讨论结果。

3. 评价

教师掌控教学现场,适时进行评价。

4. 定论

面对日益激烈的国内、国际市场竞争和消费者价值取向的多元化,企业管理者已经发现加强物流管理、改进物流服务是创造持久竞争优势的有效手段,物流服务能力作为一种核心能力正受到越来越多的重视。每一名员工都要树立"以顾客为中心"的服务理念,在实际工作中不断提升自身服务水平。

行业链接

2020 年快递服务总体满意度得分 76.7 分

我国快递业在 2020 年迈入年业务量 800 亿时代,近日国家邮政局公布了 2020 年快递服务满意度调查和时限测试结果。据介绍,此次调查对象为 2019 年国内快递业务量排名居前且体现主要市场份额的 10 家全网型快递服务品牌。满意度调查由 2020 年使用过快递服务的用户对受理、揽收、投递、售后和信息 5 个快递服务环节及 22 项基本指标进行满意度评价。从快递服务满意度调查结果来看,2020 年,快递服务总体满意度得分为 76.7 分。

快递企业总体满意度排名依次为:顺丰速运、京东快递、邮政 EMS、中通快递、韵达速递、百世快递、圆通速递、申通快递、天天快递、德邦快递。其中,公众满意度排名依次为:顺丰速运、京东快递、邮政EMS、中通快递、圆通速递、韵达速递、德邦快递、百世快递、申通快递、天天快递。

多元化末端服务格局进一步完善：在公众满意度方面，涉及评价的5项二级指标中，除售后服务得分下降外，受理、揽收、投递与信息服务4项指标得分均上升。2020年，快递企业更加适应用户差异化的投递服务需求，上门投递、智能快件箱投递、公共服务站投递等构成的多元化末端投递服务格局进一步完善。用户对投递服务的满意度进一步提升，由2019年86.2分提升至2020年87.0分，比"十二五"末期提升了6.8分。在投递方式上，平台化、集约化的投递方式受到越来越多的用户欢迎，78%的受调查用户表示，能够接受快件投递到快递末端服务站、智能快件箱和其他代收点。尤其是疫情期间，无接触投递服务普遍化加速了用户对这些投递方式的接受。

10家品牌的全程时限和72小时准时率排名为：顺丰速运、邮政EMS、京东快递、中通快递、韵达速递、百世快递、申通快递、圆通速递、天天快递、德邦快递。

在寄出地处理、运输、寄达地处理、投递四个环节中，寄出地处理和寄达地处理环节时限均有改善，运输环节时限有所延长，投递环节时限基本稳定。

（资料来源：根据相关资料整理）

任务二　物流员工行为规范实训

受领任务

<table>
<tr><th>内　容</th><th colspan="3">任　务　指　南</th></tr>
<tr><td>行动目标</td><td colspan="2">知识目标</td><td>(1)掌握办公行为规范、物流员工日常行为规范
(2)了解优秀物流人的成功基石</td></tr>
<tr><td rowspan="2">行动目标</td><td colspan="2">技能目标</td><td>(1)能以端庄的仪表、整洁的仪容展示企业形象
(2)能以文明的行为举止彰显企业内涵
(3)能以周到的礼节为客户提供标准化的物流服务</td></tr>
<tr><td colspan="2">情感目标</td><td>生成职业自豪感、责任感</td></tr>
<tr><td rowspan="5">资料收集任务清单</td><td colspan="2">分　组</td><td>(1)自由组合，全班均分为四或五组
(2)组名自拟(具有物流特色)、组长自选</td></tr>
<tr><td rowspan="3">资料类型</td><td>走进企业</td><td>(1)我的企业我的家：天天快递(上海)有限公司宣传视频
(2)天天快递(上海)有限公司官网：快递业务、人才招聘</td></tr>
<tr><td>走近榜样</td><td>我的榜样我的路：天天快递章小兰——快递女老板的创业追梦故事</td></tr>
<tr><td>扩展阅读</td><td>(1)快递员＋推客，有温度服务再升级
(2)王永庆卖米的故事</td></tr>
<tr><td colspan="2">要　求</td><td>组间资料不重复、熟悉各自资料，凝练成3分钟发言稿，题目自拟</td></tr>
</table>

引导案例

"用心"服务把客户当亲人！

"来，我就坐你面前，对着我说话，找找感觉，看看语气能不能变得更自然、更柔和一点。"

“无论客户态度多粗暴，你都不能生气，一定要理解，他们这样肯定是有原因的。”

带领部门三十几个90后姑娘们进行这样的业务探讨、模拟演练，是陈林丽的工作日常，陈林丽是天天快递客服中心传统业务投诉服务部部长，负责投诉处理。

如何及时解决用户遇到的问题，安抚、化解不良情绪，并保持自己的情绪稳定，是一门学问，涉及很多细节。

投诉部是情绪集聚的重灾区，即使很小的事，也经常“埋着炸药包”。11月30日晚，陈林丽在系统后台巡查投诉录音时，一条内蒙通辽的紧急工单引起了她的注意，回放通话录音一打开，就传来一个焦急的声音：“我的快递怎么还没到啊？”还没等客服接话，电话那头继续“炮轰”：“老人等着防寒，现在已经零下好几度了，你们赶紧送去啊，老人急用！”

陈林丽回复“我奶奶就很怕冷，通辽这会应该更冷吧？必须赶紧解决！”陈林丽立即拨通内蒙通辽网点的电话，得知快件因为连日暴雪天气而派件延迟。她再三叮嘱希望以最快速度派件。晚上10点快下班时，又给通辽网点负责人打电话请求优先派送，并在系统中做了快递状态更新时的提醒。

第二天一早，老人的快递终于签收了。她立即拨打客户电话回访，客户感激地说：“东西送到啦，谢谢你们，不好意思，我昨晚太着急了……”

“虽然客服工作经常遇到负面情绪，但是当你用温暖、情感去化解，不好的情绪也会变成正能量。你将客户当成亲人，客户也会把你当成亲人。”陈林丽常说。

“阿姨，大哥，叔叔，大姐……”多年的经验，让陈林丽能够从对方的声音、描述的事情等综合判断对方的年龄和身份，从而得体地使用一个充满人情味的称呼。而“我能体会……”“我能感觉到……”“我也有过这样的经历……”这些设身处地的话语，也让对方感觉，电话那边不是一个只有理性思维的职业客服，而是一个有血有肉、可感可触的人，自己的投诉被认真倾听，自己的情绪能得到回应，自己的需求被重视……

有温度的服务，就来自这些小细节。有温度的服务，换来的是客户有温度的回应，人都是渴望被理解，被看见，被尊重……对人性底层需求的洞悉，让陈林丽的客服工作充满浓浓的“人情味”。

陈林丽2014年进入天天快递前，求职之路并不顺畅，所以，有机会成为天天快递客服，她特别珍惜，仅一年多后，就竞选上查询组组长。

“愤怒、不满、抱怨的情绪背后，是没有被满足的需求”。“处理问题前，先处理情绪”。在陈林丽的工作笔记上，密密麻麻地记录着她的学习心得。

2017年苏宁物流与天天快递融合后，在对客服人员的业务培训和考核上都进一步提升标准，心理学、仲裁、申诉、定责以及物流等体系化培训更为专业，管理颗粒度更细、晋级机制更明晰，这让陈林丽开始对自己的职业进行长远规划，也就在此时，她又被提拔为投诉服务部部长。

五年多来，陈林丽工作中从未出现过态度问题，2018年底，陈林丽被评为天天快递集团年度优秀员工。

2020年双十一，陈林丽坚守苏宁物流设定“20秒内回应”的高标准，保障大促期间用户服务。她带领自己的团队完成了72小时完结率、升级投诉率、人效达标率等指标，获得“宾至如归奖”。

大音希声，大道至简，生活和工作中的一些大道理，其实往往只是一些质朴的大白话。关键是要做到，而陈林丽，就做到了。

（资料来源：根据相关资料整理）

任务分析

成为优秀的物流人是我们的奋斗目标。所有的优秀都源自于平凡，成为一名合格的物流员工，为客户提供规范化的物流服务是我们成为优秀物流人的基石，让我们以基层物流员工的身份，探寻物流员工的日常行为规范。

知识链接

一、办公行为规范

工作时间不得从事与工作无关的活动及查询、传播与工作无关的网络信息；禁止用公司电话拨打私人电话，以保障公司对外电话联系顺畅；严禁使用公司电话拨打一切收费声讯台。

工作过程中使用的办公设备，不得私自拆装，擅自改变用途；若发生故障，立即与授权管理部门联系而非自行处置。

工作区域执行定置定位管理，保持整洁有序；未经许可，不得占用他人的办公区间和办公用具。

未经部门负责人许可，不得带公司以外的人员（含客户）参观作业场所。

未经部门负责人许可，不得私自对公司办公区域及作业场所进行拍摄。

禁止在其他机构参资入股或在公司同类业务、关联单位、商业竞争对手中兼职。

禁止以任何形式向供应商索取、要求或接受具有经济价值的礼品、馈赠。

工作时间内，员工原则上不得会见亲友，特殊情况，经所在地最高负责人批准除外。

履行保密职责，员工在受雇于公司期间以及在此之后的五年之内，不得泄露或公开有关公司的任何业务信息、客户资料。任何业务信息、内部信息的透露与公布都必须由经理级以上主管决定。员工与公司终止劳动合同时，返还全部有关公司要求保密的资料原件及复印件、电子文档等。

二、物流业务人员行为规范

服务规范培训是物流企业新员工培训的重要内容之一，顺丰速运（集团）有限公司非常重视对新员工的培训，以下是顺丰速运收派员服务规范的相关内容。

（一）服务在我形

基本原则：干净整洁、朴素大方、亲切自然。

1. 仪容要求

（1）头发。长短适中，要勤洗，无头皮屑，且梳理整齐；不染发，不留长发，以前不盖额、侧不掩耳、后不及领为宜；保持端正的发型（女士要把头发扎起来）。

(2)面容。男士刮净胡须;面部保持清洁,眼角不可留有分泌物,如戴眼镜,应保持镜片的清洁;保持鼻孔清洁,平视时鼻毛不得露于鼻孔外;女士化淡妆。

(3)口腔。保持口腔清洁,早、午餐不吃有异味的食品,不饮酒或含有酒精的饮料,保持嘴角清洁。

(4)耳部。耳廓、耳根后及耳孔边应每天用毛巾或棉签清洗,不可留有皮屑。

(5)体味。要勤换洗内衣外衣,勤洗澡,给人清新感觉。

(6)手部。保持手部的清洁,指甲修理整齐,指甲不得长于指尖;男士、女士都不得涂指甲油。手指不能佩带造型奇异的戒指,佩带戒指的数量不超过一枚。

2. 着装要求

(1)身着公司统一制服,服装要熨烫整齐,不得有污损。

(2)工牌佩带于胸前,不得佩带装饰性很强的装饰物、标记和吉祥物。

(3)衣服袖口须扣上,衣领要摆好,上衣下摆须束在裤内。

(4)手腕除了手表外不得带有其他装饰物。

(5)系黑色皮带,鞋带要系好,保持鞋面干净,穿深色袜子,不得穿着拖鞋。

3. 工作姿势

姿势是心灵的表现,工作姿势正确的人,给对方一种好感和信赖感,相反,姿势不正确的人,不仅会给对方一个不好的印象,而且工作效率也会降低。

(1)坐。在客户处未经客户允许不得随意就坐,坐下时应保持上身挺直,把双腿平行放好,两手自然放在膝盖上面,不得傲慢地把腿向前伸或跷二郎腿。

正式场合或有位尊者在座时,不应坐满座位,大体占据其 2/3 的位子即可,交谈时,身体微微前倾,不可身靠座位背部。

(2)立。双脚自然分开,身体正直,腰和胸要挺直,头要抬正。嘴边要带微笑,双臂自然下垂,双手贴放于大腿两侧或自然在前合并。站立过久时,可以稍息,但双腿不可叉开过大或变换过于频繁。女士应挺胸收颌,目视前方,双手自然下垂,叠放相握于腹前,双腿基本并拢。站立时不要挡住客户的视线。

(3)行。背要直肩膀放松。两腿要站直,挺胸,中心放在腰部。下巴微抬,眼睛自然地向前看。走路方向在一条直线上。在通道、走廊行走时要放轻脚步,走右侧的中间位置,在行走时如遇到客户应主动让客户先行。

(二)服务在我行

对客户有尊重之心,礼貌就会自然而生,就会在语言上、态度上、行为上有所表现。

基本原则:尊重、体谅、主动。

1. 日常服务用语

(1)招呼用语。

初次见面或当天第一次见面时使用:“您好\你好\早上好\下午好！我是顺丰速运的收派员。”

向客户询问时使用,态度要温和且有礼貌:“对不起,请问……”

(2)应答用语。

无论客户等候的时间长短,均应向客户表示歉意:“让您久等了。”

如需让客户办理手续或事情时:“麻烦您,请您……”

当需要打断他人谈话时使用(注意语气和音量):“不好意思,打扰一下……”

对其他人所提供的帮助和支持,均应表示感谢:“谢谢”或“非常感谢。”

(3)辞谢用语。

“谢谢您的信任,我们会准时将所寄物品送至收件方的,打扰您了。”

“谢谢您了,总是承蒙关照,希望下次再为您服务。”

2. 电话服务用语

(1)接通来电时的用语。

“您好,顺丰速运。”

“早上好/下午好、您好、对不起,打扰您了等,我是顺丰速运的收派员,前来收件/派件。”

“贵公司黄先生/小姐让我来收件。”(切勿直接说出寄件人的姓名)

(2)回答客户咨询时的用语。

客户:“为什么还不来收件?”

回答:“不好意思,我会尽快赶过来。”或者“对不起,给您添麻烦了,我×分钟过来收件。”

客户:“我要寄的件暂时取消。”

回答:“没关系,希望下次能为您服务。”

客户:“派个件也这么难”

回答:“不好意思,我马上到您那派件,请您稍等。”

(3)询问客户具体位置时的用语。

“您好,打扰您了,我是顺丰速运的收派员,现在为您派件,但不知您的具体位置是在哪?”

“您好,打扰您了,我是顺丰速运的收派员,您是在××大厦A座×楼吗?”

(4)结束电话用语。

“很高兴与您通话,×先生/小姐。”

“谢谢您的提醒,我们会尽快改正(善)。”

“对于给您造成的不便,非常抱歉。”

3. 进门前

(1)遇有异常情况,如车坏、交通意外或不能在预定的服务时间内到达客户所在场所收派件时,如果能在第一时间通知客户、相关负责人、客服部,做出快速调整或安排其他收派员接替工作,置之不理或无视这种情况将会导致客户的不满和投诉。

(2)在收派件时,应妥善存放与保管好交通工具和快件,以免造成客户快件遗失或影响他人。

(3)进入客户场所时,应主动出示工牌,礼貌地与客户处的员工打招呼,并进行自我介绍,如:您好! 我是顺丰速运的收派员,我是来收/派快件的。

(4)在客户场所需配合客户公司的要求办理相关进出入登记手续,及时归还客户公司的相关证明,如放行条、临时通行证等。

(5)在进入客户办公室前,要保持衣着整齐和头发整洁,擦去面部和头发上的汗水、雨水、灰尘等。

(6)当前往客户办公室(房间)时,无论客户办公室(房间)的门是打开还是关闭,都应该按门铃或敲门向客户请示。若按门铃,用食指按门铃,按铃时间不超过3秒,等待5～10秒后再按第2次;若需要敲门时,应用食指或中指连续敲门3下,等候5～10秒门未开,可再敲第2次,敲门时,应用力适中,避免将门敲得过响影响其他人;在等候开门时,应站在距门1米处,待客户同意后方可进入。

4. 在客户处

(1)与客户的熟悉程度不同,应采用不同的自我介绍方式。如是上门服务次数少于两次(含两次),不认识客户或与客户不熟悉,应面带微笑、目光注视客户,采用标准服务用语,自信、清晰地说:“您好,我是顺丰速运收派员,我是来为您收/派件的。”介绍的同时出示工牌。

注意:介绍自己的时候要说出自己的姓名,增强客户的安全感,不要只说我是顺丰的。出示工牌时,把有照片一面朝向客户,停顿 2 秒,让客户看清楚照片和姓名。

如已经上门服务次数超过两次,与客户很熟悉或属于公司经常服务的客户,可省略自我介绍,但应热情主动与客户打招呼,并直接表示:“您好,×先生/女士,我是来为您收件的。”

(2)当到达客户所在场所,不能马上收取快件时,要态度谦逊、礼貌的上前询问,并视等候时间做出调整,责怪、不耐烦的询问语气只会增加客户的反感而不会得到帮助。

(3)必须做到“件不离身”,将随身背包摆放在自己的视线内,以防快件的丢失;未经客户允许,不得随意就坐或随意走动,不得任意翻看客户处的资料、喝客户处的水或吸烟、随便开玩笑,否则都将会引起客户的反感;在客户场所应遇事礼让,和平共处,对除客户外的相关人员,如客户的同事、朋友应礼让三分,在征得客户同意后,才能进出客户办公场所或其他地方;在客户处的走廊、大厅、电梯里遇到客户处的员工都应主动让路,如确需超越时应说:“对不起,麻烦一下。”不要在客户处大声喧哗,不得使用客户的电话,在客户处使用手机时应尽量小声,不得影响到客户。

5. 收\派件

(1)将快件(小件)双手递给客户:“×先生/小姐,这是您的快件,请确认一下。”

(2)无论货物是否包装好,收派员都应礼貌地询问客户所托寄物品的内容,检查确认是否为违禁物品。礼貌地告知我公司不予受理的物品,并给予解释:“×先生/女士,为了对您负责,请允许我帮您确认一下包装内的物品、数量或内包装是否完好,以免有什么遗漏。”

(3)对于客户已提供的包装,应仔细检查内外的严实性与牢固程度,在客户面前做好易碎品的相应防护措施及标识,并主动提醒和协助客户加固包装;对于已检查确认的快件,应当着客户的面进行封箱(封袋),并按公司规定操作,操作时不要影响客户的办公,如有纸屑或其他杂物落下应及时拣起,并放入纸篓中或带到外面投入垃圾箱中。

(4)如在客户处称重或计算轻泡重量,应主动提示客户:“×先生、小姐,请您看一下,计费重量是×千克,运费是××元。”如无法在客户处称重,应在征得客户同意后将货物带回公司称重,并应第一时间通知客户最终的计费重量和实际运费。如客户不信任,收派员应向其说明,“×先生/小姐,请您放心,我们会在第一时间将准确的计费重量通知您,另外,我们公司在这方面监督是非常规范和严格的。”在客户不明白运单填写的相关内容时,应主动做出合理解释。

(5)当运单填写不详细时,应耐心解释:“×先生/小姐,为了保证您的快件准时、安全、快捷地送达,麻烦您把××栏目详细填一下,谢谢您。”在确认客户付款方式时,如陌生客户选择到付,应主动提醒客户:“×先生/小姐,请问您与对方确认过吗,如果没确认,可能会因快件送达后对方拒收而影响到您的生意。”并简单解释由此可能导致退回件而产生双程运费。

(6)将运单双手递给客户,并用右手食指轻轻指向寄件或收件人签署栏:“×先生\小姐,麻烦您在这里签名/签收,谢谢!”将寄件公司(收件公司)存根联双手递给客户:“请您收好,这是给您留底,作为查询的凭证。”并告知客户:“这票快件的运费一共是××元。”

(7)须按运单上的应收运费进行收取,不得以任何理由收取任何的额外费用,当客户付运费时,应双手接受客户交付的运费,并礼貌回应“谢谢您”;如需找钱,则需说:“收您××元,应找给您×元。”

(8)无论是运单、宣传单或其他票据,收派员都应双手递给客户或从客户手中接过。

6. 结束

(1)对于新客户,收派员应主动进行宣传,双手递上公司宣传资料:“×先生/小姐,这是我们公司的宣传资料,有空您可以看一下,希望以后能为您提供更多的服务。”对于老客户,应及时把公司新开网络和新业务及时进行通报,并了解客户对公司服务的意见和需求,向公司进行反馈。

(2)辞谢时,眼睛一定要看着客户,即使客户背对着你或低着头,也要让对方清楚的听到,让客户感觉到对他的尊重(但不能影响客户处其他的人员):“谢谢您了,总是承蒙关照,希望下次再为您服务。”主动微笑与客户道别、“谢谢您选择顺丰速运的服务,如有需要请随时致电我们,再见。”离开办公室时应把门轻轻带上。

(3)上门派件时,如确定客户不在,应张贴公司统一使用的“再派通知单”在客户场所明显的地方,如门板上方(注:塞在门缝里很容易丢失)。要认真填写“再派通知单”的所有内容,以便于客户致电客服部查询。

(4)遇恶劣天气时,如下雨、下雪,在注意自身安全同时,要小心保护客户的快件。

(5)回到公司后,如发现运单资料有需要更改的,如重新填写运单、更改价格等,应第一时间通知客户并确认,以免引起不必要的误会。

(6)如是回公司称重,应及时知会客户计费重量,并得到客户确认。

注意事项:微笑面对客户;语调要亲切自然、高低适中;音量使对方听清楚并且不影响他人工作为好,说话的速度不要太快;在客户处接听电话时,注意控制情绪和音量,不可影响到客户的正常办公;不可在客户处大声谈笑、唱歌或吹口哨;无论任何情况,都要文明礼貌,不得使用粗俗或带有攻击和侮辱性的语言,避免与客户发生任何争执,告诉客户如何通过客服渠道得到解答;客户没有针对你发问或对着你讲话,就不要做任何评论;在客户处不得抱怨其他客户和同行,如人员素质、待人态度、办公环境、业务状况等;要有职业道德,为客户保守商业秘密,如主要的寄件区域、产品类型、合作伙伴名称、供应商名称、客户的人员变动等;

7. 后续工作

(1)收取快件完毕后,留下寄件公司存根给客户,以便客户查询快件的相关信息,如需回公司再填写运单或重新填写,则须告知客户新运单号码或相关更改内容,并征得客户同意。

(2)回到公司后,如发现运单资料有需要更改的,如换单、更改价格等,应第一时间通知客户,以免引起不必要的误会。

(3)在快件带回公司搬运、分拣过程中,要自觉遵守轻拿轻放的原则,不能有任何抛、扔、踢、踩的行为,并尽可能避免因操作不当导致快件损坏的发生。

(三)服务在我心

基本原则:善解人意,用心服务。

客户想要的是解决问题,而不仅仅是你的态度;客户想要知道为什么,而不是只告诉他不行;客户想要的是付有所值,而不仅仅是一次交易。

同样是微笑,我们力求更真诚一些;同样是服务,我们力求更精细一些;同样是承诺,我们力求更可靠一些;同样是竞争,我们力求更文明一些。

为客户着想,替客户分忧,解客户之急,成为客户的伙伴,与客户共同成长。

三、如何成为优秀的物流人

同样是卖米，王永庆却将生意做到了极致，他用心去研究顾客的需求，用心去满足顾客的需求，他将顾客的需求变成自己的服务项目，于是，令人感动的服务融合在每一个工作的细节里，王永庆也由此开创了他的事业王国。

王永庆的创业史说明，不是环境或遭遇决定了命运，而是对环境或遭遇所抱的态度决定了命运。态度是一个人对待事物的一种驱动力，不同的态度将产生不同的驱动作用，好的态度产生好的驱动力，注定会得到好的结果。

良好的职业道德，积极的心态，吃苦耐劳的作风，团队协作的意识，不断学习、勇于创新，把工作当成事业、全力以赴，坚持下去，必定会成为一名优秀的物流人。

任务实施

小节莫忽视

1. 讨论

请扫码观看视频并展开专题辩论：业务过硬是王道，小节不拘无大碍吗？

2. 分享

正方与反方各自完善本方论点，进行讨论。

3. 评价

教师掌控教学现场，适时进行评价。

4. 定论

物流公司业务人员是联系公司与客户之间的纽带与桥梁，是公司展示自身形象的窗口，每一名员工都要以物流从业人员行为规范为基准，以端庄的仪表、整洁的仪容展示企业形象，以文明的行为举止彰显企业内涵，以周到的礼节为客户提供标准化的物流服务。

春种秋收，今天的收获，是过去付出的结果。何以能成为一名优秀的物流人？无非就是把简单的事情认真做，做到极至，做出创新。持之以恒地付出，硕果累累的秋天就在明天。

行业链接

快递100以技术赋能行业，为快递员提供专业解决方案

5G时代来临，科技创新将助力快递业高速发展，快递员作为物流链条的重要环节，更需要行业技术的赋能。专业快递服务平台快递100，以科技赋能快递行业，全方位聚焦快递员困境，细心打磨快递100收件端App，助力快递员有效提高投递效率，为快递员定制专业解决方案，提供贴心服务。

快递100以快递员为中心，打造专属软件——快递100收件端，开发电子面单打印、协议客户管理、邮码寄件、云打印等重量级功能，有效协助快递员“减负增收”。在技能提升方面，快递100收件端为快递员量身打造“快递学院”专栏，针对快递员日常工作遭遇难题，设立“专题学习”“涨单宝典”“新手指引”“常见问题”等版块，录制视频图文教程，生动、形象地展现出实际操作知识，直观展示有助于快递员理解和掌握技能，形象且具体地给快递员展示了快递100的独特教程。

由于职业的特殊性和工作的紧迫性，面对快递员群体需要更多的耐心和贴心。为此，快递100成立专人技术支持团队，设立快递员电话热线，建立快递员线上教程群，为快递员提供不仅限于快递100产品的操作解答。当快递员工作陷入困境时，无论是收件端工具使用问题，还是非收件端的操作、打印机无响应，甚至是快递公司自家App操作等难题，快递100专人技术团队都会耐心对待，提供专业解答，为快递员解忧排难。如今，快递100在快递员心中有口皆碑。

（资料来源：砍柴网）

项目小结

学习任务	认知结果
任务一　物流服务管理基础知识认知	“为顾客服务，一切以顾客为中心”
任务二　物流员工行为规范实训	(1)“服务在我形、服务在我行、服务在我心” (2)好的习惯固化下来就成为一种素养

实战演练

一、自我测试

1. 单项选择题

(1)(　　)是企业为了满足客户(包括内部和外部客户)的物流需求，开展一系列物流活动的结果。

A. 物流服务　　B. 客户服务　　C. 质量管理　　D. 配送服务

(2)物流的(　　)是向所有的顾客提供支持的最低的服务水准。

A. 物流服务　　B. 增值服务　　C. 基本服务　　D. 规范服务

(3)增值物流服务是在完成物流基本功能基础上，据客户需求提供的各种(　　)。

A. 流通加工作业活动　　B. 增值服务

C. 基本业务活动　　D. 延伸业务活动

(4)物流服务管理的目的是以适当的成本实现(　　)的顾客服务。

A. 适当水平　　B. 高水平　　C. 适当质量　　D. 高质量

(5)物流公司(　　)是联系公司与客户之间的纽带与桥梁，是公司展示自身形象的窗口。

A. 业务人员　　B. 客服人员　　C. 管理人员　　D. 信息管理员

2. 多项选择题

(1)企业物流服务从以下(　　)等方面满足客户对物流的需求。

A. 时间保证　　B. 备货保证　　C. 输送保证　　D. 品质保证

(2)增值服务是针对特定的客户或特定物流活动的定制化服务，它包括(　　)。

A. 增加便利性的服务　　B. 加快反应速度的服务
C. 降低成本的服务　　D. 延伸服务

(3)货品精确率应包括(　　)。

A. 货品种类准确　　B. 价格准确
C. 货品型号、规格准确　　D. 数量准确

(4)物流基本服务实现物品的(　　)。

A. 时间效用　　B. 创造物品的使用价值
C. 空间效用　　D. 流通加工效用

(5)由顾客角度出发,度量物流服务质量的指标包括(　　)。

A. 订单释放数量　　B. 货品精确率　　C. 货品完好程度　　D. 时间性

二、小组攻关

1. 思考讨论

(1)如何提升企业核心竞争力?
(2)度量物流服务质量的指标有哪些?
(3)物流服务管理的基本准则有哪些?
(4)物流服务的管理流程主要有哪几个步骤?
(5)物流客户服务策略有哪些?
(6)提升员工的服务意识意义何在?
(7)怎样才能成为一名优秀的物流人才?
(8)如何理解“服务在我形”?
(9)如何践行“服务在我行”?
(10)如何做到“服务在我心”?

2. 案例分析

经营中的尴尬局面

在一家街头零售店里,某饮料企业的一位业务员来给店里送货。

业务员:“老板,我来给您送货。”

店主:“你们公司送货怎么这么慢呢?我订的货应该在昨天就送到了!可现在你才来,你看,我的客户都跑掉了!”

业务员:“我们公司那边有点问题。”

店主清点货物。

店主:“怎么你们送来的货与我的订单内容不一样啊?”

业务员:“不可能!”

店主:“这个产品不对,我要的是150 mL的饮料,你送的是500 mL的;这个产品也不对,我要30瓶,你只拿来了20瓶!真是乱七八糟的!像你们这样送货,客户全都得跑光了。产品不对!时间不对!我要退货,真是受不了你们,我不会再和你们打交道了!”

业务员:“你客户跑光了和我有什么关系?我还不想和你打交道呢……”

试分析:如果你是业务员,你该如何与店主沟通?

项目十三　认知物流成本管理

任务一　物流成本管理基础知识认知

受领任务

<table>
<tr><th>内　容</th><th colspan="2">任　务　指　南</th><th></th></tr>
<tr><td rowspan="2">行动目标</td><td colspan="2">知识目标</td><td>(1)了解物流成本的概念、分类
(2)掌握物流成本管理的方法和内容
(3)熟悉物流成本的构成及物流成本管理的一般思路</td></tr>
<tr><td colspan="2">技能目标</td><td>掌握物流成本管理的方法</td></tr>
<tr><td rowspan="5">资料收集任务清单</td><td colspan="2">分　组</td><td>(1)自由组合,全班均分为四或五组
(2)组名自拟、组长自选</td></tr>
<tr><td rowspan="3">资料类型</td><td>走进企业</td><td>(1)我的企业我的家:中国储备粮管理集团有限公司宣传视频
(2)中国储备粮管理集团有限公司官网:中储粮人的风采、社会责任</td></tr>
<tr><td>走近榜样</td><td>我的榜样我的路:中储粮王文广——管好大国粮仓中储粮人有这些创新黑科技</td></tr>
<tr><td>扩展阅读</td><td>UPS 解剖包裹降低成本</td></tr>
<tr><td colspan="2">要　求</td><td>组间资料不重复、熟悉各自资料,凝练成3分钟发言稿,题目自拟</td></tr>
</table>

连亏12年,京东物流亏在了哪里?

在京东物流的经营成本中,人力成本始终是大头,2020年前9个月占比43.1%。其次是占比32.7%的外包人员。

京东有超过19万名配送小哥、算上仓储、分拣、客服的员工,人数超过24万,2020年京东物流一线员工月均收入近8 300元,远超北上广深收入中位数。2019年,光是给员工的福利开支,就花掉了197亿元,这数字比百世汇通和申通的当前市值还要高。

相比其他快递公司,更高的人力成本来自于京东为配送员缴纳的保险和公积金。公开资料显示,京东物流坚持与一线快递员签订正式劳动合同,是业内为数不多坚持每年为员工缴纳五险一金的企业,2017 年京东员工缴纳的保险和公积金高达 60 亿元,更高的人力成本,让京东物流每送出一单,都比其他快递公司多花钱。

除了人,京东多花的钱,在仓。2019 年,京东物流花在仓库和配送站的租金,占营业成本 11.7%。京东物流运营了 800 多个仓库,总管理面积约 2 000 万平方米,此外还有第三方仓库主及经营者运营的 1 400 多个云仓。

为什么京东要建这么多仓?京东物流不仅仅是家快递公司。按 2019 年总收入计,京东物流是全国最大的一体化供应链物流服务商。一体化供应链公司和传统快递公司最大的区别,正是“仓”。京东物流 2017 年在上海建的无人仓,高峰期单日处理超过 130 万笔订单,还在全国 18 个城市设置了 28 个“亚洲一号”大型智能仓库。

这些智能仓和 800 个自营及 1 400 个第三方运营的仓库,使得京东物流每一次在新市场的扩张,都是一笔大支出。

仓库形成的网络,也在为京东带来收入。京东上卖货的商家们,除了直接用京东的物流,也可以选择每天将订单打包到京东分拣中心,或直接由京东完成仓储管理、配送,乃至开发票的环节。

这些减少配送层级或优化库存管理的环节,就是京东物流频繁提及的一体化供应链解决方案。目前,京东物流给不同货物和不同客户提供不同的解决方案,包含仓储网络、综合运输网络、配送网络、大件网络、冷链网络及跨境网络在内的六个网络。

尽管单量和网点不及其他快递公司,但仓储和供应链拥有最典型的规模效应,一旦规模扩大,成本相应降低,也会在后期带来更高收入。

在经历 12 年亏损后,京东物流也在慢慢造血挣钱。2019 年第二季度显示,京东物流也首次实现了扭亏为盈,净利润达到了 35 亿元。

(资料来源:来源:根据相关资料整理)

任务分析

物流成本管理是各项物流活动的出发点和落脚点。在物流企业中,无论是从事与物流成本管理直接相关的工作,如物流成本专员、物流成本分析工程师、物流费用核算员和物控员,还是从事与物流成本管理间接相关的工作,如仓管员、调度员、配送员等,成本管理都将伴随其左右。而且随着职位层级的升高,其所承担的物流成本管理的责任也越重,为此,我们有必要探知物流成本管理的相关知识。

知识链接

一、物流成本基础知识认知

1. 物流成本的概念

物流成本是指“物流活动中所消耗的物化劳动和活劳动的货币表现”,包括产品在包装、装卸、运输、储存、流通加工等物流活动中所支出的人力、财力、物力之总和。现代物流成本的范围更广，贯穿于企业经营活动的全过程，包括从原材料供应开始一直到将商品送达消费者手中所发生的全部物流费用。

2. 物流成本的构成

(1)库存成本。指花费在保存货物上的费用，除包括仓储、残损、人力费用及保险和税收外，还包括库存占压资金的利息。把库存占压资金的利息加入物流成本，这是现代物流与传统物流费用计算的最大区别，它把降低物流成本与加速资金周转统一起来。

(2)运输成本。一般而言，运输成本包括货运、车队、燃料、设备维护、劳动力、保险、装卸、逾期滞留费用和税收等。尽管运输成本的名目繁多，不同的运输方式所包含的运输成本有不同的构成类别和范围，但大致可以分为 3 类，即营运成本、管理费用和财务费用，以便于成本计算。

(3)隐性成本。指由于物流运作不畅导致的库存费用增加所形成的资金利息成本、库存资金占用的机会成本、市场反应慢的损失以及管理不善造成的货物损失和损坏的成本，之所以称其为隐性成本，是因为这部分成本很难用定量分析的方法进行估算。

(4)物流管理费用。指为了以最低的物流成本达到客户所满意的服务水平，在对物流活动进行计划、组织、协调与控制的过程中所花费的成本。

3. 影响物流成本的因素

影响物流成本的因素很多，主要涉及以下几个方面：产品、核算、物流运作方式及物流服务等。

(1)企业的产品是影响物流成本的首要因素。不同企业的产品，在产品的种类、属性、重量、体积、价值和物理、化学性质方面都可能不同，这些对企业的物流活动如仓储、运输、物料搬运的成本问题均会产生不同的影响。

(2)我国尚未建立起企业物流成本的核算标准。因为各企业不同的会计记账需要导致了对于物流成本目前存在着很多不同的核算方式，从而使各企业的物流成本除了“量”的差异外，还存在着“质”的差异。

(3)企业的物流运作方式分自营物流和外包物流两种。随着市场竞争的加剧，企业的物流运作方式从最初的所有物流业务全部自营，逐渐发展为部分物流业务的外包直至全部外包。其重要原因就是希望通过外包寻求企业物流成本的降低。

(4)物流服务对企业物流成本也是有影响的。随着市场竞争的加剧，物流服务越来越成为企业创造持久竞争优势的有效手段。更好的物流服务会增加收入，但同时也会提高物流成本。例如，为改进顾客服务水平，通常使用溢价运输，这对总成本的影响是双方面的：运输成本曲线将向上移动以反映更高的运输费用；库存费用曲线将向下移动以反映由于较低的临时库存而导致平均库存的减少。

4. 物流成本的分类

(1)按物流的功能，可以对物流成本做如下分类：

①运输成本。主要包括人工费用，如运输人员工资、福利、奖金、津贴和补贴等；营运费用，如营运车辆燃料费、折旧、维修费、养路费、保险费、公路运输管理费等；其他费用，如差旅费、事故损失、相关税金等。

②仓储成本。主要包括建造、购买或租赁等仓库设施设备的成本和各类仓储作业带来的

成本，如出入库作业、理货作业、场所管理作业、分区分拣作业中的人工成本和相关的机器设备费用。

③包装成本。包括包装材料费用、包装机械费用、包装技术费用、包装人工费用等。

④流通加工成本。主要有流通加工设备费用、流通加工材料费用、流通加工劳务费用及其他如在流通加工中耗用的电力、燃料、油料等费用。

⑤装卸与搬运成本。主要包括人工费用、资产折旧费用、维修费用、能源消耗费用以及其他相关费用。

⑥物流信息和管理费用。包括企业为物流管理所发生的差旅费、会议费、交际费、管理信息系统费以及其他杂费。

(2)按支付的形态，可以对物流成本做如下分类：

①材料费。材料费是因物料消耗而发生的费用，具体包括物料材料费、工具费、器具费、低值易耗品摊销以及其他物料消耗等。

②人工费。人工费是指因人力劳务消耗而发生的费用，具体包括职工工资、福利、奖金、津贴、补贴、住房公积金、人员保险费、职工教育培训费等。

③维护费。维护费是指各种固定资产的使用、运转和维护保养所产生的费用，具体包括折旧费、维修费、租赁费、税金、燃料等。

④一般经费。涵盖了各物流功能成本在材料费、人工费和维护费3种支付形态之外的所有费用细目。

⑤特别经费。特别经费是指与存货有关的物流成本费用支付形态，包括存货占用资金产生的存货风险损失、利息支出等。

(3)按产生的范围，可以对物流成本做如下分类：

①供应物流成本。它是指经采购活动，将企业所需原材料从供给者的仓库运回企业仓库为止的物流过程中发生的物流费用。

②企业内部物流成本。它是物料在企业内部流转所发生的物流费用。

③销售物流成本。它是指产品从成品库开始经过流通环节，直到运输至消费者手中的物流过程中所发生的物流费用。

④回收物流成本。它指退货、返修物品和重复使用的包装等从消费地返回供给地的物流过程中发生的成本。

二、物流成本管理

1. 物流成本管理的概念

物流成本管理就是对物流活动发生的相关费用进行的计划、协调与控制。物流成本管理是通过成本去管理物流，即管理的对象是物流而不是成本。物流成本管理可以说是以成本为手段的物流管理方法。

2. 物流成本管理的目的

企业在进行物流成本管理时，首先要明确管理目的，有的放矢。一般情况下，企业物流成本管理的主要目的是：

(1)对各个物流相关部门进行比较和评价。

(2)依据物流成本计算结果,制订物流规划,确立物流管理战略。

(3)通过物流成本管理,发现降低物流成本的环节,强化总体物流管理。

(4)通过掌握物流成本现状,发现企业物流中存在的主要问题。

3. 物流成本管理的方法

(1)比较分析。

①横向比较:把企业的供应物流、生产物流、销售物流、退货物流和废弃物物流(有时包括流通加工和配送)等各部分物流费分别计算出来,然后进行横向比较,看哪部分发生的物流费用最多。如果是供应物流费用最多或者异常多,再详细查明原因,堵住漏洞,改进管理方法,以便降低物流成本。

②纵向比较:把企业历年的各项物流费用与当年的物流费用加以比较,如果增加了,再分析一下为什么增加,在哪个地方增加了,增加的原因是什么。假若增加的是无效物流费,则立即改正。

(2)综合评价。用物流成本这一统一的尺度来综合评价,分别算出上述各环节物流活动的费用,经过全面分析后得出结论,这就是物流成本管理的综合评价方法。例如,简化货物的包装可以节约包装费,降低成本,但是,如果由于包装简化而降低了包装强度,货物在仓库保管时不能往高堆码,浪费库房空间,降低仓库保管能力,可能还影响货物的装卸搬运效率等。那么,简化包装是否可行就要通过成本计算来进行综合评价,即通过物流成本的综合效益研究分析,发现问题,解决问题,从而加强物流管理。

(3)责任划分。物流本身的责任在物流部门,但责任的源头却是销售部门或生产部门。分清类似的责任有利于控制物流总成本,防止销售部门随意改变配送计划,堵住无意义、不产生任何附加价值的物流活动。例如,该企业过于强调销售的重要性,则可能决定当天订货,次日送达。这样的话,订货批量大时,物流部门的送货成本少,订货批量小时,送货成本就增大,甚至过分频繁、过少数量送货造成的物流费用增加,大大超过了扩大销售产生的价值,这种浪费和损失,应由销售部门负责。

4. 物流成本管理的内容

物流成本管理的内容涉及面甚广,但主要包括以下内容:

(1)核算。采用科学方法对发生过的各种物流成本进行计算、归集。

(2)预测。根据有关物流成本数据和企业具体的发展情况,运用一定的技术方法,对未来的成本水平及其变动趋势做出科学的估测。

(3)决策。在物流成本预测的基础上,结合其他有关资料,运用一定的科学方法,从若干方案中选择一个满意方案的过程。

(4)预算。根据物流成本决策所确定的方案、预算期的物流任务、降低物流成本的要求以及有关资料,通过一定的程序,运用一定的方法,以货币形式规定预算期物流各环节耗费水平和成本水平,并提出保证成本预算顺利实现所采取的措施。

(5)控制。通过对物流成本产生的整个过程进行控制,可以及时发现存在的问题,采取纠正措施,保证物流成本目标的完成和实现。

(6)分析。在物流成本核算及其他有关资料的基础上,运用一定的方法,揭示物流成本水平变动的原因,进一步查明影响物流成本变动的各种因素,提出积极的建议,采取有效措施,合理地控制物流成本。

(7)评价。对物流成本效益进行分析。

5. 物流成本管理的一般思路

(1)物流成本发生前管理。

①物流流程优化分析:物流系统设计与规划管理;物流流程设计管理;物流流程再造管理。

②物流成本构成分析:物流活动结点成本构成项目分析;物流活动成本系统构成分析。

③寻找物流主要的成本瓶颈:筛选物流活动主要的成本瓶颈点;分析成本瓶颈产生的原因;检查成本瓶颈产生的主要原因;针对主要原因制定相应的解决措施。

④物流成本事先管理主要的举措:物流成本发生前的制度管理;物流成本发生前的预算导向管理;物流成本发生前的决策管理。

(2)物流成本发生中管理。

①全过程规划。

②全过程追踪与控制。

③全过程监督。

(3)物流成本发生后管理。

①事后核算。

②事后评估。

③解决及提升措施。

任务实施

1. 讨论

组内自由讨论。

2. 分享

各组推选一名代表与大家分享讨论结果。

3. 评价

教师掌控教学现场,适时进行评价。

4. 定论

物流成本管理是物流管理的重要内容,降低物流成本与提高物流服务水平构成企业物流管理最基本的课题。随着物流管理意识的增强和现代物流业的发展,人们对物流成本日益关注。企业在物流管理的实践中,也把优化物流成本管理作为首要任务。但是,我们对物流成本管理的认识存在不足。无论是工商企业还是第三方物流企业,如何对自身物流资源进行优化配置,如何实施管理和决策,以期用最小的成本带来最大的效益,都是它们所面临的最重要问题之一。

行业链接

中储粮智能化管理降本增效

据了解,中储粮2017年就已经实现所有中央直属库的智能化管理全覆盖,数万个监控探头和数百万个粮情传感器，构成了世界最大的一张粮食物联网，在中储粮集团总部，可以实时监控所有直属库从库区作业到任一仓房内粮食储存状况。以前一个几万吨的粮库就显得大的不得了，现在几万吨的粮库真正现场看管粮食的也就几个人。

经测算，中储粮通过储粮技术改造的仓房有效降低人工成本30%，能耗降低40%。此外，技术的进步使得中央储备粮综合损耗率全面控制在1%以内，一个保管季节约的粮食相当于300万亩良田一个季节的产量，有效发挥了保管环节“无形良田”的作用。

数据显示，中央储备粮的宜存率从成立之初不到60%迅速提高并稳定在95%以上，早在2003年就彻底消灭了陈化粮，是粮食安全的压舱石。

（资料来源：根据相关资料整理）

任务二　物流功能成本控制

受领任务

<table>
<tr><th colspan="3">内　容</th><th>任　务　指　南</th></tr>
<tr><td rowspan="2">行动目标</td><td colspan="2">知识目标</td><td>（1）掌握运输成本控制、保管成本控制、配送成本控制、装卸搬运成本控制及订单成本控制的措施
（2）了解客户服务成本的特点
（3）熟悉运输成本、保管成本、配送成本、装卸搬运成本的组成内容</td></tr>
<tr><td colspan="2">技能目标</td><td>能对各类物流成本进行分析和控制</td></tr>
<tr><td rowspan="5">资料收集任务清单</td><td colspan="2">分　　组</td><td>（1）自由组合，全班均分为四组
（2）组名自拟（具有物流特色）、组长自选</td></tr>
<tr><td rowspan="3">资料类型</td><td>走进企业</td><td>（1）我的企业我的家：跨越速运集团有限公司宣传视频
（2）跨越速运集团有限公司官网：走进跨越、新闻公告</td></tr>
<tr><td>走近榜样</td><td>我的榜样我的路：跨越速运袁海军——全国物流劳模是怎样炼成的？</td></tr>
<tr><td>扩展阅读</td><td>沃尔玛的成本领先战略</td></tr>
<tr><td colspan="2">要　　求</td><td>组间资料不重复，熟悉各自资料，凝练成3分钟发言稿，题目自拟</td></tr>
</table>

“四字工作法”，着力物流降本增效

安徽省芜湖市烟草专卖局（公司）物流中心探索构建“四字工作法”，从“增、减、提、降”四个方面入手，着力实现物流降本增效。

立足管理“增”效益。模拟实体化运营，将物流中心定位为“责任中心”，以投入产出分析为核心、横向对标与纵向对比为补充，对物流中心业绩进行计量与考核。通过目标导向，倒逼物流中心层层关注成本，助力物流运行降本增效。

信息化助力“减”费用。用二维码代替烟包标签、送货小票和客户签收单，实现单据线上的快速集成。提高卷烟配送服务规范程度的同时，节约纸张费用，减少票打用工和打印费用支出。

过程优化“提”效率。采取“少量多次”的配货方式，优化库存管理，扩大资源协同，共享效益；推进整托盘联运、直上分拣线等措施，减少二次搬运；利用储分一体设备，对主销品牌实行预出库，减少分拣等待，提升出入库效率。

全员参与“降”成本。开展“节水节电”“降本增效金点子”等活动，号召全体员工从自身做起，精打细算“抠”费用，形成“点点滴滴降成本、分分秒秒增效益”的良好氛围；扎实开展精益课题攻关，以课题为导向，突破难点问题，助力降本增效出实效。

（资料来源：根据相关资料整理）

任务分析

物流成本是产品在实物运动过程中，如包装、搬运装卸、运输储存、流通加工等各个活动中所支出的人力、物力和财力的总和。每一位员工都是物流成本控制的第一责任人、践行人，为此我们有必要探索物流作业活动的成本控制措施。

知识链接

物流成本控制可以细分为物流功能成本控制、物流目标成本控制、物流标准成本控制及物流综合成本控制。

物流功能成本控制是以基本的物流功能如物流采购、仓储、包装、流通加工、装卸搬运、运输、配送和物流信息处理等为对象进行的物流成本控制。

物流目标成本控制是指企业在市场调查、需求分析的基础上，对物流系统的运输、保管、包装、装卸及流通加工等环节发生的足以影响成本的诸因素进行科学严格计算，制订出目标成本，对实际发生的耗费进行限制和管理，并将实际耗费与目标成本进行比较，找出差异，采取纠正措施，保证完成预定目标成本的一种成本管理系统。

物流标准成本控制是以制定标准成本为基础，将实际发生的成本和标准成本进行对比，揭示成本差异的成因和责任归属，落实改进措施，并将各项物流成本支出控制在标准成本范围内的一种成本控制方法。

物流综合成本控制是指在进行物流成本控制时充分考虑物流活动中的效益背反现象，从企业全局出发、从物流系统整体出发进行物流成本的控制，其强调的是整个物流过程综合成本的降低和综合效益的提升。

因篇幅有限，在此仅探索物流功能成本控制的相应措施。

一、运输成本控制

1. 运输成本

运输成本是指一定时期内，企业为完成货物运输业务而发生的全部费用。运输成本的组成内容主要包括人工费、燃油费、运输杂费、运输保险费以及外包运输费等。

2. 影响运输成本的因素

影响运输成本的因素有以下几种：

(1)运输距离与运输量。

(2)货物密度。

(3)装卸技术和装载性能。

(4)产品的可靠性。

(5)市场的竞争性。

(6)运输市场的供需。

3. 运输成本控制的措施

运输成本的控制是使总运输成本最低，但又不影响运输的可靠性、安全性和快捷性要求。影响运费的因素很多，主要有运输量、运输距离、运输工具、装卸技术改进程度和运输费率等，因此，运输成本控制要根据不同的情况采取不同的措施。

(1)减少运输环节，优化运输网络。在货物运输的规划中，对有条件直达运输的，要越过所有的中转环节，把货物从产地或起运地直接运到销售地或用户，减少二次运输。利用现有的资源优化运输网络，尽可能做到减少返程或启程空驶、对流、迂回、倒流、重复运输等不合理的运输方式。

(2)合理选择运输方式和运输工具。选择合适的运输工具，合理使用运力，根据不同的货物特点分别利用铁路、水运或汽车运输，选择最佳的运输路线。不能采取单一运输方式的，要在不同运输企业、不同运输区段、不同运输方式和不同运输环节之间衔接和协调组织，做好联合运输。尤其是开展国际多式联运，扬长避短，连贯运输，达到简化货运环节，降低运输成本。

(3)提高运输工具的装载效率。把实重货物和轻泡货物组装在一起，既可充分利用车船装载容积，又能达到装载重量。对一些体大笨重、不易装卸又容易碰撞致损的货物，可将其拆卸装车，分别包装，以提高运输装载效率；并采取高效的堆码方法，如多层装载、骑缝装载等，以提高运输效率。

(4)通过集装运输，降低运输成本。采用托盘可实现装卸机械化、保管自动化、包装标准化、运输效率化；实施集装箱运输这种现代化的先进的运输方式，可适用于各种运输方式的单独运输和不同运输方式的联合运输，对国际贸易产生了很大的影响。

另外，还有一些其他方式可以降低运输成本，例如，可采用现代信息技术(如 GPS)，可利用运筹学的方法制订最优运输计划；几个配送中心可以联合起来，共同制订计划，共同使用配送车辆，共同对某一地区的用户进行配送等。

二、保管成本控制

1. 保管成本

保管成本主要包括仓储成本和存货成本两部分。

仓储成本是在进行仓储保管作业时所发生的费用，由固定成本、变动成本和管理费 3 部分组成，其中，以仓库的固定资产和土地费用为主要部分，其他与仓储作业有关的营运费用包括：

(1)材料费：包装材料、周转材料、燃料等费用。

(2)人工费:从事仓储作业的操作工人及其他有关人员的工资、奖金、福利、五险一金等职工薪酬。

(3)物业管理费:包括水、电、气等费用。

(4)其他费用:包括折旧、利息等。

(5)间接营运费用:为管理和组织仓储保管作业所发生的各项管理费用和业务费用。

存货成本属于变动成本范畴,具体表现为:存货资金成本、存货服务成本、存货储存保管成本、存货风险成本。

2. 保管成本控制的目的

高价商品长期留在仓库中,就会积压资金。若是银行贷款,还要负担利息支出。而过分地减少储存量,虽对减少利息负担有利,但对顾客的订货来说又有脱销的危险,这也会失去盈利的机会。由此可见,保管成本控制,也是物流成本控制的一项重要内容。保管成本控制的目的就是要实行货物的合理库存,不断提高保管质量,加快货物周转,发挥物流系统的整体功能。

3. 保管成本控制的原则

(1)经济性原则。为了进行货物的仓储保管,需要发生一定的人力或物力支出,但这种支出不应该太大,不应该超出建立这项控制所能节约的成本。

(2)全面性原则。全面性原则要求企业在进行保管成本控制时,不能只片面地强调保管成本,而且要兼顾质量和成本的关系。

4. 保管成本控制的措施

保管成本控制应抓好如下工作:

(1)优化仓库布局,减少库存点。把过去零星的库存集中起来进行管理,对一定范围内的用户进行直接的配送,这是优化仓储布局的一个重要表现。

(2)自有仓库与租用仓库的战略选择。当企业不自建仓库时,可以采用租赁仓库方式来满足企业对于仓储空间的需求,租赁仓库可以使企业避免仓库的资本投资和财务风险;租赁仓库不要求企业对其设施和设备做任何投资,企业只须支付相对较少的租金即可得到仓储空间。但是,在一定租赁期内,租赁的仓储面积是一定的,不会随企业库存量的改变而改变,容易造成浪费。

(3)加强仓库内部管理,降低日常开支。在保证货物质量安全的前提下,更好地堆放和储藏物品,以节约保管费用;提高仓库与仓储设备的利用率,掌握好储存额的增减变化情况,充分发挥仓库使用效能;提高保管人员对通风、倒垛、晾晒工作效率,减少临时工工资的支出;减少在物品保管中所需保养、搽油、防虫药剂,托保、代保以及仓库小修等费用支出等。

(4)控制合理库存量。采用物料需求计划、制造资源计划以及准时制生产和供应系统等,来合理地确定原材料、在产品、半成品和产成品等每个物流环节最佳的库存量,在现代物流理念下指导物流系统的运行,使存货水平最低、浪费最小、空间占用最小。

三、配送成本控制

1. 配送成本

配送成本是指在完成配送货物过程中发生的各种车辆费用、分拣费用、包装费用、配装费用、流通加工费用和各种营运间接费用。对配送成本的控制从配送中心选址、配送中心内部的布局开始，一直到配送运营全过程。

2. 配送成本的影响因素

配送活动是多种物流作业的综合，影响配送成本的因素显得错综复杂。主要因素有以下几种：

(1)客户对于配送时间的要求将直接影响企业的配送成本。

(2)配送运输距离是影响运输成本最重要的因素之一，通常，配送运输成本与运输距离成正比。

(3)配送货物的特性、数量、体积、重量以及货物的种类等也会对企业的物流配送系统产生影响。

(4)配送作业的作业效率也是影响企业配送成本的重要因素。

3. 配送成本控制的措施

(1)配送中心的合理选址。配送中心的选址实际上也就是仓库的选址，它涉及配送的范围和配送路线等，对配送成本的影响很大。

(2)加强配送的计划性。在实际工作中，应针对商品的特性，制定不同的配送申请和配送制度。

(3)确定合理的配送路线。运用系统分析技术，选择配送线路，实现货物配送优化。可采用方案评价法，拟定多种方案，又可以采用数学模型进行定量分析。

(4)通过自动化技术，提高配送作业效率。如果在拣货配货中运用计算机管理系统，应用条形码技术，就可使拣货快速、准确，配货简单、高效，从而提高生产效率，节省劳动力，降低物流成本。

(5)采取适当的策略。根据不同情况，可采取不同配送策略以降低配送成本，其中，混合策略是指合理安排企业自身完成的配送和外包给第三方物流完成的配送；差异化策略是指按产品的特点、销售水平来设置不同的库存、不同的运输方式以及不同的储存地点；延迟策略的基本思想就是对产品的外观、形状及其生产、组装、配送应尽可能推迟到接到顾客订单后再确定，基本前提是信息传递要非常快。

四、装卸搬运成本控制

1. 装卸搬运成本

装卸搬运成本是指在物流的装卸搬运作业过程中发生的费用，包括装卸直接费用和营运间接费用两类。

装卸搬运的直接费用包括工资、职工福利费、燃料和动力、轮胎、修理、折旧、工具、租费、劳动保护费、事故损失费等，间接费用是指应由装卸成本负担的营运间接费用。

2. 装卸搬运成本计算

装卸搬运主要成本项目的计算如下：

(1)工资及职工福利费。根据“工资分配汇总表”和“职工福利费计算表”的有关数字，直接计入装卸成本。

(2)燃料和动力。每月终了，根据油库转来的装卸机械领用燃料凭证，计算实际消耗数量与金额，计入成本。电力可根据供电部门的收费凭证或企业的分配凭证，直接计入装卸成本。

(3)折旧。折旧的计算方法如下：

①平均年限法。平均年限法又称直线法，是指按固定资产使用年限平均计算折旧的一种方法。其计算公式为：

年折旧率＝(1－预计净残)/折旧年限×100％

②工作量法。工作量法是按固定资产预计作业总量计提折旧的方法，其计算公式为：

单位作业量折旧额＝固定资产原值×(1－预计净残值率)/预计作业总量

各期折旧额＝单位作业量折旧额×各期实际作业量

③加速折旧法。加速折旧法又称递减费用法，是指固定资产每期计提的折旧数额，在使用初期计提得多，在后期计提得少，从而相对加快折旧速度的一种方法。

(4)修理费。由专职装卸机械维修工或维修班组进行维修的工料费，应直接计入装卸成本；由维修车间进行维修的工料费，通过“辅助营运费用”账户归集和分配计入装卸成本。

3. 装卸搬运成本控制的措施

装卸搬运成本的控制点在于管理好储存物资、减少装卸搬运过程中的损耗率、装卸时间等。可采取的控制措施有：

(1)合理选择装卸搬运设施。根据企业生产销售发展计划，分析使用不同搬运设备的成本差异，结合财务确定选用人力、半机械化、半自动化或自动化搬运设施。

(2)防止机械设备的无效作业。

(3)合理规划装卸方式和装卸作业过程，如减少装卸次数、缩短操作距离、提高被装卸物资密度、消除无效搬运等。

五、订单与客户服务成本控制

1. 订单成本控制

物流中的订单成本是指与完成订单相关的采购、包装、装卸、储存、流通加工、信息处理等物流相关活动所消耗的人力、物力、财力，以及每项物流活动所产生的废物回收耗费、资产折旧、资金占用利息等全部物流活动的费用。主要可以从以下几方面来控制订单成本：

(1)节省与订单相关的采购费用，包括采购过程中的人工费、业务活动费、信息处理费等。

(2)节省与订单相关的生产费用，包括物料投放人工费、设备器具折旧费、维护费等。

(3)节省与订单相关的运输费用，包括运输人工费、燃料费、运输设备折旧费等。

(4)节省与订单相关的库存费用，包括库存相关的人工费、管理费、仓储作业费等。

(5)节省销售中与完成订单相关的物流费用，包括物流服务水平的制定、订单处理消耗的人工费、管理费、折旧等。

(6)通过打造电子商务平台，减少订单处理的费用。

2. 客户服务成本控制

(1)客户服务成本的特点。物流服务具有无形性和难以感知性，即物流服务的很多元素看不见，摸不着，无形无质，很难描述，客户在购买服务之前，往往不能肯定他能得到什么样的物流服务，甚至在接受物流服务后客户也很难察觉或立即感受到物流服务的利益，因而企业的客户只有在消费完物流服务后才能形成相应的体验和评价，而其他客户对企业物流服务的评价则来源于现有客户的评价。

如果客户对企业的物流服务不满或获知了其他客户对该企业物流服务的负面评价，则可能因此而结束与该企业的业务合作，使企业销售受损，即产生物流客户服务成本。因此，物流成本中的客户服务成本是一种隐性成本，是当物流客户服务水平令客户不满时产生的销售损失。该成本影响着客户对企业物流服务的感受、客户满意水平以及最终能否产生客户信任。

物流客户服务成本的产生具有不确定性。物流客户服务成本与普通的服务成本不同，只有当客户对企业的物流服务不满并因此而结束与企业的业务合作关系，使企业遭受销售损失时才会产生物流客户服务成本。

物流客户服务成本难以精确计量。企业一旦失去客户即无法获得今后与该客户的实际交易数据，因此企业只能在某种假设的客户关系水平基础上对现有客户流失造成的损失进行估计，加之物流客户服务成本的连锁放大效应，使得精确计算物流客户服务成本存在极大困难。

(2)客户服务成本控制。客户预期和服务认知是影响客户服务的重要因素，所以主要从这两个方面去进行客户服务成本的控制。

客户预期越高，意味着企业物流服务达到客户要求的难度越大，发生物流客户服务成本的可能性也越大。对企业而言，客户预期是不可控因素。客户对物流服务的预期通常来自于企业口碑、客户自身需要、业内惯例及客户过去的经验。所以，应该从这些角度入手，去影响客户预期，进而降低成本。

客户对物流服务的认知来源于产品物流服务的各个方面，是企业基本可控的因素，具体包括以下几方面：

①负责沟通的企业或物流代理企业服务人员能否通过与客户的良好接触提供个性化的服务，服务人员知识丰富、体谅客户处境等有助于提高客户服务认知。

②企业或物流代理企业从客户角度出发提供的产品目录、产品特征、发货时间等相关信息。

③企业及时为客户提供足够多的可用信息可提高客户服务认知。

④企业或物流代理企业在接受客户订单、处理订购过程时的效率和成功率。

因此，要把握住这些可控因素，提高客户对物流服务的认知。另外，客户所处的行业不同，对物流服务所关注的要素会有所差异。比如，生鲜品行业的客户比较重视时间性和货品的完好程度，而建筑材料行业的客户则比较关心订购过程，因此，企业须通过市场调查了解不同行业客户对物流服务的独特要求，使物流服务在客户关注的方面有出色的表现，从而使客户认知与客户预期达到一致，以有效地降低物流客户服务成本。

任务实施

1. 讨论

请扫码观看视频并讨论：佳吉快运是如何降本增效的？

ARD短途运输之成本

2. 分享

各组推选一名代表与大家分享讨论结果。

3. 评价

教师掌控教学现场，适时进行评价。

4. 定论

物流作业成本控制人人有责，对物流作业人员而言，要牢固树立全局成本观念和意识，要牢记局部的、单项物流功能成本的降低要以整体物流成本的降低为出发点。

成本控制人人都有发言权，探索物流功能成本控制的有效途径就是集思广益、身体力行，做一个有心人，你完全可以成为你所属领域的物流作业成本控制专家。

行业链接

跨越速运，物流行业降本增效的杰出“践行者”

2019年跨越速运推出了智能系统——“铸剑系统”。“铸剑系统”集成了TMS、VMS、中台系统、MAP、品控系统、内控系统等共计20多个大型管理系统，每个系统根据业务场景细分若干个子系统，实现了物流的路径规划、货量预测、智能调度等功能。无论客户什么时候下单，系统都能立刻找到实时出发的车辆，并根据路况、航班、目的地等各个因素及相关节点的成本计算出最适合的路线。

跨越速运以大数据＋AI应用为基础，对成本进行解析和管控，为客户提供智能化决策。在铸剑系统里，一票货从下单到完成派送，任意两个节点之间运输明细都清清楚楚。整个流程有20多个节点，每个节点的成本都一目了然，精准掌握每一票货物的运输成本。如若发现哪些环节仍可降低成本，跨越速运可以随时根据客户的需求来及时调整物流方案，第一时间减少企业客户不必要的成本消耗。

（资料来源：财报网）

项目小结

学习任务	认知结果
任务一　物流成本管理基础知识认知	成本管理贯穿于物流活动全过程
任务二　物流功能成本控制	(1)成本管理人人有责 (2)全员参与、全过程控制

实战演练

一、自我测试

1. 单项选择题

(1)物流活动中所消耗的物化劳动和活劳动的货币表现称为(　　)。

A. 物流成本　　B. 物流收益　　C. 物流价值　　D. 物流价格

(2)降低物流成本是企业的(　　)。

A. 第一利润源　　B. 第二利润源　　C. 第三利润源　　D. 第四利润源

(3)产品密度越大,相同运输单位所装的货物越多,运输成本就(　　)。

A. 越高　　B. 越低　　C. 不变　　D. 以上均不是

(4)现代物流的一个显著特征,是追求(　　)的最小化。

A. 物流效益　　B. 物流价格

C. 物流总成本　　D. 物流价值

(5)物流成本可以按照其所处地域不同,分为生产企业物流成本和(　　)物流成本。

A. 流通企业　　B. 运输企业　　C. 配送企业　　D. 销售企业

2. 多项选择题

(1)影响物流成本的因素有(　　)。

A. 产品因素　　B. 时间因素　　C. 空间因素　　D. 竞争性因素

E. 人员因素

(2)按照流通环节分类,物流成本可分为运输成本、(　　)、物流信息成本等。

A. 保管成本　　B. 包装成本

C. 装卸搬运成本　　D. 流通加工成本

E. 配送成本

(3)包装成本构成一般包括(　　)。

A. 包装材料费用　　B. 包装机械费用

C. 包装辅助费用　　D. 包装人工费用

E. 包装技术费用

(4)下列属于装卸搬运的直接费用的是(　　)。

A. 工资　　B. 职工福利费　　C. 燃料和动力　　D. 修理费

E. 设备折旧

(5)物流成本控制按控制的时间可分为(　　)。

A. 运输成本控制　　B. 事前控制　　C. 保管成本控制　　D. 事中控制

E. 事后控制

二、小组攻关

1. 思考讨论

(1)物流成本如何分类?

(2)企业物流成本管理的主要目的是什么?

(3)物流成本管理的方法有哪些?

(4)影响运输成本的因素有哪些?

(5)配送成本控制可以采取哪些措施?

2. 技能演练

以组为单位,实地调研某物流企业,分析其成本管理中存在的问题。

参考文献

[1] 王之泰．现代物流管理[M]. 北京：中国工人出版社，2001.
[2] 陈文若．第三方物流[M]. 北京：对外经济贸易大学出版社，2004.
[3] 韦恒．物流学[M]. 北京：清华大学出版社，2007.
[4] 张铎．仓储管理实务[M]. 北京：中国铁道出版社，2008.
[5] 罗国良．物料计划与采购管理[M]. 北京：北京工业大学出版社，2010.
[6] 杜学森．物流管理[M]. 北京：中国铁道出版社，2008.
[7] 季永清．运输管理实务[M]. 北京：高等教育出版社，2008.
[8] 李艳．现代物流管理[M]. 北京：北京交通大学出版社，2010.
[9] 刘伟．现代物流概论[M]. 北京：人民邮电出版社，2011.
[10] 张良卫．国际物流实务[M]. 北京：电子工业出版社，2011.
[11] 曲冠银．电子商务物流管理[M]. 北京：机械工业出版社，2009.
[12] 张铎．物流基础[M]. 北京：中国铁道出版社，2009.
[13] 申纲．现代物流学[M]. 北京：电子工业出版社，2010.
[14] 刘万韬．现代物流管理概论[M]. 北京：中国传媒大学出版社，2008.
[15] 都国雄．物流信息管理[M]. 北京：高等教育出版社，2014.
[16] 宋文官．物流基础[M]. 北京：高等教育出版社，2014.